중국을 움직인 시간
❷

혼혈 민족의 영욕

중국을 움직인 시간 2

발행일	2020년 12월 7일

지은이	김상규		
펴낸이	손형국		
펴낸곳	(주)북랩		
편집인	선일영	편집	정두철, 윤성아, 최승헌, 배진용, 이예지
디자인	이현수, 한수희, 김민하, 김윤주, 허지혜	제작	박기성, 황동현, 구성우, 권태련
마케팅	김회란, 박진관, 장은별		
출판등록	2004. 12. 1(제2012-000051호)		
주소	서울특별시 금천구 가산디지털 1로 168, 우림라이온스밸리 B동 B113~114호, C동 B101호		
홈페이지	www.book.co.kr		
전화번호	(02)2026-5777	팩스	(02)2026-5747

ISBN	979-11-6539-485-1 04910 (종이책)	979-11-6539-483-7 04910 (세트)
	979-11-6539-486-8 05910 (전자책)	

이 도서의 국립중앙도서관 출판예정도서목록(CIP)은 서지정보유통지원시스템 홈페이지(http://seoji.nl.go.kr)와
국가자료공동목록시스템(http://www.nl.go.kr/kolisnet)에서 이용하실 수 있습니다.
(CIP제어번호: 2020051366)

(주)북랩 성공출판의 파트너

북랩 홈페이지와 패밀리 사이트에서 다양한 출판 솔루션을 만나 보세요!

홈페이지 book.co.kr • **블로그** blog.naver.com/essaybook • **출판문의** book@book.co.kr

혼혈 민족의 영욕

중국을 움직인 시간

2

김상규 지음

토지 사유제에서 무술변법까지,
3천 년 중국 역사의 물길을 바꿔놓았던 변혁들

북랩 book Lab

프롤로그

왜 역사를 알아야 하나?

왜 역사에 관심을 두어야 하는가? 왜 굳이 세계사를 알아야 하는가? 역사를 아는 것이 나에게 무슨 이득을 주는가? 이 질문을 풀어나가는 것에서 이야기를 시작해보고자 한다.

"나는 금융을 전공하는 사람이고, 나는 디자인을 전공하는 사람, 나는 공학을 전공하는 사람인데 왜 역사를 알아야 하죠?"라고 물을 수도 있다. "사람들 앞에서 지식을 뽐내는 경우가 아니라면 굳이 다른 나라 역사를 알 필요가 있을까요?"라는 의문을 가질 수도 있다. 그렇다. 역사란 대학을 가기 전까지는 점수를 따야 하는 암기과목이었고 그 이후로는 대부분의 사람들에게 있어서 그저 상식과 재미이다. 몰랐던 역사적 사실을 알았다는 성취감과 재미를 느끼는 것 또한 가치 있는 일임에 틀림이 없다. 그런데 역사보다 더 재미있고 간단하면서도 자극적인 것들이 넘치는 세상에서, 미래의 준비에 마음이 바쁜 대학생들에게 또는 생활 속의 번잡한 일들에 치이는 현대인들에게 역사가 얼마나 어필할지 물음표이다. 그런데 역사가 단지 상식과 재미일까? 이 질문에 대해서 나는 관념적인 말보다는 보다 현실적이고 세속적인 측면에서 접근하고자 한다.

　지금과 같이 취업이 어려운 세상에서 옛날 이야기 따위에 관심을 두는 것은 청년들에게 있어서 시간 낭비처럼 비추어질 것이다. 그 시간에 스펙을 하나라도 더 쌓으려고 하고 뭐라도 직장 생활에 도움될 만한 실용서를 읽으려고 할 것이다. 나 또한 그랬으니 말이다. 졸업을 하려고 보니 소위 'IMF 외환 위기'라는 게 와서 국가가 부도가 나느니 어쩌느니 난리가 났고 기업들이 줄도산을 했다. 그래서 나도 닥치는 대로 입사 원서를 구해서 지원했고 탈락의 고배를 몇 번 마시면서 자신감을 잃었고 나 자신이 한없이 부족한 것 같음을 느꼈다. 그래서 더욱 직장 생활에 도움이 될 만한 실용서와 처세 관련 책에 심취했었다.

　그런데 회사에 들어가고 못 들어가고를 논하기 전에 어떤 사람이 기회를 잡고 어떤 사람이 기회를 잡지 못하는지, 어떤 이가 성공하고 어떤 이가 실패하는지에 대해 한번 묻고 싶다. 많은 사람들이 '경쟁'에만 초점을 맞추고 모든 어려움과 실패의 원인을 경쟁으로 돌린다. 경쟁의 관점에서 모든 것을 접근하면 경쟁을 뚫는 것, 경쟁에서 살아남는 것이 곧 성공이며 실패란 경쟁이 너무 치열했거나 경쟁을 뚫지 못했기 때문이다. 과연 그럴까?

　이런 저런 일을 겪다 보니, 그리고 이런 저런 사람들을 봐오다 보니 '경쟁' 또는 '경쟁력'이란 단어는 성공을 설명하는 키워드로는 부족하다는 생각이 든다. 모든 것을 경쟁을 뚫고 나가야 하고 경쟁에서 이겨야 하는 관점으로 접근하다 보니 항상 남을 보고 있을 뿐 나 자신을 보지 않게 된다. 뭐라도 하나를 더 장착하려고 하고 그러다 보니 정작 중요한 뭔가를 놓치게 된다. 나 또한 남보다 빨리, 남보다 높이 가려고 했지만 그것은 결과이지 목적이 될 수 없었다.

다시 '어떤 사람이 성공하는지'의 문제로 돌아와서, 사실 나는 이러한 철학적 질문에 답을 낼 만한 지혜와 통찰력은 없다. 질문을 하고 그간 내가 가져온 세계관에 의문을 던지는 정도인 것 같다. 다만 매우 세속적 관점에서 후배들에게 도움이 되겠다 싶은 것이 있긴 한데 한번 이야기해 보겠다.

돌이켜보면 조직 생활을 하는 데 필요한 마인드에는 세 가지가 있는 것 같다. 첫째는 비즈니스 마인드이다. 이 용어는 필자가 학생 때부터도 들었던 단어인데 중국어로는 '商业头脑(상업적 두뇌)'라고 한다. 그럼 비즈니스 마인드가 무엇인가? 장사꾼처럼 되라는 건가? 이익을 좇으라는 건가? 주커버그나 마윈과 같은 창의적이고 도전적인 기업가가 되라는 건가?

내가 이해하는 비즈니스 마인드란 '가치 중심으로 사고하는 것'이다. 즉, '내가 이 일을 하는 궁극적인 가치, 장기적인 가치가 어디에 있으며 어느 게 더 크냐'를 말한다. 이는 직장에서 또는 일상 생활에서 끊임없이 부딪히는 선택의 순간에서 의사결정의 기준이 되어준다. 당연한 말 같지만 가슴을 가라앉히고 냉정하게 좌뇌를 가동시켜야 하는 일이다. 여기서 중요한 것은 '궁극적인 가치'란 점을 잊으면 안 된다. 그에 따라서 문제를 풀어가는 해법이 달라질 것이다. 직장에서는 매뉴얼대로 주어진 일을 잘 하기만 하면 될 것 같지만 세상일이란 게 꼭 그렇지만은 않다. 모든 게 다 변수라는 게 있고 크고 작은 변수의 상황에서 자신의 판단이 필요한 일들이 수없이 일어난다. 그런데 아이러 니하게도 실제로 비즈니스 사회에서 행동이나 결정이 꼭 가치의 크기 에 따라 이루어지는 것은 아니다. 왜 그럴까? 그 이유는 이어지는 두 번째 마인드와 관련이 있다.

사회 생활을 하는 사람이 갖춰야 할 또 한 가지 마인드는 '정치적 마 인드', 즉 '정치 두뇌'이다. 이는 정치에 관심을 가지라는 말이 아니며 '줄서기'를 잘 하라는 말도 아니다. 필자가 정의하는 정치적 마인드란 거창한 게 아니다. '정치는 이미지다'라고 말하지 않던가. 우리는 살면 서 두 가지 정치적 사고의 습관을 가져야 한다. 하나는 '나의 행보가 어떻게 비추어질 것인가?'이고 또 하나는 '이 사람이 왜 이런 말, 이런 행동을 했을까?'에 대한 핵심을 파악하는 것이다. 이런 것이 습관화되 어 있는 사람들은 어떠한 상황에서도 종적, 횡적 이해 당사자들의 입 장과 의중을 살핀다. 돌이켜보면 나에게는 정치 두뇌가 부족했던 것 같다. 이는 남 눈치를 보며 소신 없는 입장을 취하라는 말과 다르다. 이는 타인과의 소통력의 문제이다. 학교나 군대와 같은 사회에서는 이 런 것을 잘 느끼지 못할 수 있다. 그러나 기업이나 관료 사회에서 나 이를 먹고 지위가 점점 올라갈수록 사람들은 자신의 호불호나 의중 을 명확하게 드러내지 않게 된다. 조직에서의 지위가 높아질수록 작 은 실수나 충돌로 인한 데미지가 크기 때문이다. 우리는 항상 말이나 행동의 이면을 캐치하려는 노력을 해야 한다. 그리고 자신의 말과 행 동이 자신이 추구하는 브랜드 이미지와 부합하는지도 수시로 점검해 볼 필요가 있다. 이것은 비굴한 것과 다르다. 이는 비단 직장에서뿐 아니라 가정이나 친구 간에도 필요한 태도이다. 그러나 사실 이를 잘

하는 사람은 많지 않다. 매 순간마다 이런 생각을 하면서 반응하기란 정말 피곤한 일이기 때문이다. 이런 것을 관장하는 뇌가 좌뇌인지 우뇌인지 모르겠으나 본능적으로 작동하는 일이며 타고나는 면이 큰 것 같다. 주변을 보라. 분명 정치 두뇌가 탁월한 사람이 한둘은 있다. 정치 두뇌가 뛰어난 사람은 대인 관계에서 좀처럼 실수를 하지 않으며 뛰어난 소통 능력으로 원하는 바를 얻는다.

탁월함을 향해 가고자 한다면 갖춰야 할 소양이 하나 더 있는데 그것은 '본질을 파악하는 능력'이다. 통찰력 또는 안목이라고 하기도 한다. 시간이 흐르고 지위가 올라갈수록 회사는 직원에게 '진단 능력'을 요구하게 된다. 아무리 간단해 보이는 일이라도 "문제가 뭐지?"라고 했을 때 문제의 본질과 맥을 정확히 짚어내는 사람과 속된 말로 '헛소리'를 해대는 사람과는 앞날에 있어서 분명히 차이가 있을 것이다. 조직의 리더에게는 맥을 짚은 진단과 그럴듯한 말로 포장된 헛소리를 가려내는 통찰력이 더더욱 필요하다.

내가 아는 몇 안 되는 '보통이 아닌' 사람은 모두가 이상한 질문을 던지며 본질을 파악하려고 하거나 미래를 내다보려는 시도를 한다. 위로 갈수록 업무 능력치는 다들 비슷하며 그것은 그리 중요치 않다. 탁월함으로 가느냐 아니냐는 통찰력, 즉 안목에 있다. 안목이 없으므로 기회가 와도 그것이 기회인지도 모르고 기회도 아닌 것에 헛발질을 하면서 힘을 뺀다.

그러면 이러한 안목은 어떻게 길러지는 것인가?

그것은 질문에 있다. 우리는 끊임없이 현상에 대해 질문을 하고 그에 대한 답을 찾으려고 여러 각도에서 들여다봐야 한다. 통찰력을 기르기 위해 우리는 많은 일들을 한다. 인문학 서적을 읽고, 교양 프로그램을 보며 또는 현자를 찾아 대화를 나눈다. 물론 내공이 높은 사람을 근거리에서 지켜보고 대화하는 것만큼 도움되는 것은 없지만 현실적으로 그런 기회가 자주 오는 것은 아니다. 하지만 역사가 아마 그 대안이 되지 않을까 생각한다. 왜냐하면 질문 거리가 가장 많은 곳이 바로 역사이기 때문이다. 역사적 사실은 아무것도 아니다. 세계사 속의 수많은 인물들의 이름(대부분은 외국어이므로 발음조차 어렵다), 장소, 연도 등등은 잊어버려도 좋다. 어차피 책을 덮는 순간 기억이 가물가물해질 것이다. 단지 역사적 사건이 주는 본질을 가슴에 남겨두면 된다. 그런데 역사책은 역사적 사건이 주는 본질을 알려주지 않는다. 그건 의심하고 질문하고 스스로 답을 찾아가는 일이다. 그래서 역사는 아는 것이 아니라 생각하는 것인 것 같다. 역사적으로 생각한다는 것, 그것은 '거대한 시간, 거대한 공간에서 수많은 이해 당사자들이 만들어낸 사건의 본질과 그 흐름을 파악하는 일'이다. 이는 거대함과 복잡성을 꿰뚫어보고 재구성할 수 있는 예리함, 글자 뒤편의 내용을 짐작하는 통찰력 그리고 높은 산에 올라서서 내려다보는 것과 같은 넓은 시야가 필요한 일이다. 이 경지에 이르면 자기 분야 또는 자신이 관심을 두는 분야에서의 어떤 법칙 같은 것을 깨닫게 된다. 그래서 역사적 두뇌를 갖춘 사람들은 어떠한 상황에 접하게 되더라도 그 흐름과 본질을 파악하고 때로는 멀찌감치 떨어져서 여유 있는 자세를 유지할 수 있는 것이다. 그렇기에 필요한 시기에 정확한 한 수를 둘 수 있다.

다소 거창한 얘기를 한 것 같다. 물론 내가 이 세 가지 마인드를 다

갖추고 있다는 뜻은 아니다. 이 글을 쓰고 있는 지금 이 순간에도 나의 아내는 "왜 당신과 반대되는 소리만 해대느냐"라고 한다. 나는 이 세 가지 중 어느 하나도 제대로 하지 못했다. 그래서 '내가 갖췄으면 좋았을 텐데'라는 것들을 말한 것이다.

《중국을 움직인 시간 2》는 중국의 대분열 시기인 5호16국 시대와 남북조 시대를 거쳐서 수, 당까지의 약 600년간의 역사를 역시 '개혁'을 키워드로 풀어보았다. 이 시기의 한반도는 삼국시대와 통일신라에 걸치는 시기이고 고려가 탄생하기 직전까지이며, 유럽에서는 로마가 둘로 분열되고 서로마 제국이 멸망하면서 우리가 아는 로마제국이 막을 내리고 이탈리아 반도와 유럽에 게르만계의 군소 초기 왕국들이 형성되는 시기이다. 즉, 유럽의 중세 암흑시대라고 불리는 시기이며 십자군 전쟁이 시작되기 전까지이다. 또한 당나라의 건립과 비슷한 시기에 이슬람 세력이 폭풍처럼 나타나 중동과 서아시아를 제패한 것도 이 시기 역사의 중요한 한 페이지를 차지한다.

독자 입장에서 2권은 1권에 비해서 이야기가 좀 더 살아있음을 느낄 수도 있을 것 같다. 그 이유는 일단 1권은 상왕조부터 영가의 난까지 2,300년의 역사를 한 권으로 압축하였는 데 반해 2권은 600년 정도의 시간이기 때문에 더 많은 이야기를 담을 수 있었다. 또한 고고대사와 중고대사는 사료 기재와 연구자료의 양에서 비교가 안 되기 때문에 중고대사를 다루는 2권은 훨씬 더 디테일한 서술을 할 수 있었다. 또한 1권은 거시적인 관점의 서술이 기조가 되었다면 2권은 인물과 정치 투쟁에 관해 좀 더 미시적으로 들어갔다고 할 수도 있겠다.

크게 봤을 때 1권은 상앙과 왕망을 두 축으로 하였고, 2권에 대해 미리 말하자면 북위 효문제의 한화개혁과 수문제의 개혁, 그리고 당왕조 전반기의 황금시대가 어떻게 왔고 어떻게 갔는지를 주축으로 하고 있다. 그리고 여기에 더하여 중국사에서 또 한 명의 논쟁적인 여성 정치가인 무측천, 중국 중고대사에서 매우 큰 의미를 가지는 안사의 난에 대해 비교적 상세히 이야기하고자 한다.

2020년 12월
김상규

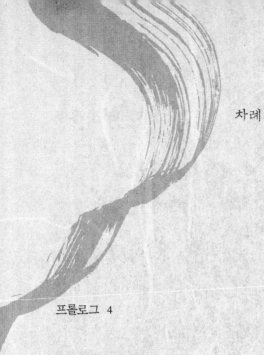

차례

제2제국 시대: 수(隋) · 당(唐)

초원
민족의
남하

27장
5호16국: 화북의 대혼란

십수 년 동안 베이징에 살다 보니 내가 만나고 교류하는 중국인 친구들은 대부분 북방 사람들이다. 지인들과 저녁 약속을 할 때 별다른 메뉴가 떠오르지 않으면 그냥 암묵적으로 양고기 훠궈(샤브샤브) 집으로 간다. 우리가 딱히 먹고 싶은 게 없을 때 '그냥 삼겹살이나 구워 먹지!'라고 하는 식이다. 그만큼 양고기는 데쳐 먹고, 구워 먹고, 삶아 먹는 등 여러 가지 조리 방식으로 중국인들의 사랑을 받는 고기이다. 하지만 상하이나 더 남부 지역에 갔을 때 그쪽의 지인들과는 양고기를 먹으러 간 적이 거의 없었던 것 같다. 양고기 얘기를 꺼낸 건 중국의 남·북방 사람들 간의 취향의 차이를 말하고자 함인데 이것 말고도 남·북방의 차이를 드러내는 건 무수히 많다. 같은 한족이지만 북방 사람들과 남방 사람들은 생김새도 다를 뿐더러 방언, 식문화, 성향, 취향 등에서 확연한 차이가 있다. 이의 기원을 따져 올라가자면 화북의 한족들에게는 역사를 거치면서 지속적으로 유목을 주 업으로 하는 민족의 DNA와 문화가 주입되었기 때문인데 그 시작이 된 게 5호16국 시대이다.

5호16국과 남북조 시기에 해당하는 약 300년간의 시간은 중국의 민족사에 있어서 아주 큰 변화가 일었던 때이다. 춘추전국시대가 황하유역의 민족 간에 뒤섞임을 촉진시켜 소위 한족이라고 하는 농경민족의 정체성을 형성한 시기라고 한다면, 5호16국과 남북조 시기는 화북의 농경민족과 400밀리미터 라인 바깥에 살던 유목민족 간의 뒤섞임을 발생시킨 시기이다. 반면 회하 이남의 화남지역은 화북에서 이주한 한족들과 기존의 남방 한족들이 섞여 새로운 한족의 경제·문화의 터전이 되었다.

동진의 성립과 민족의 대이동

317년에 서진의 마지막 황제 사마업(司馬鄴)이 장안에서 흉노 한왕국의 포로가 되었을 때 건강(建康, 장쑤성 난징)으로 피신해 온 사마업의 당숙 사마예(睿)가 자신이 계승자임을 선포하였다. 이로써 동진(东晋)이 세워지고 사마예는 동진의 1대 황제 원제(元帝)가 된다. 건강이 낙양에서 동남쪽 방향이므로 이를 동진이라 부르고 낙양을 수도로 했던 앞선 시기를 서진이라 부른다. 물론 후세 사가들이 구분을 위해 '동·서'를 붙인 것이고 당시는 둘 다 그냥 '진(晋)'이었다. 이로써 중국은 회하를 기준으로 남북으로 나눠졌다. 화북은 소위 '5호16국'이라는 비한족 정권들의 이전투구 무대가 되었고 화남은 한족 정권인 동진이 420년까지 100여 년을 꾸역꾸역 지켜왔다.

자신들의 터전이 순식간에 오랑캐판이 된 화북의 한족들은 공포에 휩싸였고 곧이어 이들의 남하 행렬이 시작되었다. 이로써 화남으로의 대규모 인구유입이 이루어졌고 화북지역은 이민족들과 잔류한 한족 간의 뒤섞임이 발생하여 중국은 춘추전국시대 이후 또 한번 민족의 대융합과 재구성이 이루어진다. 중국 역사를 통틀어 이러한 대규모 민족 이동은 두 번 벌어졌다. 한 번은 지금 말하는 5호16국 시기 남쪽으로의 이동이고, 또 한번은 남송 때 여진(금)을 피해 한족들의 대규모 남하가 있었다. 둘 다 이민족 침입을 피해 남쪽으로 이동한 것이었다. 화남으로의 대거 인구 유입은 이 지역의 경제, 사회, 문화를 비약적으로 발전시켰고 화남이 역사의 중심지로서 등장하는 기초를 마련하였다.

재미있는 것은 비슷한 시기 지구 저편의 로마제국에서도 비슷한 일이 벌어지고 있었다는 것이다. 로마제국도 국민들이 군인이 되기를 꺼려하여 제국 주변의 소위 '야만인'이라 불려지던 이민족(게르만)들을 불러들여 군대를 채우는 현상이 발생하였다. 이는 동한 말과 서진 말에 이민족을 끌여들여 반란을 진압했던 것과 비슷하다. 그리고 로마 영토로 이주하여 농업에 종사하고 있는 이민족들에게 과중한 세금을 매기며 핍박했는데 이것도 3세기 말 중국에서 벌어지고 있던 상황과 매우 흡사하다. 그리하여 로마제국도 점점 남하하는 야만 민족에 의해 포위되는 양상이 되어갔는데 그들은 오늘날 독일과 동유럽을 구성하고 있는 고트족(Goths), 반달족(Vandals)[1], 훈족(Huns)이었다.

이민족들의 남하에 위협을 느낀 로마제국은 콘스탄티누스1세 황제

---

1) 고트족과 반달족은 게르만족에 속한다. 예를 들면 동호(東胡) 안에도 여러 민족이 있었던 것과 같다고 보면 된다.

때 수도를 동쪽으로 옮기기로 결정하였다. 지금의 터키 이스탄불이라 불리는 곳, 흑해와 지중해 사이에 보스포러스(Bosphorus) 해협이 있는데 보스포러스 해협의 서쪽 연안의 비잔티움(Byzantium)에 새 도시를 건설했다. 그리고 황제의 이름을 따서 '콘스탄티노플(Constantinople)'이라 이름하였고 330년에 이곳으로 천도하였다. 때는 중국에서 5호16국 국면이 막 형성되고 있던 시기였고 서진 왕조가 망하고 이민족들을 피해 낙양(뤄양)에서 건강(난징)으로 천도한 지 12년밖에 지나지 않았던 때이다. 로마제국은 콘스탄티누스 1세 사후 아들들 간의 싸움으로 4세기 말에 동과 서로 완전히 갈라지기에 이른다. 그러나 서로마는 영토만 넓었을 뿐 이민족들에 대한 통제력을 완전히 상실한 채 제국의 영토 내에서 조금씩 조금씩 이민족 왕국들이 세워졌고 그렇게 476년까지 지속하다가 게르만인들에 의해 멸망하였다.

5호16국의 구성

베이징 차오양구(朝阳区)에는 중화민족원(中华民族园)이라는 우리의 민속촌에 해당하는 곳이 있다. 이곳에 가면 한족을 제외한 중국의 55개 소수민족들의 가옥 양식과 생활상을 볼 수 있다. 또 각 민족의 구역마다 해당 민족 출신의 안내원이 전통 복장을 하고 있고 때로는 공연도 하여 그 민족의 생김새와 문화적 특성도 엿볼 수 있다. 얼핏 생김새로만 보면 한족과 구분이 어려운 경우가 대부분이지만 이들 중에는 러시아나 튀르크 혈맥으로 한눈에도 확연히 눈에 띄는 민족도 있다. 이 55개 소수민족들은 오늘날 중국 인구의 8~9%밖에 차지하지 않지만 중국 역사를 구성하는 중요한 한 축이다. 이제부터 풀어나갈 5호16국의 5호란 다섯 개의 이민족을 말한다는 것쯤은 다 알고 있을 것이다. 그러나 중화민족원에 있는 55개나 되는 오늘날의 소수민족 중에서 5호(胡)를 이뤘던 이들 다섯 민족을 볼 수 있을까? 뜻밖에도 강(羌)족 하나를 제외하고는 만날 수 없다. 강족은 5호16국 시대에는 별 존재감을 보이지 못했던 민족이니 사실상 5호16국을 이뤘던 주된 민족들은 오늘날에는 남아있지 않은 셈이다. 최소한 공식적으로는 말이다. 그러면 이들은 어디로 갔는가? 이들은 전부 한족들의(특히 화북 지역의 한족) 피 속에 들어가 있다.

5호16국의 역사를 세세하게 설명하자면 한도 끝도 없고 아마도 이를 읽는 독자들도 어지럽고 재미도 없어서 대충 보고 넘어갈 가능성이 크다. 그래서 나는 5호16국 시대의 본질을 느끼면서 그 안의 핵심적인 변화를 이해하는 정도로 이야기를 풀어나가고자 한다. 5호16국은 민족 구성과 시기별 변화, 이 두 가지 측면을 입체적으로 이해하여야 한다. 이 시기의 배우들은 당연히 6개의 민족(5호와 한족)이지만 이들 중에서도 주연과 조연이 있다. 그럼 어떤 민족이 주연인가? 결론을 먼저 말하자면 선비족이다. 왜냐하면 선비족은 5호16국 시대를 마지막으로 평정한 민족이기 때문이다. 중국의 대외투쟁의 역사를 이야기할 때 제1제국 시대를 거치면서 흉노족이 주연을 맡았다고 한다면 이 시기부터는 선비족이 주연 배우가 된다. 그리고 조연 배우를 꼽자면 저(氐)족이라 할 수 있겠다. 다음은 각 민족이 세운 나라들과 건국 인물, 그 존속 기간을 정리한 표이다.

민족	국명	건국 인물	수도(현재명)	존속 기간
흉노	전조(前趙)	유연(刘渊)	산서성 평양(린펀临汾) → 장안	304~329
	북량(北凉)	쥐취멍쉰(沮渠蒙逊)	감숙성 장액(장예张掖)	397~439
	하(夏)	허롄보보(赫连勃勃)	섬서성 통만(징볜靖边)	407~431
선비	전연(前燕)	무룽황(慕容皝)	하북성 업성(린장临漳)	337~370
	후연(后燕)	무룽춰이(慕容垂)	하북성 중산(띵저우定州)	384~409
	서연(西燕)	무룽훙(慕容泓)	산서성 장자(장즈长子)	384~394
	서진(西秦)	치푸궈런(乞伏国仁)	감숙성 금성(란저우兰州)	385~431
	남량(南凉)	투파우구(秃髪乌孤)	청해성 악도(칭하이青海)	397~414
	남연(南燕)	무룽더(慕容德)	산동성 광고(칭저우青州)	398~410
	북위(北魏)[2]	투어바꾸이(拓跋圭)	내몽고 성락(후허하우터呼和浩特)	386~550
갈(羯)	후조(后赵)	석륵(石勒)	하북성 양국(싱타이邢台)	319~350
저(氐)	성(成)	이웅(李雄)	사천성 성도(청두成都)	304~347
	전진(前秦)	부건(符健)	섬서성 장안(시안西安)	351~394
	후량(后凉)	여광(吕光)	감숙성 고장(우웨이武威)	386~403
강(羌)	후진(后秦)	요장(姚苌)	섬서성 장안(시안西安)	384~417
한(汉)	전량(前凉)	장무(张茂)	감숙성 고장(우웨이武威)	345~376
	서량(西凉)	이고(李暠)	감숙성 돈황(둔황敦煌)	400~421
고구려	북연(北燕)	고운(高云)[3]	요녕성 용성(차오양朝阳)	409~436

---

2) 5호16국을 통일한 북위(北魏)는 보통 16국에 포함시키지 않으나 이 표에서는 포함시켰고, 서연(西燕)도 포함시켜 총 18국이다.

3) 북연의 초대 국왕은 고구려 출신의 고운이나 2대 째부터 한족 출신인 풍(冯)씨로 바뀐다. 그러나 피통치 민족은 선비족이었다. 그러므로 북연 왕국을 이루는 민족을 고구려라 할지, 한족이라 할지, 선비족이라 할지는 애매한 면이 있다.

표에서 알 수 있듯이 가장 주가 되는 민족은 선비족이다. 총 7개 정권이 선비족에 의해 만들어졌다. 그 뒤로 흉노족와 저족이 각각 3개, 갈족과 강족이 각각 1개, 고구려 민족도 1개 동참했다. 그리고 한족에 의해 성립된 정권이 2개 있다.

이 시기의 비한족 정권들은 그 수도 많을 뿐더러 나라의 이름도 비슷하여 도대체 정신이 없다. 그러나 이들 국호의 네이밍 원리를 알면 좀 이해가 쉬워진다. 국호는 전부 고대 지명을 따왔다. 물론 이들 이 민족들은 과거 한족이 세웠던 고대 국가들과는 아무 상관도 없지만 자기네들이 점거하고 있는 지역의 옛 한족왕조 이름을 따와서 국호로 만들었다. 예를 들어 자기들의 근거지가 요서·요동 지방이면 '연(燕)'이라고 했고, 근거지가 관중이면 '진(秦)'이라고 했다. 이런 케이스는 중국의 내전 또는 반란의 역사에서 수없이 보여진다.

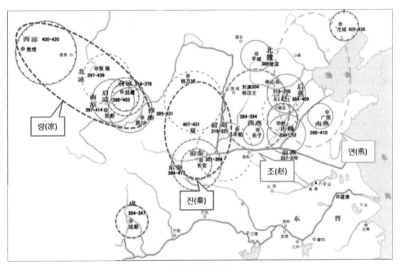

5호16국 분포도

16국이 선택한 국명은 지역에 따라 네 개의 베이스가 있다. 중원지역에 '조(趙)', 관중에 '진(秦)' 베이스가 있고, 산동과 발해만 그리고 요하지역을 아우르는 '연(燕)' 베이스, 서북의 량주지역에 '량(凉)' 베이스가 있다. 그러면 메인 국명 앞에 붙는 접두사인 '동·서·남·북'과 '전·후'는 무엇인가? 전·후는 후세 사가들이 시기의 선후 구분을 위해서 붙였던 것일 뿐 당시 국명에는 없던 글자이다. 무롱선비의 대장 무롱황이 남하하여 '연(燕)'을 세웠는데 이들이 망하고 나중에 그 후예인 무롱츄이가 똑같은 자리에다 '연(燕)'을 다시 일으켰는데 앞의 연과 구분하기 위해서 후연이라고 부른 것이 대표적인 예이다. 그래서 앞의 연(燕)은 후세 사가들에 의하여 전연(前燕)으로 불려졌다.

'동·서·남·북'은 원래 있던 나라에서 떨어져 나와 독립했거나 동시기에 인접한 지역에 대등한 국가를 세웠을 때 원래의 나라와 구분을 위해서 이렇게 이름하였다. 양주(깐수성) 지역은 5호16국 초기에 '량(전량)'이 세워졌다가 망하고 후에 같은 자리에 거의 동일한 영토로 또 '량(후량)'이 세워졌다. 그리고 나중에는 후량이 서량, 북량, 남량의 세 개로 분리되었다. 동·서·남·북은 당시에도 국명에 붙어있던 글자이다.

이리하여 5호16국이 복잡한 것 같아도 '2조(趙), 3진(秦), 5연(燕), 5량(凉)'으로 정리된다.

조(趙): 전조(前), 후조(后)	→ 중원지역
진(秦): 전진(前), 후진(后), 서진(西)	→ 관중지역
연(燕): 전연(前), 후연(后), 서연(西), 남연(南), 북연(北)	→ 관동, 요동지역
량(凉): 전량(前), 후량(后), 남량(南), 북량(北), 서량(西)	→ 서북지역
성(成), 하(夏)	→ 사천, 내몽고

이 중에서도 밑줄 친 네 개 국가가 이 시대를 이끌어 갔다. 물론 앞장에서 설명했듯이 16개 정권이 동시기에 존재한 게 아니라 어떤 시기에는 5개, 어떤 시기에는 4개, 어떤 때에는 2개, 또 어떤 시기에는 1개 나라가 화북의 통일을 이뤘을 때도 있다. 이런 메커니즘을 알고 이야기에 들어간다면 독자들도 조금이나마 복잡함을 덜 느끼지 않을까 하는 기대를 가지고 5호16국 이야기를 풀어보겠다.

5호16국의 시작: 비한족 정권의 탄생

8왕의 난이 한창이었던 304년에 중국 땅에서 두 개의 비한족 정권이 성립되었다. 하나는 쓰촨성(四川省) 북부를 근거지로 한 저(氐)족이고 다른 하나는 산시성(山西省)의 흉노족이었다. 이 둘의 탄생에 대해선 제25장 '8왕의 난'에서도 언급하였다. 쓰촨성의 저(氐)족들은 관리들의 수탈과 핍박에 반발하여 들고 일어났고 국호를 '성(成)'이라 이름하였다. 후세 사가들에 의해 '성한(成汉)'이라고도 불렸다. 성한제국은 44년간 지속되다가 동진에 의해 멸망하였는데 5호16국 중 유일하게 장강 이남에 위치한 국가였다.

앞선 장에서 조위제국 이래로 지금의 산시성과 섬서성 북부지역(황하의 '几'자 안쪽 부분)에 '5부'라고 하는 흉노 거주지역을 두었다고 말한 적이 있다. 이 5부의 흉노가 독립하여 만든 나라가 '한조(汉赵)'이다. 창업자 유연(刘渊)은 스스로를 한왕조의 후예[4]라고 자칭하면서 '한

---

4) 5부에 살던 흉노 민족이 자신들이 한왕조의 후예라고 주장한 근거에 대해서는 25장 '8왕의 난'에서 자세히 설명하였다.

(汉)왕국'을 세웠고 이를 계승한 아들 유총(刘聪)이 국호를 '한(汉)'이라고 정하고 제국을 선포하였다. 그러다가 318년에 내부 정변이 일어났고 새로 황제가 된 유요(刘曜)가 장안에서 국호를 '조(赵)'로 변경하였다. 그래서 후세 사가들이 이들 정권을 '한조(汉赵)'라고 부르기도 하고 뒤에 나오는 갈족의 조나라와 구분하기 위해 '전조(前赵)'라 부르기도 한다. 전조는 그 후 10년 후에 갈족의 후조에 의해 멸망한다.

이때는 아직 서진(西晋)이 존재하고 있을 때이다. 진의 커다란 울타리 안에 '성(成)'과 '조(赵)'가 섬처럼 생겨났고 그래서 이를 '3국 병립시대'라고 한다. 서진은 316년에 흉노가 세운 이 조그만 전조(赵)에 의해 멸망하였다.

갈족의 조(赵)의 등장과 무롱(慕容)선비의 굴기

서진이 멸망했으니 화북은 이제 누구든 깃발을 꽂는 자가 그 지역의 임자가 되는 세상이 되어버렸다. 역시 가장 통제력이 약한 서쪽 끝에서 먼저 독립을 하였다. 313년에 하서주랑을 지키던 한족인 양주(凉州)자사 장궤(张轨)가 독립하여 '량(凉)'제국을 선포하였다. 후세 사가들에 의해 뒤에 나오는 '후량'과 구분하기 위해 장궤의 '량(凉)'은 '전량(前凉)'이라 불린다. 5호16국 각 국가들의 창업자들이 저마다 황제를 자처했으니 제국(帝国)이라 부르긴 하겠지만 사실 몇 개 정권을 제외하고는 제국이라는 칭호가 전혀 걸맞지 않는다.

319년, 한조(汉赵)의 대장군 석륵(石勒)이 독립하여 갈족 국가인 '조(赵)'를 세웠다. 1년 앞서 세워진 한조(汉赵)와 구분하기 위해 이를 후조(后赵)

라고 칭한다. 이리하여 조는 흉노족이 통치하는 전조(前趙)와 갈족이 통치하는 후조(后趙)로 갈라졌다. 후조는 전조의 황제가 석륵의 뒤통수를 치면서 석륵이 이에 분개하여 갈족을 이끌고 독립한 나라이므로 이 둘이 사이가 좋았을 리 없다. 그리고 328년에서 329년에 걸쳐 석륵의 아들 석호(石虎)의 부대가 전조의 각지를 돌며 파죽지세로 깨부수었고 전조의 황제 유요가 생포되면서 전조는 후조에 의해 멸망하였다. 이로써 흉노는 더 이상 중국 역사에서 의미 있는 세력체로서 등장하지 않는다[5]. 조(趙)나라는 굳이 전조와 후조로 나눌 필요 없이 통치계층이 흉노에서 갈족으로 바뀌었다고 이해해도 무방할 듯하다. 그리하여 결국 4세기 20년대 말에는 조(趙), 량(涼), 성(成) 그리고 동진(晋)의 4국 병립시대가 형성되었다. 동진과 성은 화남에 있는 나라이니 화북만 놓고 보면 조(趙)와 량(涼) 둘이다. 석륵은 천한 신분 출신이고 배운 것도 없었지만 훌륭한 리더였고 능력도 탁월했다. 량(涼)은 서북쪽 변방에 불과하니 사실상 화북지역은 갈족이 세운 조(趙)가 거의 장악하고 있던 셈이다.

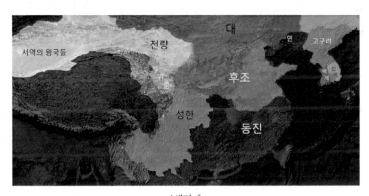

4세기 초

---

5) 　5호16국 후기에 흉노에 의해 북량(北涼)과 하(夏)란 나라가 세워지긴 했으나 변방에 위치하였으므로 역사적으로 큰 의미를 두지 않는다.

그러나 이 시기 주목해야 할 것은 역시 요동지역의 무롱선비(慕容鮮卑)이다. 무롱선비는 3세기 말부터 세력을 키워오다가 4세기 초반에 와서는 요동·요서 지역에서 군건하게 세력화되었다. 이들은 동쪽으로는 고구려와의 충돌이 잦아졌고 중국 본토로도 슬금슬금 관심을 갖기 시작한다. 이 세기 20년대까지는 무롱선비가 아직은 왕국이나 제국 선포를 하기 전이므로 병립한 국가에 포함시키진 않았으나 당시 이미 과거의 공손씨(公孫氏) 세력처럼 지역세력화되어 있었다.

무롱선비은 꽤 지능적인 행보를 하고 있었다고 할 수 있는데 이들은 동진과 마찰을 일으키지 않으려 했고 심지어 동진과 '군신관계'를 자청하였으며 중국의 문물을 받아들이려고 애썼다. 요동에 새로 설립한 평주(平州)의 자사를 무롱선비의 칸인 무롱꾸이(慕容廆)에게 맡겼다는 사실은 당시 이들과 동진과의 밀월 관계를 말해 준다. 당시 칸인 무롱꾸이는 태자를 동진으로 보내 유학하도록 하는 등 유교와 중국의 제도를 적극적으로 받아들였다. 그리하여 상대적으로 안전하고 괜찮은 지역처럼 보여진 요서·요동지역은 전란을 피해 이주하려는 한족들 일부를 흡수하기도 했다. 물론 이들 무롱선비들은 얼마 지나지 않아 독립을 선포함과 동시에 남하를 하여 동진을 위협하는 존재가 된다.

전연(燕), 전진(秦)에 의한 화북 양분

4세기 30년대에 들어 무롱선비는 이빨을 드러내었고 이들은 거침없이 세력을 넓히며 남하하기 시작했다. 이들은 베이징과 허베이성 북부

지역의 뚜안(段)선비를 멸망시켰고 동으로는 고구려를 공격했다. 그리고 337년에 무롱선비의 대인(大人)[6] 무롱황(慕容皝)이 연왕(燕王)을 선포하였다. 무롱선비의 시대가 시작된 것이다.

한편, 갈족이 세운 조(趙)는 창업자 석륵(石勒)이 죽자 왕위계승 문제로 내홍을 겪고 있었고 형제 간의 유혈사태를 거쳐 조카 석호(石虎)가 왕위를 계승하였다. 그런데 석호(石虎)란 자는 주색과 난폭성에 있어서 타의 추종을 불허하는 사람이었다. 그러나 석호가 349년에 병사하고 왕위 계승의 혼란이 벌어지자 이를 틈타 350년에 한족 장수 염민(冉閔)이란 자가 독립을 선언하였고 과거 위제국의 수도였던 하남성 업성을 수도로 하여 '염위(冉魏)'란 나라를 세웠다. 염위는 2년으로 단명하여 5호16국에는 들어가진 않지만 이 나라에 의해 후조(趙)가 멸망하였다(350).

후조(趙)는 영토는 컸지만 사상누각에 불과했다. 지배층인 갈족의 수가 너무 적었고 넓은 영토를 공고히 하기엔 이들의 관리 수준이 받쳐주질 못했다. 이런 현상은 5호16국 내내 거의 모든 국가에서 보편적으로 나타났으며 이들이 단명한 주요 원인이기도 하다. 갈족 군주에 대한 복수심과 증오심에 불탄 염민은 후조의 갈족을 모조리 잡아 죽였고 이때 갈족이 거의 멸종했다고 한다. 갈(羯)족은 흉노의 지류 민족으로서 굳이 하나의 민족으로 분리하지 않아도 될 수도 있다. 이들은 동한 때 남흉노가 귀순하면서 데리고 온 흉노의 노예들이었다. 그들은 노예 신분으로 중국에 들어와 갖은 멸시와 핍박을 받으면서 살아왔다. 조를 세운 석륵(石勒)이란 인물은 홀어머니와 함께 노예로 팔려가다가 탈출하여 나라를 세운 파란만장한 인생을 산 인물이고 5호

---

6) 선비족은 각 부의 통치자를 대인(大人)이라고 불렀다.

16국 국가의 창업자 중 신분이 가장 낮은 사람이었다. 석륵 자신은 꽤 괜찮은 리더였지만 보통 맨손으로 일군 창업자의 2, 3세는 형편없는 경우가 많다. 후조(趙)도 그런 케이스였다.

갈족에 대해 설명하려던 게 아니었는데 후조(趙)의 최후를 설명하려다가 이야기가 길어졌다. 후조라는 강력한 세력이 없어지자 동북의 무롱선비는 드디어 본격적인 남하를 시작하였다. 무롱선비는 352년에 조그만 염위의 수도 업성을 가뿐히 함락시키고 '연(燕)제국'을 선포하였다. 이로써 무롱선비의 연은 과거 후조의 동쪽 영토를 모두 접수하였다.

이보다 조금 앞선 346년에 무롱선비의 연왕국은 다시 한번 부여를 공격하였다. 이번에는 대대적인 공격이었다. 부여의 왕과 백성 5만 명이 포로가 되어 연으로 끌려왔고 이때 부여는 사실상 멸망하는 지경에 이른다.

한편 351년 후조에서 떨어져 나온 저(氐)족이 장안을 근거로 하여 진(秦)을 세웠다. 후조의 서쪽 영토, 즉 관중지역을 꿰차고 앉은 것이다. 진(秦)은 커져가는 연(燕)을 견제하기 위해 한족 정권인 동진의 지원에 힘입어 성립된 국가이다. 이로써 4세기 50년대 초반에는 연(燕)이 관동과 원래 그들의 근거지인 요서·요동을, 진(秦)이 관중을 차지하면서 화북을 양분하였다. 서쪽 끄트머리의 량(涼)이 계속 존재하고 있었지만 량은 전체 국면에 미치는 영향력이 미미했다. 여기에 한족 정권인 동진을 더하여 '4국 병립'의 시대라 한다. 지금 말하는 연(燕), 진(秦), 량(涼)은 대부분의 역사책에서는 전연, 전진, 전량이라 불린다.

아, 깜박한 것이 있다. 쓰촨의 성한제국은 347년에 동진에 의해 멸망한다.

전연의 세력 확대(4세기 중반)

전연(燕)의 몰락

관동지역을 차지한 무롱선비족 전연(燕)은 이제 창끝을 동진으로 겨누었다. 동진과 무롱선비는 원래 군신관계였고 동진은 전연과 좋은 관계를 유지하면서 이들을 중원의 이민족 정권들을 견제하는 수단으로 삼았었다. 그러나 이제는 자기들과 국경을 맞대는 위협적인 존재가 되어버렸다.

동진의 북벌이 먼저 시작되었다. 356년, 성한제국을 멸망시켰던 장군 환온(桓溫)이 진격하여 낙양과 네 개 주를 함락시켰다. 그러나 곧이어 전연의 반격으로 다시 내주고 만다. 그로부터 2년 후 연의 황제 무롱쥔(慕容俊)은 대대적인 남하를 준비했다. 호구를 정비하여 무려 150만 명을 징집하였다. 그러나 모든 준비를 끝내고 출정을 위한 열병식을 진행하던 도중 황제가 지병이 악화되어 말에서 떨어져 죽는 황당한 일이 벌어진다. 이로써 동진을 향한 전쟁은 잠시 미뤄졌고 어린 무룽웨이(慕容暐)가 황위를 계승하고 숙부 무룽커(慕容恪)가 섭정을 하였는데 이들이 나라를 말아먹는다. 황제 무룽웨이는 주색과 사치에 탐닉했고 무룽커는 나라를 제 맘대로 했다. 결국 한때 동진정벌 준비를 거의 완료했던 연은 통치그룹의 타락으로 국력을 엉뚱한 곳으로 소모하기 시작하였다. 이리하여 동진은 연의 대대적인 공격을 면하게 되는데 그냥 운이 억세게 좋았다고밖에 할 말이 없다.

전연과 동진의 전면 충돌도 동진이 먼저 포문을 열었다. 369년에 연의 침체를 틈타 동진의 장수 환온(桓溫)이 다시 대대적인 북벌을 개시하였다. 연은 당황했고 서쪽의 저족(氐族)국가 진(秦)에게 구원을 요청했다. 연은 원군 파병의 대가로 진에게 낙양을 포함한 호뢰관 서쪽 지역을 떼어주기로 약속했다. 이리하여 연(燕)·진(秦) 연합군이 결성되었고 이들은 간신히 동진의 북벌을 막아냈다. 이런 걸 보면 부자가 망해도 삼 대는 간다고 했듯이 한때 망명정부 신세였던 동진이 꾸역꾸역 큰 영토를 유지해오고 때로는 북벌까지 감행하는 걸 보면 다소 의아스럽기까지 하다.

그런데 어이없게도 연의 패망 원인은 남쪽에서 온 게 아니라 자신의 동맹국으로부터 왔다. 더 정확히는 자기 자신으로부터 왔다고 해야겠다. 동진의 북벌을 성공적으로 물리쳤으나 연은 진에게 약속한 땅을 안면 몰수하고 주지 않았다. 이로써 배신당한 진(秦)은 연(燕)과 원수지간이 되는데 이에 대해서는 진(秦)을 설명하는 다음 장에서 좀 더 자세히 이야기를 하고자 한다. 무룽웨이가 죽고 무룽핑(慕容評)이 황위를 이었으나 연의 정치권은 계속 타락과 혼란에 빠졌고 무엇보다도 황제와 황족인 무롱츄이(慕容垂)간의 알력이 생기게 되었다. 무롱추이는 황제의 숙부이자 군사령관이 었는데 그가 연을 빠져나와 진으로 망명하는 일이 벌어졌고 이로써 연은 전력에 큰 구멍이 생기게 되었다.

370년, 저족의 진(秦)은 기다렸다는 듯이 연을 공격하였고 업성이 함락되었다. 이때 진으로 투항한 무롱츄이가 큰 역할을 했음을 짐작할 수 있다. 이렇게 하여 한때 전국을 통일하고자 하는 꿈을 품었던 무롱선비의 전연(燕)은 멸망하였고 남은 무롱선비족들은 자신들의 원래 근거지 요서·요동으로 되돌아가야 했다.

무롱선비의 전연은 고구려를 힘들게 했던 존재였다. 이 둘은 요동을 두고 서로 치고 받았는데 무롱황, 무롱준으로 이어지는 전성기의 전연에 고구려는 밀릴 수밖에 없었고 미천왕, 고국원왕이 이끄는 고구려는 이 시기 매우 힘겨운 투쟁을 하고 있었다. 그러나 370년에 전진(秦)이 화북을 통일하면서 전연이 망했고 이듬해인 371년에 고구려에는 소수림왕이 즉위하였다. 무롱선비족들은 14년 후에 연을 부활시키긴 하였으나 후연은 전연만큼 강하지 못했다. 고구려는 무롱선비족 세력의 약화 시기를 틈타 소수림왕, 광개토대왕, 장수왕으로 이어지는 전성기를 맞는다.

28장

왕맹(王猛)의 개혁과 전진(秦)의 짧은 화북통일

전진(秦)의 성립

앞서 조(趙)의 멸망을 이야기하면서 351년에 저(氐)족이 독립하여 진(秦)이란 나라를 세웠다고 한 줄 언급한 적이 있다. 저(氐)족이란 강족의 지류로서 쓰촨성 북부에서 민족이 발원하여 깐수성 남부와 칭하이성 동부에 걸쳐 거주하던 민족이었다. 더 옛날에는 강족과 더불어 서융(西戎)이라고 불리던 민족이었다. 방금 말한 이 일대는 연평균 기온이 0도에 가깝고 평균 해발이 3천 미터가 넘는 산지와 고산 초원 지대이다. 이들은 자신들의 환경에 적합한 농경생활과 목축을 하며 지내던 정착민족이었다. 당시 사료에도 이들에 대해 언급이 있는데 이들은 밭을 일구고 양잠업과 양봉업 등을 하였고 말, 노새, 양들을 키우며 살았다고 한다. 그리고 이들의 수공업 기술이 꽤나 발달하였다고 쓰여 있다.

한족 정권이 혼란에 빠지자 이들도 다른 민족들과 마찬가지로 중국 본토로 향했고 점점 지금의 섬서성인 관동으로 근거지를 옮기게 되었다. 5호16국의 첫 포문을 연 국가인 '성(成)'이 쓰촨의 저(氐)족이 세운 국가라고 한 것을 기억할 것이다. 저(氐)족들도 여러 부족이 있었는데 성(成)을 세운 부족은 파저(巴氐)라는 지류였다.

한때 화북을 제패했던 저(氐)족은 안타깝게도 지금은 남아 있지 않아 이 민족의 생김새나 생활 습관을 볼 수가 없다. 5호16국 이후 이들의 일부는 한족에 동화되었고 일부는 강족에 흡수되었고, 또 일부는 남하하여 지금의 미얀마로 갔다는 설도 있다. 오늘날 이 민족의 후예를 굳이 찾자면 아름다운 숲속의 청정 호수로 유명한 쓰촨성 구채구(九寨沟) 일대의 고산지역으로 가야 한다. 이 일대에 거주하는 '백마장족(白马藏族)'이 저족의 후예들이라 알려져 있고 현재 약 2만여 명이 살고 있다.

오늘날의 섬서성을 근거지로 했던 저족들은 처음에는 독자적인 정권을 이룰 만한 세력이 없었다. 그래서 이들의 리더는 주민들을 이끌고 갈족의 후조에 투항하여 후조에서 이민족들을 관리하는 총독과 같은 자리를 하고 있었다. 그러다가 후조가 망하자 자신의 주민들을 이끌고 다시 관중으로 돌아와 351년에 진(秦)이라고 나라를 세웠다(전진). 당시의 화북은 나라의 크고 작음을 떠나서 모두 이렇게 제국을 선포하여 추장에서 하루아침에 일약 황제로 등극하곤 했다. 그러나 전진은 355년에 개국황제가 죽고 아들 부생(苻生)이 즉위했는데 부생은 석호보다 더 했으면 더 했지 그에 뒤지지 않는 폭군이었다. 5호16국 시기 이민족들에 의해 만들어진 국가는 거의가 2세에 와서 망나니 군주가 등극하는 양상을 보인다. 그런데 전진(秦)이 잘되려고 그랬는지 부생(苻生) 재위 3년째 되는 해에 사촌 동생인 부견(苻堅)이 정변을 일으켜 부생을 죽이고 자기가 황제가 되었다(357).

부견(苻堅)과 왕맹(王猛)의 만남

부견(苻堅)은 5호16국과 동진의 군주를 통틀어 가장 걸출한 군주였다. 그는 치국과 부국강병의 길을 항상 고민하였는데 한족의 선진적 사회시스템을 적극적으로 도입하고 한족의 인적 자원을 잘 활용하는 데 그 성공의 열쇠가 있다고 생각했던 것 같다. 5호16국의 많은 이민족 국가들이 한족과 이민족을 분리 통치하면서 한족의 제도적·인적 인프라를 활용하지 못하고 관리 미숙으로 단명하였는데 부견(苻堅)은 이를 제대로 본 것이다. 그리고 그의 안목이 빛을 발하게 된 것은 역사에 길이 남을 한 명의 정치가와의 만남에 있었다.

부견(苻堅)이 한족 지식인 왕맹(王猛)을 만난 건 그가 자기 사촌형인 부생을 죽이기 얼마 전이니 356년 정도로 추정된다. 이 둘은 서로를 알아봤다. 중국의 문헌에서는 '일견여고(一见如故, 첫 만남에서 옛 친구인 것처럼 잘 통하다)'로 이 둘의 만남을 표현하는데 이후로 이 둘은 유비와 제갈량을 능가하는 브로맨스를 보인다. 단지 유비는 제갈량보다 스무 살이나 많았던 것에 비해 부견은 왕맹보다 열두 살 어렸다.

가난한 한족인 왕맹은 한때 망태기를 만들어 팔며 생계를 유지할 정도로 가난했으나 세상을 향한 큰 뜻은 버리지 않고 있었다. 비록 가난했지만 이름이 알려지기 시작했고 그의 재능과 잠재력을 알아본 여러 정권에서 그를 영입하려 했으나 그는 응하지 않았다. 동진의 실권자 환온(桓溫)도 높은 관직과 연봉을 제안하며 그를 영입하려고 했지만 왕맹은 결국 이를 고사했다. 동진은 자기를 품을 무대가 아니라 생각했던 것이다. 이런 그가 부견을 한 번 보고는 두말 안 하고 성립된 지 얼마 안 된 이민족 정권인 진(秦)으로 간 것이다. 왕맹은 몇몇 정권에서 적당한 관직을 제안했을 때 현실과 타협을 하며 정치가로서의 경력을 쌓아갈 수도 있었지만 그런 선택을 하지 않았다. 그는 상황을 냉철하게 보며 자신이 뜻을 펼칠 수 있는 무대를 선택하고자 했다.

진(전진)이 제국을 선포한 후 얼마 안 되어 동진의 환온이 북벌을 추진하며 장안의 턱 밑에까지 와서 주둔하고 있었던 적이 있다(354). 때는 앞서서 말한 전진 성립 초기 동진이 건성으로 북벌을 하던 때이다. 이때 왕맹은 은거하던 산에서 내려와 동진의 진영을 찾아가서 환온을 만났다. 형식은 환온이 고용주로서 왕맹을 면접 보는 것이었지만 실은 환온이 자신을 품을 주군인지를 알아보러 가는 왕맹의 면접이었다. 왕맹은 환온과 대화를 나눈 후 그가 자신의 보스로서 적합한지에 대해 물음표를 단다. 반면 왕맹의 잠재력을 감지한 환온은 그에게 지역 사령관인 도호(都护)직을 제안하였고 그들이 철군하면서 왕맹의 집으로 자신의 마차를 보내 그들과 같이 동진으로 갈 것을 청하였다. 이때 그는 잠시 흔들렸으나 결국은 이를 거절하였다. 왕맹이 동진행을 택하지 않았던 이유에 대해서도 몇 가지 관점에서 분석해 볼 수 있다. 첫째로 자신의 고용주가 될 환온의 태도이다. 당시 환온이 이끄는 북벌군은 장안의 동쪽 파수(灞水) 강안에 주둔하고 있었다. 파수만 건너면 바로 장안인데 그들은 파수를 건너지 않고 대치 상태에 있었고 그 이유는 환온이 전진과 결전을 벌이고자 하는 마음이 없었기 때문이다. 자신의 병력 손실 없이 그저 거기까지 간 것으로도 조정에 생색을 낼 수 있었기 때문이다. 그것은 환온의 눈이 천하에 있는 것이 아니라 조정에 있다는 것과 동진 정부 역시 진취성을 잃었다는 걸 말해 주고 있었다.

환온이 왕맹에게 물었다. "나는 황제의 명을 받아 정예병 10만을 이끌고 우리를 배신한 역도들을 토벌하고 백성들을 폭정에서 구해 주러 왔다. 그런데 어찌하여 여지껏 진(秦)의 호걸들이 나를 찾아오지 않는 것이냐?" 왕맹이 말했다. "장군께서 먼길을 행군하여 파수까지 오셨습니다. 파수는 장안을 지척에 둔 곳인데 장군께서 군사를 움직이지 않고 있으니 백성들은 장군께서 혹시 다른 생각이 있으신지 의아해하고 있을 겁니다."

왕맹은 환온과의 대화를 통해 이런 질문을 유도하였고 환온이 시원스런 대답을 하지 못하자 그는 환온과 동진 정부에 물음표를 달 수밖에 없었다.

또 한 가지 이유는 동진의 정계가 문벌사회였다는 데에 있다. 제1권에서 서진의 정계가 문벌사회화된 배경과 과정에 대해 설명하였다. 동진은 서진의 뒤를 이은 정권이니 이들도 문벌들이 정치를 장악하고 있었고 왕맹은 자신 같은 한문(寒門) 출신이 승진하며 성공하기가 쉽지 않다는 판단을 했을 것이다. 학벌이 변변치 않지만 능력을 갖춘 자가 대기업의 고위 임원직으로 가느냐 신생 벤처기업의 경영자로 가느냐에서 후자를 택한 것이다.

부견은 왕맹(王猛)을 중용했고 왕맹은 온 힘을 다해 소신껏 자신의 능력을 발휘했다. 중용의 정도가 어느 정도였느냐 하면 왕맹(王猛)은 한 해에 무려 5번의 승진을 한 적도 있다. 초고속 승진 끝에 결국 재상과 대장군을 겸하는 위치에까지 올랐다. 물론 이 과정에서 저족 대신들의 시기와 견제가 있었는데 왕맹이 이를 극복할 수 있었던 건 선소제(宣昭帝), 즉 부견이 뒤에서 받쳐주고 있었기 때문이다. 당시는 아무리 깨끗해도 죄를 만들어 처단하는 건 식은 죽 먹기였던 시대이기 때문에 황제의 지원이 없이는 개혁을 소신 있게 추진하는 게 불가능했다.

중국 고대 역사를 통틀어 여섯 명의 역사에 길이 남을 개혁재상이 있다. 그런데 개혁 정치가가 뜻을 펼 수 있었던 것은 이들을 중용한 고용주가 있었기에 가능하다. 성공적인 국가 개혁에는 항상 개혁재상과 개혁군주, 이 둘이 필요충분조건으로 존재해야 하는 게 역사의 공식이다. 춘추시대 제환공(齐桓公)과 관중(管仲), 전국시대 진효공(秦孝公)과 상앙(商鞅), 삼국시대 유비(刘备)와 제갈량(诸葛亮), 그리고 지금 이야기하는 전진의 선소제(宣昭帝)와 왕맹(王猛)이 그들이다. 이들 재상들은 힘 있는 군주가 중용하고 후원해 주었기에 기득권의 반발을 극복하고 성공적으로 국가개혁을 이끌 수 있었다.

후에 나오는 북송의 재상 왕안석(王安石), 명나라의 재상 장거정(张居正), 이들은 그들이 하고자 했던 개혁안들을 놓고 봤을 때 개혁을 이끄는 인물로서 앞선 선배들에 비해 절대 뒤진다고 볼 수 없다. 그러나 그들의 개혁은 한계가 있었다. 개혁의 지지 기반이 약했고 그래서 기득권층의 거센 반발을 물리칠 수가 없었기 때문이다. 봉건군주제 하에서 개혁을 성공시키려면 개혁의 후원자로서 반드시 '최고권력자'

가 아니면 안 되었다. 이런 관점에서 전문 CEO 왕맹은 자신이 갈 회사가 대기업인지 중소기업인지, 처우가 좋은지 나쁜지를 따지기보다는, 심지어는 국적이 자민족인지 이민족인지조차 떠나서, 오너의 마인드를 최우선으로 보았고 자신의 뜻을 최대한 펼칠 수 있는 무대를 선택한 것이다. 여러 정권이 할거하는 시기의 개혁가에게는 이렇게 고용주를 선택할 기회가 주어졌다. 오기, 상앙, 제갈량, 왕맹이 그런 케이스이다. 물론 이들은 상황을 냉철하게 보고 자신의 고용주와 무대를 선택하는 안목이 있었기에 성공할 수 있었다. 그러나 통일 왕조 시대의 개혁가들에게는 오너를 선택할 기회가 주어지지 않았다. 여기에 통일왕조시기의 개혁과 할거 시기의 개혁에의 본질적 차이점과 난이도가 있는 것이다. 할거 시기의 개혁가들에게는 군사 전략전술에 대한 능력이 요구되었다. 즉 병법에 통달해야 했다. 하지만 통일왕조시기의 개혁가에게는 지지세력을 결집하고 반대파를 누를 수 있는 정치력이 더욱 요구되었다. 이는 700년 후 북송의 재상 왕안석에 의해 절실하게 확인된다.

왕맹의 개혁

새로 성립된 저족 국가인 전진(秦)에게 있어서 가장 시급한 문제는 무엇이었을까? 어느 정도 예측이 가능하다. 한족 정권은 그 안에서의 정치투쟁과 부패가 있긴 했어도 오랜 역사를 통해 법제 시스템과 정치 제도가 안착이 되어있었고 고도의 문화가 형성되어 있었다. 하지만 부락 단위의 씨족 집단 생활을 하다가 갑자기 국가를 세운 이들은 몸집에 걸맞는 법치 시스템과 문화 수준이 갖춰져 있지 않았다. 이들 부락 연맹에서 각 부락은 유력 집단(호족이라 통칭하겠다)에 의해 장악되었고 법보다는 관습과 호족의 말에 의해 움직였다. 고로 우선적으로 필요한 개혁은 사회의 법치 시스템을 확립하고 왕권을 강화하는 일이었다. 이러한 상황은 현대 기업 사회에서도 왕왕 맞닥뜨리게 된다. 갑자기 커져버린 신생 기업들은 경험과 고급 관리인력 부족으로 몸집에 걸맞는 관리체계와 규정, 직원들의 마인드가 갖춰져 있지 않아 관리 부실로 위기를 맞는 경우를 보게 된다.

또한 신생국가 전진을 둘러싼 대외 상황을 보면 결코 녹록지 않았다. 북쪽으로는 무서운 속도로 세력을 키우고 있는 투어바선비가 평성(平城, 현재의 따통大同)에 도읍을 정하고 남쪽으로 기회를 넘보고 있었다. 서쪽에는 오늘날 깐수성 지역에 한족 정권인 량(凉)이 있었고 또 저족의 다른 부락이 세운 수지(仇池)라는 정권도 있었다. 칭하이에는 무룽선비의 방계가 서진하여 세운 투위훈(吐谷浑) 정권이 있었다. 동쪽에는 업성을 수도로 한 강력한 무룽선비의 연(燕)이 버티고 있었다. 그리고 남쪽으로 건강(난징)을 수도로 한 한족 정권 동진이 있었다. 물론 이 밖에도 여러 군소 정권들도 있었다.

왕맹의 개혁은 크게 법치, 공무원 임용, 교육, 경제의 네 가지 방면에서 진행되었다. 법치를 확립하기 위해서는 법을 우습게 아는 지방 관리들을 손봐야 했고 이는 왕권 강화와 직결되는 일이었다. 법치 확립을 위한 왕맹의 부패한 관리 처벌은 700년 전 상앙이 했던 것만큼이나 급진적이고 파격적이었다.

왕맹의 개혁은 전국시대 진(秦)의 '상앙(商鞅)의 변법'과 유사한 듯하나 그는 무조건적인 법질서 수립보다는 지방 관리 라인의 기강을 엄하게 하여 민중들로 하여금 국가에 대한 신뢰를 갖도록 하는 데 중점을 두었다. 물론 이 과정에서 수많은 저족 관리들의 목이 날아났고 중앙으로 무수히 많은 투서가 들어왔지만 결국 황제 부견(苻坚)은 왕맹의 손을 들어주었다.

법질서와 공직 기강 확립을 위한 왕맹의 과감한 법 집행의 절정은 부견의 처남, 즉, 황후의 동생인 강덕(强德)을 죽인 일이다. 강덕은 법을 위반하고 주민을 핍박하고서도 어떠한 처벌을 받지 않았는데 이를 안 왕맹이 강덕을 체포하여 길거리에서 즉결처리한 것이다. 그리고 강덕의 시체를 시장 광장에 매달아 놓고 본보기로 삼았다. '부견이 이를 알고 부랴부랴 강덕을 풀어주라고 왕맹에게 명을 내렸으나 때는 이미 '선조치 후보고'한 후라 황제 부견도 어찌할 도리가 없었다'고 사료에 나와있다. 이 사건은 법치에 대한 왕맹의 결연한 의지를 보여주는 대표적인 사례로서 항상 등장한다. 하지만 약간의 역사적 상상을 덧붙이자면 이 일은 왕맹과 부견 간에 사전 묵인 또는 합의하에 진행되었을 가능성이 크다. 아무리 왕맹이라도 황후의 동생을 그렇게 쉽게 죽일 수 있었겠는가.

왕맹은 또한 한족과 다른 민족 간에 융합하도록 했으며 한족의 문화를 적극 흡수하고 교육을 강조했다. 강대국이 되려면 민중들이 무식함을 탈피해야 하고 민족 간의 반목이 없어야 인적 자원을 최대한 활용할 수 있다는 사상이었다. 왕맹의 개혁을 일일이 나열하진 않겠으나 그의 재위 시기 일련의 정치개혁, 경제개혁, 군사개혁, 사회개혁 등 국가 전반적 개혁이 진행되었고 전진(前秦)은 700년 전 상앙의 변법이 진(秦)을 확 뒤바꿔 놓았듯이 왕맹의 개혁에 의해 국가가 확 업그레이드된다. 상앙의 변법하에서는 민중들은 강한 법치로 인해 두려움에 떠는 생활을 하였지만 왕맹의 집정시기는 조금 달랐다. 사료에서는 이렇게 묘사한다. "关陇清晏, 百姓丰乐(나라가 깨끗하고 맑으니, 백성은 풍요롭고 즐거웠다)", 즉, 민중들이 국가에 대한 신뢰를 가지고 넉넉한 생활을 했다는 걸 알 수 있다.

전진(前秦)의 짧은 통일

전진은 전연을 접수하고자 오랜 기간 준비를 했다. 앞서 설명했듯이 369년 동진의 대장군 환온(桓溫)의 연(燕)에 대한 북벌이 시작되자 연(燕)은 전진(秦)에 파병을 요청하였다. 그러면서 그들은 지원의 대가로 호뢰관(虎牢关, 허난성 쩡저우시 부근) 서쪽 지역을 할양하겠다는 제안도 했다. 연(燕)을 향한 침공 계획을 하고 있던 전진(秦)으로서는 연을 도와줄 이유가 없어 보였고 많은 대신들은 "앉아서 연이 어떻게 망하는지 보고 있으면 되지 저들의 파병 요청에 응할 하등의 이유가 있겠소?"라고 했다. 하지만 이때 왕맹(王猛)이 나서서 지원 요청에 응하자고 한다. 황제를 포함한 모든 이들이 어리둥절하고 있을 때 그는 이렇게 설명하였다. "만약 진(晋)이 북벌에 성공하면 저희들에게 기회가 없어집니다. 그러니 일단 지원에 응하여 이들이 진(晋)에게 들어가지 않게 한 후 원기가 쇠약해진 연을 다시 공격하여 함락하는 건 쉬울 일일 것입니다." 이것이 중국 역사상 최초로 행해진 '선구후멸(先救后灭, 일단 구해줬다가 나중에 죽인다)' 전략이다.

전진은 왕맹의 계획대로 지원에 응했고 진·연 연합군은 동진의 북벌군을 막아내었다. 전진은 이제 연을 공격할 때가 되었다. 그러나 연의 맹장 무롱츄이(慕容垂)가 버티고 있는 게 부담스러웠던 중에 무롱츄이가 제 발로 진으로 망명해오는 일이 벌어졌다. 새로 즉위한 황제 무롱펑(慕容评)이 그를 팽 시키는 일이 벌어졌고 이에 뚜껑이 열린 무롱츄이는 연의 국방 기밀과 휘하 장수들을 모두 데리고 전진 행을 택한 것이었다. 게다가 이때 연은 제 무덤 파는 일을 계속 해댔다. 약속을 위반하고 진에게 할양하기로 한 땅을 주지 않은 것이다. 전진은 겉으로는 씩씩거렸지만 속으로는 미소를 짓고 있었다. 공격에 명분이 생긴 전진은 370년 연을 침공하였고 같은 해에 업성은 함락되었다. 연의 황제는 도망치다 생포되어 죽임을 당했고 이렇게 무롱선비 정권인 전연(燕)이 멸망했다.

전진의 화북 통일(383년 이전)

366~376년의 10년에 걸쳐 진(秦)은 화북의 모든 정권들을 병합하고 화북을 통일하였다. 동한 후기 이래로 통제권을 잃었던 서역도 전진(秦)에 의해 중국의 영토로 다시 편입되었다. 마치 전국시기 말 진(秦)이 6국을 병합했던 기세로 주변 국가들을 정복했고 이제 전진의 황제 부견은 전국통일의 야망을 꿈꾸기 시작한다. 왕맹은 상앙이나 제갈량을 롤모델로 삼았던 것 같고 부견은 자신이 진시황이나 한무제 같은 황제가 되길 바랐던 것 같다. 사람이나 국가도 이름 따라 가는 건지, 전진(前秦)의 운명은 자신들에게 이름을 빌려준 전국시대 진(秦)제국의 운명을 압축해 놓은 것 같았다. 전진의 화북지역 통일은 아쉽게도 7년밖에 지속되지 못하였는데 그 분수령이 된 운명적인 전투가 있으니 그것이 '비수전투'이다.

비수전투(淝水之战): 모든 것을 제자리로 돌려놓다

왕맹(王猛)은 18년간 전진 정부에서 소임을 다하고 51세의 나이로 세상을 떴다. 왕맹이 죽고 8년 후인 383년 11월, 부견은 112만 대군(아마도 끌어모을 수 있는 모든 군대의 수가 아닐까 한다)을 이끌고 남벌에 나섰다. 동진의 군대는 전부 다 해야 8만, 동진은 드디어 멸망이 눈앞에 다가온 듯했다. 양국의 군대는 회하(淮河)의 지류인 비수(淝水)라는 강을 두고 대치하였다. 오늘날 안회이성(安徽省) 서우현(寿县)이다. 여기서 중국 역사에서 믿겨지지 않는 전투가 벌어지는데 결론을 먼저 말하자면 전진이 대패하여 전진의 군대는 뿔뿔이 흩어졌고 이 전투를 계기로 전진이 급속히 몰락하게 된다. 중국 전투사에서도 길이남을 대표적인 '이약승강(以弱胜强)' 전투이다.

비수전투는 전진(前秦)과 동진(东晋) 양국 모두에게 운명적인 전환점이 되었다. 동진은 이 전투를 계기로 내부 결속을 다지고 화북과의 경계를 황하까지 올렸으며 비수전투 이래로 더 이상 화북 5호들의 공격을 받지 않게 된다. 그럼 전진은 어떻게 되었을까? 비수전투가 전진(前秦)에게 가져다준 운명은 처참했다. 전진은 비수전투 이후로 모래성이 무너지듯이 급속도로 붕괴되었다. 비수전투 패배 후 전진의 대군은 지휘체계가 붕괴되어 뿔뿔이 흩어졌고 전투가 끝나기가 무섭게 선비족, 강족 등이 기다렸다는 듯이 저마다 독립하여 이듬해인 384년에 화북은 다시 사분오열되었다. 이런 측면에서 비수전투는 5호16국을 전반기와 후반기로 나누는 기점이 되기도 한다.

무룽츄이(慕容垂)가 무룽선비족들을 긁어모아 옛날 연의 자리에 다시 연(燕)을 부활시켰다(후연). 그리고 무룽선비의 또 다른 파에 의해 서연(西燕)이 세워졌고, 치푸궈런(乞伏国仁)이라는 이름의 또 다른 선비족은 서진(西秦)을 세웠다. 부견의 참모장이었던 강족출신 요장(姚苌)이라는 자가 후진(后秦)을 세웠고, 서역을 점령하고 돌아오던 저족출신 장군 여광(吕光)[7]이 부견이 죽었다는 소식을 듣고 깐수성에서 후량(凉)을 세웠다. 그리고 북쪽 내몽고 지역에서는 투어바(拓跋)선비의 대(代)왕국이 기지개를 펴고 있었다. 이들은 본래 그리 힘있는 세력이 아니었기에 전연의 속국으로 있었는데 비수전투 2년 후인 386년에 '위(魏)'로 개명을 하고 독립왕국을 선포하였다. 비수전투 후 3년 안에

---

7) 비수전투가 벌어지기 1년 전인 282년에 황제 부견은 저족 장수 여광으로 하여금 서역을 점령하도록 명하였고 이때 서역이 다시 잠시 중국의 판도로 들어온다.

이렇게 여섯 나라가 수립되었고(그중 네 나라가 선비족) 쪼그라든 전진과 남쪽의 동진을 포함하여 8국이 병립하는 국면이 펼쳐진다.

비수전투 후 전진의 수도 장안은 선비족들에게 포위되었고 물자 공급이 끊긴 장안에는 굶어죽는 사람이 속출했다. 부견은 아들에게 장안을 맡기고 자신은 가족들을 데리고 빠져나와 서쪽으로 가려 했다. 깐수성에 거주하고 있는 저(氐)족들을 모아서 반격하고자 했던 것이다. 하지만 얼마 가지 못하여 오장산(섬서성 치샨현岐山县)에서 자신의 강족 출신 참모장 요장(姚萇)이 세운 후진(后秦)의 군대에 의해 잡혀서 정광사(静光寺)로 보내졌다. 요장은 과거 큰 잘못을 하여 사형을 당할 지경에 처해 있던 것을 부견이 너그러이 용서하여 살아났고 그 후 중용되어 참모장까지 했던 사람이다. 요장은 부견을 협박하며 황위 선양을 강요했으나 부견은 이에 응하지 않고 자신의 두 딸을 스스로 죽였다. 자신이 죽은 뒤 요장에게 욕을 보이게 될 것이기 때문이었다. 요장은 부견을 목매달아 죽였고 황후는 자살하였다.

전진의 패망 원인

객관적인 전력만 놓고보면 비수전투의 결과는 참으로 미스테리하다. 새로 개성된 중국의 중능 역사 교과서에 비수전투가 들어가서 거의 한 페이지를 할애하고 있을 정도이니 중국 역사에서, 특히 한족 중심의 역사에서 얼마나 중요하고 분수령이라 여기는 사건인지 알 수 있을 것 같다. 그도 그럴 것이 비수전투는 전 중국이 이민족에 의해 점령되는 것을 막은 사건이기 때문이다. 그러므로 우리도 전진이 비수전투에서 패배한 원인과 패배 후 급속도로 붕괴된 원인을 들여다봐야겠다.

전진 패망의 가장 주요한 요인은 사회 통합이 안 된 상태에서 너무 서둘러 남진을 준비한 데에 있었다. 전진은 비수전투가 있기 전 불과 10년 사이 연(燕), 량(凉), 대(代) 그리고 저족의 다른 파가 세운 수지(仇池)국 네 개 국가를 멸망시켰다. 그리고 원정대를 보내 서역을 평정했고 두 차례에 걸쳐 동진을 공격했다. 전진의 화북 통일은 군사적 병합이었을 뿐 이들은 엊그제까지만 해도 서로 총칼을 겨누던 상대였다. 광할한 화북은 또 언제 다시 저마다 독립할지 모르는 시한폭탄 같은 존재였고 당연히 사회적 통합이 필요했다. 왕맹이 임종 전에 부견에게 이 점을 간곡히 간언했었다.

"폐하, 지금 우리가 직면한 가장 큰 적은 남쪽의 한족이 아닙니다. 우리에게 있어서 적은 화북의 여러 민족들입니다. 위기는 반드시 폐하께서 병합한 여러 민족들에게서 나올테니 동진 정벌을 서두르지 마시고 여러 민족들과의 통합과 사회 안정을 도모하십시오."

지극히 맞는 말이다. 그렇지만 역사에서 또는 현재 우리 사회에서도 (또는 우리 주위에서도) 왕왕 결정권자들이 두는 '중대한 악수'를 보게 되는데 그것은 대부분 리더들의 '조바심'이나 '자기도취' 때문이다. 사실 이를 '조바심'이나 '욕심'이라고 치부해 버리기엔 세상 만사가 그리 간단치만은 않다. 승기를 잡았거나 분위기가 자기 쪽으로 왔을 때 밀어붙이느냐, 아니면 쉬어가느냐의 사이에서 리더들은 고민하게 되고 어느 것이 맞느냐는 자신이 처한 내외부 사정에 따라 다르다. 여기서 상황을 아주 냉정하고 객관적으로 보면서 정확한 판단을 내리기란 정말로 쉽지 않은 일이긴 하다. 부견이 왕맹이 말한 이치를 수긍 못하진 않았을 거라 생각한다. 그러나 역사를 보면 참모들이 말한 이치를 따르지 않고 오너 자신의 예리한 감과 뚝심으로 밀어부쳐서 성공한 경우도 많이 있긴 하다. 만약 비수전투를 전진이 승리했으면 역사는 부견의 황제로서의 뚝심을 칭송했을 것이다. 그러나 지금 말하는 전진의 상황에서는 부견이 자기가 만든 제국에 도취되어 사상누각과 같은 내부 현실을 과소평가했다고밖에 볼 수 없다. 조금만 더 하면 될 것 같은 상황에서 냉정하게 한 발 물러서기란 정말로 쉽지 않은 일이다. 성공에는 항상 '자기도취'라는 악마와 같은 친구가 동반되기 마련인데 리더들이 냉정한 판단을 내리지 못하고 보고 싶은 것만 보고, 또 듣고 싶은 것만 듣는 것은 다 이 '자기도취'에 굴복해서이다. 결국은 각 민족의 수장들은 저마다 딴 생각을 하고 있었고 한 번의 전투에서 패배하자 저마다 자기 민족들을 이끌고 뿔뿔이 흩어지는 상황이 벌어졌다.

둘째, 부견은 왕맹이 죽은 뒤 중대한 조치를 취했는데 이것이 결과적으로 악수가 되었다. 관중에 거주하는 저족들을 지방 군사 요충지로 이동시키고 다른 민족을 중앙으로 불러들이는 민족 거주지 개편을 감행했다. 그 취지에 일리가 없는 것은 아니었다. 충성도가 높은 저족 주민으로 하여금 거점지역을 지키도록 하고 충성도가 낮은 다른 민족을 중앙 통제권하에 둔다는 취지이다. 그러나 이것은 자기 지지 기반이 강할 때나 가능한 것이지 저족의 수가 절대적으로 적은 상태에서, 즉 지지기반 수가 적은 상태에서는 그나마 있는 지지층과 자기 친위 병력을 지방 오지로 뿔뿔이 흩뜨려 놓는 결과를 가져왔다. 그리고 선비족과 강족을 관중으로 모았으니 일단 이들이 딴 마음을 품기만 하면 장안의 근거리에서 순식간에 큰 병력을 결집시킬 수 있는 조건을 만들어 준 결과가 되었다. 자신의 헛점을 냉철하게 보지 못한 이러한 조치도 부견의 자기도취의 산물이라 말할 수 있겠다.

셋째, 다른 민족의 수장들을 너무 쉽게 중용했다. 이는 부견의 성격이나 리더십의 스타일과 관련이 있다. 부견은 부하들의 잘못에 너그럽고 포용하는 리더십을 보여왔다. 이는 그의 장점 중 하나였는데 리더가 부하의 잘못을 덮어주고 신뢰하는 모습을 보일 때면 부하들은 이에 감동하여 더욱 충성하고 조직이 화합할 수 있다. 황제의 이런 용인(用人) 스타일은 전진이 정복전쟁을 벌이기 전에는 저족 내부적 갈등을 조정하고 화합하는데 큰 도움이 되었다. 그런데 전쟁을 통하여 굴복시킨 상대국의 핵심 인물들을 전부 포용하고 또 제국의 핵심 자리에 앉히는 건 불안의 씨앗을 심어놓는 것이나 마찬가지였다. 굴복한 사람은 앙금을 가지게 되어있고 겉으로는 충성하는 것처럼 보여도 앙금은 쉽사리 없어지지 않는 법이다. 부견은 자기 지지기반(저족)이 절대적 소수라는 점을 항상 잊고 있었던 같다. 고대 역사를 보면 전쟁에 패배한 나라의 도성에서는 항상 승리국에 의한 도륙과 방화가 자행되었는데 이는 잔인하긴 하지만 후환을 없애기 위해 때에 따라서는 필요한 조치이기도 했다. 전진에 굴복한 타 민족 정권의 리더들은 저마다 딴 생각을 하고 있었지만 이들은 인자하기 그지 없는 부견에 의해 전진의 핵심 보직에 기용되어 국가 기밀에 대한 접근과 지휘권을 가지고 있었다. 대표적인 사례가 연(燕)에서 투항해 온 무룡츄이(垂)를 중용한 일이다. 진이 연을 칠때 왕맹이 총지휘를 맞았고 투항한 무룡추이가 선봉장이 되었다. 이때 왕맹은 무룡추이의 위력을 실감했고 그가 일심으로 부견에 충성하지 않을 것이라는 것을 알고 있었기에 부견에게 무롱추이를 제거할 것을 간언하였다. 그러나 왕맹의 말이라면 뭐든지 다 수긍하였던 부견도 이 일만은 받아들이지 않았다. 부견은 '무롱추이'라는 거물급 적장을 받아들인 것을 다양한 인재영입과 자신의 너그러움에 대한 본보기로 삼으려고 하였고 그를 죽이는 건 자신의 원칙과 명성에 흠이 간다고 생각했기 때문이다.

왕맹의 우려는 현실이 되었다. 비수전투로 전진의 여러 군단이 큰 손실을 입었음에도 유독 무롱추이가 이끄는 선비족 군단 3만은 아무 손실을 입지 않았고 이들은 곧바로 반란군이 되었다. 투항한 적장의 과거를 덮어주고 자기 사람으로 만드는 일은 좋은 일이다. 그런걸 아주 잘했던 리더가 바로 조조(曹操)이다. 그래서 조조의 밑으로 능력있는 사람들이 많이 모였다. 그런데 조조와 부견은 자기 세력 기반의 두터움과 그 견고함에 있어서 비교할 수 없는 차이가 있다는 점을 지적하지 않을 수 없다.

넷째, 오랜 전쟁으로 군대와 국민이 지쳐 있었다. 부견은 시간을 두고 전쟁을 준비했어야 했다. 정복 전쟁으로 탕진한 국가 경제를 회복시키고 국민을 쉬게 하는 게 필요했다. 112만이라는 어마어마한 대군을 소집하긴 했지만 이는 전쟁에 찌들고 지친 오합지졸들이었고 여러 민족의 군대를 합쳐 놓은 것에 지나지 않았다. 실제 전투에 투입이 가능한 군대는 20만에 불과했다고 한다. 뿐만 아니라 민중의 지지를 받는 전쟁도 아니었다.

개혁사 외전 Ⅲ

고구려와 무룡선비의 질긴 악연

다음 세기(5세기)로 넘어가기 전에 한반도 상황을 짚고 넘어가겠다. 4세기는 중국에서 5호16국의 혼전이 한 세기 내내 이어졌던 시기이므로 이들 비한족 정권들 간의 세력 판도 변화에 따라 고구려와 인접한 무룡선비의 정권도 부침이 있었다. 이 시기 고구려의 역사는 무룡선비가 차례로 세운 연(燕) 국가들(전연, 후연, 북연)과의 투쟁의 역사이며 고구려는 화북의 세력 판도 변화에 따라 연을 견제하기 위해 타 정권과 현명한 외교정책을 취해야 했다.

본 장은 1권의 '개혁사 외전 Ⅱ'와 이어진다. 앞편에서 313년 고구려와 백제의 낙랑군 축출까지 이야기하였고 지금부터 이야기하고자 하는 것은 16대 고국원왕(331~371), 17대 소수림왕(371~384), 18대 고국양왕(384~391) 그리고 19대 광개토대왕(391~413)[8]이 재위했던 시기의 일들이다.

---

8) 괄호 안은 재위기간이다.

고구려의 힘겨운 대외투쟁

16대 고국원왕 재위 시기(331~371)는 무룡선비의 전성기였다. 337년에 연왕국이 세워지고 352년에 이들은 연제국을 선포하였다. 고국원왕은 아마도 고구려 역대 왕들 중에서 가장 힘들고 비참한 시기를 보낸 왕이 아닐까 한다. 그의 어려움은 서쪽에서뿐만이 아니었다. 그의 재위 시기 백제는 걸출한 정복군주 근초고왕의 지휘하에 있었기에 고구려는 남쪽으로부터의 공격에도 시달려야 했다.

태자시절 아버지 미천왕이 무룡선비와 힘겨운 싸움을 하는 것을 보아왔던 고국원왕은 재위 후 이에 대한 나름의 군사적 외교적 준비를 했다. 그리고 연(燕)을 견제하고자 석륵(石勒)의 조(趙)에게 다가갔다. 조나라는 고구려에 병력과 물자를 원조하는 한편 고구려와 협공하여 연을 칠 준비를 하고 있었다. 그런데 이를 안 연이 동진과 연합하여 조의 발을 묶어놓은 후 조를 역으로 공격하여 타격을 입혔다.

이 시기 화북의 세력판도와 외교관계를 다시 한번 상기해 볼 필요가 있다. 한때 화북을 거의 점령했던 조(趙)는 석륵(石勒) 사후 급속히 쇠망의 길로 빠져들었고, 요하지역에서 무룡선비의 연(燕)이 새로운 강자로 떠오르고 있었다. 이때까지만 해도 건강(난징)으로 피난한 한족정부 동진과 연은 전통적인 우방이었다. 동진의 전신인 서진이 흉노와 갈족 정권인 조(趙)에 의해 멸망하였으므로 동진은 조나라 보기를 형을 죽인 원수로 생각했을 것이다.

4세기 전반기는 쇠락하는 갈족정권 조(趙), 떠오르는 선비정권 연(燕), 남쪽의 한족정권 진(晋), 그리고 한반도 북부의 고구려, 이 네 세력 간의 전략적 이익과 우방관계의 메커니즘이 얽혀 있던 시기였다. 그러나 조나라가 짧은 전성기를 마치고 쇠망의 길로 가면서 화북의 판도변화, 동맹관계 그리고 내부 리더십의 삼박자가 전연에게 유리하게 형성되어 가고 있었고 제아무리 용맹한 고구려라 하더라도 국운 상승기의 전연을 당해내기에는 역부족이었다.

342년, 전연의 대대적인 고구려 침공이 이루어진다. 이는 단순히 고구려가 조와 동맹을 맺은 것에 대한 보복차원이라기보다는 연의 남하를 위한 필연적 수순이었다. 고구려는 연이 마음놓고 남하하여 중원을 공략하기에는 항상 뒤통수를 시리게 만드는 존재였다. 그래서 전략적으로 고구려를 먼저 공략하는 게 필요했을 것이다.

고구려는 선전했으나 전술적 착오로 인해 결국 이들을 막아내지 못하고 수도인 환도성(지린성吉林省 지안시集安市 소재)은 무참히 짓밟혔다. 고국원왕은 군사를 이끌고 근거지를 옮겨 항전하였고 전쟁의 장기화를 꺼린 전연의 창업자 무롱황은 환도성을 불사르고 수많은 고구려 백성들을 포로로 잡아서 철군하였다. 이때 고국원왕의 아버지인 미천왕의 무덤이 파헤쳐지고 시신이 강탈되었으며 태후와 왕비도 인질로 끌려갔다. 고구려가 보복 공격을 하는 것을 막기 위해서였다. 정사로 인정받진 못하고 있지만 박창화의 필사본《남당유고》에 의하면 이때 고국원왕의 왕비 해소후가 무롱황에게 겁탈당해 아이를 임신하였고 그가 후에 광개토대왕의 아버지인 고국양왕이 되었다고 한다. 이 주장에 의하면 고국원왕의 다음 대인 소수림왕과 고국양왕은 같은 배에서 나왔지만 아버지가 다른 형제이다. 그렇다면 고국양왕은 선비족 피가 반이 섞인 사람이고 그의 아들인 광개토대왕도 무롱선비의 피가

1/4 섞인 사람이라는 말이 된다. 고국원왕의 왕비가 무롱황이 철군할 때 궁녀로 데려간 것까지는 사실이므로 이는 정황상 충분히 있을 수 있는 일이라 생각된다. 정사로서 인정받지도 못하는 이 이야기를 꺼내는 건 다름이 아니라 고구려가 무롱선비 집단에 얼마만큼 깊은 원한을 가지고 있었을지, 아버지의 무덤이 파헤쳐지고 어머니와 아내를 인질로 빼앗긴 고국원왕의 치욕과 슬픔이 얼마나 컸을지를 느껴보고자 함이다.

그로부터 3년 후인 345년에 연은 부여를 공격하였고 이때 이후로 부여는 사실상 붕괴의 길을 걷는다. 수만 명이 포로로 잡혀갔고 일부는 동부여로 갔고 일부가 고구려 영토에 들어와서 고구려로부터 일정 지역을 떼어받아 거기서 살았는데 일종의 망명정부라 볼 수 있다.

한편, 전성기를 맞이한 백제는 근초고왕 때에 고구려를 향해 북진하면서 고국원왕을 괴롭혔는데, 371년 고국원왕은 평양성을 침공한 백제군과 싸우다 화살을 맞고 전사한다.

소수림왕과 전진(前秦)의 밀월 관계

17대 소수림왕의 재위 기간은 371~384년이다. 소수림왕의 재위 연도를 먼저 언급하는 이유는 소수림왕 즉위 1년 전인 370년이 고구려의 숙적인 전연이 전진(秦)에 의해 멸망한 해이기 때문이다. 전연과의 힘든 시기는 전부 아버지인 고국원왕의 몫이었고 소수림왕은 외부로부터 위협에서 한결 홀가분한 상태에서 국정을 돌볼 수 있었다.

잠시지만 화북을 완전히 통일한 전진은 고구려와 우호관계를 유지하였다. 연(燕)은 고구려와 전진 두 국가에게 공동의 적이었으므로 연을 패망시키고 화북을 통일한 전진과 고구려는 관계가 좋을 수밖에 없었다. 그러나 전진은 383년 비수전투로 인해 공중분해되는데 이때는 소수림왕이 죽기 1년 전이다. 다시 말하면 소수림왕의 재위 시기는 중국에서 전진(前秦)이 5호16국을 평정하고 화북의 통일정권을 유지하였던 시기와 거의 일치한다. 그나마 소수림왕은 운이 좋았다. 전진 덕분에 무롱선비의 위협에서 벗어나서 군사적 충돌 없이 보낼 수 있었고 국가 정비와 체제 강화에 더욱 신경을 쓸 수 있었기 때문이다.

소수림왕의 가장 큰 미션은 연과 백제와의 전쟁으로 황폐화된 국가를 재건하고 정비하는 일이었다. 소수림왕은 본인에게 주어진 이 미션을 아주 잘 수행하였고 고구려는 회복과 안정을 되찾았다. 고구려와 전진과는 궁합이 잘 맞았던것 같다. 그도 그럴 것이 회복이 급선무인 고구려로서 외부와 대립하는 외교정책은 피해야 했고, 무롱선비 정권이 없어진 마당에 더 이상 전쟁을 할 이유도 여력도 없었기 때문이다. 그래서 고구려는 전진에 적극적인 화친정책을 펼친 결과 전진과 수교를 하고 전진으로부터 불교와 유교를 수입하였다. 당연히 이 두 종교의 도입은 정치적 목적에 있었다. 불교는 백성들의 사상을 통합하고 전쟁의 상처를 치유하는 데 필요했고, 유교는 통치계급을 하나로 묶는 데 필요했다.

고구려 vs 후연

18대 고국양왕(384~391)은 소수림왕의 동생이자 광개토대왕의 아버지이다. 소수림왕의 국가 재건과 중앙집권 강화로 이제 고구려는 다시 전쟁을 할 수 있는 나라가 되었고 전보다 훨씬 강해졌다. 비수전투가 일어난 게 383년이니 고국양왕이 막 즉위했을 때의 중국은 전진이 붕괴되고 화북이 한창 재분열되는 와중이었다. 그 말인즉슨 무롱선비와의 악연이 다시 시작될 수 있다는 뜻이다. 중국이 재분열되면서 무롱선비의 '연(燕)' 정권은 부활하였고(후연) 고구려는 이들과 요동을 두고 또다시 밀고 밀리는 싸움을 시작한다.

최초의 전쟁은 385년 고구려의 선공으로 시작되었다. 고구려의 4만 군대는 후연이 차지하고 있는 요동과 현토군을 점령하는 데 성공하였다. 그러자 이듬해에 후연이 반격하여 다시 이 지역을 내주고 만다.

고국양왕은 후연과 백제를 향해서 공세적 입장을 취하였으나 뚜렷한 영토적 성과를 내지는 못하고 뺏고 뺏기는 싸움을 했는데 이는 후연의 군사력이 여전히 막강했기 때문이다. 후연이란 나라는 384년에서 407년까지 지속되었는데 초기에는 꽤 잘나갔다. 그러다가 이들의 세력이 급격하게 줄어드는 분기점이 된 사건이 있었으니 그것은 396년 북위의 중산(후연의 수도, 오늘날 허베이성 띵저우시定州市) 점령이었다. 이때 고국양왕은 아쉽게도 이미 저세상 사람이었고 광개토대왕 재위 때의 일이었다.

전연의 영광을 되찾을 것만 같았던 후연은 내몽고 정북쪽에서 질풍과 같은 기세로 남하하는 투어바선비를 당해낼 수가 없었다. 북위의 개국황제 투어바꾸이(拓跋圭)는 북위제국을 선언하고 후연이 차지하고 있던 중원지역을 꿰차 앉았고 후연은 자신들의 원래 근거지인 요하지역으로 되돌아갈 수밖에 없었다. 고국양왕은 강한 후연을 상대했었고 그 뒤를 이은 광개토대왕이 상대한 후연은 북위의 공격을 받아 힘이 빠진 상태였다.

광개토대왕과 고구려의 요동점령(397년)

광개토대왕(재위 391~413, 본명 고안高安9))은 사실상 한국사 유일의 정복 군주이다. 17살에 즉위해서 39살에 죽었는데 당시 평균 수명을 고려하더라도 젊은 나이에 세상을 뜬 셈이다. 광개토대왕 재위 시기의 중국은 전진이 무너진 후 화북에 일곱 개의 비(非)한족 정권이 경쟁하고 있었고, 그 와중에 투어바선비가 세운 '위'의 남하가 본격화되던 시기였다. 396~397년에 걸쳐 북위는 후연의 수도인 허베이성 중산을 함락시키고 후연을 요하지역으로 몰아내면서 화북의 새로운 강자로 자리를 굳혔다.

전성기의 고구려

---

9) 광개토대왕의 본명은 '고안(高安)'이고 '담덕'은 별명이다.

광개토대왕의 고구려는 동서남북을 가리지 않고 활발한 정복전쟁을 벌였다. 후연과는 치고 받는 힘겨운 싸움 끝에 요동을 점령하였고 (397), 숙신(읍루)과 동부여를 정벌하였으며, 오랫동안 고구려의 위성국이었던 옥저, 동예를 완전히 병합했다. 그리고 남으로는 백제를 공격하여 한강까지 진출하였다.

고구려의 요동점령은 광개토대왕의 주요 업적 중 하나이자 우리의 영토사에 있어서 매우 중요한 의미를 가지는 사건이다. 고구려는 성립이래로 계속해서 요동을 향해 손을 뻗쳐왔으나 강대한 중국의 통일 왕조와 무롱선비 정권의 맹렬한 방어로 요동을 손에 넣었던 시간이 그리 길지 않았다. 그도 그럴 것이 요동반도를 내주면 육로로나 해상으로나 적을 코앞에서 맞이하게 되는 것이기 때문에 중국 입장에서는 이 지역을 절대 양보할 수 없었다. 이로써 동북의 핫스팟인 요동은 광개토대왕 때 고구려의 영토가 되어 고구려가 멸망하기 23년 전인 645년까지 약 250년간 고구려 영토로서 지속된다.

407년에 후연의 마지막 왕 무롱시(慕容熙)가 내부 정변으로 끌어내려지고 무롱원(慕容云)이 새로운 왕으로 추대되면서 국호가 북연(北燕)으로 바뀌었다. 무롱원은 선비족으로 귀화한 고구려인으로 본명은 고운(高云)이다. 광개토대왕의 고구려와 무롱원의 북연은 '우리 동포끼리 이러지 맙시다'라며 서로 화친을 맺었다. 이로써 무롱선비와 고구려와의 끈질긴 군사충돌은 여기서 끝을 맺는다.

선비족 정권의 탄생

29장
북위(北魏)의 성립

남북조 시대란

4세기가 무롱(慕容)선비와 저(氐)족의 시대였다고 하면 5세기부터는 드디어 투어바(拓跋)선비의 시대가 펼쳐진다. 그리고 이들은 5호16국 시대의 최종 승리자가 된다. 북위는 386년에서 534년까지 148년을 존속해온 선비족 왕조이다. 북위 역시 당시 이름은 '위(魏)'였다. 구분을 위해 후세 사가들에 의해서 북위라고 불려왔다.

남북조 시대란 화북에서는 비한족 통일정권, 화남에는 한족 통일정권, 이렇게 두 제국이 대치되는 양상이 장기간 지속된 시기를 말한다. 북조와 남조 간에는 전투가 벌어지곤 했지만 본질적으로 중국이 오랜 분열 후 보여줬던 구심력이 아직은 작동하고 있지 않았다. 이들 두 왕조는 자기가 중국의 반쪽을 차지하고 있다는 것에 만족하고 있는 듯했다. 북위는 화북 통일 후 더 이상의 확장보다는 한족과의 사회통합이 절실했고 남조에 차례로 세워졌던 한족 정권들은 스스로의 정치불안으로 통일을 추진할 만한 힘도 의지도 없었다.

화북은 북위가 150년 가량 통일왕조로서 지속하다가 534년에 동위(东魏), 서위(西魏)로 분열되고, 550년대에 양국의 황위가 찬탈되어 제(齐)와 주(周)로 이름이 바뀌었다. 이렇게 하여 생긴 북위(北魏), 동위(东魏)·서위(西魏), 제(齐)·주(周)[10]의 다섯 개 선비족 왕조를 북조(北朝)라 칭한다. 후에 북주(周)의 양견(杨坚)이 황위를 찬탈하여 수(隋)를 건립하였고(581) 뒤이어 남조를 멸망시키면서(589) 적벽대전 이후로 장장 380여 년간 지속되었던 대분열 시대가 막을 내리고 중국은 다시 통일왕조 시대를 맞이한다. 그러고 보면 수(隋)왕조는 30여 년밖에 존속하지 못했지만 긴 중국 역사 속에서 막대한 역할을 하고 간 왕조이다.

남조는 420년에 동진이 멸망한 후 송(宋), 제(齐), 량(梁), 진(陈) 이렇게 네 개의 한족 왕조가 589년까지 차례로 이어졌다. 이들 네 개 왕조는 앞뒤 역사 속에 나오는 동명이국(同名異國)과의 구분을 위해 후세 사가들에 의해 유송(刘宋), 남제(南齐), 남량(南梁), 남진(南陈), 이렇게 불리기도 한다.

동진을 제외한 남조 네 개 왕조의 존속 기간은 유송 59년, 남제 23년, 남량 55년, 남진 32년으로 전부 단명했다. 그만큼 이들 왕조들의 정치가 불안하고 황권이 약했으며 지도층이 부패했다는 걸 의미한다. 정변에 의해 황위가 찬탈되었을 뿐 왕조의 간판이 내려지고 다시 걸리는 것이 백성들에게는 주는 의미는 아무것도 없었다. 5호16국이 열린 이래로 화남으로의 대규모 인구 유입이 일었고 이는 화남을 경제, 문화적으로 발전시켰지만 이들 화남 한족 정권들의 정치는 발전하지 않

---

10) 이때 만들어진 제(齐)와 주(周)를 구분을 위해 북주와 남주로 칭한다.

왔다. 이들의 정치는 귀감을 삼을 만한 게 별로 없었고 중국 역사에서 폭군이 가장 집중적으로 나온 시기이기도 하다. 그러니 많은 사람들이 남조의 역사에 대해선 잘 모르는 게 전혀 이상하지 않다. 정치가 불안하고 통치계층이 부패했을 때 문학과 예술은 오히려 발전한다. 그래서 남조 시기 많은 문학가, 예술가들이 출현했고 이들은 훌륭한 작품을 남겼다.

과거 국내에 출시된 많은 역사 관련 서적에서 남북조 시기는 한족 정권인 남조 위주로 이야기를 풀어온 것 같다. 이는 중국의 교과서와 역사서들이 한족 정권인 남조를 시대의 정통으로 보아왔고 동시대 중국의 절반 이상을 통치했던 이민족 정권의 이야기는 별로 하고 싶지 않았기 때문이다. 그리고 외국의 역사서는 중국의 것들을 토대로 할 수밖에 없었다.

그러나 남북조 시기에 북조와 남조 중 누가 정통이냐에 대해선 조금 다른 시각을 가질 필요가 있다. 정통 한족을 누가 이었냐고 하면 이는 당연히 사마씨가 난징에 망명 정부를 세우면서 시작한 남조 정권이다. 하지만 누가 더 당대의 주류였으며 누가 더 후대와의 연결고리가 강한지를 말한다면 이야기가 달라진다. 먼저 영토로 봐서 북위가 남조 정권보다 훨씬 컸다. 힘의 세기로 본다고 해도 마찬가지이다. 북위의 3대 황제 태무제의 남정 이후로 남조 정권은 북위와의 무력 충돌을 피하고 조공을 하는 화친외교를 유지했다. 그리고 결정적으로 대분열 시기를 종식하고 중국을 다시 통일한 수(隋)왕조는 북주(周) 정권이 기반이 되어 건립된 왕조이다. 수왕조를 창건한 양견(楊建)은 집안 대대로 북주(周)의 군사 귀족가문이었으며 그 자신은 북주 황실의 외척이었다. 그리고 그 뒤를 이은 당 역시 창업그룹이 북주, 수에서 이어진 관롱그룹이므로 중국 제2제국과의 혈맥으로 따지자면 선비족 계열의 북조(北朝)가 더 정통이라 할 수 있겠다.

투어바선비의 남하

투어바(拓跋)선비는 선비족의 한 지류이다. 이들에 대한 이야기를 하기 전에 먼저 선비족이 어떤 이들이었는지에 대해 이야기해야겠다. 중국이 진과 서한 시대를 거칠 때 초원의 주인공이 흉노였다면 동한 중기부터는 이들 선비족이 초원의 주인공이 되었다. 그리고 5호16국 시대에 이들이 남하하여 설립한 국가는 10개에 달했고 그중 하나는 중국의 절반을 150년이나 장악하였다. 그러나 아쉽게도 현존하는 중국의 56개 민족 중에 선비족은 찾아볼 수 없다. 이들은 어디로 간 것일까?

이들은 춘추전국 시대에는 동호(东胡)[11]라 불리던 민족이었다. 호(胡)는 북쪽의 유목민족을 통칭한다. 그러니 동호는 오늘날의 네이멍구자치구 동쪽과 동북3성 지역에 살던 민족들을 말한다. 여기에는 선비, 오환, 숙신, 예맥 민족 등이 있었고 부여도 위치로 봐서는 동호 민족에 속한다고 볼 수 있겠다. 그러나 동호를 산동성과 발해만, 그리고 한반도 지대의 민족을 지칭하는 동이(东夷)와 헷갈려서는 안 된다.

---

11) 선비족의 기원에 대해서는 여러 학설이 있고 이 책에서 말하는 동호설은 그중 하나일 뿐이다.

선비족은 바나나처럼 생긴 오늘날의 네이멍구자치구 동쪽 끝단에 거주하던 민족이었다. 흉노의 전성기 때 선비족은 흉노의 부속 민족이었다. 앞서서 갈족도 흉노의 노예민족이었다고 했듯이 흉노는 여러 민족들을 복속시키고 이들을 엮어 연맹 체제을 이루었으니 큰 범위에서는 선비족, 오환족, 갈족 그리고 더 뒤에 나오는 유연족도 한때는 흉노 연맹의 일부였다고도 할 수 있겠다.

선비족의 발원지

위의 지도에서 동그라미 처져 있는 지역이 선비족의 초기 거주지대이다. 이곳은 대흥안령(大兴安岭)이라는 중국의 최북단에 위치한 고산 초원과 산림지대이다. 남북으로 1,400킬로미터, 동북으로 200킬로미터 정도의 크기이고 평균 해발 1,100~1,400미터로 그리 높지는 않으며 원시 침엽수림과 초원, 맑은 강과 호수가 있는 사람이 거의 안 사는 청정지대이다. 바로 위로는 러시아와 접해 있다. 이곳은 평균기온이 영하 4도이고 겨울에는 영하 30~40도까지 내려간다. 선비족의 발원지는 이곳이었지만 이들은 곧 남하하여 오늘날의 내몽고 후룬베이얼(呼伦贝尔) 초원 지역을 주무대로 했다(동그라미의 남단). 후룬베이얼은 오늘날 내몽고 초원 투어의 3대 지역 중 가장 청정하며 초원의 본 모습을 잘 유지하고 있다는 평을 받는 곳이다.

선비 민족에 대한 《후한서》의 기술을 인용해 보겠다.

선비는 동호족의 지류이다. 그들이 살던 선비산[12]에서 이름이 유래되었다. 그들의 언어와 관습은 오환족과 동일했다. 그들은 말을 타고 활을 쏘는 것에 능했으며 수렵을 하며 생활을 영위해 나갔다. 그들은 강과 초원을 따라 방목했으며 고정된 거주지가 없었다. 그들은 동쪽으로 문이 난 파오(유목민들의 이동식 텐트)에 살았고 고기를 먹고 우유를 마셨으며 털가죽 옷을 입었다. 젊은 사람은 대우받았고 늙으면 천대받았다. 그들의 성격은 용맹하였으며 호전적이었다. 여자들은 바느질, 뜨개질, 자수를 할 줄 알았고 남자들은 활과 화살을 만들고 철을 제련하여 무기를 만드는 것에 능했다. 그들의 땅에는 기장이 잘 자랐고 그들은 매년 10월에 기장을 수확하였다. 그들은 동물들이 새끼를 낳고 수유를 하는 것을 보고 사계절을 구분했고, 혼인을 하기 전에 삭발을 하였다. 매년 봄이 되면 요락수(饶乐水, 시라무룬西拉木伦강) 주변에 모여 춤을 추며 연회를 하였다.

선비족의 생김새는 어떠했을까? 문헌을 근거로 추정할 수밖에 없다. 재미있는 것은 중국의 고대 문헌에는 이들을 백인으로 묘사한 기재가 여럿 보인다는 것이다. 당나라 때 장적(张籍)이라는 사람이 쓴 《수가

---

12) 고대에는 대흥안령(大兴安岭)의 북부를 선비산(鲜卑山)이라 불렀고 남부를 오환산(乌桓山)이라 불렀다. 이로써 선비족과 오환족의 이름이 유래되었다.

행(水嘉行)》이라는 시의 첫 구절에 '황색 머리카락의 선비인이 낙양으로 입성했다(黃头鲜卑入洛阳)'라고 쓰여져 있다. 또한 남조의 소설집인 《세설신어(世说新语)》에서는 동진의 두 번째 황제 사마소(司马绍)를 '노란 수염의 선비족'이라고 묘사했다. 사마소는 아버지 사마예(동진의 1대 황제)와 낙양의 궁녀 순(旬)씨 사이에서 태어난 아들인데 이 순씨가 바로 선비족이었다. 또한 당시 사람들이 선비족 사람들을 '백인'이란 뜻의 '백로(白虏)'라고 불렀다는 사실 등 여러 가지 고대 문헌과 사료의 기재로 미루어 볼 때 선비족의 일부는 아시아 백인의 모습이었을 가능성이 있다. 선비족의 발원지가 러시아 접경지역이니 이러한 설에 일리가 있어보인다. 따통의 윈강석굴은 선비족 정권인 북위 때 만들어진 석굴이다. 이곳에 있는 부처의 얼굴을 보면 코가 높고 이목구비가 부리부리한 게 어딘지 이국적인 모습이 느껴지는데 이는 선비족의 외모가 토종 아시아인과는 달랐다는 것을 말해 준다. 물론 선비족도 무룽선비, 투어바선비, 위원선비, 뚜안선비 등 여러 지계가 있었으므로 이들 간의 외모의 차이가 있긴 했을 것이다.

오늘날 선비란 민족은 사라지고 없지만 선비족의 후예가 '시보족(锡伯族, Sibe)'으로 알려져 있다. 시보족은 원래 동북 지역에 있던 민족이었는데 청나라 건륭제 때 일부를 신장으로 이주시켜서 지금은 랴오닝성과 신장에 19만 명 정도가 있다. 이들은 세월이 흐르면서 이제는 완전히 한화되어 얼핏 보면 한족과 외모에서 큰 차이가 없지만 자세히 보면 눈과 코가 크고 짙은 것이 약간 이국적인 분위기가 느껴지긴 한다.

동북쪽 초원지대를 근거지로 하던 이들은 흉노가 쇠퇴함에 따라 서서히 서남하하였는데 요하 지역에 자리 잡은 이들이 무룽(慕容)씨 선비였고, 베이징 북부에 자리 잡은 이들이 위원(宇文)씨 선비였다. 투어바(拓跋)씨 선비는 좀 더 서진하여 막북(漠北)이라 불리는 북흉노의 원래 자리로(오늘날 몽골공화국) 옮겼는데 아마 힘에서 밀려 자신들의 목축지를 찾기 위해 이렇게 먼 거리를 이동할 수밖에 없었던 것 같다. 선비 민족들은 대부분 두 글자나 세 글자짜리 복성을 가지고 있다. 후에 한화되면서 대부분 한족의 성으로 고쳤는데 '독고'와 같은 성은 이들의 복성이 그대로 전해 내려온 케이스이다.

시간이 지나면서 이들 투어바선비는 다시 남하하여 오늘날의 네이멍구 중부 초원지대로 자리를 옮겼다. 오늘날 네이멍구자치구의 후허하우터(呼和浩特)시 북쪽 일대이다. 이들은 계속 한족들의 땅으로 향했다. 후허하우터에서 남으로 100킬로미터 남짓만 내려오면 산시성(山西省)의 북쪽 경계에 닿게 되고 거기서 조금만 더 남으로 내려오면 윈강석굴이 있는 따퉁(大同)에 이르게 된다.

방금 말한 지리적 위치를 당시의 행정구역으로 바꿔 말하자면 '이들의 근거지는 장성 밖이었으나 병주(并州)와 인접한 곳이었다'라고 말할 수 있다. 병주의 북쪽 변경에는 전국시대와 진·한시대에 쌓은 만리장성이 있었겠지만 수백 년이 지난 이 토성은 경계의 의미일 뿐 방어벽으로서 제 역할을 하진 못했을 것이 분명하다. 선비족이 한족 터전의 바로 머리 위까지 왔으나 삼국으로 나눠져서 싸우고 있던 한족 정권은 북쪽에서 어떤 일이 벌어지고 있는지 신경쓸 겨를이 없었다.

3세기까지 이들은 부족국가 수준을 벗어나지 못하고 있었고 상대적으로 힘도 약하고 문화 수준도 낮아서 무룽(慕容)선비의 보호관리하에서 속국 비슷한 상태에 있었다. 그러던 그들에게 있어서 몇 차례의 전환점이 된 사건들이 있는데 그중 하나가 앞으로 이야기할 서진(西晉)과 흉노5부가 세운 한왕국과의 전투에 파병한 일이다.

국가를 이루다: 대국(代国)

서진 말기, 투어바선비의 칸인 투어바이루(拓拔猗卢)는 서진의 병주 자사 유곤(刘琨)과 좋은 관계를 유지하고 있었다. 아마도 무룡선비, 흉노 등 인접한 다른 민족을 견제하는 데 있어서 서로 가치가 있어서가 아니었겠느냐만은 하여간 이들은 형님 아우라 부를 정도로 사이가 좋았다고 한다.

315년, 투어바이루(拓拔猗卢)는 쓰러져 가는 왕조 말기 홀로 분투하던 유곤을 도와 흉노 한왕국(아직 조赵제국 선포 전)과의 싸움에 참전하였다. 곧 쓰러지기 일보 직전인 서진을 도와 굳이 흉노와 싸운 투어바이루가 언뜻 이해되진 않지만 아마 그는 유곤과의 의리와 참전으로 인한 득실 둘 다 따졌을 것이다. 그리고 이 전투에 대한 보답으로 서진 정부는 투어바이루에게 대공(代公)이란 작위를 하사하였고 얼마 안 있어 대왕(代王)으로 올렸다. 그리고 안문관(雁门关) 이북지역을 주었다. 안문관은 오늘날의 산시성 따통(大同) 남쪽에 위치한 관문으로 당시에는 실질적인 병주의 북쪽 경계 역할을 했던 곳이다.[13] 즉 따통을

---

13) 병주(并州)의 범위는 시대에 따라서 변동이 컸다. 기본적으로 오늘날의 산시성(山西省)을 중심으로 하고 있지만 동한 시기에는 황하의 서쪽 지역인 섬서성(陕西省)도 절반 정도 포함하고 있었고, 북으로 네이멍구 운중(후허하우터)과 하투(어얼뚜어스)도 포함하고 있었다. 병주와 같이 북쪽 이민족과 경계를 맞대고 있는 주(州)는 중국 왕조와 이민족 정권 사이의 힘의 메커니즘에 따라 영토의 부침이 컸다.

포함한 산시성 북부 땅을 전부 얻은 것이다. 동서고금을 막론하고 잘 판단한 참전은 그 민족이나 국가에 결정적인 전환점이나 도약의 계기를 만들어 준다.

이들은 얼마 후 다음 칸인 '투어바-스이젠(拓拔什翼犍)' 때 '대국(代國)'이라 이름하고 왕국을 선포하였다. 수도는 원래의 근거지에서 다시 조금 남하한 성락(盛乐)[14]이란 곳으로 정했다. 대국(代國)이란 나라는 원래 전국시대 초기에 산시성(山西省) 북부에 존재했던 나라인데 조(趙)나라에 병합되었고 진시황에 의해 전국이 통일 된 후 군현제가 실시되면서 대군(代郡)이라는 행정구역이 되었다. 현재는 따통(大同) 남쪽에 위치한 현(县)의 이름이다. 하여간 투어바선비는 서진과 흉노와의 싸움에 잠깐 파병한 대가로 국가로 인정받고 중원으로 남하할 수 있는 근거지를 얻었으니 이 일은 투어바선비의 역사에 있어서 주춧돌을 세운 것과 같은 중요한 사건이다. 북위의 전신인 대국(代国)은 그후 전진(前秦)에 의해 화북이 통일되었을 때 잠시 멸망하였다.

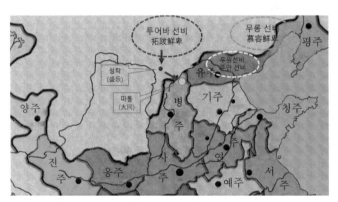

서진 말기 4세기 초 화북의 행정구역

---

14)   후허하우터시에서 남쪽으로 60킬로미터 정도 내려가면 성락(成乐)이 나온다. 투어바선비의 첫 번째 수도였던 이곳에는 선비족 역사 박물관이 있다.

북위(魏) 제국의 성립

전진의 멸망을 불러온 비수전투 후 각 민족들이 다시 할거했을 때 이들도 다시 부활하였다. 비수전투 3년 후인 386년, 투어바선비의 칸 '투어바꾸이(拓拔珪)'는 자기 민족들을 모아 대(代)왕국을 부활시켰고 바로 그 해 다시 '위(魏)'로 개명하였다. 우리식 독음으로는 '탁발규'로 알려진 투어바꾸이(拓拔珪)는 북위의 개국군주로 역사에 이름을 남겼다.

지금부터 이야기하는 북위 역사의 두 번째 단계는 개국황제 투어바꾸이(拓拔珪), 2대 투어바쓰(拓拔嗣), 3대 투어바타오(拖把燾)의 세 황제 재위 시기인데 이들은 고구려로 치자면 광개토대왕, 장수왕 부자와 같은 전성기 정복군주에 해당한다. 통상적으로는 왕조가 성립된 후 2, 3대로 가면서 형편없는 군주가 나오고 조정은 권력투쟁에 휩싸여 나라가 위기에 빠지는 패턴을 보인다. 이 병목현상을 잘 넘기면 왕조의 전성기로 이어지고 이를 못 넘기면 왕조가 단명하는 것이다. 여지껏 보아왔던 진, 서한, 조위, 서진 모두 이런 병목의 시기를 겪었다. 그런데 특이한 건 북위는 왕조 초기에 이런 병목 현상이 딱히 일어나지 않았다는 것이다. 운 좋게도 개국황제로부터 3대까지 유능하고 똑바로 된 인물이 황제가 되었는데 이는 중국의 역사에서 매우 드문 일이며 북위가 급속히 성장할 수 있었던 주요 요인이라 하지 않을 수 없다. 왜냐하면 다른 왕조와 달리 왕조 초기 정치불안으로 인한 국력의 낭비가 없었기 때문이다.

통일 전쟁의 시작

투어바꾸이가 제국을 선포하면서 '위(魏)'라는 이름을 선택한 것은 당시 후연의 수도였던 중산(中山) 지역으로의 남하를 염두에 둔 작명이라는 설이 있는데 일리가 있는 것 같다. 조위 제국의 수도가 낙양이었으니 이들이 위(魏)라고 작명한 건 중원을 장악하고 싶다는 뜻을 비춘 것일 수도 있다. 아니면 5호16국 시기를 거치면서 과거에 나왔던 웬만한 정권의 이름은 다 나왔고 그중 없는 이름을 고르다 보니 위(魏)로 했을 수도 있다. 후연의 수도 중산은 오늘날의 허베이성 띵쩌우시(定州市)로서 스자좡(石家庄)시와 바오딩(保定)시의 중간에 위치하고 있다. 북위는 남하를 위해선 무롱츄이의 후연이 점령하고 있는 허베이성 지역을 접수하는 게 필수였고 그래서 이들과 후연과의 충돌은 예고된 수순이었다.

389년, 북위는 네이멍구 서쪽의 고차족(高車族)을 접수한다. 고차족은 흉노의 지류족인데 바퀴살이 큰 마차를 끌고 다녔다고 해서 고차족이란 이름을 얻었다. 북위는 고차족을 병합함으로써 이들의 강력한 기마병단을 흡수했고 이는 북위의 전력을 한층 증강시키는 계기가 되었다.

396년 북위는 드디어 후연의 수도 중산을 침공하였고 이듬해인 397년에 후연의 대부분 지역을 접수하였다. 후연의 황제 무롱바오(慕容宝)[15]는 이들의 원래 근거지인 요하지역으로 다시 돌아갈 수밖에 없었다. 요하지역으로 돌아간 후연은 세력이 크게 줄어들었고 정치적으로

---

15) 무롱츄이(慕容垂)의 아들이다.

도 불안한 상태가 된 반면 이들과 오랜 숙적 관계인 고구려는 광개토대왕(재위 391~412)이 즉위하면서 전성기를 구가하고 있었다.

후연의 멸망

후연의 멸망 과정은 조금 주목할 필요가 있다. 북위에 밀려 요서지역[16]으로 돌아간 후 황제 무룽바오(慕容宝)는 자신의 부하장수에게 살해되었고 무룽시(慕容熙)가 즉위했는데 이 사람도 영 형편없는 인물이었다. 그리하여 407년에 풍발(冯跋)이라는 한족 출신 장수가 쿠데타를 일으켜서 무룽시를 폐위시키고 고구려 출신 이민 3세이자 무룽바오의 양아들이었던 고운高云(선비족 이름 '무룽윈')을 왕으로 세웠다. 그리고 국호를 '북연(北燕)왕국'으로 개명하였다.

고운(高云)은 할아버지 때 후연으로 이민와서 호화(胡化)한 고구려인으로서 무룽윈(慕容云)이란 이름으로 불렸다. '북연이 어느 민족에 의해 세워진 나라냐?'는 조금 애매한 면이 있다. 초대 군주는 고구려 출신이지만 선비족으로 귀화한 고구려인이었고, 고운 다음의 2대 왕은 한족 출신인 풍발이기 때문이다. 그렇지만 주민 구성은 여전히 무룽선비가 다수였으므로 군주의 출신과 상관없이 '무룽(慕容)선비족'의 나라라고 보는 게 더 맞을 수도 있겠다.

---

16) 397년에 광개토대왕의 고구려에 의해 요동을 빼앗긴 후 후연은 서진하여 용성으로(오늘날의 랴오닝성辽宁省 차오양시朝阳市) 수도를 옮겼고 정변으로 세워진 북연왕국도 용성을 수도로 하였다.

북연과 고구려

그러나 고운도 썩 괜찮은 인물은 아니었던 모양이다. 북연 성립 후 2년 후(409)에 내부 정변이 일어나 고운이 살해되고 풍발(冯跋)이 이를 평정하면서 이번에는 자기 스스로가 왕이 되었다. 그 후 20년 동안 풍발이 그런대로 나라를 잘 운영하였다. 뒤에 자세히 설명하겠지만 광개토대왕의 고구려와 고운의 북연 간에는 매우 좋은 관계가 형성되었다. 고구려는 전연, 후연과의 긴긴 악연을 끝내고 새로운 외교관계를 시작하였으며 이 관계는 풍씨가 정권을 잡은 후에도 지속되었다.

북연은 430년에 풍발(冯跋)이 죽고 그의 동생 풍홍(冯弘)이 태자(조카)를 죽이면서까지 힘들게 왕위를 이었지만 어차피 화북은 북위제국에 의해 평정될 운명이었다. 북연은 그로부터 6년 후인 436년에 북위의 정복황제 태무제 투어바타오의 공격을 받고 멸망한다.

태무제가 수도를 공격하자 풍홍(冯弘)은 싸울 생각도 안 하고 고구려로 망명을 요청하였고 고구려는 이에 응했다. 그는 고구려 군의 호위를 받아 망명했고 처음에는 고구려의 대접이 괜찮았다. 당시 고구려는 장수왕 재위 시기이다. 고구려와 북연왕국, 북위제국과의 관계는 '개혁사 외전IV'에서 이어서 이야기하겠다.

풍홍의 가족들이 그 후 어디서 어떻게 살았는지까지는 굳이 언급하지 않겠다. 그러나 놀랍고도 재미있는 일은 풍씨 패밀리의 여인들이 후에 북위의 역사에서 아주 중요한 인물로 등장한다는 것이다. 풍홍의 손녀는 5세기 하반기에 걸쳐 북위의 최고 권력자이자 중국 역사상 손꼽히는 여성 정치가인 문명태후(文明太后) 풍태후가 된다.

따통(大同)의 시대

다시 북위 이야기로 돌아와서, 398년에 투어바꾸이는 남동 쪽으로 200킬로미터 정도 이동하여 평성(平城, 지금의 따통大同)으로 수도를 천도하고 제국을 선포하였다. 바야흐로 따통(大同)의 시대가 열린 것이다. 이곳은 600년 전 서한의 개국 황제 유방이 흉노와 싸우다 백등산이라는 곳에서 7일간 포위되어 거의 전멸하고 유방 자신만 간신히 빠져나온 '백등산 전투'의 아픔이 있는 곳이기도 하다. 당시 중국의 북쪽 경계였던 따통은 장성의 이남에 속하긴 했어도 거의 북쪽 이민족과 한족이 섞여 사는 곳이었다. 더군다나 동한 이후의 분열기를 거치면서 한족 정권의 손길이 거의 미치지 않는 곳으로 오랜 시기를 내버려지듯이 있어왔다.

베이징에서 370킬로미터밖에 안 떨어져 있는 산시성(山西省) 따통(大同)은 윈강석굴, 현공사 등 웅장하고 역사적인 불교 유적지가 몰려 있는 중국의 손꼽히는 역사, 문화 관광지이지만 만약 투어바선비가 아니었더라면 이곳은 그냥 먼지 풀풀 날리는 탄광촌으로 남았을 것이다.

30장
선비족, 화북을 통일하다

북위의 개국황제 투어바꾸이가 409년에 죽고 아들 투어바쓰(拓拔
嗣)가 즉위했다(명원제明元帝). 북위는 398년 따통(大同)으로 천도한 이
래 420년까지의 20년 동안은 이웃 나라와 군사충돌을 멈추고 안정을
취했다. 수도 천도라는 대사를 치르고도 계속적인 전쟁을 했었더라면
전진(前秦)처럼 위기가 왔을 수도 있는데 의도적이었든 아니든 이 시기
에 안정을 취한 건 북위의 역사에 있어서 아주 잘한 일이라 해야겠다.

투어바쓰 재위 시기 남연(南燕)과 후진(后秦)이 동진에 의해 멸망했
다. 그리고 420년 유(刘)씨에 의해 동진(东晋)의 왕위가 찬탈되고 송
(宋)이 세워졌다(유송). 화남으로 남하한 후 100여 년을 꾸역꾸역 이어
왔던 사마씨 정권이 드디어 끝이 나는 순간이었다.

태무제의 화북통일(439년)

423년, 3대 황제 태무제 투어바타오(拓拔燾)가 즉위하는데 이때부터 굶주린 야수와 같은 북위의 거침없는 통일전쟁이 시작되었다. 즉위하는 그 해에 북위는 남으로 진군하여 비수전투 후 황하까지 밀렸던 남조와의 경계를 다시 황하 이남으로 밀어냈다. 투어바타오 재위 기간에 북위는 동서남북으로 거침없는 진군을 하였고 대하(大夏, 426), 유연(柔然, 424~429), 북연(北燕, 432), 북량(北凉, 439)을 차례로 격파하여 439년 드디어 화북을 통일하였다. 북쪽의 유연(柔然)은 멸망시키진 못했지만 수년간의 전투를 통해 이들을 더 북쪽으로 몰아내었다.

투어바선비가 남하하면서 유연(柔然)이 몽골 초원의 주인이 되었는데 북위에게 있어서 유연이란 존재는 항상 북쪽의 근심 덩어리이자 가장 큰 견제세력이었다. 재미있는 점은 북위 자체가 초원에서 남하한 유목민족이 세운 정권이지만 강우량 400밀리미터 라인을 뚫고 중원 땅에 정착하자 이들도 역시 '중원 vs 초원'의 상황에 놓이게 되었다. 몽골 초원의 주인과 중원의 주인 간의 충돌은 피할 수 없는 역사의 지정학적 메커니즘이었다. 그 주인이 한족이건 이민족이건 상관없이 말이다. 이 메커니즘에 영향을 받지 않은 왕조는 유라시아를 제패했던 몽골 민족의 원나라와 만주족의 청나라밖에 없다.

태무제(太武帝) 투어바타오(拓拔燾)는 한무제나 당태종과 같은 정복 군주였다. 이름에서 벌써 그 포스가 느껴진다. 무제의 시호를 얻은 황제는 한무제(刘彻), 광무제(刘秀), 위무제(曹操),[17] 진무제(司马炎) 등이

---

17) 조조가 살아 있을 때는 제국 선포 전이므로 황제가 아니었으나 그가 죽은 후 황제로 격상되었다.

있는데 이들 전부 통일을 이루었거나 최소한 영토에 있어서 역사에 큰 족적을 남긴 황제들이다. 태무제 투어바타오(拓拔燾)도 이들과 비교해도 전혀 손색이 없는 정복군주라 하겠다.

남벌(450년)

450년 7월, 남조의 유송(宋)제국은 북벌을 감행한다. 당시 송은 일련의 성공적인 개혁을 통해 국가가 전성기에 이르렀을 때인데 자신감에 충만해진 송문제(宋文帝)는 이해할 수 없는 과도한 자신감으로 자신의 재위 내내에 걸쳐 몇 번씩이나 북벌을 감행하였다. 송의 군대는 산동성과 허난성의 몇 개 성(城)을 함락하였으나 바로 북위의 반격을 받았다. 북위의 반격은 거침없었다. 투어바타오가 직접 인솔하는 북위의 기마병단에 송군은 추풍낙엽처럼 쓰러졌고 북위군은 기세를 몰아 파죽지세로 밀고 내려왔다. 이들은 그해 12월 남송의 수도 건강(난징)을 코앞에 두고 건너편 장강변에서 더 이상의 남진을 멈췄다. 이로써 북조와 남조의 경계는 또 한번 남쪽으로 밀려나서 이제는 회하가 경계가 되었고[18], 투어바타오가 항상 부르짖어왔던 '말에게 장강의 물을 먹이자(饮马长江)'는 꿈이 실현되었다. 남조의 송은 완전히 전의를 상실하였고 그 이후로는 북위와 절대 군사 충돌을 하지 않겠다고 다짐하고 북위에게 조공을 바치는 화친 위주의 외교정책을 유지하였다.

---

18) 북위의 군대는 장강까지 밀고 갔으나 강소성 팽성에 주둔하는 유송군이 후방을 끊을 것이 염려되어 곧 회하 이북으로 후퇴하였다. 이로써 남북조의 경계는 회하가 되었다.

어이없이 닥친 위기: 종애의 황위 찬탈

사실 북위에 큰 위기가 한 번 닥치긴 한다. 아이러니한 것은 북위를 초강대국으로 만들어 놓은 것도 태무제였지만 황위찬탈이라는 국가 위기의 단초를 제공한 것도 태무제였다는 것이다. 말년의 태무제는 판단력이 흐려졌고 성급하게 결정하여 무고하게 대신들이 희생당하는 일들이 벌어졌다.

태무제 때 종애(宗愛)라는 환관이 있었는데 죄를 지어 궁형을 받아 환관이 된 자이다. 종애는 태무제의 눈에 들어 중상시(中常侍)가 되어 황제를 지근거리에서 보좌하였는데 말년의 태무제는 어리석게도 이 자를 신뢰하게 된다. 중상시(中常侍)는 서한 때 만들어진 직책으로 황제를 보필하고 명을 전달하는, 오늘날로 따지자면 비서실장 같은 역할인데 초기에는 황제의 가신 중의 한 명이 이 직을 맡았다가 후에 가서는 환관들이 하는 자리도 변질되고 말았다. 동한 말의 '십상시의 난'을 기억할 것이다. 당시 중상시, 좌상시, 우상시 이런 식으로 열두 명이나 되는 환관 '상시'들이 있었다.

태무제가 남벌을 하러 수도를 비운 사이 종애는 태자 투어바황(拓跋晃)의 측근들에게 모함을 씌워 태무제를 격노하게 만들었다. 이 모든 게 종애가 자신에게 위협이 되는 태자파를 제거하기 위해 짠 함정이었다. 한국과 중국의 고대 역사에서 태자파와 권신 간의 정치투쟁은 반복적으로 보여오는 정치 메커니즘이었다. 태자라는 자리는 글공부만 하고 황제 수업만 받는 그런 자리가 아니다. 특히 부황(부왕)이 오래 살경우 태자는 중년이 되어 있는 경우가 허다했고 이들은 상당한 정치세력을 이루고 있었다. 아들이 하나라면 어차피 태자가 황위를 물려받게 되어 있으니 싫든 좋든 모든 신하들은 태자에게 붙어야겠지만 군주에게는 수많은 아들들이 있었고 비빈들도 많으니 권신과 비빈이 힘을 합하여 잘만 정치 공세를 하면 태자를 폐위시키고 다른 아들을 태자로 올릴 수 있었다. 역사를 보면 이런 식으로 폐위되었던 태자들 중에는 개혁 성향을 가졌거나 그들의 주장이 옳았던 경우가 많았다. 왜냐하면 태자가 성인이 될 때 쯤이면 황제는 이미 나이가 들어 판단력이 흐려지거나 매너리즘에 빠져 자기 자신과 주변을 똑바로 보지 못하는 경우가 생기는 반면 젊고 열정에 찬 태자의 눈에는 그 상황이 제대로 보였기 때문이다. 그러나 태자의 폐위는 그 한 명으로 끝나는 게 아니라 태자를 지지하던 신하들이 전부 숙청되어 개혁은 좌절되었다. 역사를 되짚어 보자. 진시황제가 장자 영부소를 변방으로 보낸 것도 건건마다 의견이 안 맞는 그가 일단 꼴보기 싫어서 보낸 것이었다(물론 폐위까지는 아니었고 마음속으로는 그를 후계자로 생각은 하고 있었다고 한다). 결국은 조고에 의해 죽임을 당하고 진제국은 몰락으로 가지 않았는가? 조선 중기 소현세자는 청나라에서 인질로 있는 동안 선진 문물들을 경험하고 많은 인맥을 쌓은 후 개혁의 청사진을 가슴에 담고 조선으로 돌아왔지만 결국 반대파에 의해 독살되지 않았던가? 그 일로 인하여 조선은 개혁을 할 수 있는 가장 좋은 기회를 잃었다.

판단력을 상실한 태무제는 사실관계를 알아보지도 않고 종애의 말만 듣고는 태자의 측근들을 대거 죽이고 만다(450). 이 일로 태자는 울분이 너무 심해 병이 났고 끝내는 그다음 해에 23세의 나이로 요절했다.

후에 태무제는 태자가 잘못을 한 게 아니었다는 것을 서서히 깨닫게 되고 자신의 성급했던 처사를 후회하였다. 종애는 곧 태무제의 분노가 자신으로 향할 것에 대해 불안에 떨었고 기왕 이렇게 된 거 이제 본성을 드러내어 '막가파' 식으로 가기로 한다. 452년에 종애는 태무제 투어바타오를 살해했다. 비서실장이 대통령을 죽인 셈이다. 그리고 이를 공개하지 않고 세 명의 썩어빠진 대신들과 공모하여 자기들에게 유리한 황제를 세우고 태무제 살해 사건을 무마하려는 역모를 짰다. 진시황 사후에 조고에 의해 벌어졌던 일과 비슷하다(그렇지만 조고는 진시황을 죽인 건 아니었다). 그런데 황제 옹립 과정에서 종애와 대신들 간의 알력이 생겼고 그는 어느 날 밤 황후가 부른다고 거짓말을 하여 대신들을 별궁으로 부른 뒤 환관 수십 명을 시켜 이들을 전부 몰살하였다. 당시 종애와 그를 따르는 환관 무리들은 거의 양아치와 다름이 없었다.

그 후 종애는 자신의 말을 잘 듣는 투어바위(拓跋余)를 북위의 4대 황제로 앉히고 그로 하여금 자신을 대사마, 대장군으로 임명하도록 하였다. 군권을 장악한 것이다. 얼마 안 있어 황제는 그를 풍익왕(冯翊王)으로 봉했다. 이로써 종애는 왕에 봉해진 역사상 유일의 환관이 되었다. 태무제가 죽은 지 7개월 후 투어바위(拓跋余)가 자각을 하고 황권을 강화하려는 움직임이 있자 종애는 투어바위마저도 죽여버렸다. 그는 역사상 유일하게 두 명의 황제를 죽인 환관이라는 타이틀도 가지게 되었다. 그는 이제 황위를 찬탈하고 자기가 황제가 될 준비를 한다. 진나라 말기의 조고나 서한 말의 왕망, 동한 말의 동탁을 넘어서려는 것 같았다.

투어바쥔(拓跋濬)의 복권

 그러나 종애는 조고와 같은 정치적 두뇌가 없었을 뿐더러, 왕망과 같은 열렬한 지지기반이 있었던 것도 아니었고 동탁과 같이 군(軍) 기반이나 강력한 통솔력을 갖춘 인물도 아니었다. 더군다나 당시 북위는 전체 역사를 봤을 때 개국 초기의 성장기에 있었다. 성장기의 투어바 패밀리들은 철없고 어리석은 영호해도 아니었고 타락하고 나약해 빠진 동한 말의 황제들도 아니었다. 순식간에 양아치 같은 환관 집단의 손에 정권이 들어갔지만 조정의 대신들과 장군들 중에는 제대로 된 사람들이 아직 많이 있었다.

 태무제의 장손, 즉 투어바황의 장자인 13살 투어바쥔(拓跋濬)은 궁을 빠져나와 숨어지냈는데 이때 거처를 제공한 사람이 풍소의(冯昭仪)였다. 소의(昭仪)는 사람 이름이 아니라 비(妃)에게 내려지는 작위로서 왕조에 따라 차이는 있지만 당시에는 비빈들 중에서 황후 다음이자 재상과 맞먹는 신분이었다. 이 풍씨 여인이 누군가 하면 20년 전인 432년 태무제가 북연을 멸망시킬 때 북연의 국왕이었던 풍발의 딸이다. 풍씨 여인들은 뛰어난 외모와 남자를 사로잡는 말솜씨를 가졌던 게 분명하다. 이는 조금 뒤에 나오는 투어바쥔의 아내인 풍태후에 의해서도 증명된다. 태무제 투어바타오는 북연의 공주를 데리고 와서 자기의 후비로 삼았고 그녀는 황제의 총애를 받아 소의(昭仪)까지 되었던 것이다.

 당시 풍소의(冯昭仪)는 태무제의 부인 허롄(赫连)황후의 시기를 받아 쫓겨나서 사택에서 살고 있었는데 마침 종애의 정변이 터졌고 그녀는 복권을 도모하는 왕자 투어바퀜(후에 5대 황제가 됨)에게 거처를 제공하였다. 자연히 투어바퀜을 따르는 대신들과 장군들이 몰래 미래의 황제를 찾아 복권을 논의하였고 그녀의 집은 반(反)종애 투쟁의 아지트가 되었다.

얼마 지나지 않아 투어바퀜(拓跋濬)을 옹립한 대신들과 장군들이 모여 비밀리에 종애 제거 작전을 계획하였다. 마침내 금위군 등 몇 개 군단의 사령관들이 투어바퀜에게 충성을 맹세하며 이 계획에 가담하였고 마침내 이들은 종애가 황제 등극을 준비하고 있는 틈을 타 황궁을 기습했다. 투어바퀜은 종애와 그의 세력들을 일망타진하는 데 성공하여 5대 황제 문성제(文成帝)가 되었다(452). 종애는 삼족을 멸하는 벌에 처해졌고 그의 머리는 도성 거리에 걸리게 된다.

31장
풍(冯)태후

정복은 침략으로부터의 위협을 없애고 무엇보다도 그것이 잘 유지되었을 때 후세에 큰 유산을 남긴다. 하지만 정복이 주는 폐해와 리스크 또한 그 긍정적인 영향만큼이나 크다. 정복 후의 후유증과 잠재된 문제들을 해결하자면 반드시 사회 개혁이 뒤따라야 했다. 그렇지 않으면 제국은 곧 무너지고 마는 것을 세계사 곳곳에서 볼 수 있다. 이런 점에서 정복군주는 다음 대의 군주에게 폭탄을 넘기고 가는 거나 마찬가지였다. 우리의 이목이 모두 정복군주에게로 가는 게 인지상정이지만 실은 그것을 지켜내기 위한 노력과 과감한 개혁이 있었다는 것에 더 주목할 필요가 있다.

북위가 가진 문제들

태무제의 활발한 정복전쟁으로 북위는 화북을 통일하였으나 오랜 전쟁이 국가 경제와 민중의 삶에 미치는 영향은 끔찍했다. 국토는 황폐해졌고 경제는 활력을 잃었으며 인구는 크게 감소했고 서민의 삶은 피폐해져 있었다. 북위는 민중의 부담을 최소화하고 생산에 전념할 수 있도록 하여 국가 경제를 회복시키고 인구를 늘리는 것이 절실했다. 궁극적으로 북위는 국가의 원기를 되찾는 게 필요했다.

한편으로 북위의 봉건사회화가 진행되면서 사회적 모순들이 표면화되기 시작한다. 여기서 봉건사회화란 장원(庄园)에 기반한 경제적 계급사회화를 말하는데 유목사회에서는 생산이란 게 이동하면서 목축과 수렵을 하는 것이므로 토지의 소유를 하지도 않았고 사회적으로 계급의 구분이 필요하지도 않았다. 그렇지만 이제는 정착과 농업으로 생산방식이 바뀌면서 대지주와 소작인과 같은 계층이 생겨났고 이 과정에서 여러 가지 사회갈등이 생겨났다. 이는 정착 사회로 전환되면서 필연적으로 겪을 수밖에 없는 과정이었다.

그렇지만 무엇보다도 북위가 가지고 있는 가장 큰 잠재적 문제는 역시 대다수 인구가 한족이고 지배층인 선비족은 소수였다는 점이다. 5호16국을 거치면서 많은 한족들이 남쪽으로 이주했지만 여전히 많은 사람들이 화북에 남아 있었다. 북위는 다수의 한족이 소수의 선비족에게 지배당하는 사회였고 이 둘 간의 융합의 과제를 수행하지 않으면 언젠가는 사회문제로 터질 수밖에 없는 구조였다. 그런데 사회제도와 시스템이 성숙되지 않은 상태에서 과거 유목생활을 했던 사람들을 관리(官吏)의 자리에 앉혀놓고 이들한테 알아서 깨끗하고 애민정신에 입각한 행정을 하라고 하는 건 초등학생에게 대학교 수학을 풀라고 하는 것이나 마찬가지였다. 선비족 관리들의 부정부패와 수탈은 한족과의 반목을 더욱 심화시켰고 이러한 상황은 북위로서는 반드시 풀어야 하는 과제가 되었다.

앞으로 할 이야기는 투어바쥔이 즉위한 452년부터 이번 세기 말까지의 대략적으로 5세기 후반 50년의 이야기이다. 이 시기는 주변 국가와의 대규모 전쟁을 멈추고 '휴양생식(休养生息)'하여 국가의 생산력과 인구를 회복하는 시기이고, 한편으로는 유목민족의 낙후된 관습과 한계를 벗어던지는 국가 개혁을 펼치는 시기였다. 본세기 말에 와서 북위의 국력은 전성기에 다다르고 중국 땅에서 성공적으로 안착한 이민족 정권으로 역사에 이름을 올리게 된다.

투어바쥔(拓跋濬)과 윈강석굴

종애의 정변을 진압하고 5대 황제가 된 문성제(文成帝) 투어바쥔(拓跋濬)은 우리나이 13세 때 황제가 되었다(452). 투어바쥔은 꽤 괜찮은 리더였다. 그의 할아버지 태무제는 "이 아이는 비록 어리지만 천자가 될 자질을 충분히 갖추었다"며 투어바쥔의 능력과 잠재력을 높이 평가하는 말을 하곤 했다. 사실 그가 즉위하고 1~2년 간은 조정 안에서는 정치투쟁이 심했고 조정 밖으로는 한족들의 반란이 잇달았던 쉽지 않은 시기였다. 종애의 난을 겪은 직후이고 황제가 어리니 당연히 조정이 어지러웠을 것이고 또한 태무제의 무력 정벌과 강압통치를 겪은 지방 세력들이 호시탐탐 반란의 기회를 보고 있었기 때문이다. 그래서 그의 재위 초반에는 반대파 대신들에 대한 숙청과 지방의 반란을 진압하는 많은 출정이 행해지는 등 안팎으로 많은 피를 보아야 했다. 여하튼 어린 나이에 황제가 된 그는 황권이 불안했던 시기에서의 수많은 암투와 정치적 도전들을 믿겨지지 않을 정도로 잘 극복해내고 안정적으로 국정을 이끌었다.

투어바쥔(문성제)은 서한 초기, 동한 초기, 전진 초기 등 왕조 초기에 보아왔던 '휴양생식' 경제부흥 정책을 실시하여 피폐된 경제를 살리려고 노력했다. 그는 또한 한족을 관리층으로 끌여들여 사회 융합을 도모하였고 스스로도 조정에 여러 한족 대신들을 두었는데 이런 그의 행보가 후에 풍태후의 본격적인 한족제도 도입에 중요한 영감과 본보기가 되었다. 군사적으로는 북쪽의 유연을 공격하여 이들을 더 멀리로 이동시켰고 남쪽의 송과는 화친을 유지하여 불필요한 군사충돌을 일으키지 않았다.

할아버지 태무제 때 억불정책이 행해지긴 했지만 당시 북위에는 이미 불교가 사회에 많이 퍼진 상태였다. 투어바쥔은 사회통합을 위해 억불정책을 해제하고 따통시 북쪽 15킬로미터에 위치한 우저우산(武周山) 절벽에 윈강석굴(云冈石窟) 건설을 지시하였다. 투어바쥔은 꽤나 괜찮은 군주였다고 평할 만하다. 더군다나 이 모든 것이 그의 나이 13살에서 25살까지의 시기에 이뤄낸 것이다. 만약 그가 요절하지 않았더라면 역사에 길이 남을 훌륭한 성군이 되었을 것이다.

사회 통합을 위한 국가 프로젝트 윈강석굴

윈강석굴(云冈石窟)은 둔황의 막고굴, 뤄양의 용문석굴과 함께 중국의

3대 석굴군 중 하나이다. 베이징에서 서쪽으로 불과 350킬로미터밖에 안 떨어져 있는 이곳은 중국인들뿐 아니라 세계 여러 나라의 관광객들이 찾는 최고 등급 국가 유적지이다. 따퉁시(大同)는 윈강석굴로 먹고 산다고 해도 과언이 아니다. 이곳에는 총 45개의 석굴과 252개의 크고 작은 감실에 5만 1,000개의 불상들이 조각되어 있다. 절벽을 파고 들어간 거대한 돔 안에 최대 17미터짜리 거대 불상과 그 주위를 이루는 여러 정교한 조각들을 보고 있노라면 처음 가보는 사람들은 그 경이로움에 입을 다물지 못한다. 그런데 사람들은 이 유적지의 웅장함에 넋이 나가 "이것들을 도대체 어떻게 만들었을까?"라는 감탄사를 연발하지만 정작 "도대체 이것들을 왜 만들었을까?"라는 질문은 하지 않는다. 모든 건축물에는 그것을 만든 사연과 배경이 있다. 하물며 석굴과 같은 거대 프로젝트에 담긴 시대적 배경과 정치적 목적을 모르고 이 유적지를 대하는 건 정말로 후회되는 일이 될 수도 있다.

이 세 개 석굴군의 시공 연대는 둔황의 막고굴이 5호16국의 전진(前秦) 때이고, 윈강석굴이 북위 중반기, 그리고 용문석굴은 북위 후기이다. 석굴은 인도로부터 서역을 통해 도입된 불교 건축양식이므로 서역과 인접한 둔황에서 가장 먼저 시작되었다. 그런데 실제 막고굴과 용문석굴에 가서 가이드의 설명을 듣거나 안내판을 읽어보면 그곳의 석굴과 불상들의 상당수는 당나라 때 만들어진 것들임을 알게 될 것이다. 그런데 그건 이상한 일이 아니다. 보통 석굴은 수백 년에 걸쳐서 건설과 중단을 반복하면서 형성되는 건축물이기 때문이다. 처음부터 완성된 설계를 가지고 시작하는 게 아니니 딱히 공사 기간이 정해져 있는 것도 아니고 절벽에 그저 공간이 남아 있으면 황실이나 귀족들의 명령과 재정 집행에 의해,

또는 민간에 의해 크고 작은 석굴과 불상들이 조각되어 왔던 것이다. 그렇지만 윈강석굴은 조금 다르다. 윈강석굴의 감실과 불상들은 모두 지금으로부터 1,500여 년 전인 북위 중기 60년 동안(460~524)에 만들어졌다. 그것도 대부분은 460~499년의 40년 동안에 만들어진 것들이다.

장성을 넘어 평성(따퉁)에 자리 잡은 북위의 통치자들은 한족에게 불교라는 신앙이 있음을 알게 되었다. 유목민족이었던 선비족의 종교는 나무나 돌과 같은 잡신을 믿는 무속신앙이었다. 문화수준이 낮은 선비족이 다수의 한족을 통치하기 위해서는 두 민족이 공유하는 신앙이나 이념이 필요했고 이들 선비 정권은 한족에게 널리 퍼져 있는 불교를 민중을 계도하고 사상을 통일하는 이념으로 이용하기로 하고 정부가 나서서 적극 보급한다. 사원은 불교를 선전하는 상징적 건축물이자 전파의 장소이다. 윈강석굴, 막고굴과 같은 석굴군도 사실은 다 사원의 일종이다. 지금은 세월이 흘러 없어졌지만 원래 이들 석굴의 입구는 전부 목조 건물로 뒤덮여 있었고 단지 실내가 동굴로 된 일종의 사찰이었다. 5, 6, 7, 8번 동굴은 청나라 때 목조 부분이 중건되었고 그것이 지금도 남아있는데 애초에는 전부 이런 식이었다고 생각하면 된다.

18호 동굴

5, 6, 7, 8호 동굴

한편 북위 정부의 적극적인 지원하에 불교가 융성해지자 그에 따른 부폐와 폐단도 같이 일어나고 있었다. 태무제 투어바타오는 한무제처럼 사방으로 통일 전쟁을 벌였던 군주였고 전쟁은 국력의 소비가 가장 큰 국가 활동이다. 곧이어 북위는 국가 재정문제에 직면하게 되는데 이것도 한무제와 비슷하다. 한편, 불교가 융성하면 불교 사원으로 돈이 몰리게 된다. 중국 역사에서 네 번에 걸친 대대적인 불교 탄압이 있었는데 그 본질은 전부 돈이었다. 사원으로 돈이 몰리고 사원이 그 돈으로 땅을 사서 장원을 소유하고 장원의 소유는 자작농의 감소와 정부의 과세원이 줄어드는 걸 뜻했으며 사원과 승려들은 종교 시설이라 세금을 면제받았다. 재원 마련에 시급했던 역대 정복황제들의 눈에 사원과 승려들은 언제나 타도의 대상이었다. 한무제 때는 아직 중국에 불교가 들어오기 전이었으므로 황제의 타도 대상은 상인(거상)들이었지만 만약 불교가 있었으면 그때도 불교 탄압이 있었을 수도 있다.

태무제의 북위는 여러 정권을 멸망시키며 5호16국을 종식시켰지만 무력으로 이룬 통일이 그렇게 쉽게 안정을 찾을 리 없다. 막 통일된 화북은 반란의 불안요인을 가지고 있었고 태무제는 지방의 할거에 늘 신경을 곤두세워야 했는데 이때 불교 탄압의 불을 지핀 한 사건이 발생한다. 446년 장안에서 반란이 발생하였고 태무제가 친히 군사를 이끌고 진압하러 갔다. 원정 부대가 장안 부근에 주둔하였고 병사 몇 명이 근처의 절에 뭐라도 얻어먹을까 구경을 갔는데 이들은 거기서 많은 무기와 갑옷들이 숨겨져 있는 걸 발견하였다. 이 사실은 군관에게 보고되었고 군관은 사실 확인 후 태무제에게 보고하였다. 태무제의 명에 의해 대대적인 조사가 행해졌는데 이때는 무기뿐 아니라 반란군들이 주고받은 서신, 그리고 타락한 승려들의 성노리개로 구금되어 있던 젊은 여자들도 발견된 것이다. 이어지는 수순은 예상이 가능하다. 격노한 태무제에 의해 전국적인 불교 탄압의 폭풍이 일었는데 이것이 중국 역사상 첫 번째 불교탄압 사건이다. 전국의 사원과 불상들이 불살라졌고 엄청난 수의 승려들이 도륙되었다. 이 당시의 불교 탄압에는 또한 유교-불교의 대립, 도교-불교의 대립도 배경에 깔려 있었다. 또한 유교를 지지하는 대신들이 황제를 부추긴 면도 없지 않았다.

말년의 태무제는 태자를 죽인 것과 불교를 탄압한 것에 대해 후회하였지만 그렇다고 갑자기 정책을 바꿀 순 없었다. 종애의 난을 진압하고 문성제 투어바쥔이 즉위했을 때에 북위의 사회 분위기와 민심은 어땠을까? 종애의 난으로 조정은 한동안 리더십 부재 상황에 있었고, 태무제 시기의 오랜 정복전쟁으로 백성들은 피로감이 쌓인 데다가 불교 탄압의 바람까지 겪었다. 한바탕 홍역을 겪은 민심이 선비족 정권에 호의적이었을 리는 만무하다. 뒤를 이은 군주에게는 민심을 어루만지고 사회의 안정을 도모하는 게 우선적으로 필요했다.

452년 즉위한 문성제 투어바쥔은 불교 탄압을 바로잡기로 하고 담요(曇曜)[19]라는 승려에게 불교 부흥 조치에 착수할 것을 명한다. '어떻게 하는 것이 백성들에게 불교 부흥의 의지를 가장 확실하게 보여주는 것일까?'라는 것을 고민하던 담요는 황제에게 평성(따퉁) 북쪽의 우저우산(武州山) 절벽에 다섯 개의 석굴을 건설할 것을 건의하였다. 태무제 때

---

19) 담요는 보통 승려가 아니었다. 당시 북위는 불교를 거의 국교로 하고 있었기 때문에 조정에 불교를 총괄하는 대신급 승려를 두었다. 윈강석굴의 매표구를 지나면 처음 보게 되는 게 한손에 염주를 든 바싹 마른 노인의 청동상인데 그가 바로 윈강석굴 건설을 총지휘했던 담요이다.

사원과 불상들이 불살라진 것을 두 눈으로 똑똑히 본 그는 불법이 불타지 않고 영원할 수 있는 방법으로 석굴을 선택한 것이다. 조부의 과오를 씻고 조상의 복을 빌고 싶었던 투어바쥔은 이를 승인하였고 이렇게 하여 윈강석굴 프로젝트가 시작되었다. 윈강석굴은 태무제의 억불정책과 종애의 난으로 뒤숭숭했던 사회를 수습하기 위한 선비족 통치계층의 제스처이자 민중들에게 신앙을 다시 주어 사회통합을 도모하려고 했던 투어바쥔의 노력이었다. 즉, 황제의 적극적인 지원과 불교 부흥 정책하에 추진된 국가 주도의 프로젝트였다.

풍(冯)태후의 탄생

국가주도의 대규모 석굴사원 프로젝트였던 윈강석굴은 중국의 다른 석굴군과 비교 시 압도적인 스케일도 있지만 고도의 통일성과 체계성, 조화로움을 갖춘 것으로 높이 평가받고 있다. 이는 북위의 불교를 총 지휘했던 담요의 주도하에 체계적으로 기획된 후 비교적 짧은 공사기간 내에 엄청난 자원이 투입되어 건설되었기 때문이다. 그런데 윈강석굴의 여러 석굴 사원 중 특히 사학자들에 의해 많은 주목을 받았던 석굴이 있는데 그것은 바로 11호 굴이었다. 가운데에 기둥이 있는 양식인 11호 굴은 윈강석굴의 다른 굴들과 달리 좌우 대칭이 아니며 기둥은 다 완성되지도 않은 상태였고 웅장한 불상도 없다. 서쪽 벽에는 뛰어난 예술성으로 유명한 2.4미터짜리 칠불(七佛)이 일렬로 조각되어 있으나 동쪽 벽에는 손바닥 만한 불상들이 빽빽히 조각되어 있다. 이렇게 좌우의 형식이 각기 다르며 배치가 통일되지 않은 것이 뭔가 어수선한 느낌마저 든다. 11호 굴이 사학자들의 주목을 받은 이유는 이 굴이 앞선 시기의 석굴에서 보이는 고도의 통일성, 고도의 완성도와 세련미가 보이지 않고 뭔가 느낌이 다르기 때문이다. 불상들은 작았으며 전체적으로 산만하고 조화롭지 못했다.

또 하나의 이유는 11호 굴의 동쪽 벽 상단에 음각되어 있는 가로 78센티미터, 세로 37센티미터의 발원문(發願文) 때문이다. 발원문이란 신이나 부처에게 소원을 비는 내용을 적은 글을 말하는데 윈강석굴에서는 대다수가 주불상의 아래에 새겨 놓았기에 세월이 지나면서 훼손되어 거의 글자의 흔적을 알아볼 수가 없다. 그러나 11호 굴의 발원문은 특이하게도 손이 닿지 않는 상단에 새겨놓았기 때문에 일부 글자를 제외하고는 비교적 완전한 상태로 보존되어 있었다. 총 336자로 이루어진 이 발원문은 윈강석굴에 얽힌 역사뿐 아니라 북위의 역사에 대한 아주 중요한 단서를 알려주었다. 사학자들에 의해 《太和七年造像銘(태화7년의 조각에 대한 기록)》이라고 이름 붙여진 이 발원문은 지난 세기 많은 이들의 연구 대상이었는데 그 핵심 내용은 이렇다.

太和七年, 岁在癸亥, 八月卅日, 邑义信士女等五十四人
敬造石庙形象九十五躯及诸菩萨……
태화7년 계해년 8월30일, 읍의(邑义)의 남녀 신도 등 54명이
석묘조각상 95구와 많은 보살들을 정성스럽게 조각하였다.

읍의(邑义)란 마을이나 도시의 신자들과 출가한 승려들로 구성된 민

간 종교조직으로서 불상 조각을 주로 하였는데 불사(佛社 불교사회)라고도 불렸다. 그렇다. 11호 굴은 정부 주도하에 건설되다가 무슨 이유에서인지 중단되었고 한참이 지난 후 태화7년(383)에 민간에 의해 완성되었다. 시공사가 바뀌었고 중간에 휴지기가 있었으니 당연히 두 가지 스타일이 혼재되어 있을 수밖에 없었다. 게다가 민간의 남녀들이 와서 저마다의 스타일로 정성스럽게 조각을 하였으니 불상마다 스타일과 작품성에 편차가 생긴 것이다. 그러면 정부 주도하에, 좀 더 정확히는 담요의 지휘하에 체계적으로 진행되어 오던 공사가 왜 11호 굴에 와서 돌연 중단된 것일까? 이 문제는 본 세기 70년대에 벌어진 풍태후라는 여성 정치인의 정치투쟁과 깊은 연관이 있었다.

투어바퀸도 사실 '풍태후'를 이야기하기 위해서 꺼낸 인물이었는데 이야기가 길어졌다. 자, 이제부터는 풍태후를 이야기하겠다. 풍태후(441~490),[20] 그녀의 이름은 밝혀지지 않았다. 그녀를 중국 역사상 손꼽히는 여성 정치가이자 개혁가, 모략가 반열에 넣는다 해도 큰 이견이 없을 듯하다. 서한 초기를 이야기할 때 나는 중국 역사에 있어서 세 명의 여황제 또는 황제급 여성 리더로 여태후, 무측천, 서태후를 꼽았다. 풍태후는 중국의 반쪽짜리 제국을(그것도 비한족 정권을) 다스렸기 때문에 역사적 존재감에서 이들에 비해 다소 밀릴 수는 있지만 그녀의 정치 리더로서의 면모는 위의 세 명에 절대 뒤지지 않는다. 또한 위의 세 명 여성 리더들이 자신의 정권유지를 위해 아주 잔인한 수단을 동원하였고 집권 내내 공포정치를 펼쳤던 것에 비해 풍태후는 위엄

---

20)   문성문명태후(文成文明太后)라는 시호로 불리기도 한다.

과 관용을 적절하게 활용하는 균형 잡힌 관리 스타일을 보여주었다.

이 여인은 아주 어릴 적에 궁에 들어와서 14살에 황후가 되었고 24살에 남편을 잃고 태후가 되어 스스로 정치 전면에 나서게 된다. 아마 중국 역사상 가장 이른 나이에 태후가 된 여인일 것이다. 그녀가 죽는 490년까지 북위는 거의 이 여인의 집정시기라고 해도 과언이 아니다. 이 시기에는 비록 조정 안에서는 풍태후 세력과 황제 세력 간의 알력과 긴장, 정치적 숙청이 있긴 했지만 국가의 운영에 있어서는 가장 안정적이었고 민중들이 살기 좋았던 북위의 전성기였다.

풍씨(馮氏), 어디서 많이 들어본 성씨이다. 아직 황후가 되기 전이니 풍씨라 부르겠다. 432년 북위가 북연(北燕)을 멸망시킬 때 당시 북연의 왕은 한족출신 풍홍(馮弘)이란 자였다. 풍씨의 할아버지이다. 452년 환관 종애의 정변 시 투어바쿤에게 거처를 제공하고 그를 보살펴준 여인 풍소의(馮昭儀), 그녀는 바로 풍씨의 고모이다.

풍씨의 아버지 풍랑(馮朗)은 북연의 마지막 군주 풍홍(馮弘)의 아들이다. 망국의 군주 집안이지만 북위 정부가 후손까지는 건드리지는 않았던지 아니면 어떤 스토리가 있었는지 모르겠지만 풍랑은 장안으로 와서 관직을 맡으면서 아들과 딸을 차례로 낳고 그럭저럭 잘 지낸다. 풍씨는 이때 장안에서 태어났다(441). 그런데 어느 날 갑자기 관군이 들이닥쳐 아버지가 반역으로 몰려 잡혀가 처형을 당하는 일이 벌어졌고 어린 풍씨는 반역자의 딸이 되어 황궁의 노비로 들어갔다. 이때는 태무제가 죽기 전이니 그녀의 나이는 아무리 많이 잡아도 11살이었다.

어리고 외로운 풍씨에게 있어 자신의 고모가 황궁에 있는 것은 엄청난 의지이자 행운이 아닐 수 없었다. 그녀는 고모 풍소의(冯昭仪)의 도움으로 황궁에서 살아남는 법을 배웠고 투어바쥔의 눈에 들어 궁 내 지위가 점점 상승하여 '귀인(贵人)[21]'의 자리에 오르게 된다. 이때 그녀의 나이 13살, 투어바쥔는 그녀보다 한 살 많은 14살이었다. 그로 부터 2년 뒤 456년에 그녀는 황후가 되었다. 그녀의 나이 15살이었다.

문성제(文成帝) 투어바쥔에게는 아들이 하나 있었다. 풍씨(冯氏) 말 고 이(李)씨 성을 가진 귀인이 한 명 더 있었는데 바로 그녀가 난 아들 투어바훙(拓跋宏)이었다. 이씨(李氏), 그녀의 본명과 출생년도는 밝혀 지지 않았다. 그녀 또한 남조에서 데려온 한족 관리의 딸로서 궁에 들 어온 경위가 풍씨와 비슷하다. 어느 날 투어바쥔이 궁을 산책하던 중 이씨(李氏)의 미모가 그의 눈에 들어왔고 그녀는 후궁이 되어 투어바 타오의 침소에 들게 된다. 이씨(李氏)는 곧이어 임신을 하여 454년 아 들 투어바훙(拓跋弘)을 낳았고 그녀 역시 귀인으로 봉해졌다.

이씨(李氏)에 대한 이야기를 하는 이유는 그의 아들 투어바훙(拓跋 弘)을 태자로 삼는 일을 설명하기 위함이다. 정리를 하자면 풍씨가 노 비 신분에서 황제의 총애를 받아 승승장구하여 '귀인'까지 왔는데 어 느 날 보니 황제가 또 다른 노비 신분의 '이씨(李氏)'라는 여자를 들여 양다리를 걸치는 상황이 된 것이다. 이 둘은 둘 다 본래 높은 신분의

---

21) 귀인(贵人)은 비빈(妃嫔)의 등급 중 하나이다. 이는 한왕조부터 전해 내려오던 별 궁의 등급제였는데 좌우(左右) 두 명의 소의(昭仪), 삼부인(三夫人), 그리고 구빈 (九嫔) 등등으로 정해져 있었다(왕조별로 조금씩 변하긴 했다). 여자들이 사는 별 궁에서도 조정 대신 못지 않은 엄격한 등급제가 있었고 각 등급은 '조정 대신의 무 엇에 해당하며 녹봉은 쌀 얼만큼이다'라는 명확한 규정이 있었다. 소의(昭仪)는 재상에 맞먹는 신분으로 제일 높고 그 바로 아래 단계가 삼부인(三夫人)인데, 귀빈 (贵嫔), 부인(夫人), 귀인(贵人) 이 세 명을 일컬어 삼부인이라 했다. 삼부인은 9경, 즉 오늘날의 장관급에 해당하는 신분이었다.

한족 출신이었고 집안이 화를 당하여 궁의 노비가 되었다가 남다른 미모로 황제의 눈에 띄어 귀인이 되는 서로 아주 비슷한 인생을 살고 있었다. 역사에는 나와있지 않지만 분명 이 둘은 황제를 사이에 둔 라이벌 관계였을 것이다. 입궁 시점과 귀인이 된 시점으로는 풍씨(풍태후)가 선배이지만 이씨가 아들을 낳아 버린 것이다. 풍씨는 딸만 둘을 낳았다.

여기서 상식적으로 잘 이해되지 않는 일이 있는데 456년 정월에 풍씨가 황후로 책봉된 것이다. 이미 아들을 낳은 이귀인이 있는데 풍귀인이 황후가 된 것이다. 그건 그렇다고 치는데 황후가 된 바로 다음 달에 이제 두 살밖에 안 된 이씨(李氏)의 아들 투어바훙(拓跋弘)을 태자로 책봉한 일이다. 북위에는 '자귀모사子貴母死(아들이 귀해지면 어미가 죽는다)'라는 이상한 룰이 있었는데 이와 관련해서 생각해 보면 이해가 조금은 갈 것이다. 이는 개국황제 투어바꾸이가 외척의 득세를 미연에 막자는 취지로 '아들이 태자가 되면 그 어머니에게 사약이 내려지는' 잔인한 룰이었다. 그리고 북위 황실은 남자들이 전쟁에서 일찍 죽는 유목민족 특성상 일찌감치 태자를 책봉하는 전통이 있었다.

선비족의 관습에 의하자면 비빈들은 아들을 안 낳고 황제의 총애만 받는 이가 승리자가 되는 것인데 풍씨가 바로 그런 케이스였다. 결국, 이귀인(李貴人)에게 사약이 내려졌고 그녀는 사약을 먹기 전 자신의 형제자매들의 이름을 하나하나 부르며 펑펑 목놓아 울다가 죽었다고 전해진다. 이씨의 두 살짜리 아들은 풍씨의 양자가 되었다.

그 후 11년 동안 투어바쥔은 안으로는 사회안정과 경제재건, 밖으로는 유연에 대한 공격 등 앞에서 말한 여러 가지 일들을 했다. 그는 가

허 워코홀릭이라고 할 정도로 정사에 매진하였고 잦은 출정에 직접 참가하였다. 풍황후는 투어바쥔이라는 인물에 매료되어 한 남자로서 사랑하면서 황제로서 존경하게 되었고 이는 후에 그녀의 정치사상에 있어서 많은 영향을 끼쳤다. 그녀는 자신의 모든 매력과 부드러움, 애교를 바쳐 국사에 지친 남편을 내조했고 투어바쥔도 그녀와 함께 있으면 모든 근심을 잊어버릴 수 있었다.

그러나 풍황후의 꿈과 같은 황궁 생활이 영원할 순 없었다. 465년 문성제 투어바쥔이 병사한다. 그의 나이 25살이었고 풍황후는 24살이었다. 투어바쥔의 죽음으로 풍황후는 엄청난 정신적 충격을 받았다. 선비족의 풍습대로 죽은 자의 의관을 태우는 의식을 하는데 그녀가 거의 실성해서 남편을 부르짖으며 불길 속으로 들어가려고 하는 걸 대신들이 잡아서 말렸다고 한다. 사랑하는 남편을 잃은 슬픔과 함께 이제 자신을 보호해 줄 사람이 아무도 없는 상태에서 젊은 아녀자의 몸으로 황궁에서 혼자 살아갈 일에 대한 걱정과 두려움에 부르짖었을 것이다. 이때 그녀는 연기를 마시고 실신하여 삼일 동안 깨어나지 않았다고 한다.

섭정의 시작

투어바쥔의 죽음으로 태후가 된 풍씨는 180도 다른 사람이 되었다. 며칠을 실의에 빠져 지내면서 어차피 현실을 받아들이고 스스로 강해지기로 결심한 듯했다. 투어바쥔이 죽고 1년 후, 당시 재상이었던 선비족 을훈(乙渾)이란 자가 황권이 허약한 틈을 타 반란을 계획하고 있었는데 이를 사전에 파악한 풍태후는 반란 세력을 사전에 공격하여 일망타진한다. 그리고 이를 계기로 자신이 정치 전면에 나설 것을 선포하는데 이것이 풍태후의 1차 섭정이다. 이때 그녀의 나이 겨우 25살이었다. 헌문제(獻文帝) 투어바홍(拓跋弘)은 당시 12살이었고 풍태후가 조정 회의를 주제하고 모든 걸 보고받으며 실질적인 의사결정권자가 되었다. 선비족 대신들로 꽉 찬 조정에 한족 출신 태후의 섭정이 시작된 것이다.

평태후의 섭정은 그리 오래가지 않았다. 이듬해인 467년에 죽은 이씨의 아들 헌문제(獻文帝)와 황후 사이에서 아들이 태어났기 때문이다[22]. 그가 후에 북위의 일곱 번째 황제가 되는 투어바홍(拓跋宏)이다. 헌문제(獻文帝) 투어바홍(弘)과 그의 아들 투어바홍(宏)은 중국어 발음은 같지만 한자의 우리말 독음은 '홍(弘)'과 '굉(宏)'으로 서로 다르다. 한국식으로 부르자면 하나는 탁발홍이고 하나는 탁발굉이다. 이 둘 간의 혼돈을 방지하기 위해 아버지 투어바홍(弘)은 헌문제(獻文帝)라는 시호를 사용하겠다. 손주를 얻은 '평태후는 매우 기뻐했고 다시 안주인의 본분으로 돌아가 손주를 보는 것에 전념하기로 결심했다'고 사서는 전한다. 그녀는 정치에서 손을 떼고 모든 것을 헌문제에게 일임하였다. 그렇게 평태후의 1차 섭정은 18개월에 그쳤다. 그렇지만 그녀는 반란을 제압하는 타고난 모략과 결단력을 보여주었고, 짧은 기간이었지만 정치 전면에 나서면서

---

22) 헌문제가 아들 투어바홍(宏)을 낳은 467년은 그의 나이 만 13살 때이다. 그의 아버지 문성제 투어바쥔이 헌문제를 낳은 것이 만 14세였다. 당시 선비족 황실에는 조혼의 풍습이 있어서 10대 때에 전부 자식을 보았다. 그러나 조혼은 황제들의 수명을 앞당기기도 했다. 북위의 황제들은 태무제 투어바타오가 44살까지 산 것을 제외하고는 전부 35살을 넘기지 못하였고 20대에 죽은 황제들이 부지기수였다.

치국에의 경험을 쌓았으며 황권을 강화하는 소귀의 성과를 이뤘다. 이때 그녀의 나이 겨우 26살이었다.

이혁 사건과 풍태후의 2차 섭정

그러나 26세밖에 안 된 풍태후가 모든 걸 내려놓고 손주 부양에만 힘쓴다? 또한 13살밖에 안 된 양아들 헌문제가 친정을 한다? 이 둘의 관계는 필연적으로 충돌할 운명처럼 보인다.

풍태후는 처음에는 헌문제가 비록 자기 친아들은 아니지만 그의 친모 이(李)귀인에 대한 죄책감이 있었는지 이귀인 사후로 그를 정말 진심으로 돌봤다. 그가 황제가 된 후에도 최소한 그에게 나쁜 감정을 가지고 있진 않았던 것 같다. 그러나 헌문제는 달랐다. 나이를 먹어감에 따라 풍태후가 실질적인 권한을 행사하는 것에 불만을 품었다. 이는 풍태후가 자신의 친모가 아니었기에 더욱 그랬을 거라 생각된다. 어쩌면 풍태후에 의해 자기 친모가 일찍 죽었다고 생각해서였을지도 모른다. 생각해 보면 태자의 생모를 죽이는 북위의 규정은 비인간적이기도 하지만 그보다도 태자의 성장과정에서 자연히 양모인 태후를 향한 반감을 불러일으키고 성격을 비뚤어지게 만들 가능성이 농후한 규정이라 할 수 있겠다.

이어지는 4년의 친정 기간에 청소년기의 황제는 일련의 황권강화 조치를 취하였다. 이 말은 북위 조정의 두 세력이 곧 충돌함을 의미했다. 젊고 기력이 왕성한 풍태후가 절대로 순순히 정권을 넘겨줄 리 없었고 헌문제는 황권강화의 목적을 반드시 달성해야 했다. 쌍방은 겉으로는 평온해 보이지만 물밑에서 격렬한 투쟁의 흐름이 있었다. 이때 문성제(투어바쥔) 때의 불교 총괄대신이었던 담요는 헌문제의 측근이었다. 헌문제는 아들이 출생하자 즉각 장인 이혜 등 외척을 왕작에 봉하는 등 빠르게 자기의 세력을 구축해 나갔다. 그러나 풍태후 역시 가만있지 않았다. 실각한 자신의 오빠를 불러들여 요직에 앉혔다.

헌문제가 15, 16살이 되면서 풍태후의 심기를 건드리는 조처들이 행해졌고 이 둘 간의 갈등이 표면화되기 시작한다. 그는 관리 임용을 엄격하게 하고 부정부패를 척결하는 일종의 정풍운동을 하면서 풍태후의 외척세력을 정리하고자 했고, 풍태후 측근들을 갈아치우는 인사를 하면서 풍태후와 각을 세웠다. 풍태후는 처음에는 심기가 불편하긴 했지만 그냥 참고 넘어갔다. 그러다가 한 사건은 풍태후로 하여금 '저 어린 황제를 그냥 놔둬서는 안 되겠다'고 마음먹게 하였고 다시금 독기를 품고 정치 전면에 나서게 만들었다.

젊은 나이에 과부가 된 풍태후는 외로움을 견디지 못하고 남자를 들였다. 풍태후 재위 시기 여러 명의 정부(情夫)가 있었지만 그중 그녀가 진심으로 좋아했던 인물이 있었는데 그가 바로 이혁(李弈)이라는 한족 대신이었다. 풍태후는 잘생기고 말도 잘하고 풍류를 아는 그를 총애하게 되었고 그를 거처로 부르는 일이 빈번해졌다. 이 사실은 황궁 내에 공공연하게 퍼졌고 헌문제는 이에 대해 매우 못마땅하게 여겼다. 470년, 헌문제가 16살이 되던 해 그는 이혁과 그의 무리(한족) 몇 명을 반역 혐의로 잡아들여서 처형하였다. 이 일로 풍태후와 헌문제와의 사이에는 돌이킬 수 없는 대립각이 세워진다.

사서는 풍태후가 어떻게 반격했는지 기록하지 않았지만 뒤에 나오는 결과로써 대강 짐작이 가능하다. 어린 헌문제는 풍태후의 적수가 되지 못하였다. 이듬해에 17세밖에 안 된 헌문제가 돌연 자신의 숙부 투어바즈투이에게 황위를 선양하겠다고 한 것이다. 그 목적은 풍태후가 황태자를 끼고 섭정을 하는 것을 막기 위해서였다. 그러나 최종결과는 풍태후의 압력을 버티지 못하고 어쩔 수 없이 자신의 4살짜리 아들 투어바홍(拓跋宏)에게 황위를 선양하고 자신은 역사상 가장 젊은 태상왕이 되었다. 그해 8월에 연호를 연흥으로 바꾸고 어린 효문제의 첫 해가 시작되었다. 때는 471년이고 풍태후의 나이 만 30세가 되던 해이다. 이때부터 풍태후의 2차 섭정이 시작되었다.

그러나 헌문제도 자존심이 있는 남자였다. 비록 태상황이 되었지만 그는 대권에의 야망을 놓지 않았고 자기 세력을 심어놓아 아들이 크면 자기와 손잡고 대권을 잡기를 희망하고 있었다. 그는 군대를 이끌고 유연 정벌에 나서는 등 자기 정치를 하고 있었다. 그 후 황권을 향한 투쟁은 더욱 격렬해졌지만 사서의 기재는 모호하다. 하지만 한 가지 일은 당시 투쟁의 격렬함을 알려준다. 475년에 태상황은 수도 평성의 군대를 검열하고 사열을 받았다. 이것이 의미하는 바를 굳이 설명할 필요가 있겠는가? 이는 풍태후의 추가 조치를 불어일으켰다. 1년이 안 돼서 476년 6월에 풍태후는 '계엄령'을 내렸고 그로부터 8일 후 태상왕 투어바홍이 갑작스레 의문사했다. 그의 나이 22살이었다.

헌문제 주변의 사람들은 전부 축살되었고 어렵게 구축한 그의 세력은 전부 일망타진되었다. 고승 담요도 이 환난을 피할 수 없었다. 이때 이후로 담요는 지위를 상실하였고 황가의 석굴 프로젝트인 윈강석굴은 중단되었다. 그리고 얼마 후 민간 사업으로 재개되었다. 477년에 풍태후는 연호를 태화로 바꾸고 다방면의 중대 개혁을 시작하였으며 의도적인 한화를 진행한다.

《위서》는 황실이 불공드리러 가는 것을 행행(行幸)이라 하여 매년 기록하였는데 태화 7년인 483년 이후로는 풍태후와 효문제가 윈강석 굴이 있는 우저우산으로 행행을 갔다는 기록이 없다. 그대신 풍태후 가 죽는 490년까지 매년 방산(方山, 풍태후의 무덤이 여기 있다)으로 불 공드리러 간 기록이 있다. 이러한 정황은 윈강석굴 11호 굴의 어수선 함, 그리고 굴에서 발견된 발원문인 '태화칠년조상명'의 내용과 부합된 다. 11호 굴의 건설 중단과 민간으로 시공사가 변경된 것은 풍태후와 헌문제 간의 치열한 정치투쟁과 깊은 연관이 있었던 것이다.

1995년에 따통 옛 도성 지역의 남단에서 북위의 명당(名堂)[23] 터가 발견되었다. 태화 3년인 479년에 착공하여 태화 15년인 491년에 완공 된 북위의 명당 터에서 직경 294미터짜리 돌로 된 원형 수로가 발견되 었는데 수로로 쓰인 석재가 회황색의 중사암과 세사암으로 운강석굴 의 암석 재질과 일치했다. 이를 근거로 학자들 사이에서 북위 명당유 적의 건축 석재가 어쩌면 윈강석굴 제3호 굴에서 채굴하여 가져온 것 일 수도 있다는 주장이 나왔다. 고승 담요가 지위를 잃은 후의 윈강석 굴은 석자재장으로 지위가 전락해 버린 것이다.

---

23) 명당(名堂)이란 황제가 제후들과 조회를 하거나, 중요 조서를 발표하거나, 큰 상을 내리거나, 제사를 지내는 등 황제 주도의 행사를 거행하기 위해 만든 장소로서 원 형 건물 형태를 취하고 있다. 한나라 때 이래로 각 왕조마다 수도에 명당을 만들 었으며 현존하는 명당으로서는 베이징에 있는 명청 시대의 천단공원(天坛公园)이 있다. '좋은 터'를 뜻하는 우리말 명당이 여기서 유래되었다.

32장

태화개혁(477~499)과 균전제의 탄생

의붓 아들과 그의 지지세력들을 완전히 제압한 476년부터 그녀가 죽는 490년까지 풍태후는 다시금 국정 전면에 나서면서 실질적인 황제 역할을 하였다. 이때는 그녀의 나이 35세에서 49세 때이고 경험과 연륜이 쌓여 그녀의 능력치가 최고조에 달했을 시기이다. 그리고 이 시기는 북위의 활발한 개혁의 시기이자 전성기이기도 했다.

헌문제가 죽은 이듬해인 477년에 풍태후는 자신이 섭정을 할 것임을 선언하고 연호를 태화(太和)로 바꾸었다. 태화년간은 477년에서 효문제가 죽는 499년까지인데 효문제의 나이로 보자면 10살에서 32살 사이였다. 북위는 이 22년 동안 선비족의 운명을 완전히 바꾼 일련의 국가 개혁들을 추진하였는데 이 모든 것들은 후세 사가들에 의해 당시의 연호를 따서 '태화개혁(太和改革)'이라 불린다. 인터넷을 검색해 보면 아마 아래의 개혁들이 전부 '효문제'에 의해 반포되었다고 쓰여있을 것이다. 그렇지만 풍태후가 살아있을 때에는 그녀가 실권을 쥐고 있었으므로 태화개혁의 조치 중 490년 이전의 조치들은 실은 풍태후의 재가로 실시된 것들이라 보면 된다.

태화개혁은 크게 두 시기로 나눠진다. 전반기는 풍태후 섭정시기에 행해졌던 제도 개혁으로 그 핵심은 녹봉제(俸祿制), 균전제(均田制), 삼장제(三長制)의 도입이다. 간단히 말해 유목민족의 낙후성을 벗어나 봉건전제국가로서의 모습을 갖추고 경제력을 고도화하는 일들이었다. 490년에 풍태후가 죽고 효문제의 친정이 시작되면서 개혁은 심화되었고 그는 한술 더 떠서 급진적인 한화정책을 폈다. 한족의 문물을 받아들이는 것에 모든 초점이 맞춰져 있던 이 시기의 사회 개혁을 다른 말로 '한화개혁'이라 명명하여 앞선 풍태후 집정시기의 제도 개혁과 구분하기도 한다.

녹봉제(俸祿制)와 중앙권력 강화

어이없게도 북위는 그때까지 관리들에게 월급을 주지 않았다. 공무원 월급이라는 개념이 없었던 것이다. '어찌 그럴 수가 있을까?'라는 생각이 들 수도 있겠지만 달리 생각해 보면 당시의 유목민족들이란 남의 것을 뺏어오는 것을 주 수입원으로 해왔던 사람들이다. 이를 꼭 낙후되었다고만 볼 일이 아니라 당시 유목민족의 생존방식이었다고 보는 게 맞을 듯 싶다. 이들은 국가란 그저 큰 부락과 같다고 생각했던 것 같다. 평성에 궁궐을 짓고 한족의 관제와 행정체제를 도입하여 국가의 모습을 흉내내긴 했으나 이들의 마인드는 여전히 초원의 유목민족이었다. 관리들에게 녹봉(월급)을 주지 않았다는 것은 이들이 유목

민족의 관성에서 벗어나지 못하고 있었다는 것을 보여주는 대표적인 사례이다. 이들 지방 관리들은 노략질, 전쟁 후의 전리품, 그리고 가끔 하사되는 황제의 상을 수입원으로 하고 있었다. 주변 국가와 전쟁을 할 시기에는 그런대로 괜찮았다. 그러나 태무제의 화북 통일 후 주변 국가와 전쟁이 줄어들면서 수입원이 없어졌다. 그럼 어떻게 되겠는가? 곧 수탈의 대상이 자국민에게로 돌려졌다. 권력을 이용한 재물 착취나 뇌물 수수란 것이 한 번 시작되면 인간의 본성상 어느 정도껏으로 제어가 되질 않는다. 이들 지방 관리들은 자신들의 생계를 이어갈 정도의 착복에서 끝난 것이 아니라 거침없고 경쟁적으로 재물을 긁어모으게 된다. 사료에 의하면 '당시 주(州)와 군(郡)의 관리들이 처음 부임 시는 한 개의 말안장과 한 필의 말로 시작했다가 떠날 때는 백 대의 마차를 가지고 떠났다'고 적혀 있다. 이들 선비족 관리들은 터무니없는 세금 부과, 뇌물수수, 사기와 공갈을 이용한 재산 갈취, 부역 징집 등의 갖가지 방법으로 경쟁적으로 자신들의 부를 채웠다. 특히 일부 황가의 친척들은 각종 특권을 향유하였고 관작 매매, 채광·제철사업, 제염사업, 운송업, 심지어 주요 관문을 통과하는 상인들에게 통행세를 받는 등 교묘한 수단으로 각종 이득을 취했다.

또한 이는 중앙 권력과도 밀접한 관련이 있는 일이었다. 사장이 월급을 주지 않는데 직원들에게 이래라 저래라 일을 마음 놓고 시킬 수 있겠는가? 문제의 심각성을 인지한 풍태후는 한(汉)과 진(晉)의 녹봉제를 모방하여 태화 8년(484)에 녹봉제를 시행하였고 관리들의 수탈을 엄격히 금하였다. 그러나 이 개혁의 실행은 처음에는 순조롭지 않았다. 모든 개혁이 그렇듯이 거대 기득권층의 반발이 기다리고 있었고 이들과 격렬한 투쟁이 한바탕 벌어지고 난 후에야 제대로 실행이 가능하게 되었다.

풍태후와 효문제는 녹봉제의 실시를 전후하여 관리들의 수탈 정황을 조사하였고 이에 대한 처벌을 엄격히 하였는데 이에는 황가의 친척이라고 예외가 없었다. 몇 가지 예를 들겠다. 이러한 사례들은 풍태후와 효문제의 개혁 의지를 만천하에 보여주기 위한 특단의 조치였을 거라 생각된다. 오늘날 섬서성에 해당하는 진주(秦州)와 옹주(雍州)의 자사였던 이홍지(李洪之)는 효문제의 외삼촌이다. 그는 청렴하지 않았고 백성들의 재물을 착취하였을 뿐 아니라 백성들의 아내와 딸을 데려가고 심지어 사람을 죽이는 짓도 하였다. 17살인 효문제는 그를 도성으로 압송해 와서 스스로 그의 죄상을 읽어내려간 후 그에게 사약을 내렸다. 물론 이렇게 한 배후에는 풍태후가 있었다는 건 굳이 말할 필요가 없을것 같다. 여양왕 투어바텐츠(拓跋天賜)와 안남왕 투어바쩐(拓跋楨)은 각각 헌문제의 숙부이자 효문제의 숙조부이다. 즉 문성제 투어바쥔의 형제이자 풍태후의 시동생이었다. 이 두 사람은 광산 제철업에 백성을 강제 징용하여 수많은 농민들을 파산에 이르게 하였고 이들의 경작지를 황폐하게 만들었다. 또한 염전을 독점하고 관아의 물건을 착복하고 뇌물을 받는 것이 셀 수 없을 정도였다. 풍태후는 여남왕 투어바텐츠의 재산을 몰수하고 그를 사형시켰다. 안남왕 투어바쩐은 죄를 인정한 점을 참작하여 재산을 몰수하고 관직을 파직한 후 서인(평민)으로 폐하여 평생 관직에 오르지 못하도록 하였다.

녹봉제를 실행함과 동시에 매 호마다 매년 비단(帛) 3필, 곡식 2곡9두를 징수하여 관리의 녹봉에 대한 재원으로 하였다. 그리고 녹봉제

시행 후 비단(백帛) 한 필, 양(羊) 한 마리 이상을 착복하는 관리는 사형에 처해졌다. 이것이 바로 역사상 유명한 '백양(帛羊)의 벌'이다. 민중들은 세금이 늘어나서 초기에 반발이 있긴 했지만 곧이어 관리들의 수탈이 없어지는 것을 알고는 환호했다. 녹봉제의 실시는 급여제를 실시했다는 제도 도입 자체의 의미보다는 이를 계기로 공직사회의 기강을 잡고 탐관오리들을 처단하였으며 결과적으로 북위가 가지고 있던 사회 내 계급 간의 갈등, 민족 간의 갈등을 완화시킬 수 있었다는 데더욱 큰 의미가 있었다. 북위 정권은 더욱 공고해졌고 중앙정부의 통제력은 강화되었으며 이로써 향후 이어지는 개혁 조치들이 펼쳐질 수있는 기본 조건이 만들어졌다.

균전제(均田制)

균전제는 말 그대로 '균등하게 전답(논밭)을 나눠주는' 제도이다. 주인 없는 유휴 토지를 국가 소유로 거둬들여 이를 다시 농민들에게 균등하게 주거나 늙어서 생산활동을 못할 때까지 장기 임대해 주는 획기적인 제도이다. 북위가 만들어 낸 이 독창적이고 과감한 제도는 북제, 북주를 거처 수, 당까지 300년을 이어오면서 왕조 초기마다 마법처럼 국가의 생산력을 획기적으로 올려놓는 역할을 하였다. 북위가 균전제를 고안하게 된 데에는 당시의 상황이 있는데 이에 대해 공감하고 넘어가는 것이 필요할 듯하다.

중국은 동한 후기부터 지방 호족들의 토지 겸병이 만연했고 이는 자작농 기반의 해체와 몰락을 의미했다. 예전엔 자기 땅에서 농사를 짓던 농민들이 졸지에 대지주의 소작농이 되었고, 착취에 시달린 농민들은 고향을 떠나 새로운 곳에 가서 또다시 대지주의 소작농이 되는 '농민의 유랑 현상'이 벌어졌다. 중국이 분열되면서 연이은 내전과 정치 불안은 이러한 유랑현상을 더욱 심화시켰다. 거의 무정부 상태와 같았던 5호16국 시대에는 지방 호족들이 스스로의 방어를 위해 자기만의 성(城)을 만들어 그 안에서 사군(私軍)을 조직하였는데 이를 '오벽(塢壁)'이라고 한다. 민간인들의 사택과 오벽과의 차이는 오벽에는 성처럼 망루가 있었다는 것이다. 이는 오벽 안에 방어체계가 있고 군대가 있었다는 걸 뜻한다. 푸젠성(福建省)의 토루 역시 방어의 목적으로 만들어진 공동체 생활공간이라는 측면에서 오벽의 일종이라 볼 수도 있다.

오벽

토루

오벽(塢壁)은 마을의 자체방어와 자급자족을 위해 형성되었지만 점점 전란을 피해 가족의 신변보호와 입에 풀칠을 하려는 유랑민들이 이 오벽으로 자진해서 들어와 호족의 농노가 되는 현상이 만연하였다. 오벽 안에 편입되어 있는 사람들은 정부의 호구(인구통계)에 등록

되지 않았기에 이들은 국가의 징집과 부역에서 자유로웠다. 중국의 북방지역은 8왕의 난과 5호16국 시기를 거치면서 인구의 80%가 없어졌는데[24] 이에는 전쟁으로 죽은 사람도 많았지만 그나마 살아남은 사람들도 유랑인이 되거나 오벽으로 들어가서 인구통계에 잡히지 않았기 때문이다. 자작농 경제가 무너지고 농민의 유랑화와 대지주에의 종속화가 만연해 있던 상태, 토지는 장기간 경작되지 않아 황폐화된 상태, 이로 인해 세금이 제대로 걷히지 않아 정부 재정이 심각한 위기에 놓인 상태, 이러한 상황이 당시 북위가 처해 있던 경제 현실이었다.

이와 같은 현실하에서 485년 풍태후와 효문제는 한인 이안세(李安世)의 건의를 받아들여 균전제를 반포한다. 균전제는 주인 없는 토지를 국가 소유로 하여 농민들에게 분배하여 개간하도록 하고 균전을 배분받은 농민들은 일정량의 세금과 부역의 의무를 졌다. 배분받은 토지는 일정 나이가 되거나 죽으면 국가에 반납하는 게 원칙이었다. 그러므로 균전제는 국가가 농민들에게 토지를 장기 임대하고 세금과 부역을 임대료로 받는 제도라고도 볼 수 있다. 수왕조 때 와서는 이 임대료에 병역이 추가되었다.

15세 이상의 모든 남자들에게 한 사람당 80묘(畝)[25], 여자에게는 40묘의 노전(露田, 곡식을 심는 땅)을 주어 곡식을 심도록 하였다. 평민뿐 아니라 노비와 경작용 소를 가지고 있는 자는 추가로 토지를 받을 수 있었다. 노비에게 주어지는 토지의 양도 일반인과 같았고 사람 수에 제한은 없었으나 그 토지는 주인의 것이었다. 그러므로 그 땅은 노비

---

24) 《중국인구사(中国人口史)》.
25) 북위 때의 1묘(畝)는 467제곱미터이다.

주인에게 주어지는 것이나 마찬가지였다. 소는 마리당 노전 60묘를 받았고 한 집당 4마리로 제한하였다. 토지를 처음 받는 자에게는 20 묘의 상전(桑田)이 주어졌고 3년 이내로 규정된 뽕나무, 대추나무, 느릅나무 등을 심게 되어 있었다. 상전은 세업전(世业田)이므로 사망 후에도 반납하지 않고 세습이 가능했으나 매매는 불가했다. 비단의 원료와 같은 고부가 제품을 생산하는 자에게는 토지 사용권의 세습이라는 인센티브가 주어진 셈이다. 새로 정착한 농민에게는 집을 지을 수 있는 소량의 택전(宅田)이 주어졌고 이 택전 역시 세습전이었다. 11살 이상의 장애인에게도 일반 남자에게 주어지는 양의 절반의 균전이 주어졌으며 이 땅은 죽은 후에 반납하면 되었다. 또한 과부가 수절할 경우 부전(妇田, 부녀자 토지)을 받았다. 이와 같은 세부 조치들을 보면 균전제에는 유랑민의 정착이나 사회적 빈자나 약자를 배려하는 정신이 다분히 있음을 알 수 있다.

소와 노비에게도 토지를 주는 것은 동물을 사랑하고 노비의 인권을 존중해서가 아니라 귀족 지주 계급의 이익을 챙겨주는 것이었다. 왜냐하면 소와 노비의 명의로 토지를 받는 계층은 대다수가 귀족 계층이었을 것이기 때문이다. 항상 개혁정책은 기득권층의 이익과 충돌하여 이들의 강력한 반발을 불러일으키고 결국은 좌절되는 경우가 많은데 이와 같은 항목은 균전제로 인하여 귀족들이 정부에 반감을 가지는 것을 막기 위한 일종의 타협 조치였다. 수왕조 때 와서는 토지가 부족해지자 노비와 소에게 주는 구분전(반납해야 하는 토지)은 폐지하였지만 그 대신 품급별로 관리들에게 세습이 가능한 직분전(职分田)이란 걸 신설하여 귀족 관료 지주 계층의 이익을 보장해 주었다. 이런 측면에서 봤을 때 균전제는 귀족 지주 집단을 타격하고자 하는 정치적 목적보다는 경제적 목적이 주가 된 조치였다고 말할 수 있겠다. 보통 친민중 정책에는 귀족 지주 집단이나 기득권의 경제 기반에 타격을 주어 왕권을 강화하고자 하는 정치적 목적이 다분히 들어있기 마련이다. 대표적인 예로 상앙의 토지 사유화 개혁이 있고, 고구려의 진대법, 동한 초기의 노비 해방, 조위(曹魏)의 둔전제[26] 등도 그런 예에 속한다. 이런 친민중 경제 개혁은 통상 겉으로는 경제 조치처럼 보이지만 실제로는 정치적 조치인 경우가 많다. 하지만 균전제의 그 구체적인 항목들을 보면 귀족 지주들의 반발을 염려하고 귀족들의 이익과 충돌하지 않으려는 노력이 엿보이는 것으로 보아 이는 정치적 목적보다는 순수한 경제 정책의 성격이 짙은 개혁조치였다고 말할 수 있겠다.

언젠가도 한 번 말했듯이 이 책이 담고 있는 주왕조에서 당왕조에 걸치는 1,800년 개혁의 역사 속에서 가장 창조적이고 후세에의 영향력이 컸던 개혁 조치를 말하라고 하면 나는 주저하지 않고 '상앙의 토지 사유제', '이안세의 균전제', 그리고 뒤에 나오는 '과거제'를 꼽을 것이다. 균전제는 여러 가지 방면에서 효과를 가져왔다. 우선 토지가 없는 농민들에게 주인 없는 황무지를 얻도록 하여 농민들로 하여금 편안히 정착하여 농업에 전념하도록 해 주었고 생산의 적극성을 높여준 측면이 분명히 있다. 동시에 광대한 지역의 버려진 땅이 개간되었고 농업 생산량이 계속 증가하였다. 이로써 북방의 경제 회복을 이룰 수 있었

---

26) 둔전제는 한무제 때부터 실시되어 오던 군대에 의한 경작을 말하나, 조조(曹操)는 둔전 경작에 일반 농민을 끌여들였다. 즉 이는 농민에게 땅을 빌려주는 것과 마찬가지로 유랑민을 끌어들여 생산력을 증대하고 사회를 안정화시키는 효과를 가져왔다. 조조의 둔전제 개혁이 조위제국을 강성하게 만든 주된 동력이었다는 평가도 있다.

고 나아가서 북위로 하여금 경제 규모를 지속적으로 증대할 수 있도록 하였다. 또한 균전제는 봉건국가의 국가소유 토지제도이면서도 봉건 지주의 이익을 건드리지 않았다. 국가의 세수 확충과 부역의 징발이라는 본래 목적을 달성하면서도 다른 한편으로는 북위 정권의 봉건화를 촉진시켜 북위의 통치를 근본적으로 공고하게 만들었다. 그리고 또 한 가지 매우 중요한 측면이 있다. 중국 북방 지역으로 들어온 여러 민족들로 하여금 원래의 유목생활에서 봉건 농경 민족으로 전환하게 하는 데 균전제가 매우 적극적인 역할을 하였고 이로써 북방 민족의 대융합 국면이 형성되었다. 그리고, 균전제는 후대의 토지 제도에 매우 큰 영향을 미쳤다. 북제(北齐), 북주(北周), 수(隋)를 거쳐 당(唐) 중기까지 장장 300년 동안 사용되었다. 북위에서 창립된 이 창조적인 제도는 '당(唐)'이라는 황금기 왕조의 출현에 두터운 물질적 기초를 조성하였다.

균전제를 실시하기 위해선 정부가 대규모 토지를 소유하고 있어야 한다는 전제조건이 있다. 거의 전 국민에게 이와 같이 토지를 장기로 임대하거나 주는 것은 실로 엄청난 양의 토지가 필요한 정책이다. 북위가 이렇게 할 수 있었다는 것은 그만큼 5호16국을 거치면서 화북의 인구가 감소했고 버려진 땅이 많았다는 걸 의미한다. 그러나 땅이란 건 한정된 자원이다. 균전제는 많은 농민들의 환호를 받으면서 여러 가지로 효과를 보았지만 균전제가 효과를 보면 볼수록 균전의 대상자인 농민의 수는 증가했고 이들에게 줄 토지 자원은 점점 줄어들었다. 게다가 균전제는 토지 사유화의 기초하에 실시된 국유토지 분배 제도이므로 국가가 줄 수 있는 땅은 주인 없는 토지와 황량한 땅에 한했고 그 수량은 한정되어 있었다. 국가가 마음대로 민간의 땅을 몰수해서 줄 수는 없었다는 것이다. 그래서 시간이 흐를수록 균전 농민이 규정된 양만큼 토지를 받지 못하는 경우가 보편적으로 발생하기 시작하였다. 나이가 들고 죽으면 국가에 반환하도록 되어 있었던 구분전(口分田)도 실제로 관부에 반납하는 경우가 적었다. 또한 인구 증가와 귀족 관료 지주들이 합법적, 불법적으로 대량의 토지를 점거하여 자기 것으로 삼는 소위 '토지 겸병 현상'이 심해지면서 국가가 분배할 수 있는 토지는 점점 적어졌다. 이런 이유로 균전제는 북위 중엽에 실시된 후로 오래 지나지 않아 그 원래 정책이 훼손되었다. 그러나 북위 말 전란을 겪으면서 주인 없는 토지와 황무지가 다시 증가했고 균전제는 뒤이어 일어난 서위·동위, 북주·북제, 수왕조에 의해 다시 시행될 수 있었다. 그리고 또다시 토지 자원 부족으로 제대로 실시가 어려워졌다. 다행히(?) 수왕조 말에 대규모 농민 기의가 일어났고 인구는 대폭 감소했으며 토지가 다시 황폐화됐다. 이리하여 새로 건립된 당왕조에게는 다시 균전제를 실시할 수 있는 토지자원이 생겼고 이들은 이전의 폐단을 보완하여 실시하였다. 그러다가 당고종 이후 균전제는 다시 점차 그 본질적인 문제점이 불거지면서 본래 정책이 훼손되었다. 이렇게 볼 때 균전제라는 토지 정책은 장기 전란으로 인한 인구 감소와 국토의 황폐화가 전제 조건으로 깔려 있어야 최대 효과를 발휘할 수 있는 유한한 수명을 가지고 있는 정책이었다고 말할 수도 있겠다.

삼장제(三長制)

균전제는 호구에 따라 토지를 분배하는 제도이다. 그러므로 호적의 인구를 파악하는 것이 선결조건이었다. 그래서 균전제와 삼장제는 서로 연관된 정책이다. '삼장제(三長制)'란 글자를 풀어보면 세 명의 장(長)을 두는 제도이다. 균전제를 실시한 이듬해인 486년 풍태후는 '오벽(塢壁)'의 해체를 위한 직접적인 조치를 취한다.

북위는 건국 초기 오벽(塢壁)의 호족에게 종주(宗主)라는 관직을 주어 그 안의 행정을 관리토록 하였는데[27] 이는 오벽(塢壁)을 제도권 안으로 끌어들이고자 하는 목적이었다. 앞서서 오벽(塢壁)의 폐해에 대해 설명했지만 이 중에서도 가장 큰 문제가 호구 수를 실제보다 적게 보고하여 국가의 세원과 징집원이 정확히 파악되지 않는다는 것이었다. 농민들은 오벽(塢壁)에 속해 있으면 세금과 부역의 부담을 지지 않지만 오늘날로 말하자면 주민등록증을 가지지 않은 농민들이었고 이들은 오벽(塢壁) 안에서 종주의 노예나 다름없는 존재였다.

종주도호제를 채택하였지만 여전히 호구 수를 속이는 일이 만연했고 이에 북위정부는 종주도호제를 폐지하고 삼장제를 실시하였는데 이는 거의 오벽의 해체를 초래하는 강수였다. 다섯 가구를 묶어 하나의 린(鄰)으로, 다시 다섯 린(鄰)을 묶어 리(里)로, 다시 다섯 리(里)를 묶어 당(黨)이라 정하였고, 각각의 린(鄰), 리(里), 당(黨) 마다 '장(長)'을 임명하여 그들로 하여금 호구조사, 부역징발, 생산관리, 치안관리 등의 관리감독 역할을 하도록 하고, 그 대신 장(長)의 집안에는 한 명 또

---

27)   이를 종주도호제(宗主都護制)라 칭하기도 한다.

는 두 명의 부역을 면제해 주는 혜택을 주었다.

이는 오벽에 사는 농노들을 밖으로 나오게 하는 효과를 가져와 지방 호족들의 경제에 엄청난 타격을 주었고, 북위 정부 입장에서는 호구 통계와 지방 말단 조직체계가 정비됨에 따라 정부 세수가 증가되었고 중앙의 지방에 대한 장악력이 한층 강화되었다.

당연히 이러한 개혁조치는 기득권층의 반대와 반발을 불러일으켰지만 풍태후는 강한 뚝심과 카리스마로 밀어붙였다. 모든 개혁에는 항상 기득권층의 극심한 반발에 직면하면서 좌절하게 되는데 이 모든 걸 물리칠 수 있었다는 건 그녀의 재위 기간에 황권이 얼마나 공고했는지를 반증한다.

효문제(孝文帝)의 황제수업

풍태후(손주가 황제가 되었으니 사실은 태황태후이지만 편의상 태후라 부르자)는 어린 효문제에게 혹독한 리더 교육을 시켰다. 처음에는 어린 효문제(孝文帝) 투어바홍(拓跋宏) 조차 위협이 된다고 여겨 그를 골방에 가둬놓고 삼일 동안 물과 음식을 주지 않았다고 한다. 죽일 생각이었던 것인데 대신들의 만류로 간신히 억류를 풀었다.

그 후 효문제의 효심(?)에 감동한 풍태후는 마음을 고쳐먹고 그에게 리더 교육을 시켜 자신의 개혁을 이어갈 후계자로 만들고자 한다. 효문제는 센 할머니 풍태후의 손에서 어려서부터 황제수업과 황제 인턴 과정을 밟은 인물이다. 후에 효문제가 펼친 '한화정책'들은 모두 풍태후의 영향을 받은 것들이고 풍태후 개혁정책의 연장선이라 해도 과언이 아니다. 효문제(孝文帝)라는 시호를 보면 이 사람은 효심이 지극했던 황제란 걸 알 수 있다. 사실 이 사람이 풍태후에게 지극한 효심을 보일 이유는 딱히 없어보인다. 풍태후와 그는 피 한 방울도 섞이지 않은 관계일 뿐더러 그가 어렸을 때 가둬놓고 굶겨 죽이려고까지 한 걸로 봐서 '그녀가 과연 그를 사랑하는 손주라고 생각했을까?'라는 질문에는 물음표를 달 수밖에 없기 때문이다. 감금에서 풀려난 어린 효문제는 생존을 위해 그녀에게 납작 업드릴 수밖에 없었을 것이다. 후에 효문제에게 마음을 주고 정성껏 후계자 교육을 하게 된 풍태후는 그에게 한족의 교육과 한족의 문화의식을 주입시켰다. 당시 한족의 교육이란 무엇이던가? 바로 유교이다. 한족 문화에 대한 동경을 가지고 있고 이를 적극적으로 수용하려고 했던 이민족 리더들은 유교가 말하는 미덕에 대해 일말의 비판적 시각도 없이 그 누구보다도 강한 신념을 가지고 있었고 필요 이상의 실천을 하고자 했던 경향이 있었다. 그렇게 해야지만이 자신이 한족과 같은 높은 수준의 문화인이 된다고 여겼기 때문이다. 전진의 황제 부견(苻堅)은 투항한 적장이라던가 잘못을 한 부하들에 대한 묻지마 포용과 묻지마 용서를 한 걸로 유명한데 이는 자신이 유교의 덕목인 인의(仁义)를 실천하는 군주가 되고자 하는 열망이 강하게 있었기 때문이다. 효문제도 마찬가지이다. 그는 효(孝)를 스스로 구현하는 황제가 되고자 했고 그 효심은 풍태후에게로 향할 수밖에 없었다. 자신의 친부와 친모, 친조모 모두 죽고 없었으니 말이다. 아이러니한 건 자신의 친모, 친조모 모두 풍태후의 전략적인 조기 태자 옹립에 의해 젊어서 죽임을 당한 사람들이었다. 엄하고 무서운 존재더라도 자신이 완전히 종속되어 있는 상태에서 시간이 흐르면 그 사람에 대한 일종의 경외심이나 숭배심 같은 것이 생겨나고 그것이 자신의 진심인 양 믿게 된다. 어찌 되었건 투어바훙(宏)은 자신의 양할머니 풍태후에게 지극한 효성을 보여주었고 또 그가 한족의 문화를 숭상하였으니 그에게 '효문제(孝文帝)'라는 시호가 붙여진 것이다.

풍태후는 아주 탁월한 조직관리 원칙과 능력을 가지고 있는 여성 정치 리더였다. 그녀는 카리스마를 가지고 있었으며 조직의 기강을 위해서 당근과 채찍을 잘 활용하였다. 그녀는 2차 섭정 기간에도 여전히 여러 남자들과 염문이 있었고 심지어는 남조의 제(齊)에서는 화친의 표시로 그녀에게 꽃미남을 보내기도 했다. 그렇지만 그녀는 행실이 문란한 듯하면서도 기강을 어지럽히지 않았고 또한 검소함을 유지했다. 이 점에서 쾌락만 탐닉했던 여타의 폭군들과는 분명 차이가 있다. 이는 그녀가 어느 정도 선을 유지했기 때문이다. 자기가 총애하는 인물이라도 선을 넘거나 규정을 어기면 가차없이 처벌하곤 했다.

5세기가 저물어가는 490년 풍태후는 49세의 나이로 세상을 뜬다. 그녀는 무덤 안에 값비싼 물건들을 절대 넣지 말고 검소한 장례를 치를 것을 유언으로 남겼다. 심지어 무덤의 크기까지 정해놓고 죽었는데 후에 효성이 지극한 손자 효문제가 황태후의 릉으로 너무 작다고 하여 끝끝내 그 크기를 유언보다 훨씬 크게 만들었다고 한다. 그녀의 유언에 따라 남편인 문성제 투어바쥔의 릉에 합장하지 않고 남편의 릉 반대편에 마주보게끔 단독으로 안장되었다(영고릉永固陵, 따퉁시 북쪽). 자신의 남편을 그렇게나 사랑했던 그녀였기에 조금 의외이긴 하지만 아마도 한 명의 아내로 남기보다는 한 명의 정치가로서 역사에 남기를 원했던 게 아닐까?

33장
효문제의 급진적 한화개혁

490년 풍태후가 죽고 24살의 효문제(투어바홍)의 홀로서기가 시작되었다. 효문제는 471년에 황제로 즉위했지만 풍태후의 섭정시기를 제외한 실질적인 친정 시기는 490~499년의 9년 동안이다. 어려서부터 풍태후의 한족 교육을 받은 효문제는 풍태후의 치국 스타일을 보면서 많은 영향을 받았는데, 특히 풍태후가 한족 출신 인재를 중용하고 한족의 제도들을 도입하여 성공을 시킨 것에 깊은 감명을 받았고 한족에 대한 강한 동경을 가지고 있었다. 그런 나머지 마치 그에게는 '북위의 명운과 발전은 스스로 한족이 되는 것뿐이다'라는 매우 강한 신념 같은 것이 형성되었다. 효문제의 한족문화를 향한 동경은 거의 신앙이나 맹신 수준이었다. 그는 선비족의 모든 것을 버리고 한족이 되고자 하였는데 우리는 풍태후 사후 효문제의 급진적 사회개혁에 대해 나름의 평가를 해 볼 필요가 있다.

낙양(洛阳) 천도

천도는 가장 큰 정치적 함의가 담긴 결정이자 엄청난 비용과 대가를 지불해야 하는 혁명과 같은 조치이다. 국운을 가르는 대사를 놓고 이에 반대하는 대신들과 진통을 겪어야 하고, 특히 중국과 같이 국토가 넓고 인구가 많은 나라의 경우 천도의 여정과 규모가 컸기에 그에 따른 인민들의 희생과 사회적 갈등도 클 수밖에 없었다. 그만큼 이를 추진하는 통치자로서도 엄청난 정치적 부담을 안고 가는 일일 수밖에 없다는 뜻이다. 그러므로 역사에서 행해졌던 천도의 배경과 이유, 과정 등을 잘 살펴보면 그 시대의 모순과 요구를 알 수 있고 또한 시대의 흐름마저 파악할 수 있다.

천도의 이유나 목적에 따라서 몇 가지 타입으로 나눠볼 수도 있지만 사실 천도는 여러 가지 요인이 복합적으로 작용하여 내려지는 국가적 결정이다. 그럼에도 불구하고 천도에는 이를 하게 되는 몇 가지 중요한 요인 또는 패턴이 있는데, 일단 전란이나 민란으로 인해 궁이 불타고 수도가 폐허가 된 경우 천도를 생각해 볼 수 있다. 대규모 혼란기를 여러 번 겪었던 중국의 역사에서 이런 경우는 어렵지 않게 볼 수 있다. 주나라의 동천, 광무제 유수의 동천이 대표적인 케이스이다. 그런데 이 둘의 경우도 그 내막에는 정치적 의미가 더욱 크게 작용했음을 알아야 한다. 사실 궁이 불탔으면 다시 지으면 그만이다. 어차피 천도를 해도 거기에 가서 또 새로 지어야 하고 이런 저런 비용을 따지자면 천도를 안 하는 편이 비용과 정력을 덜 쓴다는 계산이 나올 것이기 때문이다. 주나라의 동천에는 주유왕 피살 후 이민족인 신국(申

国) 출신의 왕후에게서 난 아들 주평왕(周平王, 의구)과 그의 지지세력, 그리고 순도 100% 주왕실의 피를 잇는 주유왕의 동생 주휴왕(周携王)과 그의 지지세력 간의 다툼의 산물이다. 즉, 신세력은 수구 세력이 없는 새로운 곳에서 다시 시작하고 싶어하고 원래 세력은 자신들의 옛 터전을 지키려고 하기 마련인데 여기서 신세력이 이기면 천도가 이루어지는 것이다. 광무제 유수의 천도도 어떤 측면에서 마찬가지이다. 자신의 지지기반이 강한 낙양으로 수도를 정해야 왕조 초기에 안정적인 국정 운영을 할 수 있기 때문이다. 세계사의 거의 모든 천도에는 이러한 정치적 이유가 기본적으로 깔려 있다고 봐도 무방할 듯하다. 표면적으로 봐서는 전혀 이해가지 않는 천도도 있다. 명나라는 건국 초기에 난징에서 베이징으로 엄청난 거리를 천도했는데 이는 북방 이민족의 침입을 그렇게 두려워했던 그들이 다 허물어져버린 만리장성의 코앞까지 제 발로 옮겨간 것이다. 이는 정치적 요인 말고는 달리 설명할 방법이 없다.

춘추전국시대의 천도는 군사적 목적이나 영토 획득 후 좀 더 넓은 평야지역을 찾아서 옮기는 경우가 많았다. 진국(晉)의 남하와 진(秦)의 동진이 그 예이다. 또한 삼국시대 조조도 가까운 거리긴 했지만 몇 번의 천도를 했는데 군사·전략적 목적이 주가 되었다. 물론 이들의 천도에도 내부 정치적 고려가 없지는 않았을 것이다.

정치적 이유 때문이 아니라 순전히 생존을 위해서 진행된 천도도 꽤 있다. 이 경우는 천도라기보다는 피난이나 망명정부를 세웠다고 봐도 될 듯하다. 동탁은 손견의 군대가 동진하여 코앞까지 오자 부랴부랴 백성들을 이끌고 강제로 장안으로 천도하였다. 서진(西晉)은 5호16

국의 혼란을 피해 어쩔 수 없이 화북을 내어주고 건강(난징)에 다시 정부를 세웠다. 송(宋)나라 역시 이민족인 금(金)의 침입을 피해 카이펑(开封)에서 상구(商丘)로 옮겨야 했고 금이 다시 남하하자 더 남쪽으로 내려가 항저우에 도읍을 정했다.

흔치는 않지만 경제적 이유로 천도를 하는 경우도 있었다. 수나라는 장안에서 낙양으로 천도를 했는데 이에는 정치와 경제적 이유 둘다 있었다. 관중의 인구가 늘어나면서 더 이상 식량 자급이 어려워졌고 화북평원과 화동평원의 곡물 수송에 용이한 낙양으로 동천할 수밖에 없었다. 오늘날의 천도는 대부분이 이러한 과밀화 해소와 경제 균형 발전의 목적으로 행해진다.

바로 앞 장에서 설명한 투어바선비 민족의 남하는 초원에서 중원으로 세력을 뻗치려는 민족 전략하의 천도에 속한다. 물론 이동이 생활화되었던 유목민족 출신들에게는 천도의 부담이 상대적으로 작았을 것이다. 그렇지만 앞으로 설명하는 북위의 낙양 천도는 달랐다. 따통(大同)에서 이미 거의 100년 동안 정착 생활을 한 그들로서 이번의 천도는 정말 간단치 않은 일이었다. 더욱이 이번 천도는 정치적 목적을 강하게 내포하고 있는 천도였고 나아가 민족의 운명을 가르는 대사건이 될 수도 있었다.

북위의 낙양으로의 천도는 효문제 한화 개혁의 첫 포문을 연 것이며 북위로 하여금 초원민족의 전통과 단절하고 완전히 새로운 사회를 향한 길로 발을 성큼 내딛게 한 일대 사건이다. 북위의 남천 동기에 대해서는 일반적으로 아래의 두 가지 설명이 있다.

첫째 도성인 평성(따통)의 기후가 건조하여 양식 생산이 도성의 많은 인구의 수요를 충족시키지 못했다. 이는 산시성 따통(大同)을 가본 사람이면 누구나 공감할 것이다. 베이징에서 출발하여 허베이를 지나 따통을 향하여 차를 타고 가다 보면 산시 북부로 들어서는 순간 붉고 푸석푸석한 토양을 보고 놀라게 된다. 게다가 산시(山西)라는 이름에서 알 수 있듯이 이곳은 대부분이 산지이고 평야가 거의 없다. 많은 인구가 농사를 지으며 살기에는 적합하지 않은 곳이다.

둘째는 따통의 위치가 북쪽에 치우쳐 있어서 북위의 통치가 중원으로 확대되는 데 불리했고 또한 선비 정권이 한족의 선진 문화를 받아들이는 데에도 불리했다. 효문제는 평성은 중원과 너무 멀리 떨어져 있으므로 한화개혁을 심화하기 위해선 수도를 황하 유역으로 옮겨야 한다고 생각했다. 우리는 북위의 남천을 효문제 개인의 맹목적인 한족문화 추종의 결과물로 치부하기 이전에 당시 그가 남하하고자 했던 이유와 당시 사회상을 한번 상상해 볼 필요가 있다. 북위와 남조(효문제 재위 시 제齊)와는 대체적으로 회하(淮河)를 경계로 해왔다. 회하의 북쪽으로 다시 황하가 있고 잘 알다시피 중국 역대 왕조들의 정치, 경제, 문화 중심지가 전부 황하 유역에 집중되어 있었다. 당연히 인구도 황하 중하류 유역에 집중되어 있었다. 반면 인구 밀도도 낮고 땅도 척박한 북위의 수도 평성은 황하 중하류 지역과 7~8백 킬로미터나 떨어져 있다. 이것만 봐도 북위의 남천은 언젠가는 해야 할 일이었을 수도 있다. 북위의 통치 계층은 선비족이었지만 인구의 대다수는 한족이 차지하고 있었다. 이들의 숫자나 전체 인구에서 차지하는 비율은 지금은 알 길이 없지만 여러 가지 주장들에 근거했을 때 아무리 많이 봐야 15% 정도였을 것으로 생각된다. 그마저도 북방에 몰려 있었으므로 경제적, 문화적, 인적 자원이 집중된 중원은 한족 문벌 세력들의 영향력하에 놓여 있었다. 이들 중원의 문벌들은 남조와 빈번한 교류를 하며 선비 정권도 남조 정권도 아닌 자신들만의 사회적, 경제적 기득권을 구축하고 있었다. 건국 백 년이 지난 북위는 230만 제곱킬로미터에 달하는 광대한 영토를 통치하고 있었지만 정작 건국의 주역인 선비족은 변경의 조그만 도성에 갇혀서 유목민족의 후진성을 벗어나지 못하고 있었다. 북위라는 나라는 남북 간의 경제, 문화, 민족적 격차가 극명한 상태였던 것이다. 그러므로, 선비족 정권의 장기적이고 균형적인 발전을 위해선 이들 중원의 한족 문벌 세력과 교류하고 협력하지 않을 수 없었다.

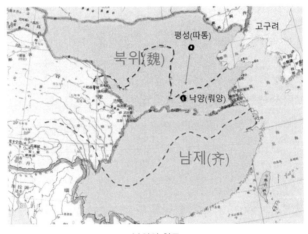

북위의 천도

이에 그는 낙양으로의 천도를 결심한다. 그런데 국운이 걸린 천도에 대한 의사결정 과정과 그 실행 과정이 황당하다. 아마도 중국 역사에서 가장 급작스러운 천도는 동탁의 서천이고 가장 황당한 방식의 천도는 지금 말하는 북위의 남천일 것이다. 효문제는 천도를 한다고 하면 대신들의 반대가 뻔할 것이므로 '자기가 친히 제(齊)를 정벌하러 갈 것'이라 말했다. 남벌을 이유로 대군과 조정 전체를 이끌고 남하하고자 한 것이다. 이것조차 대신들의 반대에 부딪혔으나 황제가 밀어붙여서 결국은 남벌을 빙자한 대규모 남진이 진행된다(493).

변혁에는 항상 기득권 세력의 격렬한 반대가 뒤따른다. 왜냐하면 변화에는 항상 이득을 얻는 자와 손해를 보는 자가 생기기 때문이다. 그리고 손해를 보는 자는 대부분의 경우 기득권 세력이다. 그러기에 개혁의 추진에 있어서 때로는 피바람이 불기도 하고 때로는 개혁 추진자의 목이 잘리기도 한다. 풍태후 사후 효문제는 선비족 귀족들의 강력한 견제와 저항에 직면하게 되었다. 태화개혁의 일련의 조치들이 모두 선비족 보수 귀족들에게 좋을 게 없는 것들이었기에 이들은 새로운 정책에 불만을 가지고 있었지만 풍태후라는 강력한 리더가 있었기에 대놓고 저항을 하진 못했을 것이다. 또한 풍태후 재위 시기의 개혁들은 급진적이진 않았으며 그 면면을 보면 기득권 층을 너무 코너로 몰지 않으려는 점도 보인다. 그렇지만 친정을 하게 된 효문제는 달랐다. 그는 훨씬 심화된 버전으로 태화개혁의 제2 라운드를 준비하고 있었지만 이는 평성에 기반을 둔 수구파 귀족들의 견제와 강력한 저항에 부딪힐 것이 뻔했다. 이들은 선비 민족의 전통을 고수했고 한족과 섞이기를 싫어했다. 이런 이유로 평성에서는 더 이상 개혁을 추진하는 게 어렵다고 판단한 그는 천도를 해야겠다는 생각을 더욱 굳히게 되었다. 그리고 천도를 실행하기 위해 효문제가 택한 방법은 '거짓말'이었다.

30만 명의 기병과 조정의 모든 대신들이 남쪽을 향했다. 대군이 낙양에 도달했을 때 마침 가을비가 내리고 있었고 이 비는 며칠을 계속해서 내렸다. 길고 긴 행군에 지친 병사들은 비를 맞으며 군장은 더욱 무거워졌고 마차는 진흙에 빠져 잘 나아가지도 않았다. 도저히 더 이상 전진조차 어려웠고 이 상태에서 계속해서 적진을 향해 가는 건 남벌은 커녕 모두 죽음을 자초하는 일이나 마찬가지였다. 그러나 효문제는 비가 역수로 내리는 와중에 행군 명령을 내린다. 그러자 대신들이 달려와 엎드려 만류하였고 이에 효문제는 못 이기는 척하면서 "그럼 여기로 수도를 정하는 게 어떠냐?"고 제안한다. 조정 대신들은 더 이상 남쪽으로 행군하는 것보다는 나은 선택이므로 어쩔 수 없이 낙양을 수도로 하는 것에 이의를 달지 않았다. 아마 이때쯤에는 자신들이 황제에게 속았다는 것을 알아채지 않았을까? 수도의 천도는 물론 인민들의 강제 이동으로 이어진다. 엄청난 수의 인민들이 직선거리로도 700킬로미터가 넘는 거리를 이동해야 했다. 천도로 인하여 효문제도 잃은 것이 있었다. 자신이 총애하던 다섯째 부인이자 자신에게 두 번째 아들을(후에 효문제의 뒤를 잇는 선무제가 된다) 안겨준 귀인 고희용(高熙容)[28]이 이동 중에 죽는 일이 벌어진다.

---

28) 효문제의 다섯째 부인인 귀인 고희용(高熙容)은 5대 조부가 영가의 난을 피해 고구려로 망명하여 고구려인으로 귀화하여 살던 한족 집안의 딸이다. 고희용도 고구려에서 태어났다. 풍태후와 효문제 재위시기 고희용의 아버지 고양(高揚)은 가족들을 데리고 고구려를 나와 북위의 용성진(龙城镇 산시성 어디로 추정)에 정착하였다. 용성진의 진장이 고희용의 자태를 보고 조정에 후궁으로 추천하였고 그녀는 풍태후의 눈에 들어 궁으로 들어오게 된다. 후에 선무제가 되는 원각(元格)을 낳는다. 497년에 평성에서 낙양으로 이동 중에 의문사한다.

효문제의 한화(汉化) 개혁

효문제는 천도 후 일련의 사회개혁 정책을 반포하였다.

- 의복을 한족의 복식으로 바꾼다.
- 선비족의 성을 전부 한족의 성으로 개명한다.
- 30세 미만은 한족 언어만 쓴다.
- 한족과의 통혼을 장려한다.
- 선비족의 구습을 폐지하고 한족의 제도와 문물을 받아들인다.

효문제의 한화 정책의 절정은 선비족 언어 사용을 금지하고 한족 언어만 쓰도록 한 것과 선비족 성씨를 전부 한족 성씨로 고친 일이다. 이 정책은 낙양으로 천도한 이듬해에 공표되었는데 30세 미만의 젊은 층은 무조건 한족 언어만 사용토록 하고 30세 이상의 나이 들은 사람들한테는 병행해서 쓰는 것을 허용했다(당시의 30세는 오늘날로 치자면 중년의 나이라는 걸 기억하자). 한족의 인구가 훨씬 많고 문화 수준이 높았으니 선비족들은 오랜 시간이 지나면 자연히 언어도 한화되었을 거라 생각된다. 그렇지만 이를 굳이 법으로 정하여 강제로 시키는 것은 선비족들의 반발과 여러 사회적 문제와 갈등을 초래할 수밖에 없었다.

효분제는 칙령을 내려 선비족의 모든 성을 한족 성으로 바꿀 것을 명했다. 민족의 뿌리를 바꿔버리자는 것이었다. 황족의 성인 투어바(拓跋)씨는 원(元)씨로 바뀌어 효문제 스스로가 원홍(元弘)으로 개명하였다. 두꾸(独孤)씨는 유(刘)씨로, 허라이(贺赖)씨는 허(贺)씨, 부류꾸

(步六孤)씨는 육(陆)씨 이런 식으로 선비족의 특징인 복성을 전부 한족의 단성으로 바꿔서 부르게 되었다. 이름에서부터 한족과 구분되는 것이 싫었던 것이다. 이렇게 만들어진 성씨 중 8개 성씨가 선비족의 대표 성씨가 되었고 이들은 사회의 특권층을 형성하였다. 이 밖에도 복식(服饰), 풍습 등도 한족을 모방하도록 하였고 한족과의 통혼을 장려하였다.

급진적인 한화 정책을 통해 북위는 한족의 모든 것을 흡수하고자 하였는데 여기에는 흡수해서는 안 될 것들도 많았다. 효문제는 한족의 문화·정신적 근간인 유교를 숭상하였기에 낙양으로 옮긴 후 제일 먼저 한 일이 공자 사당을 짓는 것이었다. 그러나 유교는 이미 한무제 때 동중서에 의해 황제 권력에 권위를 부여하기 위한 사상으로 변질된 이래 사회질서를 유지하고 권력자들에게 복종을 강요하는 법도로 자리 잡았다. 예교(礼教, 예법과 의식)에 의거한 낡아빠지고 겉치레적이며 과도한 의식과 형식들, 예를 들면 부모 삼년상 같은 의식들에 탐닉해 있었는데 불행히도 북위의 황제는 이런 것조차 미덕으로 삼고 숭상하려 했다. 자연히 그들이 가지고 있던 형식과 절차에 얽매이지 않는 자유로움, 소박함과 진솔함과 같은 유목민족의 장점들은 퇴화되었다.

북위가 받아들인 것들 중 암적 존재와 같은 것이 있었는데 이는 바로 '문벌제도'였다. 문벌이라는 것은 군벌에 상응하는 개념으로서 유력 문인 가문들이 대를 이어 조정 내의 요직을 장악하고 이권을 세습하는 것이다. 그렇지만 군벌은 들어봤어도 군벌제도라는 건 들어보지 못했을 것이다. 문벌들에게 대를 이어 지켜야 할 이권이란 '중앙정부의 고위 관리직'이었고 문벌제도란 이런 문벌을 '제도화'한 것이었다. '그

가문에서 무슨 직급의 관리를 몇 명 배출했느냐'는 것에 의해서 여섯 개로 가문의 등급이 정해졌고 이렇게 해서 형성된 문벌들은 장원(庄園)을 소유하였고 중앙 관직으로 가는 기회를 독점하여 비문벌 계층이 중앙 관직으로 진출하는 것을 막았다. 문벌의 자손들은 능력과 상관없이 가문의 등급에 따라 고위 공무원으로 진출할 수 있었고 반면 비문벌 가문의 자식들은 아무리 능력과 재능이 있더라도 하급관리밖에 할 수가 없는 누가 봐도 사회의 발전을 가로막는 반(反)개혁 제도이다. 문벌제도를 지탱하고 있던 장치는 바로 조조의 아들 조비 때 사마의의 건의로 만들어진 구품중정제이다. 그 취지는 좋았으나 임용사정관인 중정(中正)들을 전부 문벌들이 장악하였으므로 이는 문벌의 자제들을 중앙 관직으로 진출하게끔 하는 통로 역할을 하였다. 그리고 북위는 이 제도조차 그대로 받아들인다.

'벌(閥)'이란 글자는 '특수한 권력이나 세력을 지닌 개인이나 집단, 또는 파벌'을 의미한다. 긍정적 의미보다는 부정적 의미가 훨씬 강하다. 역사는 먼저 '군벌'을 탄생시켰고 곧이어 '문벌'이 나왔다. 그리고 19세기 말. 20세기 초에 일본에서 '재벌(財閥)'이 탄생하였고 한국, 대만 등 나라에서 이와 비슷한 양상이 전개되었다. 재벌의 탄생도 군벌과 문벌의 탄생과 비슷하다. 그 시대에는 그것이 탄생할 수밖에 없는 배경과 이유가 있었지만 시대가 변하면서 더 큰 변화와 발전을 가로막는 존재가 되어버렸다. 그렇지만 재벌이란 단어를 역사 속의 군벌과 문벌만큼의 악의성을 가지고 대할 필요는 없을 것 같다. 가장 먼저 군벌과 문벌을 탄생시켰던 중국에는 오늘날의 일본과 우리나라와 같은 재벌이 형성되지 않았다. 이들은 20세기 초중반에 공산 혁명을 겪으면서 자본가들이 완전히 타도되었고 모든 자원을 국가가 통제하는 사회주의 경제체제를 선택하였기 때문이다. 오늘날 완다, 텐센트, 알리바바와 같은 그룹들은 거대 기업일 뿐 재벌이라 부르지 않는다. 시장을 독과점하고 있는 거대 기업 집단이 물론 중국에도 있긴 하나 그것들은 모두 SGCC(전력), CITIC(투자), SINOPEC(석유)과 같은 공기업들이다. 또 한 가지 '벌(閥)'이 있긴 하다. '학벌'은 일본 공무원 사회에서 유래한 단어이지만 그것이 가장 성행한 나라는 대한민국인 것 같다. 그러나 '학벌이 좋다'라고 말하는 건 명문대를 나왔다는 뜻이지 진정한 의미의 '학벌'은 아니다. 명문대를 향한 동경과 갈망은 어느 사회나 있는 것이고 나쁘게 볼 일이 아니다. 특정 학교 출신이 사회나 직업의 특정 분야를 장악하고 영향력을 발휘하는 것이 학벌인데 우리나라에서는 법조계, 언론계 등에서 그간 학벌에 준하는 집단이 형성되어 왔던 것 같다. 그러나 학벌은 군벌, 문벌, 재벌에 비해서 그 실체가 잘 드러나진 않는다. 조직이 있는 것이 아니고 관례적이며 관계적인 현상이기 때문이다. 그러므로 학벌의 타파는 사회의 의식이 변하길 기다리는 수밖에 없을 것 같다.

다시 북위로 돌아와서, 문벌제도의 도입을 두고 많은 대신들이 반대를 하였으나 이미 한화(汉化)에 눈이 먼 효문제의 고집을 꺾을 수 없었다. 문벌이나 사대부, 이런 걸 경험하지도 않았던 유목민족 출신의 신생국가가 오래된 봉건국가의 병폐인 문벌제도를 본딴다는 것은 그 사회에 마약을 주입하는 것이나 다름없었다. 이는 더 이상의 개혁이나 사회의 발전을 가로막는 경직성을 가져다 주었을 뿐 아니라 문벌이란 는 새로운 계층을 만들어내어 기존 집단과의 갈등을 불러일으켰고 결국 사회를 병들게 하는 일등 공신이 되었다.

개혁에 대한 반발

급진적이고 맹목적인 한화정책은 여러 가지 부작용을 낳았다. 천도 후 낙양은 적극적으로 한족 문화에 동화되려는 (또는 동화된) 신흥 문벌세력의 중심지가 되었고, 평성을 중심으로 한 구 지역은 아직 한족 문화에 덜 동화된 구 무관세력의 중심지가 되었다. 효문제로 대표되는 남천 세력과 평성의 보수 세력은 노골적으로 대립하였고 이는 선비 민족 상층에서의 심각한 분열과 충돌을 야기했다. 이는 효문제로서도 매우 골치 아픈 문제였는데 왜냐하면 비록 효문제가 남정을 구실로 문무백관의 동의를 얻긴 했지만 여전히 선비 민족의 보수세력은 깊게 뿌리박혀 있었고 천도에 반대하고 한화에 저항하는 구 귀족의 수는 매우 많았기 때문이다. 예를 들어 왕족이자 원로 중신인 투어바피(拓跋丕)는 천도와 한화개혁에 노골적으로 반대했는데 이를 보다 못한 효문제는 그의 직위를 강등시키기도 했다.

일부 선비족 극단 보수 귀족들은 천도의 과정에서도 끊임없이 문제를 일으켰고 급기야 496년 북방의 주(州) 자사들과 선비족 왕족들이 결합하여 독립을 기도하는 일이 벌어졌다. 여기에는 원비(元丕, 투어바피)의 두 아들도 있었다. 비록 계획이 누설되어 미리 진압이 되었지만 이는 당시 구파의 불만과 저항이 얼마나 격렬했는지를 보여주는 일 예이다. 우리는 역사를 볼 때 '구파 vs 신파'의 대결 구도에서 '신파'라는 단어가 주는 매력적이며 긍정적인 이미지에 현혹되지 않고 공정한 입장을 유지하려고 최대한 노력할 필요가 있다. 지금 이야기하는 효문제의 개혁에서 구파와 신파는 다른 말로 '민족 정체성 유지파'와 '문화

사대주의파'라 불릴 수도 있는 일이기 때문이다.

같은 해인 496년에 효문제의 태자 원순(元恂 483~497)이 기병을 이끌고 북쪽으로 도망을 기도하다가 잡혀서 평민으로 폐해지는 일이 벌어졌다. 효문제의 장자 원순은 낙양 천도와 한화에 반대했으며 자신은 선비복을 입고 선비말을 쓰는 등 한화정책에 반항하는 모습을 보였다. 특히 그는 몸이 뚱뚱하여 낙양의 더위를 참지 못했다고 한다. 496년 8월 효문제가 궁을 비우고 지방으로 시찰을 나간 사이 그는 자신을 말리는 비서실장을 죽이고 자신의 측근들과 궁중의 말 3천 필을 끌고 평성으로 도주를 기도하였다. 금위군이 문을 막아 도주는 실패하였고 이 사실을 보고받은 효문제는 불같이 노해서 급하게 낙양으로 돌아왔다. 효문제는 자기가 직접 아들의 죄상을 열거한 후 자기 손으로 원순에게 매질을 하다가 힘이 달렸는지 자신의 동생 원회와 다른 대신들로 하여금 곤장 백대를 때리도록 하였다. 원순은 살이 터지고 찢길 때까지 맞은 후 별궁에 감금되었다. 다음달 효문제는 원순의 태자 지위를 폐하고 그를 평민으로 강등시켰다. 이듬해 4월 장안으로 순시 중 그가 또다시 모반을 꾀한다는 고발을 받은 효문제는 그에게 사약을 내렸다. 그의 나이 열다섯이었다.

496년에 일어난 일련의 사건들을 계기로 효문제도 약간의 양보를 하여 선비족 원로들과 소수민족 추장들로 하여금 남쪽의 여름을 피해 가을에 낙양으로 내려와 살다가 봄이 되면 북쪽의 옛 부락으로 돌아가서 살도록 하였고 사람들은 이들을 '기러기 대신'이라 불렀다.

사회 개혁의 과정에 있어서 많은 단계에서 통치자의 열정과 뚝심이 필요하다. 또한 일정한 시간을 두고서 조정과 적응을 하는 과정도 필요하다. 그러나 499년, 33살밖에 안 된 효문제는 남정의 전선에서 병사하였다. 효문제는 실로 진시황과 같은 워커홀릭이었다. 그는 일년의 대부분을 남정과 순시에 쏟았고 그의 아내인 유(幽)황후 풍룬(冯润)은 남편의 얼굴을 보기가 힘들어지자 외도를 하게 된다. 효문제는 죽기 얼마 전에, 그것도 전장에서 황후의 문란한 생활에 대해 보고받았고 자신의 죽음이 임박해지자 황후를 폐할 것을 명하였다. 이 이야기를 하는 것은 황후의 외도를 이야기하려는 게 아니라 그만큼 효문제가 자신을 돌보지 않는 격무에 시달리는 바람에 젊은 나이에 죽었다는 것을 말하기 위함이다. 효문제의 요절은 북위의 운명에 치명적이었다. 왜냐하면 개혁으로 인한 사회적 갈등을 조정해야 하는 시기에 최고 통치자이자 개혁 추진자의 죽음은 이러한 일들을 못하게 만들었고 이제 북위는 사회개혁으로 인한 모순과 갈등이 표출되는 일만 남았다.

한화개혁이 '성공한 개혁이냐 실패한 개혁이냐'를 묻는다면 과연 이 개혁이 '누구를, 무엇을 위한 개혁이냐?'라고 되물어야 한다. 오늘날 중국인들의 관점에서 봤을 때 효문제의 한화개혁은 선비족을 위시한 많은 유목민족이 한족과 융합하는 소위 '민족의 대융합'을 이끌어낸 것은 맞다. 하지만 당시 북위라는 국가, 나아가서 선비족이라는 민족의 입장에서 볼 때 효문제의 한화정책은 자신들을 돌이킬 수 없는 상황으로 밀어넣었다. 무엇보다도 이들은 자신의 정체성을 잃게 되었고 유목민족의 진취성과 예리함이 무뎌졌으며 오히려 내부 차별과 분열은 심화되었다. 한화 개혁을 지지하는 세력들은 자신들을 진보세력이라 자부하면서 보수파들에 대해 문화적인 우월감을 가졌고 이렇게 사회의 양분화는 점점 심해져만 갔다. 효문제가 죽고 34년 후 북위는 결국 내전을 겪으면서 두 나라로 갈라졌고 얼마 안 있어 멸망한다. 그 후로 지구상에서 선비라는 이름은 자취를 감춘다.

효문제는 왜 이렇게 맹목적인 한화를 추진했을까? 효문제의 개혁이 없었더라면 북위의 운명은 어떻게 되었을까? 나라를 분열로 이끈 개혁이 과연 개혁일까? 효문제의 개혁은 우리에게 많은 질문을 남긴다.

용문석굴(龙门石窟)

원강석굴이 불교부흥을 알리는 국가주도의 프로젝트였다면 용문석굴은 천도 이후의 새 시대를 상징하는 불교사원으로 시작하였다. 그러나 용문석굴은 여러 왕조를 거치면서 긴 시간 동안 형성되었으므로 그 성격이나 스타일을 뭐라고 한마디로 표현하기가 곤란하다.

용문석굴은 북위의 남천이 이루어진 해인 493년에 효문제가 풍태후를 기리기 위해 뤄양시 남쪽 13킬로미터 지점의 이하(伊河) 강변 절벽에 고양동(古阳洞) 건설을 지시한 것에서 시작하였다. 뒤를 이어 선무제가 아버지 효문제를 기리기 위해 빈양북동(宾阳北洞), 빈양중동(宾阳中洞)을 만들었다. 용문석굴은 착공하고 얼마 안 있어 북위가 혼란으로 빠져들어 갔으므로 사실 북위 때의 석불을 보겠노라고 이곳에 온 사람들은 조금 실망을 할 수도 있다.

그렇지만 용문석굴에는 당태종의 넷째 아들 이태(李泰)가 어머니 장손황후를 기리기 위해 만든 빈양남동(宾阳南洞), 용문석굴의 얼굴이자 무측천이 자신을 형상화해 만들었다고 하는 로산나 불이 있는 봉선사(奉先寺), 고력사(高力士)가 당현종을 기리기 위해 만든 무량수불(无量寿佛) 등 수당시기의 동굴들이 다수를 차지하고 있다. 용문석굴은 북위, 북제, 북주, 수, 당, 오대십국, 북송까지 400여 년에 걸쳐서 황실과 귀족들의 명복을 빌기 위해 만들어진 것이지 윈강석굴처럼 짧은 시기에 프로젝트성으로 건설된 게 아니다. 그래서 용문석굴의 석불들의 시대별 분포를 보면 북위와 북주 시대의 작품이 30%, 당왕조 시대에 만들어진 것이 60%, 그리고 그 이후에 만들어 진 것들이 10%이다.

윈강석굴과 마찬가지로 우리는 '용문석굴을 왜 만들었을까?'라는 질문을 해 볼 수 있다. 용문석굴의 건설 목적은 상식선에서 찾을 수 있다. 북위는 중국 역사를 통틀어 불교가 가장 성행했던 사회였다(당왕조 때에도 불교가 성행하긴 했지만 당왕조 사회는 사상과 신앙에 개방적이었기에 불교뿐 아니라 도교, 유교도 성행했고 심지어는 이슬람교와 기독교도 전파되었다). 옛 수도인 평성에 자신의 할아버지 때에 만들어진 국내 최대의 석굴사원 테마파크가 있고 그것은 평성의 랜드마크이자 천하의 불자들의 성지가 되어 있다. 이제 낙양으로 천도하여 새 시대를 열어보고자 하는 효문제로서는 윈강석굴을 이리로 옮겨 놓을 수만 있다면 그렇게 하겠지만 요술램프가 있지 않는 한 그건 불가능하다. 그럼 어떻게 해야 할까? 어쩔 수 없다. 하나 새로 만드는 수밖에.

낙양으로 천도한 효문제가 새로운 도읍에 윈강석굴에 필적할 만한 종교 건축물을 착공하는 건 당연한 일이다. 만약에 새 정권이 들어서서 부산을 수도로 옮겼다 치자. 그러면 그 정권이 부산에 롯데 타워보다 높은 120층 짜리 건물을 짓지 않을까? 고양동 건설을 위해 효문제는 왕족, 귀족들의 기부를 받았고 5년 후 이곳에서는 효문제의 천도와 개혁을 지지하는 왕족, 귀족들, 고위 관원들 그리고 승려들이 모여 완공을 경축하였다.

용문석굴은 윈강석굴과 달리 왕조가 바뀌어도 계속해서 건설되고 확장, 보수되었다. 윈강석굴이 있는 평성(따통)은 북위가 천도한 후 그 지위가 급속도로 하락하여 다시 변방의 도시가 되어버린 반면 천년 고도인 낙양은 왕조가 아무리 바뀌어도 계속해서 천하의 중심 도시로서의 지위를 잃지 않았기 때문이다. 그렇지만 천하의 중심 도시이었기에 왕조가 바뀔 때마다 전왕조의 유산들은 봉기군들의 타깃이 되었고 그런 이유로 더 후에 건설된 용문석굴의 훼손이 윈강석굴보다 훨씬 심하다.

청말 의화단원들에 의해 서방의 공사관이 공격받은 것을 계기로 8국 연합군에 의해 베이징이 점령당했고 자희태후(서태후)와 광서제는 시안으로 피신을 갔다. 그 후 청조정과 연합군은 신축조약(辛丑条约)[29]에 서명하였고 그제서야 연합군은 베이징에서 철군하였다. 자희태후는 다시 베이징으로 돌아오는데 나라의 이권을 엄청나게 퍼다준 조약을 체결한 책임이 있는 이들 청왕조 통치자들은 죄책감 하나 없이 돌아오는 길에 낙양에서 9일이나 머물며 낙양의 명소들을 유람하였다. 하루는 용문석굴에 갔었는데 자희태후가 고양동의 석가모니상을 보고는 '저 얼굴을 노자의 얼굴로 개조하라'고 지시했다고 한다. 그리하여 석가모니불이 노자상이 되었다. 지금은 훼손되어 그마저도 형체를 알아보기 힘들어졌다.

---

29) 《북경의정서》라 칭하기도 한다. 1901년 9월 7일에 체결되었다.

34장
북위의 쇠망

효문제 사후의 정치투쟁

효문제는 499년 남정 중에 병사하였다. 효문제의 개혁은 분열을 낳았고 분열은 정치투쟁으로 이어졌다. 효문제의 뒤를 이은 선무제(宣武帝) 원각(元恪)은 황제가 되자마자 가장 먼저 추진한 일이 낙양을 확장하는 일이었다. 일부 원로들의 복고 건의와 심지어는 평성으로의 회귀 건의도 있었지만 그는 이를 일축하고 아버지의 개혁을 이어받아 개혁을 공고히 하였다. 또한 502년에 남조가 제(齊)에서 량(梁)으로 바뀌는 왕조 교체의 혼란을 틈타 남정을 추진하여 익주(쓰촨)와 형주(후베이) 지역을 얻는 등 남으로 영토를 넓혔고 북으로는 유연과 8년간 전쟁을 하였다. 선무제가 재위했던 499~515년 16년간은 북위의 영토가 가장 컸고 국력이 최고조에 달했던 시기라 할 수 있다.

독실한 불교 신자였던 선무제는 황제가 되자마자 대규모 사찰을 건립하였고 승려를 궁으로 불러 설법하도록 하였으며 심지어는 자기 스스로 설법을 하기도 하였다. 불교는 명실상부한 북위의 국교가 되었으며 대신들과 문벌세가들의 적극적인 후원에 따라 많은 돈이 사찰로 들어갔으리라는 걸 짐작할 수 있다. 그리고 그것은 또다시 민중들을 향한 착취로 이어졌다. 이 시기 북위에서는 문벌세가들 가문에서도 비구니가 되는 경우가 왕왕 있었는데 이는 당시 승려들의 사회적, 경제적 지위가 지금 우리가 생각하는 것과는 많이 달랐다는 것을 말해준다. 통일신라시대 후기의 분위기가 아마 이와 비슷하지 않았을까 싶다. 사료에 의하면 선무제 재위 후반인 연창년(延昌年 512~515) 때 북위에는 전국에 13,727개의 사찰이 있었다고 한다[30]. 낙양의 당시 모습은 궁전, 사찰, 탑, 석굴 등 아름답고 웅장한 건축물들로 가득 찬 어마어마한 불교 도시였다.

이렇듯 6세기 초, 즉 500년대 초반은 북위가 문화적으로 꽃을 피우고 전성기를 구가하는 듯해 보였으나 실상은 안으로 곪고 있었다. 성립된 지 120년이 지난 북위 제국은 이제 매너리즘에 빠져 있었고 맹목적인 한화개혁의 부작용들이 표면화되기 시작하였다. 그리고 문제는 항상 그래왔듯이 중앙 정치의 불안에서 시작되었다. 북위와 같이 민족 구성이 복잡하고 사회의 기저가 튼튼하지 않은 나라에서 중앙이 정치투쟁으로 빠져들어가면 지방에서는 바로 탐관오리들이 고개를 들고 이는 곧 민중 수탈로 이어진다.

열여섯 살에 황제가 된 원각(元恪)은 선대가 보여주었던 리더십과 균형 잡힌 정치를 보이지 못했다. 사실 효문제의 둘째 아들이었던 원각이 황제가 된 건 아직 끝나지 않은 개혁파와 보수파, 낙양파와 평성

---

30) 《魏书·卷一百一十四·志第二十》.

파 간의 대립의 산물이었다. 원래 태자였던 맏아들이 보수파의 중심에 서면서 효문제의 눈 밖에 났고 그가 태자 자리에서 폐해지면서 생각지도 않게 둘째 원각에게로 태자 지위가 떨어졌던 것이다. 이는 북위 조정에 여전히 개혁의 반대 세력이 남아 있었다는 것과 이들은 새황제 원각을 진심으로 지지하지는 않았을 거라는 두 가지를 암시하게 해 준다.

어찌 되었건 황제가 된 원각은 이러한 갈등의 불씨를 포용과 균형의 리더십으로 녹여내지 못하고 한쪽으로 치우친 정치를 하였고 이로써 북위의 대권은 황제의 죽은 생모 일가의 손으로 들어간다. 그의 생모는 앞서 언급한 고구려 태생의 한족인 고희용(高熙容)이다. 효문제의 다섯째 부인이었던 고희용은 아들이 태자로 발표된 지 얼마 안 된 497년에 평성에서 낙양으로 이동 중 의문사 하는데 이를 두고 효문제의 셋째 부인이자 풍태후의 조카딸[31] 풍소의(冯昭仪)가 원각을 자기가 부양하고 태후가 되고자 그녀를 암살한 것이라는 설이 있다. 적어도 원각은 이렇게 믿고 있었던 것 같다. 원각이 황제로 즉위한 바로 다다음날 한 일은 다름 아닌 고희용의 시호를 문소귀인(文昭贵人)에서 문소황후(文昭皇后)로 승격시킨 일이었다. 이 일은 그가 자신의 생모와 그녀의 죽음에 대해 어떤 마음을 가지고 있었는지를 보여준다. 자연히 그는 외가인 고(高)씨 대신들과 가까워졌고 이들을 중용하게 된다. 마치 '진정한 내 편은 나를 낳아준 어머니의 형제들밖에 없다'라고 생

---

31) 효문제의 첫째 부인에서 넷째 부인까지는 전부 풍태후의 조카 딸들이었다. 다섯째 부인 고희용이 이들 풍씨들의 등살에 쉽지 않은 궁내 생활을 했을 거라 짐작할 수 있다. 그렇지만 '자귀모사(子貴母死)'의 원칙에 따라 고희용은 곧 죽을 운명이었을 텐데 굳이 암살할 이유가 있었을까에 대해서는 잘 납득이 가지 않는다.

각한 듯하다. 여기에 더하여 원(元)씨 종친들이 자신에게 반감을 가지고 있다는 의심을 불러일으킬 만한 몇 가지 사건들이 있었고 외삼촌이자 재상이었던 고조(高肇, 고희용의 오빠)가 이를 이용하여 황제와 원씨 종친 간을 이간질하였다. 일례를 들면 선무제의 삼촌 원희(元禧)는 효문제가 죽은 후 효문제의 유언에 따라 최고 대신에 임명되어 선무제의 정치를 돕도록 되어 있었다. 그런데 원희는 장원을 보유하고 염철 사업을 운영하는 등 권력을 이용하여 부를 모으고 있었고 이를 못마땅하게 여긴 선무제는 그를 직위해제 시켰다(물론 뒤에서 고조의 종용이 있었을 것이다). 그러자 원희가 외척을 처단한다는 명목으로 자신의 군대를 이끌고 봉기하는 사건이 벌어졌다.

사건의 진위야 어찌 되었건 이런 일련의 사건들이 의미하는 바가 무엇인가? 첫째, 당시 조정은 원씨 종친과 원씨에게 충성하던 원로 대신으로 구성된 종친파와 고씨 일가의 외척파로 나뉘어져 투쟁하는 양상이었다는 것이다. 황궁 내 전통적인 두 개의 대립 세력, 종친과 외척의 투쟁 양상이 다시 전개된 것이다. 그리고 여기서 황제가 외가 쪽에 서면서 고씨가 정권을 잡고 오히려 황제의 종친들이 좌천 또는 제거되며 힘을 잃게 되고 만다. 또 하나는 황실의 종친이 이권을 이용하여 재물을 긁어모으고 사치를 할 정도면 이미 사회 전체적으로 지방 관리들의 부정부패와 백성들에 대한 착복이 만연해 있었다는 것을 말해 준다. 이 세기(6세기) 20년대에는 수많은 민란이 발생하였는데 대부분이 관리들의 부패와 수탈을 견디지 못해 일어난 경우들이었다.

망국의 여인 호(胡)태후

북위의 역사에서 또 한 명의 유명한 태후가 있다. 선무제(宣武帝)의 여러 부인 중의 한 명, 즉 호(胡)귀인이 그 주인공이다. 풍태후가 북위를 전성기로 올려놓은 여인이라고 하면 호(胡)태후는 북위의 몰락을 앞당긴 여인으로 역사에 이름을 남겼다. 그녀는 태자의 어미를 죽이는 '자귀모사(子貴母死)'가 폐지되어 죽음을 면하는 혜택을 누린 첫번째 여인이었다. 선무제도 서른세 살의 나이로 일찍 죽는 바람에 그의 아들 효명제(孝明帝)가 다섯 살의 나이로 즉위했고 호(胡)귀인은 태후로서 섭정을 하며 대권을 장악하였다. 호태후의 탄생은 간단히 말해서 앞서 설명한 원씨 종친파와 고씨 외가파의 싸움에서 눌린 종친파가 반격을 가하고자 야심차게 기획한 카드였다.

호(胡)씨, 이름과 출생년도는 알려져 있지 않다. 그녀 또한 세도가의 딸이었는데 아버지와 고모의 계획하에 열 살에 궁으로 들어오게 되었다. 처음 그녀의 지위는 후궁 등급 중 뒤에서 두 번째인 세부(世妇)에 불과했다. 당시 후궁들은 '자귀모사(子貴母死)'의 규정 때문에 아들을 낳는 것을 두려워하고 있었는데 이때 호씨는 비빈들에게 "천자에게 후계자가 없어서야 되겠습니까? 황가의 적장자를 기를 수만 있다면 제가 왜 죽음을 두려워하겠습니까?"라고 하였다고 한다. 그리고 그녀가 임신을 하자 주변의 비빈들이 그녀에게 애를 지울 것을 권하였는데 이때 그녀는 "저의 소생이 장자가 되기만 하면 저는 죽게 될지라도 사양하지 않을 것입니다!"라고 하여 칭송과 지지를 얻었다고 한다.

510년, 정말로 아들 원후(元诩)를 낳았고 후사가 귀했던 선무제는 황자를 극진히 보호하였다. 선무제 원각은 외삼촌이자 고모부인 고조

(高肇)의 딸, 즉 자신의 이종 사촌 여동생을 황후로 맞이하였으나 그들 사이에서 난 아들이 일찍 죽었고, 다른 비빈들 한테서 나온 아들들은 고씨들에 의해 의문사했기 때문이다. 후사가 끊길 위기에서 황자를 낳아준 호씨는 바로 세 단계를 껑충 뛰어 부인(夫人)이 되었다. 그로부터 2년 뒤인 512년에 황자 원후(元詡)가 태자로 지명이 되었다. 그러면 자귀모사(子貴母死)의 규정에 의하여 호씨가 죽었느냐? 그렇지 않다. 호씨를 지지하는 최광, 우충, 왕현 등 원로 대신들이 갖은 논리와 감정에 호소하는 말로 황제를 설득하였고 결국 선무제는 '자귀모사'의 규정을 폐지한다. 황제가 독실한 불교신자였던 점도 이 결정에 일조하였을 것이다. 이는 무엇을 말하는가 하면 종친을 위시한 반(反)고씨 세력과 호부인 간에 일찌감치 모종의 거래가 있었고 그들은 호씨에게 아들을 낳아주기만 하면 자신들이 나서서 '자귀모사(子貴母死)'의 폐지를 건의할 것을 약조했을 거라는 것이다.

515년에 서른셋의 나이로 선무제가 죽었다. 남편이 죽자 고황후는 기다렸다는 듯이 호부인과 태자를 암살하려 하였으나 이를 미리 예상한 원씨 종친과 대신들은 호부인과 세 살짜리 태자를 아무도 모르는 곳으로 피신시켰다. 그리고 황제의 승하 소식을 듣고 전장에서 부랴부랴 달려온 고조를 장례식 와중에 유인하여 목졸라 죽였다. 이들이 고씨 파를 제거하는 거사를 실행함에 있어서 황제의 조서와 같은 명령서가 함정을 파는 데 큰 역할을 했는데 여기서 호부인의 역할이 결정적이었다. 왜냐하면 옥쇄가 그녀 손에 있었기 때문이다. 이렇게 호부인과 종친과의 합작으로 고씨 외척의 수장이 하루아침에 제거되었고 이어지는 숙청의 시기를 거친 후 호부인을 내세운 원씨 종치파가 정권을 완전히 장악하였다. 자신의 아들이 황제(효명제)가 되자 호부인은 고황후를 폐하고 자신이 태후가 되었고 드디어 그녀의 섭정이 시작되었다.

호태후는 아예 국호를 바꿔버리고 황제에 오른 무측천을 제외하고는 아마 중국 역사에서 '폐하'라는 호칭으로 불린 유일한 여인일 것이다. 호태후에 대해 들어본 사람들은 그녀를 '어린 황제 뒤에서 권력을 휘두르면서 잘생긴 정부(情夫)를 매일 궁에 들여 쾌락을 탐하다가 나라를 망국의 길로 몰았고 결국은 자신도 비참한 최후를 맞이했던 여인' 정도로 알고 있을 것이다. 역사는 항상 여인에 대해선 정치적 의미는 뒤로한 채 그녀의 개인적 추문이나 교활함과 같은 부정적인 면을 부각시키는 경향이 있다. 사실 호태후의 초기 5년간의 섭정은 그리 나쁘지 않았다. 자신이 직접 문서를 보고 시찰을 다니며 민원에 관심을 가지는 등 그런대로 선정을 하였다. 그런데 과부인 그녀는 잘생기고 능력 있는 종친인 원역(元懌)과 부정한 관계에 빠졌고 이 루머는 곧 조정 내에 퍼져 대신들과 여론의 비난을 받게 되었다. 원역(元懌)은 다름 아닌 남편 선문제의 동생, 즉 자신의 시동생이다. 결국 태후의 부정한 행위를 벌하는 정변이 일어나면서 원역은 죽임을 당했고 호태후는 연금상태에 처해진다.

그런데 이 스토리가 단지 호태후란 여인의 막장 드라마와 그에 따른 업보일까? 이 이야기를 그녀의 치정으로 치부해 버리기보다는 그녀가 처해진 정치적 입지와 정치 메커니즘의 눈으로 볼 필요가 있다. 사실 호태후는 여황제 무측천, 청말기의 서태후, 서한 초기의 여태후와 같은 무소불위의 권력자들은 말할 것도 없고 앞서 나온 풍태후와 비교해서도 이들과 같은 절대 권력을 가졌던 여성 권력자가 아니었다. 그녀는 원씨 종친파들의 재집권을 위해 내세워진 존재였기에 그녀가 비록 겉으로는 태후로서 군림하는 것처럼 보였으나 거대 기득권 세력은 사실 원씨 종친 집단이었다. 호태후가 종친 집단과 손을 잡고 정권을 잡았을 때는 이로 인한 서로 간의 이익이 있었기에 가능했고 이익이 서로 유지될 때 합작이 유지된다. 호태후는 죽지 않고 태후가 되는 데 성공했고 종친들은 태후를 앞세워 정권을 잡고 기득권을 맘대로 누릴 수 있었으니 합작의 목적은 달성이 되었다. 그러나 서로의 이익 균형이 깨지거나 한쪽의 이익이 침범당하면 그때는 합작의 유효기간이 끝나고 다시 내부 투쟁의 양상이 되는 법이다. 호태후의 1차 집정이 실패한 이유는 그녀의 음란한 행태가 대중의 노여움을 샀기 때문이 아니라 그녀의 집권 방식이 이익집단의 기득권을 침범했기 때문이다.

호태후의 정부(情夫)로 알려진 원역(元懌)은 선무제의 동생이니 원씨 종친 중에서도 비중 있는 멤버였다. 문제는 그가 효문제, 선무제를 잇는 개혁파 종친이었다는 것이다. 그는 능력도 뛰어났고 덕성도 겸비하고 있어서 지식인들의 지지를 받았는데 게다가 젊고 잘생기기까지 했으니 민중들은 당연히 그에게 열렬한 지지를 보냈고 이러한 그의 존재는 거대 기득권 세력인 보수파 원씨 종친 집단에게는 부담스러운 존재였을 것이 뻔하다. 호태후가 그에게 남자로서 매력을 느꼈다고 인정하더라도 그녀가 원역과 가까워진 건 단지 자신의 외로움을 풀기 위함만은 아니었을 것이다. 그녀가 원역과 가까와 진 것은 날로 거대해지는 원씨 종친 집단들을 견제하고 자신의 세력을 확장하기 위함이었다.

그러나 아쉽게도 호태후가 원역을 중용하여 원씨 종친 세력을 견제하고자 한 것은 효과를 발휘하지 못했다. 반대로 이는 원씨 세력을 자극하여 뭉치게 했고 이들은 '부정하고 음란한 행위'라는 좋은 죄목으로 원역을 제거하는 데 성공한다. 호태후 섭정 5년째인 520년에 이들 종친파는 정변을 일으켜 원역을 죽이고 호태후를 북궁에 연금시켰다. 이로써 호태후의 1차 집권이 참담하게 막을 내렸고 그녀는 그로부터 5년간 연금 상태에 처해진다.

그러나 정치의 본성상 원씨 종친들 간의 분열이 일게 되어있고 이들끼리의 투쟁의 과정에서 호태후는 연금 상태에서 풀려나 재집권하게 되었다. 이 시기를 호태후의 2차 집권기라고 하는데 이때부터는 그녀는 진짜로 권력 위에서의 군림과 쾌락에 빠진다. 각지에서 들려오는 민란의 소식에 귀를 막고 있으면서 자신이 총애하는 두 명의 정부와 쾌락에 빠져 있었다.

북위가 급속한 내리막길을 타고 있던 500년대 초반에 황실은 불교에 심취해 거대 사원 건축에 많은 노동력과 재원을 탕진하였고 다시 지방 관리들의 부패와 수탈이 고개를 들었으며 곳곳에서 민란이 일기 시작했다. 가장 대표적인 게 524년의 '육진의 기의(六镇起义)'였다. '6진의 난' 또는 '6진의 기의'라고 불리는 이 변방 군졸과 민중들의 봉기는 동한 말의 황건기의와 같이 시대의 몰락을 암시하는 사건이었다.

그러나 호태후도 역사에 자신의 독특한 면을 남기긴 했는데 그것은 자신을 '폐하'로 부르게 한 것과 그녀 자신이 남자들의 영역인 제사를 주관하고 부친의 상주가 되었다는 점이다. 모두 그녀의 1차 집권 시기의 일이다. 효명제가 어리다는 이유로 자신이 보좌에 앉아 조회를 주관하며 정무를 보았는데 그녀는 자신을 '전하'라 부르지 말고 '폐하'라고 부를 것을 명하였으며 스스로를 '짐'이라 불렀다. 중국 역사에서 황제와 동일한 호칭으로 불렸던 사람은 아마 여황제 무측천을 제외하곤 없을 것 같다. 물론 대신들의 강한 반대에 부딪혔지만 이를 밀어붙였다. 또한 그녀는 대신들을 시켜 옛 법과 사례를 뒤지고 뒤져 자신이 제사를 주관할 수 있다는 명분을 만들게 한 후 이를 기어이 관철시켰다. 그녀의 부친이 죽었을 때에도 그녀가 상주가 되었다. 아마 한족 정권하에서였더라면 불가능했을 것이다. 이는 초원민족이 가지고 있는 유연함과 모계적 특성이 남아있었기에 가능했던 일이다. 북위의 두 유명한 여성 정치인인 풍태후와 호태후는 둘 다 섭정을 했고 남성들을 불러 성욕을 채웠다는 점에서 비슷한 점이 있긴 하다. 그러나 한 명은 북위의 국운 상승기에 개혁을 이끌었고 한 명은 북위가 나락으로 떨어지는 시기에 군림하였다. 한 명은 치국을 하였고 한 명은 치정과 정치투쟁으로 점철된 삶을 살다가 비참한 최후를 맞았다.

때는 6세기 20년대이고 전국에서 민란이 여기저기 발생하던 때이다. 마치 동한 말기를 다시 보는 듯했다.

6진 기의(六镇起义)

봉기의 서막

523년 음력 2월, 유연(柔然)의 국왕 아나꾸이(阿那瑰)는 오늘날 허베이성 장자커우시[32] 북쪽 회황진(怀荒镇)에 대한 대규모 노략을 자행하

---

32) 장자커우시(张家口市)는 베이징에서 서북 쪽으로 200킬로미터 떨어진 허베이성 북부에 위치한 도시이다. 네이멍구와 가장 가까이 접한 허베이성의 지급시로서 네이멍구를 가지 않고서도 초원 풍경을 볼 수 있는 관광지로 유명하다. 2022년 베이징 동계 올림픽의 주요 경기들이 여기서 열린다.

였다. 나약해지고 부패한 회황진의 군대는 이들을 막지 못했고 기근에 굶주린 유연의 군대는 닥치는 대로 회황진 주민의 양식을 노략질해 갔다. 가뜩이나 궁핍한 생활을 하고 있던 회황진 주민들은 먹을 게 없어지자 진장 위징(于景, 선비족)을 찾아가 식량 창고를 열어 자신들에게 나눠줄 것을 요청했다. 당시 6진의 선비족 통치자들은 이 소수 민족들로 구성된 진의 주민들을 무슨 죄인이나 부역을 위한 도구로만 보았지 자신들이 보호해야 할 백성이라고는 생각하지 않았다. 창고를 열어달라는 그들의 요구는 당연히 거부되었다. 무시, 착취, 억압에 배고픔이 더해질 때 민중들은 폭도가 된다. 회황진 주민들은 손에 있던 농기구를 무기 삼아 회황진 사령부를 습격하였고 진장 위징과 그의 아내를 체포하였다. 그들은 자신들을 착취하여 배를 불린 위징 부부의 옷을 벗긴 후 위징에게는 동물 털로 된 옷을 입히고 그의 아내에게는 낡아빠진 홍색 저고리를 입게 하여 사람들 앞에서 욕을 보이게 하였다. 한 달 후 그들은 주민들에 의해 처형된다. 그로부터 2개월 후인 정광 4년(523) 4월, 옥야진(沃野鎮)[33]의 흉노족 포류한-바링(破六韓拔陵)이 주민들을 모아 옥야진 진장을 죽이고 스스로를 진왕(真王)으로 자처했다. 이로써 소위 '육진의 난'이라고 하는 북위 말 북방 소수 민족들의 봉기의 서막이 열렸다.

갈등의 심화

북위의 지방 행정 구역은 '주-군-현' 제도를 이어 받았지만 주(州)를

---

33) 옥야진(沃野鎮)은 오늘날 네이멍구(内蒙古) 바옌나오얼시(巴彦淖尔市)이다. 이곳은 황하가 几 자를 이루는 지대 중 좌상단 모서리 바깥 부분으로서 6진 중 가장 서쪽에 위치했다.

세분화하여 36개로 늘렸고 북방 변경 지역에는 여섯 개의 '진(鎭)'이라는 군사 도시를 설치하여 유연으로부터 수도 평성을 방어토록 하였다. 6진은 옥야진(沃野鎭), 회삭진(懷朔鎭), 무천진(武川鎭), 무명진(撫冥鎭), 유현진(柔玄鎭), 회황진(懷荒鎭)을 말하며 이들 중 4개가 오늘날의 네이멍구자치구에 위치했고 1개는 산시성, 1개는 허베이성 북부에 있었다. 6진의 난을 설명하기에 앞서 6진이란 곳이 어떤 곳일지 그 모습을 상상해 볼 필요가 있다. 이곳은 변경을 수비하는 군사 도시이다. 그러므로 주민 구성, 행정, 경제, 인프라 등 모든게 군 위주로 형성되어 있었을 것이다. 우리 나라도 강원도 양구나 철원, 인제 같은 곳의 일부 지역은 전방의 보병 부대, 포병 부대, 기갑 부대들이 집중되어 있고 이러한 곳은 주민의 상당수가 군인 가족들이며 지역 경제 역시 이들에의 의존도가 크다. 지금은 어떨지 모르겠지만 90년대 초반에 필자가 근무하던 양구군 방산면이라는 곳은 민간 차량보다 군용 트럭이 더 많이 다니던 곳이었다. 초기 6진의 주민 구성 및 군인들은 대부분이 선비족이었고 그중 장교들은 선비족 중에서도 귀족의 자제들이었다. 원래 북위는 군인은 선비족이 담당하고 한족은 농사를 담당하는, 방어와 생산이 민족적으로 분리된 병제를 가지고 있었으므로 군사 도시인 6진의 주민 구성은 대부분이 선비족일 수밖에 없었다. 이곳의 통치 계층은 진장(鎭長)이라고 하는 진의 사령관과 장교들 그리고 그 지역에서 오랫동안 실력을 축적해온 각 민족의 추장(또는 호족 대지주)들이었고 피지배층은 사병들과 이곳에서 농사를 짓는 일반 주민들이었다. 이들은 대를 이어 군인이 되었고 이동의 자유가 없었다. '6진(鎭)'의 장교와 사병들은 지역적으로 낙후된 곳에 있긴 해도 최전선에서 나라를 지킨다는 자부심을 가지고 있었고 이곳을 거친 장교들에게는 승진이 보장되었다.

그러나 북위의 강역이 확대되면서 6진의 주민 구성에도 점차 변화가 일기 시작했다. 다른 소수 민족들과 한족들이 계속적으로 유입되면서 선비족 위주에서 여러 민족들이 혼재된 지역이 되어버렸다. 또한 문성제(풍태후의 남편 투어바쿼) 때부터 지속적으로 죄수들을 변경으로 보내 주민으로 충당하면서 주민 구성이 복잡해졌고 주민의 수준도 떨어졌으며 지역 내 빈부 격차도 심해졌다.

결정적으로 효문제의 남천 후로 정치, 경제의 중심이 남쪽으로 이전됨에 따라 6진은 군사상의 중요한 지위를 잃게 되었다. 조정의 군사적 위협은 남쪽에 있었고 이에 따라 북쪽 변경의 방어를 소홀히 하게 되었으며 더 이상 6진의 장수와 사병들을 우대하지 않았다. 반면 남천한 문벌들과 신흥 장교들은 승승장구하였고 변경을 지키는 6진의 장교들을 무시하며 배척하기 시작했다. 효문제의 남천을 계기로 북위의 정치 중심이 북방의 무관 사회에서 남방의 문벌 사회로 바뀐 것이다. 게다가 중원에 진출한 선비족 귀족들이 급속히 한화되고 봉건화된 반면 6진은 여전히 선비족 전통과 관습을 유지하고 있었다. 이들은 낙양 사람들로부터 '북인'이라는 멸시성 이름으로 불리기도 하였다. 결국 낙양 정부는 6진의 군인들에 대한 처우를 소홀히 하기 시작하였고 무엇보다도 이들의 진급이 막혀버리면서 이들은 정치 무대의 변방으로 내동댕이 쳐진다. 효문제의 한화 개혁은 사회의 각 방면에서 개혁파와 보수파의 극심한 양극화를 불러일으켰는데 군(軍) 내에서도 역시 마찬가지였다. 자신들이 대세라고 굳게 믿은 개혁파 군인들이 북방의 보수파 군인들을 배척하면서 발생한 사건이 바로 6진의 난이다.

6진 통치계급의 중앙정부에 대한 불만과 중앙의 이들에 대한 경제적 지원 삭감은 진 내부 주민에 대한 착취로 이어졌다. 6진의 군민들은 대부분 정부의 급료(곡식과 의복)에 의존해 생계를 유지하고 있었으므로 6진의 정치적 지위 하락과 정부의 재정 삭감은 이곳 주민들의 생계에 직접적인 영향을 주는 것이었다. 게다가 6진의 장교들은 앞으로의 출세 전망이 어두워짐에 따라 정부에 대한 불만이 고조되었고 과거 국가에 대한 충성심과 자부심을 가지며 변방을 지키던 엘리트 군인 정신은 온데간데 없어졌고 단지 자신들의 배를 채우기 위해 지방 호족세력(소수 민족들의 추장 또는 한족 지주)과 결탁하여 진의 주민들을 착취하기에 이르렀다. 통치를 받는 많은 6진의 진민들은 관(장군, 장교)과 민(호족)으로부터 핍박과 수탈을 당했으며 빈번한 부역에 시달렸다. 이리하여 6진의 통치계층과 중앙정부 간의 갈등이 그들 내부의 갈등으로, 즉 진의 통치계층과 진민들 간의 갈등 양상으로 발전되었다.

봉기의 전개

앞서 설명한 523년의 포류한-바링(흉노 선우의 후손이라 알려져 있다)의 옥야진 봉기를 시작으로 각 진에서 잇달아 봉기가 일어났다. 진(秦)제국 말기 최초의 봉기를 일으킨 진승·오광이 당시 각지 봉기군들의 정신적 지주였던 것과 같이 바링도 북방 6진의 억압받던 소수 민족[34]들의 영웅이 되었고 그의 호소와 선동에 의해 각 지역에서 잇달아 들고

---

34) 여기서 말하는 소수 민족이란 통치계층인 선비족과 인구의 주류인 한족을 제외한 민족들을 말한다.

일어난다. 봉기는 순식간에 퍼졌고 당황한 북위 조정은 장군들을 보내 진압하도록 했으나 이들은 봉기군에게 번번히 패했다. 북위 정부는 소수 민족의 호족(추장)들로 하여금 진압에 참여토록 하였으나 그 것도 그리 효과를 보지 못했다. 결국 524년에 여섯 개 진 모두가 진민들(대부분 소수 민족들)에 의해 점령되었다.

6진의 난은 이것으로 끝나지 않았고 곧이어 허베이, 산시, 섬서, 깐수, 그리고 산동으로까지 번졌다. 이 시기 등장한 봉기의 리더들에는 흉노족, 칙륵족, 고차족, 산호족, 정령족, 강족, 그리고 한족 등 다수의 민족들이 포함되어 있었으며, 이들을 진압하는 정부군과 파병군[35] 역시 선비족, 계호족, 칙륵족, 한족, 그리고 유연 등 다수의 민족이 참여하였다. 요컨대 북위에서는 524~530년 7년간 거의 5호16국 시절의 압축판과 같은 국면이 재현되었다. 호태후의 2차 집정 시기(525~528)가 이 혼란의 시기 한복판에 자리 잡고 있었으니 중앙정부의 제대로 된 대응이 있었을 리 없었다.

제2의 동탁, 얼주롱(儿朱荣)의 등장

동한 말의 황건 기의가 동탁의 출현을 불러일으켰다면 북위 말 6진의 기의는 얼주롱(儿朱荣)[36]이란 인물을 탄생시켰다. 얼주(儿朱)가 성이고 롱(荣)이 이름이다. 얼주(儿朱)라는 성은 계호족(契胡族)의 지류

---

35) 525년 재집권한 호태후는 선물과 함께 사절을 유연(柔然) 국왕 아나꾸이(阿那瑰)에게 보내면서 군대를 파병해 6진의 난을 집압해 줄 것을 요청하였다. 아나꾸이는 이에 응해 10만 기병을 파병하였고 이들은 파죽지세로 봉기 세력을 진압한다. 그리고 뒤이은 북위 정부군의 공격으로 봉기의 정신적 지주인 바링이 강을 건너 도주하기에 이르고 봉기군 20만 명이 포로가 되었다.
36) 우리식 한자 독음으로는 '이주영'이라고 하는 게 맞으나 비한족임을 이름에서 드러내기 위해 중국어 발음 '얼주롱'이라고 하였다.

로서 그의 조상은 대대로 계호족의 추장을 지내며 산시성 북부 지역에서 상당한 영향력을 가지고 있던 호족 집안이었다. 갈호족이라고도 불리는 이 민족은 사료에 의하면 흉노의 부락 중 하나였다는데 더 근원을 따지고 들어가자면 중앙아시아로부터 왔다고 주장하는 사람들도 있다. 《위서》에 묘사된 얼주롱의 외모를 보면 '잘생겼으며 피부가 하얗다'고 되어 있다. 또한 세 명의 황제에게 시집 간 기구한 삶을 산 그의 딸 얼주잉어(儿朱英娥)에 대해 《북사(北史)》는 '빼어난 용모에 하얀 피부를 가졌다'고 묘사한 걸로 봐서 이들은 하얗고 이국적인 외모를 가졌을 것이라 추측할 수도 있지만 안타깝게도 이 민족은 오늘날에는 존재하지 않는다.

오늘날 산시성의 정중앙에 위치한 타이위엔(太原)시는 산시성의 성회(省会)이다. 이곳은 당시 진양(晋阳)이라 불리었는데 여기서 차를 타고 북쪽으로 조금만 가면 우타이산(오대산) 국립공원이 나온다. 진양과 평성 사이는 대부분이 산지이고 드문드문 평야가 있는 지역인데 북위 때는 이곳을 사주(肆州)라고 하였고 얼주롱은 사주의 자사를 하고 있었다. 6진의 난이 터지고 세상이 혼란에 빠지자 그는 자신이 뜻을 펼칠 수 있는 시기가 왔다고 생각하여 재산을 풀어 인재를 포섭하고 자신만의 강한 군대를 구축하였다. 얼주롱은 후에 그가 저지른 '하음의 변(河阴之変)'으로 인해 후세 사람들에게 '무지막지한 놈'으로 찍혔는데 그는 포악한 놈일지는 몰라도 절대 무식한 사람은 아니었다. 역사에서 그가 보인 역할은 동탁과 비슷하지만 그의 전략적 두뇌와 인재 유치는 조조와도 닮았다. 특히 그의 전술 능력은 인정할 수밖에 없다. 조정의 내로라하는 장수들이 봉기군 진압에 투입되어 번번히 패하고 돌아왔지만 그는 6진의 난 진압에 혁혁한 공을 세우며 북위 조정의 구세주로 떠올랐다. 그리고 그는 자신이 진압한 봉기군의 리더들을 자기편으로 포섭하는 등 세력을 눈덩이처럼 불렸고 마침내 산시성의 거대 군벌이 되었다. 6진의 난 시기에 그의 수하로 들어가서 뜻을 같이 하였던 인물들에는 후에 북제를 세운 고환(高欢), 관롱그룹의 창시자 허바웨(贺拔岳), 북주의 창시자 우문태(宇文泰), 후징(侯景), 독고신(独孤信) 등 당대의 주요 인물들이 있었고 수왕조를 세운 양견의 부친인 양충(杨忠)도 얼주롱 그룹의 한 사람이었다.

그는 자신의 딸을 효명제(원후)의 다섯 번째 아내(빈)로 시집보내 황제의 장인이 되었다. 이리하여 얼주롱과 황제는 한배를 탔지만 황제의 어머니, 즉 호태후와는 사이가 좋지 않았다. 왜냐하면 호태후는 효명제를 내세워서 자기가 전권을 쥐려 하였기 때문이다. 반면 이제 점점 성인이 되어가는 효명제는 황제로서 자신이 주도권을 쥐고 싶었고 그가 얼주롱의 손을 잡은 것도 어머니 호태후의 세력에 대항할 자신의 세력이 필요했기 때문이다. 그러나 효명제는 어머니의 통제를 벗어나기가 쉽지 않았고 심지어는 호태후의 방해로 그 아름다운 얼주롱의 딸 얼주잉어(儿朱英娥)와 잠자리를 하지도 못하여 이 둘 사이에는 자식이 없었다.

북위의 분열과 멸망

525년 호태후는 자신의 아들 원후와 의기투합하여 자신을 연금했던 정치적 반대파들을 축출하고 재집권하는 데 성공한다. 그러나 자신이 판단할 나이가 된 그녀의 아들 효명제가 이제는 호태후와 대립각을 세우기 시작했다. 호태후에게 있어서 효명제는 자신의 아들이기도 했지만 동시에 원씨 황실의 종친이 아니었던가? 그토록 원씨 종친과 대립하였던 그녀는 자신의 아들도 경계하였고 반대로 아들은 어머니의 권력 남용과 문란한 생활을 혐오하였다. 이렇게 모자 간에 긴장이 흐르고 있던 와중 호태후가 효명제의 측근들을 암살하는 일이 벌어졌고 이로써 어머니와 아들은 돌아올 수 없는 강을 건너게 되었다.

효명제가 18살이 되던 해인 528년, 그는 자기 어머니인 호태후를 제압하기 위해 사주(肆州)의 거대 군벌이자 자신의 장인인 얼주룽(尔朱荣)을 끌여들이는 밀조를 보냈다. 그런데 호태후가 이를 알게 되었고 그녀는 자신의 목숨까지 내걸고 낳았던 친아들을 독살시켜버렸다. 동한 말 하진(何进)이 자신의 누이동생 하태후와 십상시를 제압하기 위해 동탁을 끌여들려다 발각되어 십상시의 칼에 맞은 것과 아주 비슷한 상황이 연출된 것이다. 그리고 이어지는 전개도 동한 말의 상황과 매우 비슷하다. 사주 사령관 얼주룽은 효명제의 사인을 밝혀낸다는 명분으로 강력한 그의 군대를 이끌고 낙양으로 입성하였다. 이참에 호태후를 제거하고 낙양을 접수하겠다고 맘 먹은 것이다. 아무런 저항도 받지 않고 황궁으로 입성한 얼주룽은 호태후와 그녀가 내세운 어린 황제를 황하에 내던져 익사시키고 또 다른 종친인 원자유(元子攸)를 황제로 내세웠다. 스스로 대승상에 오른 얼주룽은 아무런 견제 세력 없이 북위 정부를 완전히 장악하였다. 그리고 그는 역사상 악명 높은 일을 하나 저지르는데 이 일로 그는 역사에서 동한 말의 동탁과

거의 동급으로 평가절하된다. '황제가 제사를 지낼 예정이니 조정의 모든 관리들은 한 사람도 빠짐없이 하음(河陰)[37]으로 모여라'고 통보한 후 1,300명이나 되는 문무백관을 모조리 학살한 것이다(하음의 변, 528). 더욱 놀라운 것은 이 엄청난 학살에 손뼉을 치며 좋아했던 사람들이 꽤 있었다는 것이다. 화북지역의 문벌 쇠퇴에 결정적인 영향을 미친 '하음의 변'은 당시 사람들이 문벌들을 얼마나 증오하고 있었는지를 반증하는 사건이기도 하다. 이로써 조정은 그간 문벌에 억눌리고 차별받았던 군벌에 의해 완전히 장악되었고 북위 정부는 걷잡을 수 없는 혼돈 속으로 빠져든다.

그러나 하음의 변이 있고 2년 뒤 얼주롱은 자신이 내세운 꼭두각시 황제에 의해 살해되었다. 동한 말 동탁이 죽자 천하가 군벌들에 의한 분열 국면으로 들어갔듯이 얼주롱이 죽자 북위는 한때 그의 부하였던 장수들이 전면에 나서는 국면으로 전개되었다. 얼주롱의 측근이었던 고환(高欢)[38]과 같은 이는 얼주씨 가문을 배신하고 반(反)얼주씨 전선을 구축하였고 허바웨, 우문태와 같은 부하들은 고환을 피해 관동으로 근거지를 옮겨 거기서 자신들의 세계를 구축하였다. 죽고 죽이는 혼전 끝에, 534년 두 개의 군벌이 서로의 황제를 옹립하며 각자의 정부를 세웠고 이때부터 황제는 있으나 마나 한 존재로 전락하였다. 고환(高欢)은 수도를 하북성 업성(허난성 안양)으로 옮겼고, 고환과 반대쪽에 서 있는 우문태(宇文泰)라는 선비족 장수는 서쪽인 장안에

---

37) 낙양 근처의 황하 강변.
38) 고환은 선비화한 한족이다. 대대로 6진의 하나인 화삭진(내몽고)에서 살아온 변방 출신 집안이다. 6진은 선비족 위주로 구성되어 있었고 효문제 한화정책의 영향이 잘 미치지 않는 곳이어서 선비족 색채가 강한 곳이었다. 고환은 선비말을 할 줄 알았고 문화적으로 선비인이었으므로 거의 선비족이나 마찬가지였다.

다 도읍을 정했다. 이로써 화북은 다시 관동과 관중으로 갈라졌고 그들은 서로를 정통이라 자처하면서 대립하였다. 534년에 실질적으로 북위가 끝장난 것이나 마찬가지였다. 이 두 정부는 후세 사가들에 의해 동위(东魏)와 서위(西魏)라 불리었다.

물론 동위와 서위는 오래가지 못했다. 16년을 지속하다가 550년에 각각 고(高)씨와 우문(宇文)씨에 의해 황위가 찬탈되어 제(齐)와 주(周)로 이름이 바뀌었고 이로써 북위는 완전히 명줄이 끊긴다. 이 두 나라는 후세 사가들에 의해 북제(北齐)와 북주(北周)로 불리는데 이들의 존속 기간도 그리 길지는 않았다.

·

세 명의 황제와 결혼한 얼주잉어(儿朱英娥)

북위가 동과 서로 분열되고 다시 북주와 북제가 세워지는 혼란의 시기에 휩쓸려 세 명의 황제와 결혼한 특이한 이력의 여인이 있으니 그가 바로 얼주롱의 장녀 얼주잉어(儿朱英娥, 514~556)이다. 앞서 언급했듯이 사서에 기재된 묘사와 계호족의 계보로 미루어 짐작할 시 그녀는 피부가 하얗고 아름다운 이국적인 외모를 가졌을 것으로 짐작된다. 그녀가 얼마나 아름다웠을지는 사서의 묘사를 듣는 것보다 앞으로 설명하는 그녀의 인생사를 통해 짐작하는 편이 나을 것 같다.

그녀의 첫 남편은 호태후의 아들 효명제 원후였다. 야심 많은 얼주롱은 자신의 딸을 효명제의 다섯 번째 빈으로 시집보냈다. 이 결혼의 연도는 나와있지 않으나 525년의 호태후와 원후의 재집권 이후와 원후가 죽는 528년 이전일 테니 526~527년 사이였을 것이고 그렇다면 그녀의 나이 고작 열세 살이었을 때이다. 이 결혼은 물론 정략결혼이었지만 원후는 그녀를 매우 좋아했다고 한다. 그러나 호태후는 얼주잉어와 효명제가 가까워지는 것을 허용하지 않았다. 얼주잉어가 황제의 총애를 받는 것은, 또는 아들이라도 낳는다면 거대 군벌 얼주롱이 외척 세력화되는 것을 의미하는 것이기 때문이다. 얼주잉어의 궁내 생활은 녹록지 않았을 것이다. 효명제의 비빈들은 모두 시어머니 호태후의 핍박을 받았다고 하는데 그중에서도 얼주잉어는 분명 그녀의 주요 타깃이었을 것이기 때문이다. 그래서 얼주잉어와 효명제는 서로 사랑하면서도 합방을 하지 못했고 그래서 자식이 없었다.

528년 아들 원후를 독살한 호태후는 얼주잉어를 포함한 궁내 모든 비빈들을 비구니 절로 보내 비구니가 되게 하였다. 그녀는 이렇게 열 네다섯 살에 잠시 비구니가 되었으나 곧이어 정권을 잡은 아버지가 그녀를 꺼내어 새로 내세운 꼭두각시 황제 원자유(元子攸)에게 다시 시집보냈다. 그리고 이번에는 황후가 되었다. 그런데 이번에는 그녀의 남편 원자유가 자신의 처지를 순수히 받아들일 만큼 배알이 없지는 않았다는 게 문제였다. 530년, 원자유는 꼭두각시 황제 신세에서 벗어나고자 했고 해산을 앞둔 얼주잉어를 보러 온 자신의 장인 얼주롱을 살해하였다. 이는 바로 얼주 가문의 반격을 불러일으켰고 얼주 가문의 군대는 황궁으로 쳐들어가서 원자유를 생포한 후 또 다른 괴뢰 황제를 내세웠다. 이때 막 낳은 그녀의 아들은 얼주 가문에 의해 바닥에 내동댕이쳐져서 목숨을 잃었다.

얼주롱의 죽음과 이어지는 혼전에서 최후 승자는 얼주롱의 측근 장수였던 고환(高欢)이었다. 그는 얼주 가문을 배신한 후 반(反)얼주 전선을 형성하여 얼주 가문의 군대와 싸웠다. 결국 고환의 승리로 얼주 가문은 거의 죽임을 당하거나 포로가 되었는데 이때 그는 아름다운 얼주잉어를 데려와 자기 첩으로 삼았다. 그렇게 그녀의 세번째 결혼 생활이 시작되었다. 고환은 꼭두각시 황제를 내세우고 동위의 재상이 되었지만 실질적인 황제는 그였다.

547년에 고환이 병으로 죽고 그녀와 고환 사이에 낳은 아들 고유(高攸)가 팽성왕(彭城王)[39]으로 봉해짐에 따라 그녀는 팽성태비(彭城太妃)가 되었다. 난세의 군웅들 사이에서 인생을 내맡겼던 그녀는 이제 모든 것을 내려놓고 출가하여 비구니가 되기로 한다. 그러나 운명은 그녀의 인생이 그렇게 끝나게 놔두지 않았다. 550년, 재상이었던 고환의 아들 고양(高洋)이 동위의 황제를 내려오게 하고 북제를 세워 스스로 황제가 되었는데 문제는 이 고양(高洋)이라는 자가 희대의 폭군이자 망나니였다는 것이다. 556년에 고양은 자신의 아름다운 둘째 어머니를 잊지 못하고 얼주잉어가 있는 절을 찾아가서 그녀를 범하려 하다가 그녀가 완강하게 거부하자 그녀를 죽여버렸다. 그녀의 나이 42세였다.

6진의 난은 효문제의 남천과 이어지는 한화개혁의 산물이라고 할 수 있다. 6진의 난이 발단이 되어 각지에서 비슷한 봉기가 잇달아 일어났고 이들의 진압 과정에서 얼주롱이라는 거대 군벌이 탄생했다. 그리고 이어지는 배신과 살육 끝에 결국 북위가 분열에 이르게 되었다.

---

39) 팽성은 오늘날 강소성 쉬저우(徐州)이다.

그러므로 6진의 난이 북위 분열의 시작이자 망국의 신호탄이었다는 점은 부인할 수 없는 사실이다. 그렇다면 더 근원을 따지고 들어가서 결국은 '효문제의 남천과 급진적 한화 개혁이 북위 멸망의 근원이다'라는 주장이 가능하다.

그렇다고 효문제의 한화 개혁을 무작정 부정적으로만 볼 일은 아닌 것 같다. 역사적 상상력을 발휘해 보자. 효문제가 없었더라면 어떻게 되었을까? 북위라는 나라의 수명은 한화 정책을 하지 않았다고 하더라도 다른 내외부적인 문제로 롱런(long-run)을 하는 게 쉽지 않아보인다. 문화적으로 뒤떨어지고 인구가 훨씬 적은 민족이 그들만의 정체성을 유지하며 중원에서 살아남는 것이 가능할까? 유목생활에서 정착생활로 선택을 하였고 장성 이남에서 100년을 산 이상 이들에게 있어 중원문화의 흡수는 더 이상 선택의 문제가 아니었을 수도 있다.

개혁 중에 가장 어려운 것이 사회개혁이다. 사회 개혁을 짧은 시간에 이루려면 상앙과 같은 철권통치와 압제로 밀어붙이던가 아니면 20세기 초 중국의 공산혁명과 같이 내전이 있지 않는 한 불가능하다. 그러나 철권통치와 압제에 의한 사회개조 역시 결국에는 '진승·오광의 난'과 같은 동란을 불러일으켰으므로 급진적인 사회개조는 유혈충돌을 불러일으킬 수밖에 없다는 걸 역사가 보여주었다. 그러나 효문제는 성급하면 안 되는 개혁을 조급하게 밀어붙였다.

6진의 난은 북위의 멸망을 가속화시켰지만 중국 대륙의 민족 융합이라는 측면에서는 긍정적인 역할을 하기도 했다. 여러 소수 민족들이 봉기 세력을 이루어 북위에 대항하는 과정에서 다시 한번 민족 간의 뒤섞임이 발생하였고 중국은 다시 한번 민족이 융합되는 시간을 갖게 되었기 때문이다.

다시 20여 년이 지난 후 북주(北周)에 의해 화북이 다시 통일된다 (577). 그러나 역사는 더 이상 선비족 왕조를 원하지 않는 듯했다. 화북을 통일한 주무왕(우문옹宇文邕)이 죽고 그의 젊은 아들 우문윤(宇文贇)이 황제가 되었는데 그는 치국에는 관심을 두지 않고 폭정과 주색에 탐닉했다. 그리고 실권은 그의 장인이자 승상인 양견(楊堅)의 수중으로 들어갔다. 우문윤은 재위 9개월 만에 그의 어린 아들에게 황제 자리를 물려주고 자신은 주색에 탐닉하다 죽었다. 그리하여 정권은 황제의 외할아버지 양견(楊堅)에 의해 완전히 장악되었다.

다시 일 년이 지난 581년, 양견은 자신의 외손자에게서 황위를 선양받고 우문(宇文)씨 황족들을 모두 죽였다. 국호는 수(隋)라 정하였다.

관롱 그룹의 탄생

6진의 기의는 북위 제국 분열의 시작이자 망국의 신호탄이었지만 이 혼란기는 '관롱 그룹(关陇集团)'이라는 중국 중기 고대사에서 매우 중요하고도 거대한 신세력을 탄생시켰다. '관롱 그룹'은 일부 학자들이 제기한 명칭인데 북위 말 주로 섬서 관중과 깐수 롱산 주변을 근거지로 한 군벌 세력을 일컫는다.

위·진 시기에 형성된 문벌세가(또는 문벌사족士族)라는 정치 귀족들은 당시의 정치권력을 거의 독점하였다. 한때 하늘 높은 줄 몰랐던 남조의 문벌세가들은 동진의 멸망, 유송의 성립과 함께 점차 쇠락의 길로 들어섰고 이들은 더 이상 과거의 영광을 회복하지 못한 채 자신들의 눈앞에서 문벌 귀족들의 황금시대가 저물어가는 걸 보고 있을 수밖에 없었다.

한편 북위는 효문제의 한화 정책하에 쇠퇴해 가는 남조의 문벌 제도를 수입해서 선비족 내부에 심어 놓았다. 그렇지만 이것도 꺼져가는 문벌 제도의 불씨를 되살리지는 못했다. 오랜 전란의 시기는 책상에서 글이나 읽고 입이나 놀릴 줄 아는 문벌이나 사족(士族)이 더 이상 사회의 중심 세력이 되도록 놔두지 않았다.

이때, 한 신흥 귀족 세력이 혜성과 같이 등장하였고 이들은 중국 귀족 시대의 세대 교체를 이루면서 새로운 시대를 연다. 이들이 바로 중국을 거의 200년간 장악했던 '관롱 군사귀족 그룹(关陇军事贵族集团)'이다. 그들은 관중에 기반을 두고 서위, 북주, 수, 당의 네 개 왕조를 창출해 냈는데 이는 중국 역사는 물론이고 세계사에서도 매우 드문 경우이다.

관롱 그룹이 어떻게 형성되었는지에 대해 설명하기 위해선 '6진의 난'으로 돌아갈 수밖에 없다. 관롱 그룹의 설립자와도 같은 존재인 허바웨(贺拔岳, 칙륵족)는 북위 조정의 편에 서서 6진의 난을 진압하던 소수 민족 장수였고 얼주롱(尔朱荣)의 측근 부하 장수였다. 허바웨의 부친인 허바뚜바(贺拔度拔)는 무천진(武川镇)의 칙륵족 호족이었는데 524년 6진의 난 발발 시 북위 조정을 도와 할거 세력을 진압하는 데 앞장서다가 전사하였다. 허바웨는 아버지와 형이 봉기군에 의해 죽은 후 여기 저기 전전하다가 사주(肆州)자사 얼주롱의 부하가 되었고 그의 신임을 얻었다. 얼주룽이 호태후를 죽이러 낙양으로 진군할 때 선봉에 섰던 사람이 바로 허바웨였다. 그는 얼주룽에게 고환이 배신할 것이라며 그를 죽일 것을 간언하였으며 얼주룽이 새 황제를 세우고 조정의 실권을 장악하는 과정에서 최측근으로서의 역할을 다했다.

528년, 완치처우누(万俟丑奴)라는 흉노족이 이끄는 봉기 세력에 의해 관동 전역이 점령당하는 소위 '관중변란(关中变乱)'이 벌어졌고 북위 조정에 빨간 등이 켜졌다. 얼주룽이 살해되기 몇 달 전인 530년 초, 얼주룽은 가장 신임하는 장수인 허바웨를 투입하였고 그는 완치처우누 봉기군을 진압하기 위해 관동으로 진격하였다. 이때 그는 우문태(宇文泰), 이호(李虎), 조귀(赵贵), 우신(于谨) 등 정예 장군들을 이끌고 갔고 이들은 완치처우누 세력을 완전히 소탕하는 공을 세운다. 그 공으로 허바웨는 표기대장군, 용주자사를 거처서 관중대행대(关中大行台)⁴⁰⁾가 된다. 당시 허바웨가 데리고 간 장수들 중에는 후에 8주국(柱国)이라 불리는 서위와 북주의 창립 멤버들이 다수 포함되어 있었다.

533년, 관중대행대로 있던 허바웨가 북위 효무제의 밀령을 받고 얼주룽 사후 정권을 잡은 고환과 대항하기 시작했다. 한때 얼주룽의 부하였던 이들 군사 귀족들은 허바웨의 군대를 중심으로 관중에 모여 세력을 이루었고 이들은 낙양에서 황제를 꼭두각시로 만들고 전횡을 휘두르고 있는 배신자 고환과 대립한다. 이로써 관중을 기반으로 한

---

40) 대행대(大行台): 주요 지역에 설치한 상서성 산하기관. 관할 지역 내 군정을 관리하는 지방 최고 행정기관이었다. 북위 때 설립하였다. 지역명을 붙여 관중(关中)대행대, 동북(东北)대행대, 삼서주(三徐州)대행대 등이 있었다. 장관을 대행대상서령(大行台尚书令)이라 불렀으며 거의 총독이나 마찬가지였다.

관롱(关陇) 그룹이 탄생하였다. 이들 관롱 그룹에는 여덟 명의 창립 멤버들이 있었는데 이들이 후에 '8주국(八柱国)'이 되어 서위의 정치를 좌지우지하였다. '주국(柱国)'은 '주국대장군'의 줄임말로서 승상보다도 높은 북위의 최고직이었는데 북위 중기에 생겼다가 곧 폐지되었다. 그 후 위효장제(孝庄帝)가 얼주롱을 주국대장군에 임명하면서 부활했으나 얼주롱 사후 다시 폐지되었다.

이들 관롱 그룹의 여덟 명 핵심 멤버는 우문태(宇文泰), 원흠(元欣), 이호(李虎), 이필(李弼), 조귀(赵贵), 우신(于谨), 독고신(独孤信), 하막진숭(侯莫陈崇)이었는데 우문태는 서위와 북주(周)의 실질적인 창립자이고, 독고신은 수왕조의 창립자인 양견의 장인이며, 이호는 당왕조 창립자인 이연의 조부이다. 이들 중 이호, 이필, 조귀는 한족이고 나머지 다섯 명은 모두 선비족이었다.

534년, 두 가지 사건이 벌어지는데 그중 하나는 관롱 그룹의 창시자인 허바웨가 그의 부하에게 암살당한 것이다. 반란은 곧 진압되었고 우문태(宇文泰)가 이들 여덟 명의 리더가 되었다. 또 한 가지 사건은 효무제(원수元修)가 승상 고환이 지방으로 순시를 간 틈을 타 궁을 빠져나와 관중으로 도망치는 데 성공하였다는 것이다. 우문태를 핵심으로 하는 이들 관롱 그룹은 효무제를 옹립하고 장안을 수도로 하여 위(魏)의 정통을 이었다(서위). 그러자 낙양에서는 고환이 곧바로 다른 황족을 내세운 후 수도를 낙양보다 북쪽인 업성으로 옮겨서 맞섰다(동위). 그리고 3년 후인 537년에 효무제는 자신의 서천을 도운 공으로 우문태 등 여덟 명을 주국대장군으로 봉했고 그중 우문태가 수장으로서 전군을 통솔했다.

서위를 움직이는 실세는 바로 이들 관롱 그룹이었고 이들은 비한족(胡)과 한족(汉)을 구분하지 않고 서로 통혼을 하였으며 문과 무의 구분도 없었다. 후에 북주, 수, 그리고 당의 창립자까지 모두 이 그룹에서 배출한 사람들인데 이들의 특징을 정의하자면 '호한(胡汉) 민족이 융합된 무력과 지능을 갖춘 집단'이라고 할 수 있겠다. 이들은 '안에서는 재상, 밖에서는 장군이 되었고 문무 백관에 이 집단이 아닌 사람이 없었다'고 한다. 8주국과 그들의 자손들은 중국 전제군주 사회의 제2제국을 창립하였으며[41] 중국은 봉건사회의 황금시기를 맞이한다.

8주국의 설치는 투어바 선비족의 8부 제도를 모방한 것인데 그중 원흠 등 두 명은 실권이 없이 이름만 걸어놓은 사람이었다. 550년 이후로 실권이 없는 두 명은 존재감이 없어지고 실제 부병(府兵)를 통솔하는 여섯 명을 6주국이라고 불렀는데 이들이 북주를 움직이는 실세들이었다. 각 주국 밑으로 두 명의 대장군을 두어서 총 열두 명의 대장군이 있었고 각각의 대장군은 두 개의 개부(开府)[42]를 관리하였고 각각의 개부는 한 개의 군단을 지휘하고 있었다. 그리하여 북주의 군대는 모두 24개 군단으로 이루어져 있었다. 수왕조를 세운 양견의 부친 양충은 이들 12대 장군 중의 한 명이었다.

---

41) 20세기 역사학자인 황런위(黄仁宇 1918~2000) 선생은 중국 역사상의 통일 제국 시대를 제1제국(진, 한), 제2제국(수-당-송), 제3제국(명-청)으로 구분하였다.
42) 개부(开府): 대장군이나 삼공과 같은 고위 관원이 지방에 세우는 관청.

35장
남조와 동북아 역사의 전개

5세기와 6세기 남조의 상황에 대해 간단히 정리하고 넘어갈까 한다. 앞서서 잠깐 설명했듯이 남조는 420년 동진이 망하고 수(隋)에 의해 전국이 통일되는 589년까지 약 160년 동안 이어졌던 송(宋), 제(齐), 량(梁), 진(陈) 이렇게 4개의 한족 왕조를 말한다. 이 4개의 왕조는 모두 수도를 건강(난징南京)으로 하였다. 이와 더불어 이들보다 앞서서 난징을 수도로 한 두 개의 왕조, 즉, 동오와 동진을 합쳐서 육조(六朝)라고 칭하기도 한다. 박물관에 가면 '육조유물관', '육조문화관' 이런 안내판을 보게 되는데 이 경우 '수나라로 재통일되기 전 강남에 세워진 정권들'쯤으로 이해하고 들어서면 된다.

남조

　남조와 북조는 끊임없이 서로를 침범하고 공격하였지만 이상하게도 힘의 균형같은 것이 작용하여 대략적으로 회하(淮河)를 경계로 서로 대치하였다. 물론 남조가 강했을 땐 황하까지 밀고 갔고 북조가 강했을 땐 장강까지 밀고 내려와 강 건너편에 있는 건강을 떨게 하였다. 그러나 대부분의 시기에 있어서 회하(淮河)를 경계로 하였다.

　남조는 북조를 오랑캐라 부르며 자신들이 정통임을 내세웠지만 남조의 역대 황제들 중에는 문명 민족이라는 말이 무색할 정도로 폭정을 일삼고 문란한 생활을 한 이들이 많았다. 남조의 황제 중 3분의 2가 폭군이었다. 이 시기는 중국 역사상 폭군을 가장 집중적으로 배출한 시기가 아닐까 한다.

　그렇지만 경제와 문화적으로 이 시기가 중국 역사, 특히 남방의 발전에 기여한 바는 이루 말할 수 없이 크다. 동진(東晉)부터 남조의 마지막 왕조인 진(陳)왕조까지 4, 5, 6 삼 세기에 걸친 남쪽으로의 인구 유입은 소위 화남이라 일컫는 회하 이남 지역의 생산력과 기술, 문화 수준을 비약적으로 높여놨다. 모든 것이 일단 '사람 수'가 받쳐줘야 지역 개발도 되고 소비가 되면서 경제규모가 늘고 또 이에 따라 기술과 사회가 발전하는 것이다. 특히 고대 농경사회에서는 인구가 사회 발전에 미치는 역할이 절대적이었다. 남방으로의 인구 유입은 남방의 모든 걸 바꿔놓았다.

왕조명	왕조 성씨	연도	지속 연수	재위 황제수	평균 재위기간	인구수 (실제 추정치)	영토 (㎢)[43]
송(宋)	유(刘)	420~479	59년	9명	6.6년	600만(2,000만)	277만
제(齐)	소(萧)	479~502	23년	7명	3.3년	400만(1,700만)	258만
량(梁)	소(萧)	502~557	55년	11명	5년	500만(2,100만)	262만
진(陈)	진(陈)	557~589	32년	5명	6.4년	250만(1,500만)	133만
총 합		420~589	169년	32명	5.3년		

※ 인구는 사서에 기재된 호구수에 의해 추정한 수이고 괄호 안의 인구수는 호구에 포함
  되지 않는 인구를 포함한 실제 인구 추정치이다.

　　표에서 보이는 바와 같이 남조 네 개 왕조는 전부 단명하였고 황제
들의 평균 재위기간은 5.3년에 불과했다. 이 중 량(梁)왕조의 초대 황
제인 량무제(梁武帝)만 47년을 재위하는 기염을 토했는데 그의 재위
기간을 제외하면 나머지 31명 황제들의 평균 재위 기간은 3.9년에 불
과하다. 혼돈 속의 왕조라는 것을 가히 짐작할 수 있다. 제(齐)와 량
(梁) 두 왕조의 성이 같은 이유는 량왕조는 제왕조의 종친이 정변을
일으켜 세운 왕조이기 때문이다. 또한 이들 남조 왕조의 황제들은 권
력투쟁 속에서 제명에 산 사람이 적다. 예를 들자면 남제(南齐)의 일
곱 황제들 중 네 명의 사인(死因)이 참수와 피살이니 이 시기 조정의
권력투쟁이 어느 정도였는지, 황제의 폭정에 대한 증오가 어느 정도였
는지 짐작할 만하다.

---

43)　바이두(https://baike.baidu.com/item/南朝/7131305?fr=kg_qa).

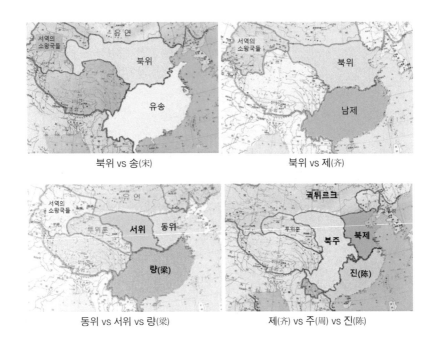

북위 vs 송(宋)　　　　　　　　북위 vs 제(齊)

동위 vs 서위 vs 량(梁)　　　　제(齊) vs 주(周) vs 진(陳)

'후경(侯景)의 난'과 3국의 판도 변화

위의 지도와 표를 보면 눈에 띄는 변화가 있다. 남조가 남량(梁)에
서 진(陳)으로 넘어가면서 영토와 인구가 확 줄어들었다는 것이다. 남
량 말엽인 546년에 262만 평방킬로미터였던 것이 26년 후인 572년에
는 영토가 133만 평방킬로미터로 절반으로 줄었고 인구는 비슷한 시
기 2,100만 명에서 1,500만 명으로 역시 30% 가까이 감소하였다.[44] 대

---

44)　남조의 인구에 대해서는 학자에 따라 편차가 매우 크다. 왜냐하면 당시의 사료 기
　　재에 의하면 절대 수가 너무 작기 때문이다. 이는 혼란기에 호구 조사에 포함되지
　　않는 인구가 많기 때문인데 고대 인구사의 권위자인 거젠슝(葛劍雄) 선생의 《中
　　国人口史》에 의하면 실제 남조의 인구를 2,000만 명 좌우로 보고 있다. 위의 표는
　　《通典·食货七》 등의 고대 사료 기재에 의거한 인구 수이고 괄호 안은 거젠슝 선생
　　의 《中国人口史》에 의한 추정치이다.

신 북주(北周)는 영토가 크게 늘어 남량의 서쪽 영토 절반 가까이를 차지하고 있고 북제(北齊)도 남으로 상당히 남하해 있다. 도대체 남조에서 무슨 일이 일어난 건가? 남조에 있어서 재앙과도 같았던 이 변화는 '후경의 난'이라는 반란에서 비롯되었다.

후경(侯景)은 얼주롱의 부하였다가 후에 고환의 밑으로 들어간 갈족 장수였다. 동위에서 고환에게 중용되어 13개 주[45]를 관할하는 하남도 대행대(河南道大行台)라는 대지역 사령관으로 있었다. 그런데 547년, 고환이 죽고 그의 아들 고징이 즉위하자 고징과 알력이 있던 후경이 그의 관할 지역 13개 주를 모두 들고 남량에 귀순하는 일이 벌어진다. 남량의 황제는 웬 떡이냐 싶어 저절로 굴러들어온 떡을 덥석 받아먹었으나 그들은 그것이 재앙의 시작이라는 걸 알지 못했다. 동위는 바로 공격에 나섰고 후경은 남량에서 보내온 지원군과 함께 맞서 싸웠으나 패하고 13개 주를 전부 도로 내어주고 더 남으로 후퇴했다. 후경은 오늘날 안휘성 북부인 와양(渦陽)까지 후퇴했으나 전군이 궤멸당하고 800여 명의 잔여병을 끌고 간신히 남량의 경내인 수양(안휘성 수현)으로 피신하였다. 동위와의 군사 충돌은 이렇게 끝났으나 남량 입장에서는 후경이라는 폭탄을 안은 것 말고는 얻은 것이 아무것도 없었다. 오히려 병력과 영토의 손실을 입었고 이 전투에서 황제의 조카 소보연이 동위(3년 후에 북제가 됨)에 포로로 잡혀갔다.

이듬해에 동위는 남량에 서신을 보내 화해를 제안하였고 남량의 황제는 이를 받아들이고자 했다. 화해의 대가로 서로 간에 포로와 귀순

---

45) 남북조 시대를 거치면서 주·군·현의 수가 크게 늘어나서 남북조 시대 말엽에는 백 개에 가까운 주가 있었다.

자 교환(소보연과 후경)의 밀약이 있을 것이라고 불안에 떨고 있던 후경은 그길로 군대를 이끌고 반란을 일으켰다(548년 8월). 필사적이 된 후경의 군대는 부패한 왕조 말엽의 오합지졸 군대를 파죽지세로 물리쳤고 549년 3월에 건강(난징)을 함락시켰다. 남량은 독이 든 공짜 사과를 덜컥 받아먹고는 왕조 멸망이라는 엄청난 대가를 치러야 했다. 548년의 '후경의 난' 그리고 이어지는 전투와 살육으로 단 몇 년 동안 남량은 거의 초토화되었으며 인구는 급격히 줄어들었다. 사료의 기재에 의하면 '천리 내에 밥짓는 연기를 볼 수가 없었고, 사람도 거의 보이지 않았으며, 백골이 쌓여서 언덕을 이루었다'라고 한다.

남량의 마지막 황제 소연은 건강의 황궁에서 죽었지만 552년에 그의 아들 소역(蕭繹)이 강릉(후베이성 우한)에서 망명정부를 세우고 자신을 량원제(梁元帝)라 칭하였다. 이보다 조금 앞서서 량주(梁州)와 익주(益州) 자사를 맡고 있던 또 한 명의 종친 소기(蕭紀)가 쓰촨성 청뚜(成都)에서 황제를 칭하며 할거했었는데 이때 소역은 자신의 내부 경쟁자를 제거하기 위해 서위를 끌어들인다. 그는 서위의 승상 우문태에게 '소기를 제거해 주기만 하면 그가 점령하고 있는 량주와 익주를 당신이 가지시오'라는 제안을 하였고 서위는 이에 응해 군대를 이끌고 남하하여 두 주를 점령해 버렸다.

2년 뒤인 554년에 소역의 부하 장수 왕승변이 후경을 몰아내고 건강을 수복하는 데 성공하였다. 이렇게 하여 남량 제국이 부활하는 듯했으나 황제가 되었다는 착각에 기고만장해진 소역은 바보같은 짓을 한다. 서위에게 량주와 익주를 반환할 것을 요구한 것이다(당시 소역은 아직 강릉에 있었다). 어이가 없어진 서위의 우문태는 이참에 '이 조그만 망명 정부를 멸망시키겠노라'고 마음을 먹었고 대군을 이끌고 강릉(후베이성 우한)으로 진격하였다. 이때 동원된 장수에는 후에 북주의 실권자가 되는 우문호와 양견의 부친 양충도 있었다. 결국 강릉은 서위의 군에 의해 점령되었고 소역은 투항하였다. 위의 지도에서 어찌하여 남량의 서쪽 땅 절반 가까이가 서위의 영토가 되었는지 이제 이해가 되셨으리라 생각한다.

한편 건강에서는 북제의 포로로 있던 소보연이 보내져서 남량의 황제를 잠시 이었으나 557년 진패선(陈霸先)이라는 장수가 구테타를 일으켜 진(陈)을 세웠다. 같은 해에 서위에서도 황위 선양이 이루어져 북주(周)가 세워졌다. 후경의 귀순과 이어지는 반란은 화북의 두 나라를 끌어들였고 또한 소씨 종친왕들 간의 황위 쟁탈전까지 겹쳐 국토는 황폐해지고 인민들은 대부분이 죽거나 유랑민이 되었다. 이렇게 새로 탄생한 남조의 마지막 왕조 진(陈)은 국토와 인구가 반토막이 난 상태에서 새 왕조를 시작하였다.

새로운 몽골초원의 주인, 유연(柔然)

5호16국 시기와 남북조 시기에 걸쳐 몽골초원은 유연(柔然)이라는 민족이 새 주인이 되었다. 원래 이 땅은 투어바선비족이 장악하던 지역인데 이들이 중원으로 남하하면서 초원지역은 더 북쪽에 있던 유연 민족들의 차지가 되었다. 서구의 역사학자들에 의해서 '후안후안(Juan Juan)'이라고도 불리우는 이 민족은 선비 연맹의 한 부족이었지만 점점 독자 세력화하여 칸제국을 형성하였고 몽골 초원에서 선비족의 빈 자리를 대신하였다.[46] 유연이라는 이름은 중국인들이 '로우란(柔然, rou ran)'이라고 부르는 것을 우리식 한자 독음으로 읽은 것인데 분명 이들은 자신들을 그렇게 부르지는 않았을 것이며 언어와 생김새도 동 북아 황인종과는 다소 차이가 있었을 것이다. 단지 이들은 문자를 남 기지 않았으므로 이들의 생활양식과 생김새에 대해서는 이들이 남긴 벽화와 중국의 사료에 의존할 수밖에 없다. 유연은 5세기 초반, 즉 북 위가 화북지역의 통일에 전념하고 있을 때 전성기를 누리면서 동으로 는 북연, 고구려, 서로는 북량, 투위훈과 연합 전선을 구축하여 북위 를 포위하며 압박하기도 했다. 중원을 어느 정도 평정한 북위는 정신 을 차리고 보니 이미 유연이 북쪽에서 엄청 남하해 머리 위를 누르고 있었고 변경 지역에서의 약탈이 심한 상황임을 알게 되었다. 투어바타 오와 투어바줜 두 황제는 대대적인 유연 퇴치 전쟁을 벌였고 장성을 다시 축조하는 등 대 유연 강경책을 벌였다. 디즈니 만화영화로도 만 들어진 '무란(Mulan)'은 아버지를 대신하여 군 입대를 한 전설상의 여 인을 그린 이야기인데 화무란(花木兰) 전설의 배경은 북위 풍태후 재 위 때이고 이때 무란이 싸우던 적이 바로 유연(柔然)이었다.

전성기 유연의 영토는 북으로는 바이칼호, 동으로는 대흥안령산맥, 서로는 신장과 중앙아시아에 달했으며 남으로는 오늘날의 네이멍구 (내몽고) 지역에서 북위와 접하고 있었다. 다시 말하면, 북위는 남쪽의 한족정권과 대치하였지만 한편으로는 정권 내내 유연의 남하를 막는

---

46)   유연은 선비 연맹의 한 부락에서 출발 한 것이고 선비는 흉노 연맹의 한 부락에서 출발한 것이니, 결국 유연은 흉노의 계보를 잇는 민족이라 할 수도 있겠다.

것, 또는 이들을 더 북쪽으로 밀어내는 것이 북위정권의 군사외교상의 지상 과제였다.

6세기 북위가 분열되고 화북이 다시 두 개 정권으로 쪼개지는 시기에는 몽골에서도 대 변화가 일고 있었다. 튀르크(突厥돌궐) 민족이 서쪽에서 광풍과 같이 나타나서 몽골 초원을 장악하기 시작했다. 유연은 과거 흉노가 선비에게 밀려 서쪽으로 이동했듯이 튀르크에게 밀려 몽골 초원을 내어주고 서쪽으로 이동하였다. 이로써 '흉노-선비-유연-튀르크'로 초원의 계보가 이어진다.

유연 민족은 계속 서진하여 동유럽까지 가서 아바르(Avars) 민족이 되었다고 한다. 이들은 한때 유고, 헝가리 지역에 제국을 형성하여 비잔틴제국을 위에서 위협하기도 하였으나 후에 신성로마제국의 공격을 받아 붕괴되었다. 유연의 후예라고 알려져 있는 아바르 민족은(Avars) 오늘날 카스피해 서쪽 연안의 다게스탄(Dagestan)공화국의 주요 민족을 이루고 있으며 조지아 동부, 아제르바이잔 북부에도 일부 분포되어 있다.

개혁사 외전 Ⅳ
5세기 고구려

장수왕과 북연왕국

　장수왕(본명 고련高連)은 413년에 19살의 나이로 광개토대왕의 뒤를 이어 왕위에 오르고 491년 죽는 날까지 무려 74년을 재위했다. 5세기 고구려 역사는 장수왕의 역사라 해도 무방하며 때는 고구려의 최전성기이다.

　장수왕의 재위 시기 북위는 투어바쓰(409), 투어바타오(423), 투어바쥔(452),[47] 그리고 풍태후의 섭정으로 이어지며 북위가 왕성하게 상승하던 청년기였다. 그가 세상을 뜨기 전 20년 동안은 풍태후의 섭정시기와 겹친다. 공교롭게도 풍태후는 490년에, 장수왕은 491년에 세상을 떴다.

　지금부터 하고자 하는 이야기는 개혁사 외전 Ⅲ의 '광개토대왕과 북연의 초대 국왕 고운'의 이야기에서 이어진다. 장수왕 재위 초기 고구

---

47)　괄호 안은 즉위년도.

려의 인접국을 보자. 고구려는 서쪽에서부터 부채꼴 모양으로 북연(北燕), 거란(契丹), 부여(扶余), 읍루(挹婁)[48]와 북쪽 경계를 마주하고 있었고 한반도 남쪽으로는 백제, 신라와 인접하고 있었다. 이들 북쪽의 이민족 정권들 중에서 거란과 읍루는 아직 부족의 수준에서 벗어나지 못하고 있었고 부여는 거의 망하기 직전이었기에 고구려에게 있어서 의미있는 외교상대가 아니었다. 그렇지만 북연(北燕)은 지정학적으로 고구려에게 매우 의미가 있는 나라였다. 고구려와 북연(407~436)과는 요하를 경계로 하고 있었고 북연의 건너편에는 신흥강대국 북위가 화북을 평정 중에 있었다. 다시 말하자면 북연은 북위와 고구려 간의 완충지대 역할을 하고 있었던 것이다.

무롱선비와 대대손손 원수지간이었던 고구려는 오히려 북연과는 좋은 관계를 형성한다. 북연의 초대 국왕 고운(高云)이 고구려 출신이었으므로 고구려는 이들과 새로운 외교관계를 시작했고, 또한 이미 요동을 점령한 상태에서 굳이 새로 들어선 이웃 나라와 대립각을 세울 필요가 없다고 판단했을 것이다. 이에 더하여 북위와의 완충지대를 자기편으로 끌어들이는 것이 필요했을 것이다. 북연과 고구려, 이 둘 간의 우호 관계는 고운이 죽고 풍씨가 정권을 잡은 후에도 이어졌다.

---

48) 물길(勿吉) 또는 숙신이라 불리는 이들은 후에 여진족으로 이어져 청왕조를 세우게 된다.

고구려와 북위의 긴장관계

436년 북연의 국왕 풍홍은 북위의 대군이 수도 용성(龙城)으로 진격하고 있다는 정보를 접하고 고구려에 망명을 요청한다. 북연과 우호관계를 맺은 고구려는 이들의 요청을 거부할 수 없었다. 장수왕은 2만의 군대를 보내 풍홍을 맞이하였고 그는 고구려군의 호송을 받으며 요동으로 들어왔다. 이때 고구려군은 용성의 주민, 가축, 재물 등 모든 것을 싹쓸이하여 풍홍과 같이 떠났고 용성은 불살라진다. 나라를 통째로 들고 온 거나 마찬가지였는데 이것은 그리 현명하지 못한 처사였다.

뒤이어 수도 용성에 다다른 북위군을 기다린 건 잿더미가 된 도읍뿐이었다. 물론 이로써 북연은 멸망하였고 요서 지역은 북위의 영토가 되었다. 이 사건으로 북위의 정복군주 태무제는 고구려가 개입한 것에 엄청 화가 났고 고구려에 풍홍을 내놓을 것을 요구하였다. 그러나 고구려는 북위의 요구를 거절하였고 이 일로 투어바타오는 고구려를 향해 군사행동을 할 준비를 한다. 이로써 화북을 평정한 신흥 제국 북위와 동북의 강자 고구려가 군사충돌하는 일촉즉발의 상황에 놓이게 되었다.

이를 두고 우리의 교과서는 '고구려의 자신감과 당시 국제적 위상을 짐작할 수 있는 대목이다'는 해석을 한다. 물론 맞는 말이다. 당시 장수왕이 이끄는 고구려는 전성기이니 자신감에 충만해 있었을 것이다. 그러나 역사를, 특히 국제 관계의 역사를 '자신감의 발로다' 정도로 해석하고 지나갈 수만은 없다. 오히려 '자신감의 발로였지만 위험한 선택이었다'라고 코멘트를 할 수 있겠다. 의도적이었든 아니었든 고구려는 중원 왕조와 중립적이며 애매한 외교적 스탠스를 취하며 한편으로는 중원 왕조의 주변 정권과 연합하여 이들을 견제하는 전략을 외교 기조로 해왔다. 그런데 이런 외교 스탠스가 항상 성공했던 것은 아니었다.

다행히(?) 풍홍과 고구려 간에 갈등이 생겼다. 풍홍이 요동 지방에서 자기 주민들을 데리고 독립된 세력을 구축하려는 움직임이 있자 고구려는 그의 아들들을 인질로 삼았고 이런 일들로 인하여 풍홍과 고구려 간에 균열이 생기게 되었다. 급기야 풍홍이 남조의 송으로 다시 망명을 시도하려다 발각되는 일이 발생했고 결국 고구려는 풍홍을 죽인 후 수급을 북위로 보냈다. 풍홍을 넘기라는 북위의 요구를 계속 거부하는 것도 부담스러웠던 터에 풍홍이 빌미를 제공한 셈이었다. 이로써 고구려와 북위 간 수교가 이루어졌다.

남북조와의 균형 외교

고구려는 형식적으로는 북위와 남조 정권 모두에게 조공을 하고 책봉을 받는 관계이긴 했지만 실질적으로는 대등한 외교를 펼쳤다고 봐야 한다. 고구려의 군사력이 북위나 남조에 미치지는 못하였지만 섣불리 건드릴 수 없는 존재였던 것만은 확실하기 때문이다. 그리하여 5세기는 북위, 유송, 유연, 고구려 이렇게 동북아 4강이 형성되었다.

북위와 고구려 간 150년이 넘도록 이렇다 할 군사충돌이 없었던 것은 한반도와 중국 간의 역사에서 상당히 이례적인 현상이었는데 그 이유를 당시 동북아 국가들의 역학관계와 그들이 처한 상황에서 찾을 수 있을 것 같다.

첫째는 무엇보다도 고구려의 군사력이 강했기 때문이다. 군사력의 차이가 현격히 나지 않으면 전쟁은 좀처럼 발생하지 않는다. 고구려와 전쟁을 하려면 이들도 상당한 희생을 감수해야 하는데 웬만해선 그런 선택을 할 이유가 없다. 이럴 때에는 그저 '좋은 게 좋은 거다'라는 식의 관계가 형성되고 어느 한쪽이 크게 도발을 하지 않는 한 평화가 유지된다. 흔히들 북위와 남조 사이에서 이리저리 줄타기를 한 장수왕의 적극 외교를 칭송하는데 두 강대국 사이의 적극 외교란 것은 본디 강한 국력이 받쳐줘야 가능한 것이다.

두 번째로 북위는 초기에 화북의 5호들을 평정하느라 바빴고 그 후에도 유연, 남조와 대치하느라 동북지역까지 군사 행동을 할 여력이 없었다. 또한 오랜 전쟁 끝에 화북을 평정한 북위 자신이 국가를 정비하고 사회를 통합하는 데 중점을 두었지 영토 확장에는 그리 강한 열망이 없었던 걸로 보여진다. 남북조 시대 때 서역이 북위의 통제권에서 떨어져나와 무주공산이 되었지만 북위가 거기에 연연하지 않았던 것도 그러한 맥락이라 할 수 있겠다.

세 번째로 고구려도 광개토대왕 때 요동을 차지한 이후로는 5세기 내내 더 이상 서쪽으로 확장하기보다는 남하하여 백제, 신라와 싸웠다. 고구려 또한 북위와 충돌을 원하지 않았고 북위도 고구려와 충돌을 원치 않고 있었다고 봐야 한다.

4부

제2제국 시대:
수(隋)·당(唐)

당삼채

수隋 왕조의 개혁과 쇠망

36장
양견(杨坚)

541년 6월 깊은 밤, 양충(杨忠)의 아내 여(吕)씨는 풍익군(섬서성 시안에서 동북으로 130킬로미터)의 반낙사(般若寺)라는 비구니 암자에서 양견(杨坚)을 낳았다. 《수서(隨书)》의 기재에 의하면 당시 상서로운 기운이 절을 가득 채웠고 이를 본 비구니 주지가 '이 아이는 보통 사람들과 같이 키울 수 있는 아이가 아닙니다'라고 하여 양견을 별관으로 데리고 가 키웠다고 한다. 그리하여 그 아이는 어린 시절을 절에서 보냈다.

이름: 양견(杨坚, 양젠)

선비어 이름: 보륙여견(普六茹坚, 푸류루젠), 나라연(那罗延, 나뤄옌)

민족: 한족

생몰: 541~604년(63세)

직업: 재상(북주), 황제(수)

가족관계

• 부친-양충(杨忠): 서위 정권 건국의 공신, 군최고 지위에 오르며 재상 우

문태에 의해 수국공(隋国公)에 봉해짐.

- 장인-독고신(独孤信): 서위의 군벌, 관롱그룹 8주국 중 한 명

- 부인-독고황후(본명: 독고가라独孤伽罗)

- 사위-우문윤(贇): 북주의 마지막에서 두 번째 황제

- 둘째 아들-양광(杨广): 수나라 2대 황제, 망국의 군주

출생지: 대려현(大荔县, 섬서성 시안에서 동북쪽으로 130킬로미터)

학벌: 태학 졸업

양견

양충(杨忠)

양견은 동한의 태위 양진의 14대손이라고 하나 이는 오늘날 진실이 아닌 것으로 알려져 있다. 중국 사학계의 대가 천옌커의 고증에 의하면 양견의 가족은 산동성의 변변찮은 집안이었으며 그가 직위와 권세를 갖게 된 후 '홍양 양씨'라는 성으로 신분 세탁을 한 것라고 한다. 손에 잡히는 그의 가문의 이야기는 조부 양정(杨祯)으로부터 시작된다. 그의 조부는 북위 말 6진의 난이 일었을 때 중산으로 피신해 있다가 군대를 모아 셴위수리(鲜于修礼, 정녕족)의 봉기를 진압하던 중 전사했다. 양정의 업을 부친 양충(杨忠)이 이어받아 전장에서 봉기군 진압에 활약하였다.

양충은 초기에 선비족 군벌인 태원왕(太远王)[49] 얼주룽, 대도독 독고신을 따라 참전했다. 그리고 그는 허바웨 사후 관롱 그룹의 리더가 된 우문태의 인정을 받아 정치 중심으로 들어간다. 한마디로 그의 가문은 6진의 난을 진압하면서 흥기한 집안이라 할 수 있겠다. 그런데 이때 양충이 큰 공을 세우고 일약 스타가 되어 관롱 그룹 내 지위가 획기적으로 오른 사건이 있다. 534년, 고환의 꼭두각시 황제 역할을 하던 효무제(원수元修)가 낙양을 탈출해 장안의 우문태의 품으로 오게 되는데 이때 효무제의 호송을 위해 투입된 부대가 바로 독고신의 부대였고 양충은 독고신의 최측근 부하 장수였다. 효무제의 서천 작전은 물론 우문태로부터 부여받은 임무였다. 이 사건이 우문태에게 준 의미는 동한 말 동탁을 피해 장안을 빠져나온 한헌제가 낙양에서 조조의 품에 안긴 것과 비견할 만하다[50]. 이 일로 양충은 6주국 바로 밑의 12대장군 중 하나가 되며 우문태로부터 선비족 성씨인 '보륙여(普六茹)'성을 하사받고 수국공(隋国公)에 봉해졌다. 수국공이란 작위는 후에 아들 양견에게 세습되었고 이것이 그가 후에 나라 이름을 수(隋)라고 지은 이유이다.

실권을 잡은 우문태는 복고주의자였다. 선비의 성으로 다시 고쳐쓰

---

49) 얼주룽(儿朱荣)은 호태후를 죽이고 원자유를 내세운 후 자신이 전권을 휘둘렀으나 '하음의 변' 후로 자신이 너무 과했다고 생각했던지 황제 원자유에게 고두(머리를 땅에 박고 하는 절)를 하고 자신의 근거지인 산시성 태원(타이위엔)으로 돌아가서 낙양을 원격 조정하였다. 그 후 그는 태원왕(太远王)에 봉해졌다.

50) 물론 동한 말 헌제가 몇 안 되는 대신들과 야반도주하여 어렵게 낙양으로 온 것과는 상황이 다르다. 효무제(원수)의 낙양 탈출은 많은 수의 종친들, 황궁내 비빈들, 대신들, 내관들을 모두 이끈 대규모 서천이었고 그러기에 고환의 공격을 막아낼 수 있는 대규모 부대의 호송이 필요했다. 또한 헌제의 장안 탈출은 조조와 사전 연락이 되지 않은 상태에서 무작정 도망온 것이지만 효무제의 낙양 탈출은 사전에 우문태와 계획된 작전이었다.

기 시작하였고 후에 그의 아들은 새로 세운 나라의 이름을 '주(周)'로 정하여 1,500년 전 주의 관제와 군제를 도입하기도 하였다. 그래서 양견도 보륙여견(푸류루젠)으로 불렸으나 그는 이 이름을 좋아하지 않았다고 한다. 후에 그가 정권을 잡은 후 곧바로 '양씨'로 다시 고쳤다.

정치 입문과 독고가라(独孤伽罗)와의 결혼

양견의 정치 입문은 아버지의 후광에 힘입어 엄청 이른 나이에 시작하였다. 14살에 경도윤[51]의 추천으로 공조(군태수나 현령의 비서실장)를 맡았고 이듬해에 부친 양충의 공로로 차기대장군(车骑大将军) 등 고위 무관직에 오르게 되며 그의 나이 17살인 557년에 가장 높은 무관이자 12대장군 중 하나인 표기대장군(骠骑大将军)에 올랐다. 당시 실권자인 우문태는 그를 보고 칭찬을 마지 않았다고 한다. 그야말로 최연소, 초고속 승진을 하였는데 그의 승승장구는 여기까지였다. 양견에게도 시련이 닥쳤으며 그것은 뜻밖에도 결혼 후부터였다.

사료의 기재에 의하면 양견은 진중하며 생각이 깊고 무거운 전형적인 외유내강형 인물이다. 이런 사람은 실수를 잘 하지 않고 적을 만들지 않으며 속을 잘 드러내지 않는 장점도 있지만 때로는 우유부단하게 비춰질 수 있고 과감하게 행동해야 할 때 머뭇거려 시기를 놓치기도 한다. 그의 이러한 단점을 보완해 준 인물은 다름 아닌 그의 아내였다. 양견의 아버지 양충은 8주국 중 한 명인 독고신(独孤信, 선비족)의 측근 부하 장수였는데 양견이 맘에 든 독고신은 자신의 14살 딸 독고가라(独孤伽罗)를 17살 양견에게 시집보냈다(557). 그녀가 바로 역사

---

51) 경도윤이란 수도의 행정장관으로 당시로서는 장안 시장이나 마찬가지이다.

적으로 유명한 여걸 중의 하나로 꼽히는 '독고황후'이다. 이 둘의 결혼은 호한(胡汉)이 통혼하는 관롱 그룹의 특징을 보여주는 대표적인 예라 할 수 있겠다.

독고 가문의 몰락

이 결혼은 정략결혼이었지만 이 둘은 서로 사랑하였다. 양견은 다른 여자를 들이지 않겠다고 약속하였고 자의였든 타의였든 어쨌든 평생 이를 지켰다. 비빈들이 없었던 것은 아니지만 실질적인 일부일처제를 한 황제는 아마 양견이 유일할 것이다. 양견은 슬하에 5남4녀를 두었는데 모두 독구황후가 낳은 자녀들이다. 두 가문의 결합으로 양견의 앞날은 호랑이에게 날개를 단 듯 하늘로 오를 것인가? 높은 지위에 있는 사람일수록 국면의 변화가 자신에게 미치는 영향이 드라마틱하고 그로 인한 추락의 가능성은 더욱 크다. 그리고 인생에는 항상 변수라는 게 도사리고 있는데 이 변수는 간혹 모든 걸 바꿔놓는다. 당시와 같은 혼란기에는 더욱이 그렇다.

그들의 결혼 1년 전인 556년 10월, 관롱 그룹의 지주 우문태가 지방 순시 중 병사하였고 자신의 아들들이 아직 어리다는 이유로 그의 조카 우문호(宇文护)에게 전권을 물려준다는 유지를 남김으로써 서위의 정치 환경은 급변하였다. 왜냐하면 우문호는 서위의 간판을 이제는 내려놓고 자신의 사촌 동생(우문태의 아들)을 황제로 한 새로운 국가를 세우고자 했으나(물론 그것은 우문태의 뜻이었을 것이다) 독고신은 북위왕조에 충성하는 파였기 때문이다. 이 상황은 마치 동한 말 헌제를 폐하고 황제가 되고자 하는 조조를 승상 순욱이 반대하자 결국 순욱에게 사약이 내려진 것의 데자뷰였다. 이 둘 간의 정치투쟁 결과, 8주국의 거물 독고신이 역적으로 몰려 사약을 마시게 되었고 독고 가문은 죽임을 당하거나 유배를 떠나게 된다(557). 그리고 그해 북위의 황위가 우문태의 셋째 아들 우문각(宇文覺)에게 선양되고 북주(北周)가 세워졌다. 물론 우문호가 실세로 남아 정치를 좌지우지하였다. 그 후로 양견의 쉽지 않은 정치 생활이 시작된다. 왜냐하면 그의 아내가 독고 가문의 딸이기 때문이다. 그들은 언제든지 우문호 정권으로부터 화를 입을 수 있는 운명이었다.

개혁군주 우문옹과 북주의 개혁을 이끌다

북주의 초대황제와 두 번째 황제는 서로 형제지간이며 재위 기간이 각각 2년과 1년밖에 안 된다. 이런 경우는 이 둘 간의 정치투쟁이 있었거나 아니면 실세에 의해 갈아치워지는 경우, 둘 중의 하나인데 북주는 후자의 경우였다. 그러나 우문호에 의해 세 번째 황제가 된 주무제 우문옹(邕)은 걸출한 황제였다. 그는 앞선 두 형제처럼 사촌형에게 휘둘리며 평생을 꼭두각시 황제로 있을 사람이 아니었다. 그는 황제가 된 후 12년 동안 자신의 야망을 드러내지 않고 도광양회(韜光养晦)하다가 572년에 드디어 우문호를 뒤에서 벼루로 내리쳐서 죽인다. 이것만 봐도 이 사람이 보통 사람이 아니라는 걸 알 수 있다.

주무제 우문옹은 560년에서 578년까지 18년을 재위하면서 북주의 개혁을 이끌었다. 우문옹은 양견을 중용하였고 특히 우문호가 죽은 후로는 양견이 재상이 되어 우문옹을 보좌하며 개혁과 화북의 재통일을 이끌었다. 후에 양견이 수를 세우고 실시한 개혁 조치들을 보면 북주의 우문옹 재위 시기의 개혁 정책들을 이어왔거나 발전시킨 것들이 많다. 수문제 양견이 주무제 우문옹의 개혁 정책을 벤치마킹 한 거라 할 수도 있지만 우문옹 재위 시기에 실시했던 일련의 개혁들이 당시 승상이었던 양견의 기획하에 나온 것들이라 볼 수도 있다. 개혁의 성과는 황제가 가져가지만 보통 실제 개혁의 기획과 추진은 재상이 하는 경우가 많으므로 나는 후자의 가능성이 좀 더 크다고 본다. 황제 우문옹과 재상 양견과의 합작품으로 가장 으뜸은 무엇보다도 576년 북제를 멸망시키고 화북을 재통일한 일이다. 이에 대한 공으로 양견은 주국(柱国)에 봉해진다.

573년, 우문옹은 자신의 장자 우문윤(宇文贇), 즉 태자를 양견의 장녀 양리화(杨丽华)와 결혼하도록 하였다. 이를 보면 당시 황제 우문옹과 양견과의 사이가 보통이 아니었음을 알 수 있다. 이 둘의 사이는 5호16국 시절 전진의 개혁군주 부견과 재상 왕맹을 연상시키기도 한다. 이로써 양견은 황가의 외척이 되었고 향후 북주를 접수할 수 있는 포석이 마련된 셈이었다. 개혁은 항상 반대파의 저항을 받고 개혁의 추진자는 항상 제거 대상이 된다. 양견이 조정에서 롱런할 수 있었던 건 그 특유의 진중함과 소박함, 그리고 자신을 낮추는 태도를 유지했기 때문이다. 황제의 종친들은 '양견같은 사람은 남의 밑에 있을 사람이 아니다'라며 양견을 제거할 것을 우문옹에게 누차 건의하였다. 이때마다 양견은 몸을 낮추었고 이렇게 그는 몇 번의 고비를 넘긴다. 만약 양견이 사람들의 눈살을 찌푸리게 하는 행동을 하거나 조금이라도 책잡힐

일을 했더라면 그는 아마 북주 조정에서 삶을 마감했을 것이다.

578년에 드디어 우문윤이 즉위하고 양리화가 황후가 되었다. 양견은 황제의 장인이 되었다. 그러나 장인이라고 우문윤이 예를 갖추진 않았다. 우문윤은 비뚤어지고 난폭한 성격에 4차원적인 두뇌를 가진 사람이었다. 물론 정치에는 관심이 하나도 없고 주색에만 빠져 살았다. 만약 우문윤이 아버지 우문옹의 반 정도만이라도 되는 사람이었더라면 어쩌면 북주가 통일의 주인공이 되고 수(隋)라는 왕조는 탄생하지 않았을 수도 있다. 우문옹은 자신의 의사와 상관없이 행해진 결혼에 불만이 많았던 것 같다. 그래서 장인인 양견을 좋아하지 않았다. 그는 양리화 말고도 세 명의 비빈들을 전부 황후로 올리는 황당한 조치를 하였고 그래서 그의 재위 시기에는 총 네 명의 황후로 불리우는 여자들이 있었는데 이것도 전례가 없는 일이었다. 어느 날 우문윤이 황후 양리화에게 씩씩거리며 "내가 언젠가는 당신네 양씨 집안을 멸족시키고야 말겠어!"라고 했다는 걸로 봐서 우문윤이 얼마나 양견을 싫어하고 경계했는지를 알 수 있다. 실제로 우문윤은 부하를 매복시켜 입조한 양견의 안색이 변하면 살해하라고 명령하기까지 했는데 이를 알고 있던 양견이 의연하게 대처하여 위기를 모면하였다. 우문윤 재위 시기는 양견이 지위만 높았을 뿐 숨죽이며 지내던 시기였다. 결국 그는 이렇게 있다가는 언젠가는 칼을 맞겠구나 싶어 지방 발령을 자청하였다. 양견에게는 다행스럽게도 우문윤의 재위는 그리 길지 않았다. 그는 온갖 폭정과 주색, 음탕한 짓에 빠져 살다가 아예 재위 9개월 만에 자신의 일곱 살 난 아들에게 황위를 물려주고 자신을 천원황제(天元皇帝)라 칭하며 그냥 주색에 빠져 살고자 했다. 그러다 바로 다음 해에 21살의 나이로 죽는다(580). 지병으로 병사한 게 아니라 사냥을 나갔다가 쓰러졌고 방탕한 생활로 원기를 소모한 게 이유라고 한다.

왕조 찬탈과 수(隋)왕조 건립

우문윤이 갑작스럽게 사망하자 조정 대신들은 어린 황제를 보좌하여 섭정을 할 사람으로 황제의 친가와 외가 중 누구를 부를 것인가의 고민에 빠진다. 결국 지방에 있던 양견이 콜을 받고 대승상으로 복귀하였다. 이때부터 양견은 왕조 찬탈의 계획을 실행에 옮긴다. 1년에 걸쳐서 양견은 가장 걸림돌인 우문씨 종친왕들을 전부 제거하는 데 성공하였다.

이듬해인 581년 북주의 어린 황제(외손주)는 양견에게 황위를 선양한다는 조서를 반포한다. 이리하여 새 왕조가 세워졌다. 때는 북주가 세워진 지 25년, 북주가 북제를 멸망시키고 화북을 다시 통일한 지 불과 4년 후의 일이었다.

독고황후

독가가라(独孤伽罗), 그녀의 아버지는 선비족 독고신이고 어머니 최씨는 이름 있는 가문의 한족 여자였다. 그러므로 독고가라를 무슨 민족이라 해야 할 지 모르겠다. 중국은 이때부터는 호한(胡汉) 간에 민족을 나누는 게 큰 의미가 없는 시대로 들어서기 시작한다.

독고신 사후 양견과 독고가라는 대부분의 시기에 있어서 정적들의 칼날을 피하기 위해 자신을 낮추고 고개를 숙이는 자세를 취해야 했다. 그나마 양충의 비호가 있었기에 그들이 화를 피할 수 있었다. 그러나 그녀는 양견이 정치적 위기에 처할 때마다 나서서 국면을 돌파하는 여장부와 같은 면을 보여주기도 했고 관건이 되는 시점에서는 양견에게 정치적 조언과 용기를 주는 아내이자 정치적 동반자였다.

폭군 우문윤은 호시탐탐 구실을 만들어 양견과 그의 가족을 제거하려고 했다. 우문윤이 비빈들 세 명을 황후로 올렸으니 이들은 당연히 원래 황후인 양리화(양견의 딸)와 알력이 생기기 마련이다. 우문윤은 이를 구실 삼아 양리화에게 자결하도록 하였다. 이 일은 황후의 자결로만 끝날 일이 아니었다. 그렇게 되면 황후의 아버지 양견도 연좌의 죄를 물어 정치 생명이 끝이 날 것이기 때문이다. 청천벽력과 같은 소식을 접하고 망연자실하고 있을 때 독고가라가 부랴부랴 황궁으로 달려갔다. 그녀는 황제 앞에 엎드려서 이마에 피를 철철 흘려가며 고두(머리를 세게 땅에 박는 행위)를 하여 딸의 죄를 사해 줄 것을 간청했다. 이렇게 하여 양견의 가족은 위기를 모면했다.

580년 우문윤이 사망했을 때이다. 양견이 그냥 어린 황제의 외할아버지로서 황제의 종친들을 자극하지 않고 실권을 누리느냐, 아니면 이 기회를 잡아 새 왕조 창립을 추진하는 대신 멸족의 리스크를 짊어지느냐의 사이에서 결단을 내리지 못하고 있을 때 그녀는 측근을 보내 남편에게 이렇게 전달하였다. "일이 이미 여기까지 왔습니다. 더 이상 머뭇거리면 호랑이 등에 탄 형세가 되어 내려오지 못할 것이오니 차라리 크게 한 번 해 보세요!"[52] 그녀의 독려에 힘을 받아 양견은 황위를 찬탈하고 정적을 모두 제거하여 수(隋)왕조를 창립하였다.

수문제의 아홉 명 자녀들이 모두 독고가라한테서 나왔다는 것을 두고 수문제의 순정을 칭송하기도 하지만 그렇다고 수문제가 다른 여자를 가까이 하지 않은 건 아니었다. 독고가라 생전에도 수문제에게 비빈이 있긴 했으나 수문제든 비빈들이든 모두 무서운 독고가라의 눈치를 봐야 했다. 양견이 55~58세 였을 때의 일이다.[53] 장안에서 서쪽으로 약 100킬로미터 떨어진 린요현(麟游县)이라는 곳에 인수궁(人寿宫)이라는 별궁을 지어놓고 양견 부부는 만년에 종종 그곳에서 여름을 보냈다. 그해 여름도 그들은 인수궁에서 여름을 보내고 있었는데 이때 한 궁녀가 수문제의 눈에 띄었고 그는 독고가라 몰래 그 궁녀를 찾아갔다. 후에 이 일을 안 독고황후는 가차없이 그 궁녀를 죽였다. 이 소식을 들은 수문제는 자신 때문에 무고한 궁녀가 죽었다는 것과 자신의 한심한 신세에 갑자기 울분이 복받쳐 올라 홀로 말을 타고 산속으로 질주하였다. 황제의 갑작스런 가출에 대신들은 얼굴이 하얗게 질려 황급히 황제를 쫓았고 양견은 20여 리를 달린 후에 측근 대신인 고경(高颎)과 양소(杨素)의 만류로 말을 멈췄다. 양견은 "짐이 천자면 무엇하는가? 자유가 없는데"라며 크게 탄식을 하고는 말머리를 돌렸다고 한다. 수문제가 궁으로 돌아온 후

---

52) 《隋书위서·卷三十六·列传第一》 "大事已然, 骑兽之势, 必不得下, 勉之!".
53) 인수궁은 양견이 54살인 595년에 완공되었고 600년에는 태자 양용의 폐위 사건이 있었고 그 후로 독고황후의 건강이 악화되었으니 이 일은 아마 596년에서 599년 사이에 벌어진 일일 것으로 추측된다.

독고황후는 그에게 사과하였고 이 둘은 다시 화해했다고 한다.

602년에 독고가라가 죽자 수문제는 바로 자신의 아들들보다도 어린 진부인을 귀인으로 올렸다. 진부인은 진(陳)을 멸망시키면서 데려온 남조의 공주였는데 독고가라가 눈을 부릅뜨고 있어서 다른 비빈들은 거의 황제의 관심조차 받지 못할 때에도 그녀만큼은 황후의 눈을 피해 수문제의 총애를 받았다고 한다.

독고가라가 한 일 중 가장 잘못한 일은 후에 장자 양용(楊勇)을 태자에서 폐하고 차남 양광(楊广)을 태자로 바꾸는 데 큰 역할을 한 것이다. 이로써 독고황후는 결과적으로 수왕조를 멸망의 길로 인도하는 데 큰 기여를 한 사람 중의 한 명이 되었다.

수(隋)왕조의 역사적 의의

'수(隋)왕조' 하면 무엇이 떠오르는가? 십중팔구는 '수양제의 폭정'과 '고구려와의 전쟁'일 것이다. 많은 사람들의 마음속에 이 시대는 '폭정과 무리한 대외전쟁으로 인해 단명한 왕조'로 각인되어 있다. 그렇지만 사실 수(隋)는 그들이 중국 역사에 한 기여에 비해 가장 평가절하된 왕조이다. 이 점에서 나는 역사를 서술한다는 행위 자체가 가지는 주관성과 편향성을 다시 한번 상기해 주고 싶다. 역사를 보거나 듣는 사람은 역사 서술이 가지는 이러한 필연적 맹점을 항상 의심하고 경계해야 한다. 물론 나의 이 책을 포함해서 말이다.

역사 서술가는 교묘하게 역사를 자기의 의도대로 끌고 갈 수 있다.

가장 일반적이고 우리가 느끼지 못하는 방식이 이야기를 안 해 버리는 것이다. 내가 아주 오래전 처음으로 정독한 다섯 권짜리 중국 통사에서는 수나라의 성립 과정과 수양제 양광의 폭정만 늘어놨지 수문제의 개혁과 선정에 대해서는 설명하지 않았다. 어떠한 책이든 모든 걸 다 말할 수는 없으니 저자를 탓할 일은 아니지만 이런 식으로 우리 머릿속에 저평가(또는 과대평가)되거나 오해받는 시대와 인물이 생겨나는 것이다.

수왕조가 저평가될 수밖에 없는 이유는 수왕조를 멸망시키고 뒤를 이은 당왕조가 너무나 화려했기 때문이다. 역사는 승자의 편에서 쓰이므로 당왕조는 자신들의 정당성을 위해 당연히 수왕조의 폭정과 부정적인 면을 강조하였을 것이고 수왕조는 이를 항변해내기에는 그 역사가 너무 짧았다. 또 하나는 우리 입장에서도 고구려를 강조하는 과정에서 수왕조가 자연스레 평가절하될 수밖에 없었을 것이다. 물론 고구려가 중국의 거대 통일제국 수(隋)의 전면전을 훌륭하게 막아낸 점은 분명 우리 역사에서 자긍심을 가질 만한 사건이다. 그렇지만 그 자긍심과 수왕조의 역사를 제대로 보는 것과는 별개의 일이다.

수왕조(581~619), 최초의 통일왕조인 진(秦)이 여러 혁신적인 제도를 도입하고 새로운 제국을 실현시키는 과정에서 많은 무리한 정책과 민중들의 희생을 강요한 후 그들의 짧고 굵은 생애를 장렬히 마치고 한(汉)이라는 황금시기를 탄생시켰듯이 수왕조도 이와 비슷한 역사의 공과 과를 행한 후 그 짧은 운명을 다했다. 미국의 작가이자 천체물리학자인 마이클 하르트(Michael H. Hart)는 자신의 저서 《세계사를 바꾼 사람들 랭킹 100》[54]에서 공자(5위), 진시황(17위), 징기스칸(29위), 노자(73위), 그리고 수문제 양견을 85위로 꼽았다. 중국 역사상의 스타 황제인 한무제, 당태종, 송태조, 명태조 등은 이 미국 학자의 눈에 들지 않았다.

우리는 왜 수문제를 이야기하지 않고 수양제만 이야기했던 것인가? 수왕조는 통일 진(秦) 이래로 가장 개혁적인 왕조였다고 말할 수도 있다. 이 왕조는 38년(통일 왕조로서는 30년)밖에 지속하지 못했지만 이 짧은 시기에 엄청난 개혁 조치들이 이루어졌고 이러한 개혁 조치들은 후대에 몇백 년 동안 지속되었으며 그중 과거제도는 1,300년이나 지속되었다.

수왕조는 진왕조와 유사한 면이 많은데 이 둘을 비교해 보는 것은 흥미로운 일이며 수왕조가 역사에서 차지하는 의미와 지위를 이해하는 데 도움이 될 것이라 생각된다. 먼저, 이 두 왕조는 모두 구시대를 종식시키고 새시대를 열었으며 지리적, 정치적, 문화적 통일을 이루었다. 즉, 이 두 왕조는 모두 장기 분열 국면을 종식시키고 대통일을 이루었다. 서진이 공식적으로 멸망한 해가 316년이고 수에 의해 다시 중국이 통일된 게 589년이니 중국은 장장 273년 동안 분열되어 있었던 것이고 더군다나 지역적으로 절반 이상은 이민족 정권에 의해 지배되어 왔다. 더 길게 본다면 동한 말부터 거의 400년간 분열되어 왔다. 그렇게 오랜 기간 동안 분열되었고 다른 민족들과 뒤섞여 있었으니 자칫 로마제국 멸망 후의 유럽처럼 될 수도 있었고 중국의 역사가 완전

---

54) The 100: A Ranking Of The Most Influential Persons In History, Michael H. Hart, 1978.

히 다른 방향으로 흘러갈 수도 있었다. 그렇지만 수왕조가 통일을 이루면서 중국은 다시 방향을 틀어 통일 국가 시대를 열었다. 지역적 통합은 여러 가지 방면에서의 화학적 통합과 새로운 시대로의 변혁으로 이어졌다. 중국의 고(高)고대사가 통일 진(秦) 이전과 이후로 나눠진다고 보면 중(中)고대사는 수(隋)왕조 이전과 이후로 나눠진다고 해도 과언이 아니다.

또한 이 두 왕조의 통치 시기 제정되었던 여러 제도들은 후세에 매우 큰 영향을 주었고 후세의 많은 왕조들이 이를 모방하고 계승하였다. 주왕조에서 당왕조에 걸친 1,900년간의 역사를 떠받치고 있는 네 가지 중대 개혁 조치로 '토지 사유제', '군현제', '균전제' 그리고 '과거제'라고 밝힌 바 있다. 앞선 두 개는 상앙의 변법 때 만들어진 것이지만 전국적으로 도입된 건 진시황의 진(秦)제국 시기였다. 마찬가지로 균전제와 과거제라는 개혁 조치를 지주와 문벌이라는 엄청난 기득권의 반발을 무릅쓰고 전국적으로 밀어붙인 것은 수왕조 때의 일이다. 그리고 이 네 가지 조치는 모두 후대 왕조에 의해 계승되고 발전되었다. 통상 왕조가 바뀌면 앞선 왕조의 정책들을 부정하고 갈아엎기 마련이다. 그런데 이 네 가지 제도가 다음, 다다음 왕조에도 계승되고 발전되어 왔다는 것은 그 개혁이 시대의 요구와 흐름에 부합했다는 것을 증명한다.

세 번째 유사점은 두 왕조 모두 대규모 토목 공사를 진행했다는 점이다. 진시황은 만리장성과 치도(고속도로)를 건설하였고 수왕조 때는 대운하를 파서 화북과 하남을 경제적으로 연결하였다.

마지막으로, 이 두 왕조 모두 단명하였다. 통일 진왕조는 16년, 통일 수왕조는 30년밖에 지속하지 못했다. 또한 공교롭게도 두 왕조 모두 2세에 의해 멸망의 길이 앞당겨졌다.

물론, 이 두 왕조 간의 차이점도 많이 있다. 이 둘은 시대가 달랐고, 정권 장악의 방식이 달랐다. 하나는 합법적 계승이었고 하나는 거의 정변이나 다름없는 방식의 선양이었다. 문화를 대하는 방식에서도 큰 차이가 있었다. 진왕조는 문인과 사상을 통제하려 했지만 수왕조는 문화적으로 열려 있었다. 두 왕조의 치국의 이데올로기도 달랐다. 하나는 법가를 숭상했고 하나는 유교를 숭상하였다.

진(秦)과 수(隋), 두 왕조에 대한 평가는 여전히 논쟁거리이다. 이는 아마 공과 과가 너무 극단을 달리기 때문일 것이다. 그렇지만 이 두 왕조가 보여준 개혁의 역사와 후세를 위한 공헌이 가려져서는 안 될 듯하다. 개혁이란 무엇이며 개혁의 본질 무엇이고 무엇을 개혁이라 부르는지에 대한 질문으로 다시 돌아가보자. 400년[55]에 걸친 분열과 혼란의 시기를 거친 후 시대가 이 민족에게 요구하고 있었던 것은 무엇이었는가? 이들의 개혁은 앞으로 나아고자 하는 것이었는가? 그리고 새 왕조가 맞닥뜨린 기득권 세력의 저항은 어떤 양상이었고 개혁의 주체들은 이를 어떻게 극복해 나갔는지, 마지막으로 이들의 개혁이 후세에 어떤 영향을 주었으며 후대에도 지속되었는지를 보면서 수왕조에 대한 평가를 하기를 바란다.

---

55) 대분열의 시기를 5호16국부터 시작하면 270년 간이지만 서진의 짧은 통일시기(30여 년)을 제외하면 동한 말 군벌들의 할거 시기부터 계속해서 분열 국면이 지속되었다고 할 수 있다. 이 경우 분열이 시기는 400년에 달한다. 게다가 서진이 통일 제국을 이뤘을 당시는 8왕의 난으로 역시 혼란시기였다.

37장
중국의 재통일과 과거제

수나라가 중국 역사에 한 가장 큰 공헌은 장장 400년에 걸친 분열 시기를 종식시키고 '중국을 재통일했다'는 것과 세계 최초의 공무원 시험인 '과거제 도입'에 있다. 이 두 가지 거대한 공헌은 모두 수문제 양견의 업적이기도 하면서 동시에(양견에게는 대단히 미안한 말이지만) 그의 업적이 아닐 수도 있다. 이런 말을 하는 이유는 황제로서 양견의 업적과 능력을 깎아내리려는 것이 절대 아니다. 역사라는 것이 연속성을 가지고 흘러내려 오듯이 개혁과 통일도 어느 한 사람이나 특정 시대에 의해 갑자기 이루어지는 게 아니라는 점을 말하고자 하는 것이다. 어찌 보면 개혁가라는 것은 전에 없던 것이나 남이 생각해내지 못한 것을 고안해내는 사람이 아니라 구시대에 억눌려서 활성화되지 못하고 있던 정책적 아이디어를 실행시키고 제도화하는 사람일 수도 있다. 우리가 알고 있는 개혁 조치는, 그것이 아무리 획기적이고 천지개벽할 혁신처럼 보이더라도, 알고 보면 모두 그 이전부터 누군가에 의해 주창되었거나 일부 또는 점진적으로 행해져 왔던 것들이다. 단지 역사는 야속하게도 앞선 과정과 노력은 잘 이야기하지 않을 뿐이다. 이런 점에서 개혁가가 갖춰야 할 능력과 미덕은 창조성이나 지식이 아니라 시대의 요구를 간파하는 눈과 그것을 추진하고 실행에 옮길 수 있는 정치력과 용기가 아닌가 싶다.

통일의 원동력

국가의 통일도 마찬가지이다. 진(秦)이 6국을 멸하고 최초의 통일 왕조를 창립한 것에 진시황 본인의 지분은 절반도 안 된다(물론 내 개인 견해이다). 오히려 상앙과 소양왕의 지분이 더 클 수도 있다. 양견은 581년에 북조의 황위를 선양받아 수(隋)로 국호를 바꾼 후 그로부터 8년 후인 589년에 남조 진(陳)의 수도 건강을 함락하여 통일을 이룩하였다. 자, 그러면 수의 통일의 원동력은 무엇이었을까? 제35장의 표와 지도에서 이에 대한 답을 찾을 수도 있을 것 같다. 남조는 량(梁)에서 진(陳)으로 왕조가 교체되는 시기에 '후경의 난'이라는 대혼란의 시기를 겪으면서 화북의 두 강대국이 개입하는 상황이 벌어졌다. 후경의 난으로 가장 큰 수혜를 본 나라는 우문태의 서위(북주의 전신)였고 반대로 남량은 그야말로 걸레가 된 국토를, 그것도 이전에 비해 절반밖에 안 되는 영토를 진(陳) 왕조에게 물려주고 사망했다. 국토와 인구가 거의 절반으로 줄어들었으니 당시 상황의 심각성을 가히 짐작할 수 있다.

북제(齊), 북주(周) 그리고 진(陳) 삼국의 당시 군사력을 가늠해 보기 위해 이들의 인구 수를 비교해 보자. 남조의 인구에 대해서는 사료의 기재와 학자들의 실제 추정치 간에 매우 큰 차이가 있으므로 두 가지를 종합적으로 볼 수밖에 없다. 《주서(周书)》와 《통전(通典)》에 577년의 북제 인구 수에 대한 기록이 있고 《북사(北史)》와 《위서(魏书)》에 역시 577년의 진(陈)의 인구 수에 대한 기록이 있다. 그리고 《통전(通典)》에는 580년의 북주 인구 수가 나와 있다. 이들 기록에 의하면 북제, 북주, 진(陈)의 인구는 각각 2,000만, 900만, 200만 명이다. 진의 인구가 너무 적게 조사된 것 같아 보이나 여기서 중요한 것은 절대 수치가 아니라 감소 폭이다. 남량(梁) 왕조 때 500만이었던 인구가 '후경의 난'을 겪으면서 반도 더 줄어든 것에 주목해야 한다. 물론 영토도 반 가까이 줄어들었다. 일설에 의하면 후경의 난 직후의 남량 경내 인구가 고작 110만밖에 안 남았다고 한다. 고대 인구사의 권위자 거젠슝(葛剑雄) 선생의 《중국 인구사》에 의하면 당시 세 나라의 실질 추정 인구는 북제 2,000만, 북주 1,250만, 그리고 진이 1,500만이라고 한다. 진의 인구는 당시 조사된 것이 200만 명이니 나머지 1,300만 명은 유랑민이나 살기가 어려워 호족 지주들에게 몸을 맡긴 사람들이었던 셈이다. 거젠슝의 추정이 다소 많다고 생각되어지긴 하지만 그것이 맞다고 치더라도 당시 호구조사에 안 잡힌 1,300만 명은 어지간한 개혁이 없으면 군사 자원화가 되지 않는 인구일 것이다. 그러므로 이들 세 나라의 인구로 본 군사력은 사료의 수치에 의거하여 10:5:1이라고 봐도 무방할 듯하다. 또한 인구의 대부분이 유랑민이 되거나 숨어버렸다면 그 나라는 볼장 다 본 것이 아닌가. '후경의 난'으로 남량이 멸망하면서 남조는 이미 거의 수명이 다한 셈이었다. 진(陈)이 이 열세를 극복하는 게 쉽지 않았을 것이고 게다가 34년을 지속한 진(陈) 또한 폭정과 막장으로 점철된 왕조였으니 이들의 군사력은 볼 것도 없다.

589년 양견이 50만 대군을 건강으로 진격시켜 진을 멸망시킨 것은 '남북조 종식' 또는 '천하 재통일'이라는 역사에 각인된 거대한 의미에 비해 사실 그리 힘든 전쟁은 아니었다. 남조는 이미 수명을 다하고 인공호흡기에 연명한 상황이었기 때문이다. 589년 정월, 수의 군대가 장강을 건너자 진의 군대는 싸워보지도 않고 뿔뿔이 흩어졌고 그들은 그대로 건강성으로 입성했다.

그렇다면 이 통일의 기반을 마련한 건 누구인가? 다름 아닌 북주의 개혁군주 주무제 우문옹이다. 그의 재위 시기 국력을 크게 늘려 북제를 병합한 것이 사실 수문제 통일의 가장 큰 기틀이 되었다. 방금 본 인구 비교에 의하면 북주는 북제에 비해 1:2의 인구 열세에 놓여 있었다. 그러나 여기서 그들은 인구가 다가 아니라는 것을 보여준다. 북제는 희대의 폭군 고징에 의한 폭정과 주색 탐닉으로 민심이 이반되어 있었던 것에 반해 우문옹의 일관된 국가 개혁과 관롱 그룹이라는 공고한 정치리더 집단은 북주의 국력을 급속히 상승시켰다. 그리고 577년에 북제를 멸망시켜 화북을 통일함으로써 북주와 진과는 인구와 영토, 군사력에 있어서 도저히 상대가 되지 않는 압도적인 비대칭이 된다. 18년간의 우문옹 재위 기간 중에 양견이 재상으로 있었으니 그는 우문옹의 개혁을 실제로 기획하고 전두지휘했을 것이다. 수나라의 개혁들 중 많은 것들이 북주 우문옹 때 이미 행해졌던 것들이다. 그러므로 수나라의 건국, 수의 통일, 수의 개혁에 있어서 북주의 황제 우문옹의 남긴 유산이 굳건한 기반이 되었다는 것을 알고 넘어가야 할 듯하다.

시대의 요구

양견이 황제가 되었을 때 그가 인식한 시대의 요구란 무엇이었을까? 이는 다같이 생각해 볼 만한 문제이다. 이를 위해 당시의 양견으로 빙의해 보자. 고금을 막론하고 새로 정권을 잡은 정치리더들은 저마다 '시대적 사명'이라는 미명하에 자신이 품어왔던 이상과 이념을 국가와 민중을 향해 펼쳐왔다. 그중에는 시대의 요구을 제대로 읽어낸 제왕들이 있었는가 하면 왕망(王莽)과 같은 사람은 자신의 신념과 시대의 요구를 혼동하여 '입으로는 진보라 말하면서 눈은 과거를 향하고' 있었으니 결국은 사회의 혼란을 가져오고 민중이 더욱 고통받는 결과를 초래했다. 시대적 흐름과 요구에 부합하느냐가 후세에 그 개혁이 어떠한 역사적 평가를 받게 되는지를 결정 짓는 요인이지만 당시에는 그것을 간파하는 게 쉬운 일이 아니다. 특히 우리와 같은 범인(凡人)들에겐 더욱 그렇다. 왕망의 정책들도 처음에는 민중들의 환호를 받았으니 말이다.

581년 양견이 황제가 되었을 당시의 시대가 요구하고 있던 것은 무엇보다도 '통일'이 아니었을까 한다. 때는 400년 분열의 끝자락을 향해 가고 있었고 역사는 그들에게 통일을 명령했다. 양견의 남조 점령에 대해서는 앞서서 설명을 하였으니 우리는 이제 통일 후로 넘어가자. 그러면 589년 통일의 과업을 완수한 수나라 지도부에게 주어진 시대의 요구는 무엇이었을까?

3세기 초 조비 재위 때 위제국에 구품중정제가 도입된 이래 중국의 관료 사회는 300년이 넘도록 문벌제도라는 그들만의 리그에 의해 장악되었다. 중국은 수백 년 동안 국가의 인적 자원 활용에 스스로 제약을 가했고 수백 년 동안 재능과 열정이 있는 수많은 젊은이들의 배움과 출세의 의지를 꺾어놓았다. 그런데 남조와 궤를 같이한 문벌제도의 몰락으로 중국은 이제 새로운 인재 기용 시스템을 향해 나아가느냐 아니면 과거로 돌아가느냐의 기로에 섰고 역사는 여기서 사회의 대변혁을 이끌 새로운 제도를 원했다.

역사상의 여러 개혁에는 통상 개혁 군주와 개혁 재상이 등장하기 마련이다. 제환공과 관중, 진효공과 상앙, 진시황제와 이사, 유비와 제갈량, 송신종과 왕안석 그리고 청말의 광서제와 량치차오에 이르기까지 성공한 개혁이든 실패한 개혁이든 오너와 전문 CEO의 조합이 있어야 개혁이 효과적으로 추진될 수 있었다. 그러나 몇 번의 예외 케이스가 있긴 하다. 광무제의 개혁(동한 초기의 조치들을 개혁의 범주에 넣어야 할 지가 조금 고민되긴 한다), 왕망의 복고 개혁, 북위 효문제의 태화 개혁에서는 개혁을 이끈 재상이 잘 보이질 않는다. 황제 자신이 개혁의 추진자였던 것이다. 이 경우는 황제 자신이 실상과 문제점에 대해 빠삭하게 알고 있고, 오랜 시간 동안 기획해 온 개혁 조치들이 자신의 머릿속에 있는 경우이다. 왕망은 재상 출신이고 효문제는 어려서부터 풍태후에게 황제 수업을 받아온 사람이었다. 아마 조조가 황제가 되었으면 이 중 한 명이 되었을 것이다. 수문제 양견의 개혁에서도 개혁 재상이 보이지 않는다. 사실 양견에게는 개혁 재상이 필요 없었을 수도 있다. 양견은 앞선 왕조(북주)에서 장기간 재상직에 있었고 특히 개혁 군주 우문옹과 북주의 개혁을 선도한 경험이 있으니 그 자신이 누구보다도 잘 알고 있었다. 이 점에서 양견은 우문옹에게 고마워해야 한다. 아마도 그의 머릿속에는 현시대의 불합리성과 이에 대한 개선 방안들, 그 방안들의 장단점 등이 모두 저장되어 있었을 것이다. 양견은 황제이자 개혁가 자신이었던 것이다.

3성6부의 중앙관제 확립

우문태는 관중 지역의 선비족과 한족 간의 일체감을 위해 옛 관중의 원조 정권인 주왕조를 소환했다. 이름을 주라고 짓는 것까진 좋았는데 그는 1,500년 전 주의 6관제를 그대로 쓰는 복고 개혁을 단행하였다. 천, 지, 춘, 하, 추, 동 이라는 6관제는 당시 시대에 이미 맞지도 않았을 뿐더러 천에 해당하는 천관총재에게 모든 권력이 집중되어 있었다. 그래서 우문옹은 6관제의 문제점을 인식하고 천관총재 자리를 없애는 등 실질적인 운영에 있어서 조정을 가하였다. 특히 양견은 우문태의 복고 개혁을 매우 못마땅해했던 것 같다. 그는 황제로 즉위한 바로 당일에 6관제를 폐지하는 조서를 반포하고 3성6부제를 도입하였다.

3성은 내사성(内史省), 문하성(门下省) 그리고 상서성(尚书省)을 일컫는다. 내사성과 문하성은 중앙정책 기관이고 상서성은 행정집행 기관이었다. 내사성[56]은 황제의 조서를 기안하고 반포하는 기능을 담당하였다. 당시에는 모든 정책이 황제의 조서 형태로 반포되었으니 조서를 기안한다는 것은 곧 정책을 기안하는 일이다. 문하성은 심의 기관으로서 내사

---

56) 중서성(中书省)이라고도 부른다. 수문제는 자신의 부친 양충(杨忠)의 이름과 동일한 발음(中과 忠의 중국어 발음은 zhong으로 동일하다)으로 불리는 것을 피하고자 내사성으로 개명하였다.

성에서 기안한 정책을 심의하고 바로잡는 기능을 하였다. 이 둘은 긴밀히 교류해야 하는 내조(內朝) 기관으로서 집무실이 황궁 안에 자리 잡고 있었다. 내사성에서 기안된 정책을 황제의 재가를 받기 전에 문하성에서 검토하여 잘못이 있거나 수정이 필요하다 싶으면 돌려보내 수정하도록 하였다. 문하성의 심의를 통과하지 않으면 황제에게 올라가지 못했다.

상서성은 집행 기관으로서 법 집행과 전국의 행정을 담당했다. 상서성은 외조(外朝) 기관으로서 황궁 밖에 관청이 있었다. 상서성은 아래로 리부, 민부, 예부, 병부, 형부, 공부의 6부를 두었고 이들이 오늘날로 따지자면 장관이 이끄는 각 행정 부처이다. 그러므로 여섯 개의 각 부는 지방 단위인 주와 현에 관청을 두었다. 3성6부 제도의 가장 큰 특징은 정책과 행정의 분리에 있다. 정책 기안과 심의, 반포, 집행에 이르기까지의 과정에서 각 기관이 독립성을 가지고 기능을 분담한 것이다. 이러한 기능 분담과 견제의 정치 기구는 당시로서는 세계 어느 곳에서도 찾아보기 힘든 정치 시스템이었다.

3성6부 제도는 양견이 어느 날 고안해낸 게 아니라 조위 때 만들어진 중앙 관제가 서진, 남북조 시기를 거치면서 발전해 온 것이다. 서진 때 이미 중서성의 권한이 커지는 걸 견제하기 위해 시중사(侍中寺)를 문하성으로 개명하고 그 장관인 시중의 권한을 확대하여 조정의 정책 결정에 참여토록 하였다. 그리고 서진의 제도는 남조로 이어졌다. 북위는 효문제의 개혁 전에는 선비족의 제도와 한족의 제도가 뒤섞여 있다가 효문제를 기점으로 하여 남조의 관제를 모델로 한 한족의 제도로 거의 바뀐다. 북위 후반에는 중서성, 문하성, 상서성 3성을 주요 정부기구로 하였고 남조의 정권은 이미 수의 3성6부제와 거의 흡사한 관제를 사용하고 있었다. 북위가 동서로 갈라지고 다시 북주와 북제가 탄생하였지만 북위의 제도를 그대로 계승한 정권은 북제(齊)였다. 우문씨의 북주는 어이없게도 주나라 제도로 한참을 후진하였다. 젊은 날의 양견은 자신이 속한 나라의 정치제도가 시대를 거스르는 것에 가슴을 쳤을 것이다. 그러므로 수왕조를 세운 양견은 즉위 하자마자 주나라의 6관 제도를 폐지할 수밖에 없었고 그에게 있어서 앞선 정권들이 계승해오던 중앙관제를 좀 더 손질하여 적용시키는 일은 그리 어려운 작업은 아니었을 것이다. 북주에서 수로 왕조가 바뀌면서 중앙 관제에 엄청난 개혁이 일어난 것처럼 보이지만 '3성6부제'는 하루아침에 1,500년을 후진했던 북주를 제외하고 보면 실은 오랜 시간 계승하면서 변천해 온 제도이다. 그렇지만 수왕조 때 완성도 높은 중앙 관제인 3성6부제를 확립하여 후세에도 거의 변함없이 그대로 쓰였다는 점은 분명 의미를 둘 만한 일이다.

과거제

문제를 내고 문제를 푸는, 즉 시험을 본다는 것, 시험을 봐서 합격하는 사람이 공무원이 되는 이 지극히 자연스럽고 당연한 생각을 인류는 문명을 이루고 아주 한참이 지난 7세기 말, 8세기에 들어서야 중국에서 시작하였다. 이 국가고시라는 '발명품'은 당시로써는 매우 획기적인 제도였다. 수나라의 과거제 도입을 이야기하기 전에 다른 나라로 한번 눈을 돌려보자. 우리나라는 고려 광종 9년인 958년에(당시 중국은 오대 십국의 혼란기) 후주에서 귀화한 쌍기의 건의에 의해 처음 시행되었다. 고려 때의 과거제는 문과만 있었고 무과가 시행된건 고려의 마지막 왕인 공양왕 때부터이다. 이웃 국가 일본은 놀랍게도 메이지 유신 전까지 과거제와 같은 국가 고시 제도가 시행되지 않았다. 그러나 일본에 놀랄 것도 없는 것이 서방 문명 세계인 유럽의 국가들도 근대화 전까지 시험을 봐서 공무원을 채용한 적이 없다. 그럼 시험을 보지 않고 관리를 어떻게 채용했는가? 그건 우리의 상식에서 크게 벗어나지 않는다. 귀족이 관리 자리를 대를 이어 하거나, 영향력 있는 사람의 추천을 받거나, 돈을 주고 사거나이다. 군인의 경우 전장에서 공을 세우면 무관이 되기도 했다.

시험을 보지 않는 위와 같은 채용 방식은 여러 문제점이 있다. 일단 불합리하다. 모든 사람에게 균등한 기회가 주어지는 게 아니니 불평등하고 불합리하다. 집안 배경이나 돈이 없는 사람은 아무리 능력이 있어도 관직으로 나갈 수 없으니 많은 젊은이들의 배움의 열정이 말살되어졌다. 추천에 의한 방식은 일반인을 대상으로 한 적이 한번도 없었다. 그들만의 사회 관계망 안에서 이루어지는 일이었으므로 이역시 불평등하고 불합리하다. 더욱 큰 문제는 이렇게 뽑인 사람들 중에는 형편없는 사람들이 다수 포함되어 있을 수밖에 없다는 것이다. 또한 거시적인 관점으로는 국가의 방대한 인력 자원이 제대로 활용되지 못하고 인력 풀을 일부로 국한시키는 국가 인력 자원 낭비의 문제가 있다. 이런 등등의 문제들이 있음에도 불구하고 왜 인류는 고시 제도를 채택하지 않았을까(또는 못 했을까)?

이 의문에 대한 답은 수문제가 과거제를 도입한 근본적인 목적이 무엇이었는지를 이해하는 과정에서 어렵지 않게 찾을 수 있다. 수문제가 백성들에게 보다 평등한 기회를 주기 위해서 과거제를 도입했을까? 과거제 도입에 백성들은 환호했을까?

과거제라는 국가 고시제의 본질에는 '밑에서부터 위로의 계층 이동'과 '강력한 중앙 집권 체제 구축'이라는 특징이 숨어있다. 강력한 왕권이 있어야 과거제를 시행할 수 있는 것이고 또 바꿔 말하면 강력한 왕권 확립을 위해 과거제를 시행한 것이라 할 수 있다. 모든 정권 초반에는 정권을 공고히하는 작업이 뒤따른다. 새로 탄생한 왕조에서는 왕권 강화를 위해 신권(臣權) 또는 기득권 집단의 힘을 빼는 작업이 항상 행해져 왔는데 기득권 집단의 힘을 빼는 방법에는 이들을 자리에서 날리는 방법과 자신을 지지하는 새로운 피를 수혈하는 방법이 있다. 오늘날에도 정권이 바뀌면 대통령의 사람들로 정부 각료들이 전부 바뀌듯이 당시에도 새 왕조에서는 중앙 관리들이 싸그리 바뀌었고 심지어는 정부 조직을 뜯어 고치기도 했다. 그러나 황제의 임명과 파면을 통한 세대교체는 한계가 있고 근본적이지 못하다. 진정한 세대교체를 하려면 제도에 의한 사회 변혁이 있어야 한다. 그렇게 되면 이들 새로 진입한 지지층이 점차 관가에서 자리를 잡고 세력을 이뤄 구세력을 대체하기 때문이다. 그러기 위해선 신흥세력 수혈의 통로를 열어줘야 하는데 그것이 바로 과거제였던 것이다.

일본은 메이지 유신 이전에는 한번도 강력한 중앙집권을 가져본 적이 없다. 일본은 막부라는 크고 작은 영주 국가들로 나뉘어져 있었고 천왕은 상징적인 존재일 뿐이었다. 그러므로 중앙 정부의 관직이라는 게 그 어떤 권력도 의미하지 않았고 그래서 어느 누구도 중앙 정부의 관직을 하려고 힘을 기울이지 않았다. 실질적인 권력자라 할 수 있는 막부의 정부 관원 자리는 대부분 사무라이 귀족들에 의해 세습되었다. 유럽의 국가들도 19세기에 이르러서야 시험에 의한 공무원 선발을 시작했다[57]. 이들 지역은 중국에서 수나라가 성립되기 이전까지는 거의 미개발지였고 국가가 생긴 후에도 14세기까지는 영주와 기사가 중심이 된 봉건제가 유지되면서 왕권이 매우 미약하였다. 일본과 마찬가지로 봉건 영주가 다스리는 사회에서는 영지 내 귀족들이 관리를 세습하면 그만이었고 보다 합리적인 관리 선발 제도를 위한 필요나 동력이 형성될 수 없었다. 유럽에도 전제 왕권이 형성된 시기가 있었으나 15~18세기의 유럽 국가들의 전제 왕권이라 함은 중국과는 비교할 수 없다. 유럽은 여전히 강력한 신분제가 유지되고 있었고 귀족의 힘이 너무 강했기 때문에 계층 이동과 같은, 이들의 기득권에 도전이 될 만한 제도 개혁이 이루어질 수가 없었다.

과거제도는 이를 도입한 중국과 우리나라, 베트남과 같은 나라에 아래로부터의 계층 이동을 허용했다는 혁신적인 측면과 학업에의 열정을 불어넣어주고 국가의 인적 자원을 확장했다는 순기능이 분명히 있었음에도 불구하고 이로 인한 부정적인 측면도 컸다. 과거제가 모든 이들에게 열려 있다지만 실제로 생업에 바쁜 평민들이 응시하기란 매우 어려웠다. 일을 안 해도 먹고 사는데 지장이 없는 계층만이 하루 종일 공부를 할 수 있었고 그런 계층은 역시 사대부 가문이었다. 그리고 시험에 의존한 채용은 그 사람의 인성과 품성을 무시하므로 시험만 잘 봐서 뽑힌 관리들 중에는 인성이 형편없는 경우가 많았다. 그러

57)   1855년 영국이 공무원 채용에 시험 제도를 도입한 게 최초의 공무원 국가 고시이다.

나 과거제도의 가장 큰 폐단은 무엇보다도 뒤로 가면서 유교 경전 암기 위주와 형식에 치우치면서 많은 지식인들로 하여금 실질적 학문을 추구하지 않게 하였고 이들의 사상을 속박하였다는 데에 있다. 이는 실용적인 학문이 경시되는 사회 풍조를 만들었고 사회에는 실용적이고 개방적인 마인드가 전혀 형성되지 못하였다. 결국 국가의 경쟁력을 떨어뜨리고 근대화를 막는 결과를 가져왔다. 하지만 방금 말한 이 폐단은 과거제도의 문제라기보다는 송나라 이후로 중국 사상계를 장악한 이학(理學, 성리학)과 이학의 추종자인 사대부들이 교육계와 과거제를 장악하면서 생겨난 현상이다. 즉 제도를 편향된 이념으로 운영한 문제이지, 제도 자체의 문제는 아니라는 것이다.

수왕조 건립 3년째인 583년, 수문제는 조서를 반포하여 주와 군의 중정(中正)이 천거된 인재에 대해 등급을 매기는 권한을 박탈하였다. 이로써 중정은 할 일 없는 지방관리가 되었다. 그리고 통일 후 6년이 지난 595년에 수문제는 정식으로 구품중정제를 폐지하는 조서를 반포하였다. 조서에는 6품 이상의 관리 임용에 있어서 상서성 예부로 선발 통로를 일원화하였으며 주·군의 자체 채용 폐지와 구품중정제를 폐지함을 규정하였다. 이로써 300년을 지속해 온 구품중정제에 사망선고가 내려졌다.

초기의 과거제는 천거제와 고시제가 혼합된 형태였다. 각 주로 하여금 매년 세 명의 인재를 중앙으로 보내 수재(秀才)와 명경(明经) 과목을 시험보게 했다. 그리고 606년에 수양제가 진사(进士) 과목을 추가 설립함으로써 과거제도가 정식으로 형성되었다. 이로써 수재과는 방략(方略)을, 명경은 경술(유교경전), 진사과는 시무책(时务策)[58]을 시험

---

58) 방략이란 치국의 이론이나 국가 전략을 의미하고, 시무책은 시사 관련이나 실무를 묻는 과목으로 가장 중요시되었던 것은 시무책이었다.

봄으로써 완전한 국가 분과 선발제도를 이루었다. 그러나 수나라의 과거제는 일반 백성들에게 응시의 자유가 주어지지 않았다는 점에서 엄격한 의미에서의 진정한 과거제 실행이라 말할 수 없다. 수나라의 과거제는 '응시신청'상 매우 엄격한 제한이 있었는데 그것은 응시자를 5품 이상의 관원이나 주·군의 행정장관이 추천해야 하는 규정이었다. 구품중정제 폐지와 과거제의 도입은 시대의 기득권층인 문벌 사족(士族)들에 대한 세대교체를 꾀한 것이긴 하지만 우리는 이 사족 출신의 관원들이 5품 이상을 포함한 각 관리 계층에 막대한 부분을 차지하고 있었으리라는 것을 믿어 의심치 않는다. 이것은 당시 수문제가 문벌 사족들과 한 약간의 타협이 아닐까 싶다. 완전한 의미의 과거제는 분과시험, 선발권을 중앙이 보유, 자유 응시, 그리고 성적에 의한 선발이라는 네 가지 특징을 갖춰야 한다. 이런 이유로 과거제의 도입 시기에 대해 수나라냐 당나라냐의 논쟁을 하기도 하는데 보편적으로는 '수왕조 때 초기 형태가 도입되고 당왕조 때 완성도를 높였다'라고 말한다.

수왕조 때 과거제가 도입될 수 있었던, 도입될 수밖에 없었던 이유에는 몇 가지 요인을 말할 수 있지만 이 중에서 '경제 발전에 의한 필연적 결과'라는 관점이 주목할 만하다. 이를 이해하기 위해선 먼저 남북조 시대의 '사족(士族) vs 서족(庶族)'의 구도를 알아야 한다. 사족제도는 동한에서 싹이 트기 시작했고 위진 시대에 형성되어서 남북조 시대에 최고조에 이르렀다. 반면 한문(寒門)이라고도 불리는 서족(庶族)은 거대 문벌인 사족과 반대편에 서 있는 중소 지주 계급이다. 서족은 생업에 종사하는 일반 평민을 말하는 게 아니다. 이해를 돕기 위해 오늘날의 경제계에서 대기업과 중소기업의 지위를 떠올려보자. 둘

다 사장이지만 이 둘의 사회적 지위가 같은가? 겉으로는 둘 다 귀족 같아 보이긴 했으나 사족과 서족의 사회적 지위는 하늘과 땅 차이였다. 사족은 '한문의 자제 보기를 심부름꾼 보듯이'하였고 자신들의 특권적 지위를 보호하기 위해 서족과는 결혼을 하지 않고 서족과는 같은 자리에 앉지도 않았으며 같이 걷지도 않고, 같이 밥을 먹지도 않았다. 그러나 오랜 시간 특권을 독점하던 사족 계급은 부패하였고 점점 집정 능력을 상실하였다. 반면 남북조 시대를 거치면서 서족(庶族) 지주들의 경제 규모가 급속도로 커지면서 이들의 정치적 입지가 커졌고 이들은 상응하는 정치적 권리와 지위를 요구하고 있었다. 비유를 하자면 삼백 년 동안 지속되어 온 대기업 위주의 경제가 중소기업 위주로 변화되고 있었던 것이다. 사족과 문벌 제도는 남조 말기에 쇠퇴하기 시작하여 수·당시대에 폐지되었고 당 말기에 와서 그 세력이 완전히 소멸되었다. 위진·남북조에서 수·당으로 가는 시대교체 역시 사족과 서족 세력 간의 흥망의 과정이었으며 여기에 과거제 탄생의 배경이 있다.

부병제 개혁

부병제의 탄생과 문제점

부병제(府兵制)는 수나라 때 처음 나온 제도가 아니라 서위와 북주 때의 군제이다. 먼저 부병이 무엇인지부터 알 필요가 있다. 부(府) 또는 개부(开府)란 대장군이나 삼공과 같은 고위 대신이 업무를 보며 기거하는 관청이나 관저를 뜻한다. 예를 들어 승상이 업무 보는 곳을 승상부라고 하였고, ○○장군이 업무보는 곳을 '○○장군부'라고 불렀으며, ○○도독이 업무보는 곳을 '○○도독부'라고 불렀다. 그리고 이러한 군 장성들의 개부를 군부(軍府)[59]라 통칭하였다. 부(府)는 아무한테나 주어지는 게 아니었으므로 자신의 부(府)를 가지고 있는 것은 큰 영광이었다.

그러므로 부병(府兵)의 단어 뜻풀이를 하자면 이는 '군부(軍府)'에 소속된 병사'이다. 바꿔 말하면 이들은 주·군에 속하는 군대가 아니라 특정 장군의 개부(开府)에 소속된 군대인 것이다. 그러므로 이들 부병과 그들의 가족들은 주·군의 호적에 등재되지 않았고 군부에서 관리하는 군적에 따로 올라가 있었다. 그러므로 세금을 내지 않았고 부역에 차출되지도 않았다.

북위 말의 혼란기를 거치면서 기존의 주·군·현은 주민에 대한 행정력과 군사 징발력을 거의 상실하게 된다. 늘 그래왔듯이 혼란기에는 무력을 보유한 세력을 중심으로 사람들이 모이기 마련이다. 관중 지역은 6진의 봉기 세력에 의해 무주공산이 되었던 것을 허바웨(贺拔岳)를 중심으로 한 얼주룽의 부하 장군들이 들어가 진압을 한 후 얼주룽이 죽자 그곳에 눌러앉아 자신들의 기반을 구축하였다. 후에 그 기반 위에서 우문태가 황제를 데리고 옴으로써 서위 정권이 세워진 것이다. 관중을 장악한 관롱 그룹의 주요 멤버들과 투항한 봉기군 장수들은 관중의 여기저기에 자신들의 군대를 가지고 있었다.

서위의 실질적 창립자인 우문태는 해결해야 할 문제가 많았는데 그중에서 가장 취약한 부분이 군사 방면이었다. 왜냐하면 북위의 정규

---

59)　우리말에 군의 수뇌부를 지칭하는 군부(軍部)와는 다른 단어이다.

군은 전부 고환이 이끄는 동위가 인수했고 서위의 군대란 것은 기껏해야 관중에 남은 군대 정도였기 때문이다. 부병제는 이러한 상황 인식하에 우문태가 서위의 병력를 확충하고 지휘 계통을 강화하고자 선비족 초기의 부락 병제와 한족의 징집제를 결합시켜 만든 제도이다. 당시 서위의 군대에 있어서 가장 큰 문제점은 관중의 군대는 장군들의 사군대 또는 사족 군대의 성격이 농후했다는 점이다. 예를 들어 한 병사에게 "당신의 소속은 어디요?"라고 물었을 때 "○○사단 ○○연대 소속이오"라고 답하는 게 아니라 "○○○장군 밑에 있소"라고 말하는 것과 마찬가지이다. 이미 끈끈한 유대관계와 종속관계로 형성된 사족화된 군대를 어떻게 우문태 자신의 지휘계통으로 묶어내느냐가 관건이었다. 이의 해결을 위해 설립한 군 편제가 바로 '6주국 12대장군 24개부(開府)'이고 여기에서 실질적인 핵심은 12대장군이었다. 관중에서 자신의 부대를 거느리고 있는 무장세력의 수장들 중 가장 영향력 있는 열두 명을 대장군으로 임명한 후 각자의 지역에 두 개의 개부를 설립하도록 하였다. 그리고 각 개부 산하로 2,000명 정도 되는 부병(府兵)을 두도록 하였다. 이리하여 '개부(開府)의 군대'를 뜻하는 24개의 부병단이 성립되었다. 두 개의 부병단을 통솔하는 대장군은 다시 주국의 지휘를 받도록 하여 '6주국-12대장군-24개부'로 구성된 군 지휘계통이 성립되었다.

또한 병력을 확충하기 위해 한족에게도 부병이 되는 문을 열어주었는데 이는 주로 관중의 호족이 거느리는 향병을 품기 위함이었다. 원래 북위의 군대는 선비족만으로 이루어져 있었다. 선비족은 방어를 담당하였고 한족은 생산을 담당하였으며 군인의 사회적 지위는 비교적 높았다. 그러나 문제는 선비족은 그 수가 얼마 되지 않았다는 것이다. 우문태는 병력을 늘리기 위해 한족을 징집할 필요가 있었고 이에 한족 호족들에게도 개부를 주어 부병단을 구성하도록 하였다. 향병이라 불리는 이들 원래의 관중지방 한족 무장 세력은 농업을 주로 하던 집단이므로 이들을 품기 위해선 농병을 겸하는 방식을 허용해야 했다. 이것이 부병제가 가지고 있는 농병합일 개념의 유래인데 이는 당시에는 부병의 일부에 불과했고 대부분은 선비족으로 구성된 직업군이었다. 우리에게 부병제는 '병농일치'를 기본 특징으로 하는 군제로 알려져 있지만 '부병제(府兵制)'라는 그 이름 어느 구석을 뜯어봐도 '병농일치'를 의미하는 글자를 찾을 수가 없는 것이 그런 이유에서이다.

이렇게 하여 만들어진 서위와 북주의 군제는 기본적으로 여섯 명의 주국(柱国)이 지휘하는 6개 군단으로 나눠져 있었고 그 아래로 12대장군이 이끄는 24개 부병단, 48개 의동(仪同)으로 구성되어 있었다. 1개 의동의 병력은 1,000명 정도였으므로 6군의 총 병력은 5만 정도였고 이들은 재상 우문태에 의해 통솔되었다. 부병제의 상층부인 6주국과 12대장군은 모두 우문태와 혈연 또는 혼인 관계로 묶인 선비족이거나 선비화한 한족이 담당하였다. 예를 들면 주국의 한 명인 독고신은 북주 두 번째 황제 우문육(毓)의 장인이다. 즉, 우문태와 사돈 관계인 것이다. 또 한 명의 주국인 한족 호족 출신 이호도 독고신과 사돈 관계가 된다. 그리고 독고신은 양견의 부친이자 12대 장군 중의 한 명인 양충과도 사돈을 맺었다. 다시 말하면 부병의 고위층은 소위 관롱 그룹이라 일컫는 혈연과 혼인 관계로 엮인 특수한 정치, 군사 집단이었다. 그래서 관롱 그룹을 얘기할 때 부병을 이야기하지 않을 수 없고 부병을 논함에 있어서 관롱 그룹을 언급하지 않을 수 없는 것이다.

그러나 초기 부병제는 문제점을 안고 있었다. 먼저 이들 군인 가족들은 호적에 등재되지 않고 군적에 따로 등재되어 있었으므로 주와 군의 관리 범위 밖에 있었다. 쉽게 말하자면 황제는 이들 부병의 병력이 얼마인지도 알 길이 없었고 군의 계통을 장악한 재상 우문태에게 정보와 권한이 집중되었다. 또한 부병은 여전히 주국과 12대 장군의 사군대 또는 부족 군대의 색채를 띠고 있었다. 초기 부병제하에서 국가의 군대는 황제의 군대가 아니라 6주국의 군대였고 이들은 모두 관롱 그룹의 우두머리인 우문태에 의해 장악되었다. 이로써 황제는 군권이 없는 절름발이 신세가 되었다.

또한 5만의 병력은 북제, 남조와 전쟁을 수행하기에는 여전히 너무 적은 병력이었다. 북주의 개혁황제 우문옹은 즉위 후 부병을 '황제의 군대'라는 시관(侍官)이라 이름하고 부병의 사령관을 황제에 의해 임명되도록 하는 등 부병을 황제의 군대로 만드는 일련의 군 개혁을 단행하였다. 그리고 부병의 징집 대상을 일반인으로도 늘려서 병력을 25만으로 확충하였다. 이것이 북주가 북제를 멸망시키고 화북을 재통일할 수 있었던 주 동력원이었다.

수문제의 부병제 개혁

우문옹의 노력에도 불구하고 부병제의 사군화 문제는 여전히 없어지지 않았고 이는 새 왕조의 중앙집권화에 있어서 가장 큰 장애물이었다. 결정적으로 이들은 주·현[60]에 속하지 않았으므로 여전히 황제가 군의 통수권자라고 할 수가 없었다.

590년 5월 수문제는 부병제 개혁의 조서를 반포한다. 이 조서에는 '부병을 일반 농민의 호적과 동일하게 등재하도록 하며 부병을 균전호(균전을 지급받는 가족)로부터 징발하도록' 명시하였다. 부병을 사족(私族) 군대에서 국가의 군대, 황제의 군대로 바꿀 수 있었던 핵심적 조치는 바로 군적에 등재되던 부병을 민간인들의 등기부인 호적에 등재되도록 한 것이다. 이는 무엇을 의미했을까? 이 조치의 핵심은 무엇보다도 이들 부병의 가족들도 균전제의 혜택을 누릴 수 있게 되었다는 것이다. 바꿔말하면 균전제의 혜택을 누리려면 부병의 징발에 응해야 했다. 북위 때 실시된 균전제는 토지의 사용권을 균등하게 나눠주고 그 임대료 조로 세금을 납부하고 부역에 응하도록 되어 있었는데 수나라 때 와서 거기에 병역이 추가된 것이다. 균전제와의 결합을 통한 건 정말로 창조적인 수였다. 이로써 부병은 그 구성과 성질에 있어서 완전히 변화가 일어난다. 선비족 직업 군인 위주의 부병단은 점차 일반 농민들로 채워졌으며 그 수는 획기적으로 늘었다. 부병은 군인이면서도 지방의 백성이 되었으며 이들은 지방의 주와 현의 관리를 받았다. 뿐만 아니라, 이전에는 부병의 거주지를 일반 농민과 별도로 군방(军坊)과 향단(乡团)이라는 곳에 살도록 하여 방주, 단주의 통제를 받았는데 이제는 일반 농민들과 뒤섞여 살고 분산되어 살게 되었다. 이러한 조치들은 모두 부병의 지휘관인 대장군들의 권력을 크게 축소시키고 중앙 권력을 강화시켰다.

---

60) 수문제는 주·군·현의 3단계 행정 단위 체계를 주·현의 2단계 체계로 변경하였다. 이는 그의 아들 수양제 때에 가서 주를 폐지하고 다시 군을 설치하여 군·현의 2단계 체제로 바뀐다.

새로 정립된 부병제하에서 부병은 균전을 지급받은 농민들 중에서 징집되며 이들은 평소에는 농업에 종사하다가 일정 기간 군대에 들어가게 되어 있었다. '병농합일'의 부병제가 비로소 완전한 모습을 갖추게 된 것이다. 이들은 입대를 할 때면 개인 병기와 식량을 챙겨서 들어갔고 병역 중에 있을 때에는 세금과 부역이 면제되었다. 이것은 부병들과 정부 둘 다 윈윈하는 변화였다. 농민들은 병역 중에 세금 부담이 없었고 정부는 거대해진 부병의 유지 비용을 절감할 수 있었기 때문이다.

또한 황제의 부병에 대한 통제를 강화하기 위하여 부병의 편제를 조정하였다. 수왕조의 새로운 군제상 가장 상위 군사 단위는 12부(府)였다. 열두 개의 부(府)는 황제 직속이었고 12부를 지휘하는 총사령부는 황궁의 군대인 금위군(禁卫军)으로 하였다. 또한 12부의 군대를 내위(内卫)와 외위(外卫)로 나누어서 서로 견제하도록 하였다. 이렇게 하여 군권을 분산함과 동시에 황제 자신에게로 완전히 가져왔다. 서위와 북주에서 병권을 가지고 있던 주국과 대장군은 모두 정1품이었다. 그러나 수왕조에 와서 주국은 군권이 없어지고 명예직이 되었으며 병권이 있는 12부의 대장군의 등급은 정3품으로 2품이나 하락하였다.

오늘날의 예비군 제도에 징병제, 모병제가 조금씩 혼합된 듯한 병농합일의 부병제는 수에서 시작하여 당 전반기까지 지속되다가 폐지되었다. 수문제의 부병제 개혁은 군을 황제로 귀속시키면서 나라의 군대라는 소속감을 불어넣었고 군대의 유지 비용을 떨어뜨렸지만 이는 균전의 지급이 원활치 못하면 쇠락할 수밖에 없는 태생적 한계를 지니고 있었다. 부병제는 당왕조에도 계승되어 사용되었고 당 전반기의 강력한 군사력의 원동력이 되었다. 그러나 중기로 가면서 균전제를 더 이상 지속할 수가 없게 되자 부병제 역시 유지할 수가 없었고 '안사의 난' 이후 폐지되어 당의 군제는 모병제로 전환된다.

경제 정책

400년간의 긴 분열 끝에 국토의 통합, 정치의 통합을 이룬 수나라는 당연히 경제 통합이 필요했다. 진시황이 전국시대를 종식시키고 경제와 제도의 통합하였듯이 말이다. 경제 조치의 1순위는 전국의 호구를 조사하는 일이었다. 자신에게 딸린 식구가 몇 명인지를 알아야 살림을 꾸릴 수 있는 것이니 인구 통계가 선행되는 것은 당연한 일이다. 그렇지만 이는 숨어있는 납세자를 찾아내어 세수를 늘리고 지방 호족 세력을 약화시키는 목적이 더 컸다. 각 주와 현의 지방 장관들의 색출 작업으로 수나라 성립 3년째인 583년 성인남자 44만4,000명을 포함한 164만 명을 호구에 추가했다.

긴 분열은 경제 단위의 분열과 혼란을 가져왔다. 수문제는 전국의 오수전을 전부 폐기하고 수오전(隋五钱)이란 새로운 화폐로 대체하였고 전국의 도량형을 다시 통일하였다.

수문제는 백성의 부담을 덜어줌으로써 경제를 부흥시키고 자신이 근검절약을 몸소 실천한 대표적인 군주였다. 이 방면에서는 중국의 역대 황제 중 으뜸일 것으로 생각된다. 수문제는 즉위 초부터 수많은 세금 경감 조치를 선포하였다. 583년에 부역의 동원 연령을 18세에서 21세로 올려 남자들은 부역을 3년 미룰 수 있었다. 또한 연간 부역 일수를 30일에서 20일로 낮췄고, 조(특산물)는 한 필을 4장에서 2장으로 경감시켰다. 그 후 수차례의 세금과 부역 경감 및 면제를 실시했다. 개황7년(587) 강릉 백성에게 요역을 10년간 면제해 주었고, 개황 9년(589)에는 강표(江表)에 부역 10년 면제, 개황 12년에는 하북과 하동의 백성들에게 토지세를 1/3 감해 주었고(三分減一), 부역을 절반으로 감해 주었으며 조(특산물)는 면제해 주었다. 개황13년(593)에 전란으로 죽은 사람이 있는 집은 요역을 1년 면제해 주었고, 개황16년(596)에는 전국에 세금을 면제해 주었다. 개황18년(598)에는 하남의 여덟 개 주의 세금과 부역을 면제해 주는 등 12년 동안 모두 여섯 차례에 걸쳐 세금과 요역을 감해 주거나 면제해 주었는데 이렇게 여러 차례에 걸쳐서 통큰 감세 정책을 편 건 역사상 보기 드문 일이었다.

수문제의 경제 부흥 정책에는 조세 정책뿐 아니라 여러 가지 개방 정책도 있었는데 대표적인 게 오랫동안 정부가 통제해 온 소금과 쥬류 산업을 민간에 개방한 것과 시장세(入市稅), 즉 관세를 폐지한 것이다. 왕조의 경제기조가 국진민퇴(國進民退)냐 국퇴민진(國退民進)이냐를 가르는 바로미터가 바로 소금과 철의 국유화 여부라는 것쯤은 이제 이 책을 읽는 독자들은 짐작할 수 있을 것이다. 소금을 민간에 개방했다는 것은 수왕조의 경제기조가 개방적이며 국퇴민진을 추구했다는 걸 알려준다. 이러한 민간의 부담 경감 조치와 개방 조치는 수나라로 하여금 경제를 빠르게 회복시키도록 했다. 정부의 창고에는 각지의 세금으로 올라오는 곡식이 산더미처럼 쌓여 더 이상 쌓아둘 곳이 없는 상황이 벌어졌고 수문제가 이를 의아히 여겨 "세금을 내려주었는데 어떻게 공납이 더 많아지는고?"라고 신하에게 물었다는 이야기가 있다. 그 후 수문제는 자유 경제의 선순환 이치를 깨닫고 계속하여 세금을 낮추고 규제를 철폐하는 정책을 실시하였다.

수문제는 즉위 이듬해인 582년에 균전령을 반포하여 북위 때부터 지속해온 균전제를 시행한다. 북제와 북주에서도 균전제가 명목상으로는 실시되고는 있었으나 혼란기 사회에서는 이 제도가 제대로 실시될 수 있는 정치적, 경제적 조건이 구비되지 않았다. 그리하여 제도가 실상에 맞지 않았고 경제 발전에 역할을 하지 못하였지만 사실 균전제는 제대로 실행만 하면 엄청난 경제 효과를 가져올 수 있는 정책이었다. 수왕조의 경제 성과는 앞서 설명한 조세경감 정책과 함께 균전제가 결정적인 역할을 하였다. 수왕조 역시 균전제 반포 초기에는 제대로 시행되지 않았고 이에 수문제는 관리들을 각 지방으로 내려보내 대대적인 홍보를 하게 했다.

균전제가 제대로 실행되지 않았던 이유에는 지방 호족 지주들의 저항도 있었다. 균전제는 땅을 나눠주는 인센티브를 주면서 유랑 중이거나 호족 지주들에 종속되어 있던 농민들을 제도권으로 끌어내는 제도이다. 또한 이미 땅문서가 있는 경우를 제외한 모든 토지를 국유화해서 매매를 금지했기 때문에 호족 관료 세력의 토지 겸병에 분명히 제동을 걸었다. 그러므로 이 제도는 호족 지주 세력의 저항 소지가 다분히 있는 제도였고 그래서 북위 정권은 호족 지주들의 반발을 무마하기 위해 노비와 심지어 소에게도 균전을 부여하여 지주들의 이익을 챙겨주고자 했던 것이다.

그러나 지주가 받는 균전의 이익보다는 농노들을 떠나보내는 손실이 더 컸던 모양이다. 지주들의 반발로 균전제가 제대로 시행되지 않는 경우가 발견되었고 급기야 몇몇 지역의 지주가 무장 반란을 일으키는 일이 벌어졌는데 수문제는 이 기회를 이용하여 군대를 보내 진압한 후 그들의 토지를 전부 몰수하여 토지가 없는 빈농들에게 나누어 주었다. 또한 지역별로 토지 자원과 인구의 편차가 심했는데 농민들에게 토지가 많고 사람이 적은 곳으로 이주하여 토지를 개간할 것을 적극적으로 권함으로써 균전제가 가지고 있는 토지 개간 효과가 적극적으로 발휘되었다. 이로써 전국의 농지는 5,600만 경(顷, 1경=1백무)에 달했다고 한다. 동시에 관료와 귀족, 지주들의 이익을 보장해 주기 위해 노비와 소에게 주었던 구분전(기한이 되면 반납하는 땅)을 폐지하고 대신 이들에게 세습이 가능한 영업전(永业田)을 주었다. 왕족 이하에서 도독까지는 최소 40무에서 최대 100경까지 받을 수 있었고 관리는 그 품급에 따라 직분전(职分田)을 주었는데 최소 1경에서 최대 5경까지 받았다. 이는 정부와 귀족·관료층에게 모두 윈윈하는 딜이었을 것이다. 이렇듯 수문제는 귀족 지주들의 반발에 대해 한편으로는 강경진압을 하여 국가의 의지를 보여주면서 한편으로는 이들의 이익을 어느정도 챙겨줌으로써 지주들로 하여금 새 정책을 받아들이게 하였고 이로써 균전제는 전국적으로 실시될 수 있었다. 균전제의 균형 잡히고 제대로 된 실행은 수나라의 경제 발전에 공고한 기초를 다져놓았다.

수문제 즉위 원년인 581년에 전국(남조 포함)의 호구 수는 630만 호, 3,250만 명이였으나[61] 그 후 28년이 지난 609년의 인구 통계에 따르면 890.7만호, 4,602만 명으로 40% 이상 늘었다.

---

61) 581년에 행해진 호구조사는 462만 호, 2,900만 명이었으나 이에는 남조의 인구가 포함되어 있지 않았다. 3,250만 명은 路遇.腾泽之 등 학자들의 추정치이다.

38장
귁 튀르크

기원

돌궐(突厥)은 튀르크(türk)에 대한 중국식 음차이다. 중국어 발음으로는 '투줴(tujue)'이다. 스스로를 귁튀르크(Gök türk)[62]라 불렀던 이들은 6세기 초에 혜성처럼 나타나서 흉노, 선비, 유연의 뒤를 이어 몽골 초원의 계보를 200년 동안이나 이었다. 우리에게 돌궐이란 이름으로 알려져 왔고 그렇게 불려지고 있으나 나의 이 책에서는 튀르크라고 부르기로 했다. 흉노, 선비, 유연은 당시 그들의 언어로 어떻게 불렸는지를 알 길이 없기 때문에 어쩔 수 없이 중국인이 음차한 것을 다시 우리식 한자 독음으로 불렀지만[이는 마치 미국인이 만든 코카콜라(Coca Cola)를 중국인들이 '커커우컬러(可口可乐)'라고 부르고 이를 다시 우리가 '가구가락'이라 부르는 격이다] 튀르크는 그 언어적 실체가 비교적 확실

---

62) 귁(Gök)은 하늘, 파란색의 뜻이므로 귁튀르크(Göktürk)는 '천상의 튀르크'라는 뜻이다.

하므로 굳이 그러한 우스꽝스러운 일을 할 필요가 없을 것 같다.

앞선 초원 민족들이 기록을 남기지 않았고 후손도 남기지 않았기에 그들의 생김새나 삶의 모습에 대해 단지 추측을 할 뿐 여러 가지가 의문점으로 남아있는 반면 튀르크는 그 실체가 비교적 확실하다. 넓은 범위에서는 중국 신장에서 중앙아시아, 카스피해, 흑해 남부, 그리고 가장 서쪽인 터키에 걸친 지역에 살고 있는 알타이어계 언어를 쓰고 있는 민족들이 전부 튀르크 계통이다. 오랜 시간 동안 퍼져 살면서 다른 민족들과 섞였기 때문에 오늘날 튀르크 계통의 민족들은 지역별로 생김새도 다를 뿐더러, 피부색도 다르고, 언어도 다르다. 중앙아시아의 키르기스스탄 사람들의 경우 중국인의 외모에 가깝지만 터키 사람들은 그리스 사람과 외모에서 별 차이가 없다. 그러므로 이제는 튀르크를 하나의 민족을 지칭하는 단어로 볼 수 없다. 이미 위구르족, 키르기스스탄 민족, 카자흐스탄 민족, 터키 민족, 이렇게 개별민족화되었고 단지 이들을 묶어 '범튀르크계'라 부르는 게 맞을 것 같다. 전 세계에 2억 명이 넘는 이 알타이어계 초원 민족의 역사는 지금으로부터 1,500년 전 오늘날 중국의 신장 웨이얼족(위구르족) 자치구에서 시작하였다.

최초 튀르크(돌궐)가 어디서 왔는지는 여러 가지 학설이 있다. 시베리아 땅에서 남하했다는 설도 있고 서에서 왔다는 설, 동에서 왔다는 설도 있다. 아니면 원래부터 신장과 중앙아시아 지역에 살고 있던 민족이 시간이 흐르면서 분화되었다고도 하는데 어찌 되었건 이는 우리에게 큰 의미가 없을 것 같다. 한편 흉노를 범 튀르크 민족에 포함시켜 돌궐을 흉노를 잇는 두 번째 튀르크 계통의 초원민족이라 말하기도 한다.

튀르크가 중국 사서에 처음 등장한 건 540년이다. 북위 말엽인 500년대 초에 이들은 천산 산맥과 알타이 산맥 사이의 신장 투루판 분지 어딘가에서 살고 있던 유연(柔然) 연맹의 부속 부락이었다. 튀르크가 막 기지개를 펴던 6세기 전반기 아시아의 세력 판도를 간단히 보자. 넓은 몽골 초원은 유연이 차지하고 있었다. 중국은 동위, 서위, 남조가 대립하던 분열기였고 서역, 즉 신장은 오랫동안 중국의 손에서 떨어져 나가 있었다. 신장의 거대한 타림 분지와 그 아래의 오늘날 칭하이성(青海省) 북부에 걸친 넓은 지역을 투위훈이 차지하고 있었고 신장 북부의 투루판 분지에는 불교 국가인 고창국과 튀르크, 철륵(고차족, 위구르족)[63] 등이 있었다. 더 서쪽 중앙아시아는 에프탈이라는 백흉노 민족이 장악하고 있었다. 조금 더 서쪽으로 가면 사산조 페르시아와 동로마제국이 있었다.

동쪽에는 한반도 북부와 요동, 만주를 차지하고 있는 전통 강호 고구려가 있었다. 과거 연(燕) 정권의 근거지였던 요서 지방은 거란 민족이 차지하고 있었고 그 위로 거란과 기원이 같다고 알려진 실위(实韦)라는 민족이 있었다. 동북쪽 가장 끄트머리인 오늘날 헤이룽장성 지역에는 물길(勿吉)이라는 민족이 살았는데 이들은 후에 여진족이라고 불리우는 민족이다. 거란, 실위, 물길 민족은 당시에는 통일 정권을 이루지 못하였기에 역사적으로 크게 영향력이 없었으며 곧 튀르크라는 거대 초원 세력에 의해 복속된다.

---

63) 철륵족이란 신장 북부의 스텝지역에 있던 유목 민족을 통칭하는 개념인데 철륵 중에도 여러 갈래의 민족이 있었고 그중 하나가 오늘날 신장에 있는 위구르족이다. 수·당 시기 철륵족의 생김새는 오늘날 위구르인들과는 차이가 있겠지만 지금으로서는 알 길이 없으니 일단은 위구르족을 떠올릴 수밖에 없다.

550년 튀르크의 수령 아스나투멘(일명 부민Bumin, 아스나가 성이다)이 부락민을 이끌고 철륵족 각 부락들을 합병하면서 세력을 늘리기 시작하였고 이때부터 서위의 주목을 받기 시작했다. 552년 튀르크는 서위와 연합하여 유연을 멸망시켰고 아스나투멘은 스스로를 일리 칸(Ili Qaghan)[64]이라 칭함으로써 광대한 튀르크 칸국이 성립되었다. 그 세력은 급성장하여 순식간에 몽골 고원 전체를 뒤덮었다. 인구가 적은 튀르크인들은 다량의 철륵인(铁勒)을 흡수하였는데 이때 이들의 용모가 백인종에서 황백인종으로 변했다는 설도 있다. 고차족(高车族)이라고도 불리던 철륵인은 당시 튀르크의 상당 부분을 차지하였는데 이들의 후손이 오늘날 신장에 있는 위구르 민족으로 알려져 있다.

중국의 분열과 튀르크의 급성장

555년 고창국(신장 투루판)이 튀르크에 복속되었고 유연의 마지막 칸이 살해되었다. 이로써 튀르크는 옛 유연이 지배하던 몽골 초원을 모두 접수하였고 그 세력은 중앙아시아까지 뻗었다. 아스나투멘은 외튀겐(바이칼 호 남서쪽 평원)을 수도로 정하고 점령지의 서쪽을 자신의 동생인 이스테미에게 통치하도록 한 후 그에게 야브구(제2왕)[65]라는 직책

---

64) 유목 민족들은 그들이 세운 제국의 최고 통치자를 칸(khan, Qaghan)이라 불렀다. 일부 서적에서는 중국식 음차의 우리식 독음인 가한(可汗)이라 하기도 하고 또는 카한(可汗)이라고 부르기도 하는데 터키어에서 g는 거의 묵음이므로 이 책에서는 그냥 '칸'이라 부르기로 했다. 일리(ili)는 '국가'라는 뜻으로 일리 칸은 '국가의 최고 통치자'란 뜻이다.

65) 서부 지역을 통치하던 이스테미는 카간 대신 야브구(Yabgu 제2왕)라는 칭호를 사용함으로써 동부 지역에 대한 하위 개념을 분명히 했다.

을 주었다. 공식적인 제국의 통치자는 일리 칸인 아스나투멘과 그를 이은 무칸 칸이었으나 서쪽 지역은 실질적으로 이스테미 야브구의 관할하에 있었다.

당시 중국의 화북은 서위(북주)와 동위(북제)가 대립하고 있었다. 이들은 이 신흥 세력의 강대한 군사력에 겁을 먹었고 또한 중원 싸움에서 튀르크의 지원을 얻기 위해 이들에게 앞다투어 조공을 하고 황실의 여인를 보내는 등의 화친 정책을 폈다. 튀르크는 이를 기회로 외교적 또는 무력 수단을 이용하여 양국으로부터 대량의 경제적 이익을 취하고 있었고 북제에 비해 세력이 약했던 북주가 튀르크에게 보다 적극적이었다.

튀르크의 확장은 멈추지 않았다. 560년 경에(3대 무간칸木杆可汗) 이들은 투위훈을 공격하여 신장을 점령하였다. 나아가서 사산 페르시아와 연합하여 에프탈(백흉노)을 공격하여 멸망시켜 오늘날의 신장과 중앙아시아 트란스옥시아나(Transoxiana, 카스피해 동쪽 우즈벡과 카자흐스탄 동남부 지역) 지역이 모두 튀르크 제국의 영토가 되었다. 전성기의 튀르크 제국은 동으로 대흥안령, 요하 상류까지 닿았고 서로는 카스피해에 닿았다.

569년, 튀르크의 거침없는 확장에 따라 페르시아와 갈등이 생겼다. 그리하여 이들은 동로마제국와 연합하여 사산 페르시아와 대립하였는데 이때가 튀르크 제국의 최전성기였다(4대 타파르 칸Taspar Kaghan). 동서로 광대한 영토를 차지한 튀르크는 그러나 그에 걸맞는 관리 능력을 갖추지 못했던 것 같다. 이들은 제국을 몇 개의 소칸국으로 분할해 가까운 친족에 맡겨 지배하도록 했는데 문제는 이들이 모두 칸

칭호를 사용했다는 것이다. 제국의 통치자도 칸이었고 부락의 추장도 칸이었다. 이런 체계적이지 못하고 평등한 호칭은 한명의 강한 리더가 존재하고 국가가 성장 중일 때는 문제가 되지 않으나 언젠가는 분열을 일으키기 마련이다. 후에 이들은 구분을 위해 제국의 최고 통치자를 대칸으로, 지역의 추장을 소칸이라 불렀다.

튀르크의 분열, 북중국의 통일 그리고 수(隋)와의 충돌

양견이 황위를 찬탈하고 수왕조를 선포한 581년, 4대 타파르 칸이 죽고 5대 시바라 칸(Ishbara Kaghan, 沙钵略可汗)이 즉위하였는데 이를 계기로 아스나 패밀리의 내부 권력 다툼이 표면화된다. 이스테미가 죽고 서부 지역의 새로운 야브구가 된 아들 타투(Tateu)는 시바라 칸의 종주 지위를 인정하지 못하겠다며 야부그 지위를 버리고 스스로를 타투 칸(Tateu, 达头可汗)이라 칭하였다. 이로써 582년에 튀르크 제국은 동서로 분열하였으며 그 후로 동튀르크는 부민(아스나투멘)의 자손들이 통치하였고, 서튀르크는 이스테미의 자손들이 새로운 칸이 되었다.

양견은 수왕조를 건립한 후 튀르크에 대한 조공을 중단하였다. 조공 중단은 외교 단절과 같은 의미이다. 그러므로 양견은 이와 동시에 장성을 수리하고 변경 지역의 방비를 강화하는 등 튀르크의 공격에 대비하였다. 581~582년 사이에 튀르크는 수왕조 건립 초기의 불안을 틈타 장성을 넘어 대규모 공격을 하였고 간수, 섬서성 등지에서 수왕조 군대와 부딪혔다. 수는 이들을 힘겹게 막아내고 있었고 자칫 잘못되면 장안이 공격을 받을 위기의 상황에 놓여 있었으나 이때 운이 따라주었다. 이즈음 튀르크 내부의 분열이 심화되었고(외교 전략가 장손성長孫晟의 이간책이 작용한다) 튀르크는 본진을 방어하기 위하여 철군하였다. 후에 계속해서 나오지만 튀르크의 고질적인 아킬레스건은 하나의 강력한 중앙 권력이 형성되지 못하고 항상 분열과 반목의 씨앗이 잠재되어 있었다는 것이다. 그리고 수는 이들의 이 약점을 계속해서 공략하였다. 하여간 이렇게 튀르크 제국이 동튀르크(시바라 칸)와 서튀르크(타투 칸)로 분열되면서 수왕조는 건국 초기의 위기를 넘길 수 있었다.

천금공주(千金公主)

수가 건립되기 바로 직전인 581년 2월 북주의 선제(宣帝) 우문윤의 사촌 여동생이 새로 즉위한 시바라 칸에게 시집가는데 그녀가 바로 천금공주(千金公主)이다. 후에 양견이 황위를 찬탈하고 수를 세우면서 우문씨 황족들을 전부 몰살하였는데 이 과정에서 천금공주의 아버지 우문초(宇文招)의 9족이 전부 몰살되었다. 이 일로 가족의 복수를 결심한 천금공주는 시바라 칸을 부추켜 수를 공격하게 하였고 이것이 위에 설명한 581~582년 튀르크의 수나라 공격 사건이다(물론 공격의 이유가 그녀의 부추김이 전부는 아닐 것이다). 이렇듯 중국과 튀르크 간의 역사에서 중국은 수많은 공주를 보냈는데 이 중 몇 명은 갈등의 씨앗이 되기도 했고 어떤 공주는 갈등 해결의 실마리가 되기도 했다. 천금공주는 시바라 칸이 죽은 후 튀르크족의 관습에 따라 의붓아들 툴란 칸의 아내가 되었다. 후에 수 조정에서 그녀가 한족 신하와 사통했다는 루머를 퍼트렸고 그녀는 툴란 칸에 의해 죽임을 당한다.

동튀르크의 분열과 수의 괴뢰정권 수립

582년 튀르크 제국은 내홍으로 동서로 분열되었으나 이들은 여전히 강대한 군사력을 가지고 있었고 이제 막 성립된 수왕조에게 있어서 매우 위협적인 존재였다. 게다가 수나라는 시바라 칸과 전쟁까지 한 터라 이들과 변경을 접하고 있는 건 매우 큰 부담이 아닐 수 없었다.

588년에 동튀르크 시바라 칸의 아들 툴란칸(Tulan 都藍可汗)이 즉위하였으나 그의 사촌 형제 톨리(突利)가 이를 인정하지 않고 반란을 일으켰다. 이때 수문제는 톨리의 반란을 지원한다. 아마 그 전부터 톨리의 반란을 부추기고 반란 실패 시의 안전을 보장했을 것이다. 톨리는 반란이 실패하자 남쪽으로 피신하였고 수문제는 성대히 톨리를 영접하며 그를 '계민칸(启民可汗, 야미칸Yami)'[66]이라는 멋있는 이름으로 책봉하고 그로 하여금 하투 지구(오늘날 내몽고 어얼뚜어스)에 국가를 건립하도록 함과 동시에 왕궁도 지어주는 등 엄청난 호의를 베풀었다. 이 상황은 어디서 본 것 같다. 그렇다. 기원전 1세기 중반에 남흉노가 서한과 동맹을 맺었던 것의 데자뷰였다. 수문제는 이렇게 톨리를 이

---

66) 계민(启民)은 '백성을 계도하다'라는 뜻으로 중국어로는 '치민'으로 발음된다. 튀르크 이름으로는 야미(Yami)칸 이라고 불렸는데 이는 중국어 치민(启民)에 대한 튀르크식 발음이었을 것이다. 즉, 다른 칸들의 이름은 튀르크 이름을 중국식으로 음차하였지만 계민칸은 그 반대로 중국식 이름이 먼저 생기고 이를 튀르크 이름으로 바꿔 불렀던 것이다.

용하여 수왕조에 충성하는 튀르크 괴뢰정권을 세웠다. 이로써 동튀르크 제국 내에서 또 다시 남북으로 분열되는 국면이 만들어졌다. 일본의 만주국 설립, 미국의 이란 팔라비 왕조 수립, 우크라이나 내전에서의 러시아와 같이 반대파를 지원하여 내란을 조장하고 분열시키는 것은 국제 관계의 이익과 안보 메커니즘하에서 강대국에 의해 수도 없이 자행되어 왔던 일이다. 이는 고대 역사에서는 중국이 가장 잘 해왔던 일 중의 하나이고 특히 수문제 정권이 이런 분열 외교 전략에 능했다. 이 일이 있고 1년 후인 589년에 수가 남조 진(陳)을 멸망시키고 중국 대륙을 통일하였고 이로써 수는 튀르크와의 대립 국면에서 우세한 위치에 서게 되었다. 한쪽은 분열했고 한쪽은 통일했으니 말이다.

고대 중국이 이민족 정권을 대응하는 데 있어서의 비무력적인 방식, 소위 화친이라는 외교 방식에는 언제나 책봉과 공주라는 두 가지 수단이 병행되었다. 중국은 힘이 약했을 때도 있었고 강했을 때도 있었지만 힘의 강약에 상관 없이 마치 마을의 나이 드신 종친 어른과 같이 오래된 중원의 문명 국가라는 지위가 있었기에 주변 정권들은 중국의 황제에게 책봉을 받음으로써 대내적 또는 대외적으로 정권의 정당성을 확보해 왔다. 그러므로 책봉은 중국이 가진 가장 강력한 외교 자원 중의 하나였다. 광개토대왕도 호태왕이라는 중국의 책봉을 받았었다. 거기에다가 중국이 힘이 약했을 때에는 추가로 한족 공주를 딸려 보냈는데 이 역시 중국이 가지고 있는 중요한 외교 자원이었다. 유목민족 정권의 수장에게 있어서 한족 황실의 공주를 아내로 삼는다는 것은 기분 좋은 일이 아닐수 없으며 한족 정부가 최대의 예우를 한 것으로 간주했기 때문이다. 양한 시기에 무려 32명의 공주가 흉노, 강, 오손 정권으로 보내졌다.[67] 이 중 흉노가 한창 강성했던 서한 초기에 시집간 공주는 한나라를 잘 봐 달라고 보내진 여인들이었고, 서한 후기 친한(亲汉) 정권이 된 남흉노에게 시집간 공주들은 우호와 동맹 관계를 유지하기 위해 전략적으로 보내진 여자들이었다. 그러므로 이 두 경우의 공주들에 대한 대우도 상당히 달랐을 것이다. 이러한 맥락에서 서한 정부가 남흉노를 키운 것과 수문제가 동튀르크 내에서 야미 칸의 반란을 지원한 것은 같은 상황이라 할 수 있다. 이에 더하여 수는 통일을 이루어 군사력으로도 밀리지 않는 상황이 되었으니 이제 책봉과 공주라는 외교 자원을 방어적이 아닌 보다 공격적이고 파괴적으로 사용할 수 있게 되었다.

수는 동튀르크 툴란칸의 아내(원래는 아버지 시바라 칸의 둘째 부인) 천금 공주가 한족 신하와 사통을 했다는 소문을 퍼트렸고 이를 믿은 툴란 칸은 천금공주를 죽인다(596). 아마 그것이 사실로 드러났던 모양이다. 한편 수문제는 툴란 칸에게 보란듯이 새로 생긴 친수 괴뢰정권 야미(계민)칸에게 황실의 여자(안의공주安义公主)를 시집보내는 호의를 베푼다(597). 수문제는 야미칸에게 살 땅도 주었고 집도 지어주었으며 아내도 만들어 준 것이다. 이에 격분한 툴란칸은 수와 단교해 버린다(597).

599년, 화친의 표시로 야미칸에게 시집간 안의공주(安义公主)가 2년 만에 죽자 수는 화친을 유지하기 위하여 또 한 명의 종실의 여인 의성 공주(义成公主)를 다시 야미 칸에게 시집보냈다. 이로써 야미 칸은 두 명의 수왕조 공주를 아내로 맞이한 사람이 되었다. 수나라가 야미(계

---

67) 《양한시기 화친표(两汉时期和亲表)》 내몽고 후허하우터시 왕소군 박물관.

민)칸에게 얼마나 공을 들였는지를 보여주는 사례이다. 의성공주는 야미칸이 죽자 관습에 의해 그의 세 아들들에게 차례로 시집갔다(물론 그녀가 낳은 아들은 아니었다). 중국과 튀르크와의 역사에서 여러 명의 한족 공주가 화친의 도구로 튀르크 칸에게 시집을 갔는데 그중 의성공주의 쓰임새가 가장 돋보였다.

598~599년 사이 수나라는 야미칸과 연합하여 튤란 칸에 대한 대규모 공격을 감행하였다. 동튀르크 내에서 남북으로 내전이 일어난 것인데 수는 이때 남조 멸망 시 활약했던 주요 장수들을 총출동시켰다. 이로써 몽골 초원은 수의 지원을 받은 야미칸 세력과 서튀르크의 지원을 받는 튤란칸 세력 간의 전쟁터가 되었다. 지난 세기 중반 이란과 이라크 간의 전쟁 또는 한국 전쟁이 연상되는 상황이다. 예나 지금이나 전쟁은 모두 강대국들 간의 대리전이었다. 튤란칸의 반격으로 야미칸은 황하 이남까지[68] 밀리기도 하였으나 수의 참전으로 전세가 역전되었고 튤란칸의 군대가 힘을 잃기 시작하였다. 결국 599년에 튤란칸이 부하에 의해 살해됨으로써 몽골에서의 동튀르크 내전은 끝이났고 이로써 야미칸이 동튀르크를 모두 접수하였다. 이렇게 수의 괴뢰 정부 전략은 완전히 성공하였고 이로써 동튀르크 제국은 완전한 친수(親隨) 정권으로 바뀌었다.

---

68) 여기서 말하는 황하 이남이란 '几'자를 그리는 중류 지역의 가장 북쪽인 내몽고 하투 이남을 말한다.

철륵족의 반란과 서튀르크의 몰락

600년, 서튀르크는 수의 괴뢰 정권인 야미칸을 인정할 수 없다며 동진하였고 툴란칸의 잔존 부락들을 규합하여 야미칸을 수차례 공격하였고 수의 변경을 침범하기도 하였다.

602년 봄, 서튀르크 타투칸의 부락들이 남쪽으로 황하를 건너와서 야미칸 부락의 남녀 6천 명, 가축 20여만 마리를 약탈해 갔다. 이에 수는 군대를 파병하여 야미칸의 보복 공격을 도와주었고 빼앗긴 주민들과 가축을 모두 데려와서 야미칸에게 돌려주었다. 이때 타투칸의 세력하에 있던 많은 부락들이 야미칸에게 투항했다.

이제 수의 타도 대상은 서튀르크의 타투칸(Tateu, 达头可汗)이었다. 이미 여러 번의 이간질 작전을 성공시켰던 뛰어난 외교가 장손성은 또다시 이간질 프로그램을 꺼냈다. 그는 야미칸에게 사신들을 북방의 철륵족 각 부락들에 보내 서튀르크 내 반란을 부추길 것을 건의했다. 604년 철륵의 십여 개 부락이 서튀르크의 타투칸을 배신하고 야미칸에게 투항하는 일이 벌어진다. 수의 내란 유도가 또 한 번 성공한 것이다. 타투칸은 서쪽으로 도망쳐 투위훈으로 망명했고 이때부터 서튀르크 제국은 거의 붕괴되다시피 한다. 이후 611년 새로운 지도자가 나오기 전까지 북상한 투위훈에게 제국의 영토를 잠식당했다[69]. 야미칸은 더 많은 타투칸의 부락들을 접수하면서 명실상부한 대극한이 되었

---

69) 서튀르크는 그 후 다만이란 자가 칸이 되었으나 철륵족의 공격을 받고 당으로 망명한다. 그 후 쉬코이칸(611~618)과 통 야브구(618~630) 통치기에 어느 정도 힘을 되찾기도 했지만 630년경부터 일부 부족들의 내란과 당과의 전쟁으로 인해 점차 쇠락해진 끝에 659년 당에 복속된다.

다. 수는 야미칸을 북쪽의 적구(오늘날 내몽고 소니특우기서)로 옮겨 동튀르크 지역을 효과적으로 관리하도록 하였고 야미칸은 매년 수나라에 조공을 하였다. 기원전 1세기에 서한이 남흉노를 지원하여 북흉노의 세력을 약화시키고 결국 북흉노를 서쪽으로 밀어냈던 것과 유사한 상황이 형성된 것이다. 한편, 서튀르크에서 철륵이 반란을 일으키고 야미칸이 초원을 거의 점령했을 즈음에 중국에서도 태자의 정변이 일어나 수문제가 죽고 수양제가 등극하였다(604).

609년 11월에 혈맹 야미칸이 병사하자 수양제는 이를 애도하기 위해 삼일 동안 조정을 멈추고 애도기간을 가졌다. 그리고 그의 아들 뚜어지를 시비 칸으로 세웠다.

수왕조와 주변 국가

마읍 암살 사건, 동튀르크가 수와 단교하다

몇 년이 지난 후 시비칸의 세력은 점점 강대해졌고 수는 비록 자신들이 만든 친수 튀르크 정권이지만 이들을 경계하기 시작하였다. 아무리 우방일지라도 국경을 맞대고 있는 나라가 강해지는 것을 두고 볼 수 없는 것은 동서고금을 막론하고 항상 있어왔던 일이다. 또한 '수 문제-야미칸'의 혈맹 관계가 아들 대인 '수양제-시비칸'으로 가면서도 계속 이어지겠는가? 결국 수는 여지껏 잘 먹혔던 이간질 전략을 이번에는 자신의 동맹국에게 다시 한번 써먹고자 했다. 614년, 수황실은 대신 배구(裴矩)의 건의를 받아들여 시비칸의 동생 치지셔(叱吉设)[70]에게 접근하여 "종실의 공주를 시집보내고 당신을 남면칸(南面可汗)으로 책봉할 테니 당신이 남쪽의 칸이 되시오"라고 부추겼다. 이렇게 두 형제 간을 이간질하여 또한번 남북으로 갈라놓으려고 한 것이었다. 그러나 뜻밖에 치지셔(叱吉设)가 이를 거부하고 이 사실을 시비칸이 알게 되었다. 아버지만큼 수왕조에 충성심이 있지 않았던 시비칸은 이 일이 있은 후 마음속으로 이미 수에게 등을 돌리게 된다.

여기서 수는 튀르크와의 관계를 최악으로 만드는 한 가지 일을 더 한다. 배구는 이간질이 안 통하는 게 시비칸에게 스슈후시(史蜀胡悉) 같은 서역 출신 책사들이 있기 때문이라고 판단했고 수양제에게 그를 암살할 것을 건의하였다. 이리하여 수정부는 스슈후시를 산시성 마읍(따통 분지 남쪽, 옹문관 근처)으로 유인하여 암살하였고 튀르크에게는

---

70) 叱吉设(치지셔)와 史蜀胡悉(스슈후시)는 튀르크식 발음을 알 길이 없으므로 중국어 음차 발음을 그대로 적었다.

스츄후시가 반란을 도모하려고 했다고 거짓말을 하였다. '마읍 암살 사건'은 외교 방면에서 수양제가 저지른 가장 큰 실수였다. 진상을 안 시비 칸은 격분하였고 그 이후로는 수에 조공을 하지 않았다(단교).

615년 8월 수양제는 산시성 북쪽 변경으로 순시를 나갔다. 당시는 수가 4차 고구려 동정을 준비하던 때이고 수양제는 산시성에서 잠시 휴가를 보내고 탁군(베이징)으로 가서 동정을 시작할 계획이었다. 수양제가 변경으로 온다는 정보를 접한 시비칸은 수십만 기병을 이끌고 남하하여 수양제를 습격할 준비를 하였다. 수양제로서는 천만다행이었던 게 이때 의성공주가 사전에 이를 몰래 수황실에 알려주었고 화들짝 놀란 수양제는 도중에 응문군성(雁门郡城)으로 피신하였다. 튀르크 대군은 응문군 41개 성 중 39개 성을 점령하였고 응문과 곽(崞) 두 성은 포위된 상태였다. 튀르크 군대의 화살이 수양제의 어가 바로 앞으로 빗발쳤고 놀란 수양제는 어찌할 바를 몰라 너무 울어서 눈이 부었다고 사료는 당시 상황을 묘사하고 있다[71]. 이 상황은 기원전 2세기 초에 벌어진 유방의 백등산 포위 사건과 매우 흡사하다. 장소도 비슷하며 황제가 튀르크 계통의 유목민족에게 포위되어 생포될 뻔한 것도 똑같다. 그리고 위기 모면의 방법도 비슷했다. 수황실의 대신들은 기댈 곳이 의성공주밖에 없다고 생각했고 사람을 급히 그녀에게 몰래 보내 도움을 요청하였다. 이때 6년 전에 화친을 위해 시집간 의성공주가 또 한 번 큰 역할을 한다. 얼마 후 시비칸은 의성 공주로부터 온 '북방이 위급하다'라는 전갈을 받았고, 또한 수의 구원군이 산시성 흔구(忻口)에 도착하였다는 정보를 접하자 9월에 포위를 풀고 철군하였다.

---

71) 《자치통감》 권182.

39장

창고, 대운하, 민란 그리고 왕조의 멸망

2004년 9월, 뤄양시(洛阳市) 찬허회족구 샤오리촌(瀍河回族区小李村)의 한 타이어 회사 이전 공사 중 거대한 밥그릇 모양의 구덩이 흔적들이 다수 발견되었다. 고고학자들은 처음에는 그저 평범한 건물 터로 생각했으나 발굴이 진행될수록 이곳이 예사로운 곳이 아니라는 것을 알게 되었다. 이곳은 현재까지 발견된 곡식 저장창고 중 가장 규모가 큰 '회낙창(回洛仓)'이다.

고고학자들은 G310국도가 관통하는 이 지역에서 71개의 창고 터를 발견하였고 그중 3개에 대해 발굴 작업에 들어갔다. 이들의 평균 직경은 10~12미터였고 이 중 가장 큰 것은 직경이 18미터에 깊이가 12미터에 달했다. 그 후 그 일대에 축구장 50개의 크기의 동서 1,000미터, 남북 355미터의 직사각형 성벽 흔적을 발견하였고 그 안에 오와 열을 맞춘 창고가 710개 있었음이 밝혀졌다. 창고 하나의 저장 용량이 대략 50만 근이니 회낙창의 총 저장 용량은 3억 5,500만 근(17만 8,000톤)에 달했을 것으로 추산된다. 수나라 사람들은 땅을 파낸 후 그 표면을 1차로 불로 지져서 말린 후 그 위에 홍토와 흑회를 섞어 반죽한 혼합물을 발랐다. 그리고 다시 그 위에 풀을 덮은 후 목판을 덮은 다음, 다시 그 위에 볏짚을 깔고, 그 위에 겨를 채운 후 또 그 위에 볏짚을 깔았다. 이런 식으로 완벽하게 방습 처리를 한 창고가 700여 개나 있었던 것이다.

회낙창(回洛倉)의 북측 성벽 문에는 황하와 회하를 연결하는 운하인 통제거(通济渠)로 닿는 부두가 있었다. 물론 이 운하는 지금은 거의 볼 수가 없고 일부 구간만 유적지로 남아있을 뿐이다. 그곳에서 발견된 글자가 새겨진 30센티미터 크기의 벽돌은 회낙창의 곡식이 허베이, 허난, 산동, 장쑤, 안후이에서 왔다는 걸 알려주었다. 낙양의 수요 충족뿐 아니라 관중으로의 곡식 수송에 있어서도 중요한 역할을 했던 회낙창은 당왕조 때에 들어서 공격에 취약하다는 이유로 폐기되었고 대신 낙양성 내에 건설 중이던 함가창(含嘉倉)[72]을 완공시켜 이로써 대신하였다.

---

72) 뤄양시 노성구(洛阳市老城区) 뤄양 동역에서 서쪽으로 1킬로미터 떨어진 기찻길 가에서 발견된 수당시대 창고. 낙양성 안에 위치한 것이 특징이다. 수양제 즉위 원년인 605년에 착공하였으나 당태종 이세민 때 완공되었다. 동서 612미터, 남북 710미터의 43만 제곱미터에 달하는 정방형 지역에 400개의 창고가 있었음이 밝혀졌다. 지금은 160호 창고 하나만 관광객에게 개방하고 나머지는 다시 덮었다. 당현종 때는 이곳에 583만 석의 곡식이 저장되어 있었고 그것은 당시 전국 비축량의 절반에 해당하였다. '천하제일창(天下第一倉)'이라는 별명을 가지고 있는 함가창은 당현종 때(8세기 중엽)까지 사용되다가 수당 대운하의 수량(水量)이 줄어들어 조운 효율이 떨어지지자 그 역할도 퇴화되었다.

회낙창 유적지　　　　　　　　　수나라 창고 단면도

　수왕조는 창고를 짓고 곡식을 저장해 놓는 것을 특별히 좋아했다. 대운하의 거점마다 거대한 창고가 있었고 창고도 운송용, 저장용, 구휼용 등 그 용도에 따라서 몇 가지로 구분되어 있었다. 운하라는 것은 곡식을 운반하기 위해 만든 수송로이므로 운하의 발달과 창고의 발달은 불가분의 관계이며 운하에 집착했던 수왕조 시기에 창고가 발달한 건 당연한 일이다.

　회낙창은 수왕조의 강대함과 풍요의 상징이기도 하지만 동시에 수왕조의 어두운 단면을 보여주기도 한다. 후에 "수나라가 남겨놓은 곡식으로 50년을 먹고 살 수 있다"라는 당나라 2대 황제 이세민의 멘트는 물론 과장이고 지금은 잘못된 해석으로 알려져 있긴 하지만 수나라가 많은 양의 곡식을 쌓아두었다는 것만은 사실이다. '창고에 곡식이 산처럼 쌓였고 더 이상 둘 데가 없어서 바깥에다 놔두어서 부패하였다'고 하는 사서의 기재를 어렵지 않게 볼 수 있다. 심지어 가뭄과 홍수가 와도 창고의 곡식으로 백성을 구휼하지 않고 매정하게 백성이 알아서 먹으라고 할 정도였다. 거대한 양식 창고에 곡식이 철철 넘치는 상황은 우리에게 여러 가지 상상의 여지를 남긴다. 이는 수문제 경제정책의 성과이기도 하며 수문제의 비축 철학(양견은 특별히 절약을 신조로 한 황제이다)의 발로로 볼 수도 있다. 또 한편으로는 수양제의 대운하 물류 프로젝트에 의한 조운의 발달과 이에 따른 창고 인프라 시설의 발달의 결과로 볼 수도 있다. 그러나 풍요의 상징인 양식 창고는 그것을 백성들에게 베풀 때 비로소 풍요로움의 상징이지 백성들이 어려운 데도 문을 굳게 닫고 구제하지 않으면 이는 탄압의 상징이며 백성들의 공격의 대상이 되는 것이다. 수왕조 말기 전국에서 민란이 일었을 때 전국의 양식 창고들은 봉기한 농민군들의 1차 타깃이 되었다. 617년 봄, 이밀(李密)이 이끄는 봉기군인 와강군(瓦岗军)은 흥락창(兴洛仓, 허난성 쩡저우)을 점령하여 백성들에게 문을 개방하였고 굶주린 백성들은 남녀노소 할 것 없이 구름처럼 몰려들어와 그곳의 곡식을 가져갔다. 이는 와강군의 세력을 획기적으로 증대시키는 계기가 되었다. 얼마 지나지 않아 3만 병력의 와강군은 낙양을 공격했고 낙양성 북쪽의 회낙창을 점령하는 데 성공한다. 회낙창 역시 백성들에게 문이 개방되었다. 이듬해 4월 수양제 양광이 죽고 수왕조는 멸망을 고했다.

수양제

나에게 수양제를 처음 알려준 건 아주 어릴적 본 만화책이었다. 거기서의 양광은 머리가 아주 큰 가분수에 입은 썰어놓은 수박같이 귀밑까지 찢어진 희괴한 모습이었고 매일 대운하에서 미녀들과 뱃놀이나 하며 껄껄대는 망나니로 그려졌다. 그 모습이 인상 깊었던지 나는 여지껏도 '수양제'하면 그 만화의 우스꽝스럽고 철없는 어린아이 같은 모습이 떠오른다. 하지만 양광이 즉위했을 시의 나이는 이미 35살이었다. 수양제는 고구려를 세 번이나 공격했고 대운하를 만들면서 민중을 X고생 시켰고 결국 수왕조를 멸망으로 이끌었으니 역사적 평가가 좋을 순 없다. 그렇지만 내가 본 만화에서처럼 어린아이도 아니었고 우스꽝스럽고 한심한 사람은 절대 아니다. 오히려 그 반대라 할 수 있겠다.

604년 수양제 양광이 즉위하였을 때 수의 경제 상황은 더할 나위없이 좋았다. 인구와 경작지가 늘어나면서 각지의 창고에는 곡식으로 가득찼으며 제지 기술 같은 수공업도 큰 발전을 이루었다. 정치는 안정되어 있었으며 사회, 문화적으로도 발전을 이루고 있었다. 수문제는 한족 문화 부흥을 위해 도서 수집과 편찬을 장려하여 수의 황궁 도서관에는 33만 권의 책이 있었는데 이는 역대 왕조 중 최다였다. 군사, 외교적으로도 외부의 위협에서 비교적 자유로웠다. 아버지의 탁월한 이간질 외교전략으로 강력한 튀르크를 친중국 정권으로 만들어 놓았기 때문이다. 그러나 양광은 10년 남짓 되는 짧은 시간동안 웬만한 공격으로는 끄떡 없을것 같은 이 거대한 신형 항공모함을 침몰로 몰고 가는 신기를 발휘했다. 수문제는 훌륭한 군주였지만 그는 말년에 치명적인 잘못을 저지르는데 그것은 다름이 아니라 장자 양용(杨勇)을 폐하고 차남 양광(杨广)을 태자로 다시 책봉한 일이다(600년). 정치 9단 양건도 나이가 들면서 판단력이 흐려졌다고 볼 수도 있지만 그보다도 태자가 되기까지 양광은 철저하게 자신을 포장하고 훌륭하게 주변인들을 속였다. 양광의 위선과 연기는 '왕망(王莽)'이나 '사마의(司马懿)'

정도 되어야 견줄만할 듯하다.

양광이 태자가 되고 즉위에 이르기까지의 스토리를 이야기하는 것은 그의 캐릭터를 이해하는 데 매우 중요하지만 아쉽게도 다음 기회로 남겨둬야 할 듯하다. 하지만 양견의 최후는 이야기하지 않으면 안 될 것 같다. 어이 없게도 양견은 자신의 친아들 양광에 의해 죽임을 당했다. '인수궁의 난'이라고 불리우는 이 사건은 양견이 장자 양용을 패하고 죽음에 이르게까지 한 것을 후회하며 그 진상에 대해 하나둘씩 깨닫게 되자 다급해진 양광이 선수를 쳐서 수문제의 휴양 별궁인 '인수궁'을 포위하고 황제의 호위무사와 내관들을 전부 내보낸 일이다. 다음날 양광은 수문제가 붕어했음을 알렸다.

진부인과 인수궁 사건

수문제 양견의 비빈 중에는 부친의 둘째 부인이었던 진부인(일명 선화부인)이 있었다. 진부인은 남조 진(陳)의 마지막에서 두 번째 황제 진선제(陈宣帝)의 14번째 딸이자 마지막 황제 진숙보(陈叔宝)의 이복 여동생이다. 589년 양광을 최고 사령관으로 한 52만 대군에 의해 진이 멸망하였을 때 진 황실의 여인들이 장안으로 끌려와 궁노비가 되었는데 이때 아름다운 진씨가 양견의 눈에 들어 수문제의 빈첩이 되었다.

독고황후 재위 때에는 비빈들이 거의 수문제의 침소에 들지 못했지만 오직 진씨만은 그래도 눈치를 봐가며 수문제의 총애를 받았다고 한다. 602년 독고황후가 죽자 수문제는 기다렸다는 듯이 그녀를 귀인으로 올렸다. 이때 수문제는 61살의 노인이었고 진부인은 20대 중반의 젊은 여인이었다. 수문제 사후 그녀에게 선화부인(宣华夫人)이라는 작호가 주어졌다.

604년이 되자 병이 깊어진 수문제는 태자 양광으로 하여금 황궁에서 정사를 돌보도록 하고 자신은 별궁인 인수궁으로 옮겨서 와병 생활을 했다. 이때 병부상서 유술(柳述), 황문시랑 원암(元岩), 그리고 종친 대신인 양소(杨素)가 인수궁에서 그를 보좌하였다. 양소는 양광이 심어놓은 사람이었다. 양광은 아버지가 태자를 바꿀까봐 항상 불안해했다. 그래서 "인수궁에서 무슨 상황이 생기면 즉시 나에게 보고하라"는 서신을 써서 양소에게 보냈다. 그런데 양소에게 가야 할 서신이 환관의 실수로 수문제에게 전달되었다. 이를 본 아버지 수문제에게 무슨 생각이 들었을까?

편지 사건과 거의 비슷한 시기에 또 한 가지 결정적인 사건이 벌어진다. 604년 7월 어느 날 진부인이 옷을 갈아입으려는 사이 양광이 진부인의 방으로 들어와 그녀를 덮쳤다. 진부인은 격하게 반항하였고 간신히 벗어난 그녀는 수문제에게 달려왔다. 안색이 창백한 그녀를 보고 수문제가 연유를 묻자 그녀는 "태자가 저를……"이라며 울면서 고했는데 이 일이 '인수궁의 변'을 불러일으켰다. 화가 머리 끝까지 난 수문제는 "이런 짐승 같은 놈! 아, 독고가 일을 이렇게 만들고 갔구나!"라고 말하고는 병부상서 유술(柳述)과 황문시랑 원암(元岩)으로 하여금 양광의 폐위 조서를 쓰게 하고 폐위된 양광의 형 양용(杨勇)을 불러오라고 명했다. 상황이 급박하게 돌아가고 있었다. 그런데 이 사실은 양소에 의해 양광에게 보고되었고 양광이 한발 빨랐다. 양광은 조서를 쓰던 유술과 원암을 체포하여 억류하였고 자신의 군대를 이끌고 인수궁을 포위한 후 경호원들과 궁인들을 모두 나가도록 하였다. 수문제는 다음날 죽은 채로 발견되었다.

　며칠 후 양광은 진부인에게 금으로 된 작은 상자를 보냈고 그녀는 그 안에 든 것이 사약인 줄 알았으나 열어보니 장신구와 양광이 직접 쓴 편지였다. 진부인은 양광의 뜻을 거절하였으나 환관들의 강한 권고과 위협에 못이겨 그날 양광의 침소로 갔다. 이것이 《수서》와 《자치통감》이 기술하는 '인수궁 정변'의 전말이다. 그런데 당나라 때의 패관야사인《대업략기(大业略记)》은 진부인을 인수궁 정변의 핵심인물처럼 기술한다. 《대업략기(大业略记)》가 비록 정사로 인정받지는 못하지만 양광과 선화부인 간의 관계에 관해서는 훨씬 일리가 있는 설명을 한다. 양광과 진부인은 서로의 미래를 위해 손을 잡았다는 것이다. 그녀가 수문제의 총애를 받긴 했으나 수문제가 죽으면 망국의 공주 신분인 그녀와 그녀 일가의 미래는 더욱 암담할 것이다. 그녀에게는 두 명의 남동생이 있었는데 그들은 먼 곳으로 유배보내져 수나라 군인들의 감시하에 스스로 농사를 지으며 힘든 삶을 살고 있었다. 그녀에게 있어서 수문제 사후 자신과 가족들의 미래를 보장해 줄 수 있는 사람으로 태자 양광보다 더 나은 사람은 없었다. 그럼 양광은? 양광은 형 양용이 살아있고 자신의 태자 지위가 확고하지 않음에 상당한 불안을 느끼고 있었다. 그래서 아버지의 측근들을 자기 사람으로 만들어서 자신을 지속적으로 홍보할 필요가 있었는데 총애하는 부인만큼 아버지에게 가까이 다가갈 수 있는 사람이 어디 있겠는가? 이렇게 하여 양광과 진부인 간에 결탁이 이루어졌다. 《대업략기》에는 수문제가 살해당하는 정황을 눈으로 직접 보듯이 아주 상세히 묘사하고 있다. 이에 의하면 양광의 비서실장인 태자좌서자 장형(张衡)과 양소가 수문제의 방 앞에 도착하자 진부인이 아무 말 없이 방을 나섰고 장형이 들어갔다고 한다. 그리고 얼마 후 수문제가 세상을 떴음을 알렸다.

진부인은 양광이 황제가 된 후 그의 부인(빈)이 되었다. 그리고 두 남동생들과 가족들은 유배가 풀어지고 낙양으로 들어와 관리가 되었다. 이때 그녀의 나이 28살이었다. 양광은 선화부인 말고도 진의 마지막 황제 진숙보의 넷째 딸과 여섯째 딸도 자신의 비빈으로 삼았다. 멸망한 진(陳)왕조의 자매들이 수왕조의 후궁에서 힘 깨나 썼을 것 같다. 그녀는 일년 후 29살의 젊은 나이로 세상을 떴다. 사인은 알려지지 않았다.

대운하

많은 사람들에게 수양제 하면 가장 먼저 떠오르는 것은 대운하일 것이다. 대운하는 양광이 뱃놀이를 하기 위해서 만든 것일까? 대운하에 대한 몇 가지 오해를 풀어보자.

대운하의 노선

오늘날 중국인들이 부르는 대운하의 일반적인 명칭은 '경항대운하(京杭大运河)' 또는 '수당대운하'이다. 전자는 '베이징(北京)과 항저우(杭州)를 잇는 운하'라는 뜻이고 후자는 '수당 시대에 만들어진 운하'라는 뜻이다. 그래서 수당대운하를 베이징에서 항저우까지 남북으로 관통하는 운하일 거라고 생각하는 분들이 깨나 있을 것이다. 그러나 지금 이야기하고자 하는 수나라 때의 대운하는 베이징과 항저우를 이으려고 만든 운하가 아니다. 베이징과 항저우가 역사의 주무대가 되기까지는 아직 한참을 기다려야 하는데 당시 항저우와 베이징을 이을 이유가 있었을까?

수나라 때 착공한 대운하는 크게 '4+1'개 노선으로 구성되어 있었고 모든 라인은 낙양을 중심으로 뻗어 있었다. 왜 낙양인가? 이는 대운하의 건설 목적과 연관되어 있다. 대운하는 남방의 곡물을 낙양으로 이송하기 위한 조운의 목적으로 만든 것이기 때문이다. 수양제는 즉위 원년에 수도를 서안에서 낙양으로 천도하였고 이때부터 수의 중심은 낙양이 되었다.

수양제 즉위 이듬해인 605년에 '낙양(洛阳)-산양(山阳)' 간 650킬로미터에 걸친 통제거(通济渠)가 개통되었다.[73] 산양(山阳)은 오늘날의 장쑤성 화이안시(江苏省淮安市)로서 회하(淮河) 하류에 있는 도시이다. 그러므로 통제거는 황하와 회하를 연결하는 운하이며 수당대운하의 가장 기본 노선이었다. 같은 해에 산양에서 강도(江都)를 연결하는 160킬로미터 거리의 한구(邗沟)가 개통된다. 강도(江都)는 오늘날 장쑤성 양저우(扬州)의 옛 이름으로 장강 하류에 위치하고 있다. 그러므로 한구(邗沟)는 회하와 장강을 연결하는 운하인 것이다. 이렇게 장강 하류에서 회하를 거쳐 황하까지(양주에서 낙양까지)의 800킬로미터가 넘는 운하가 개통되었다. 그로부터 5년 후인 610년에 양주에서 다시 남쪽으로 항저우(杭州)까지 300킬로미터에 이르는 강남(江南)운하가

---

73) 통제거의 서쪽 끝은 정확히는 뤄양(洛阳)이 아니라 반저(板渚)라는 곳으로 오늘날의 허난성 싱양시 스수이진(荥阳汜水镇) 동북의 황하 강변이다. 이곳은 뤄양과 쩡저우(郑州)의 사이에 있지만 뤄양으로부터는 동쪽으로 약 70킬로미터 떨어져 있고 오히려 쩡저우와 가까이 위치해 있다. 이곳은 뤄양을 지나는 황하의 지류인 낙수(洛水)가 황하로 합류되는 지점으로서 이곳에서 뤄양까지는 낙수를 타고 갔다.

개통되었다. 이로써 대운하의 남쪽 끝단은 항저우가 되었다.

608년에 낙양에서 오늘날의 베이징인 탁군(涿郡)을 연결하는 700킬로미터가 넘는 영제구(永济渠)가 개통되었다. 이 운하는 태항 산맥 동쪽의 허베이 평원에서 생산되는 곡물을 낙양으로 운송하는 목적도 있었지만 그와 동시에 군사적인 목적도 있었다. 당시 탁군은 고구려 동정을 위해 군사와 군량이 집결되는 곳, 즉 고구려 동정을 위한 출정 지역이었다. 이렇게 하여 통제거(通济渠), 한구(邗沟), 강남(江南)운하, 그리고 북으로 뚫린 영제구(永济渠)를 합하여 총 4개 라인이 수양제 때 완공되었다.

이보다 앞서 수문제 즉위 초기인 584년에 개통한 '장안-낙양' 라인 광통구(广通渠)가 있었다. 수가 성립되었을 당시 조그만 관중 평원의 생산량은 이미 장안의 수요를 충족시킬 수가 없었다. 그래서 동쪽에서 오는 곡식에 의존할 수밖에 없었는데 황하의 지류인 위수(渭河)는 강폭의 변화가 심하고 수심이 얕아 수송에 적합하지 않았다. 그래서 위수에서 남쪽으로 얼마 떨어지지 않은 곳에 동서로 운하를 팠다.

이렇게 하여 낙양을 중심으로 한 전장 2,000킬로미터의 '4+1'개 라인이 형성되었고 이 모양은 남북을 관통하는 게 아니라 삼거리의 모양을 하고 있었다. 그런데 베이징에서 항저우를 남북으로 잇는 운하가 없는 건 아니다. 원나라 때(13세기 후반) 베이징 통저우(通州)에서 허베이, 산동을 관통하여 회하 강변의 화이안시(淮安市)에 이르는 남북 직통 운하가 착공된다. 수나라 때 만들어진 운하들은 지금은 일부 구간만 남아 있을 뿐 거의 볼 수가 없고 오늘날 '경항(京杭)대운하'라고 하면 원나라 착공되어 명청 시대를 거쳐 쭈욱 사용되어 온 '베이징-항저우' 간 남북 직통 대운하를 지칭한다.

수당대운하 노선

건설 방법

사료에 묘사된 대운하는 큰 배가 다니기 위해 폭을 최소 30~40미
터, 깊이를 최소 10미터로 하였다고 한다. 도대체 2,000킬로미터에 달
하는 대규모 공사를 어떻게 이 짧은 시간 동안에 완공시켰는지, 이를
위해 얼마나 많은 사람이 동원되어 힘들게 노역을 했을지 상상해 보
자. 수양제 시기의 대운하 건설을 위해 1,000만 명 이상의 장정이 동
원되었다고 하는데 이는 운하가 통과하는 주변 지역에 거주하는 거의
모든 부역 연령의 남자들을 다 끌어모은 숫자일 것이다.

수왕조의 단명 원인은 무엇보다도 운하 건설로 인해 국력을 너무 소비하고 민중의 원성을 산 것이 가장 컸다. 그렇지만 전장 2,000킬로미터에 달하는 길이를 모두 파낸 것은 아니었다. 오히려 아무것도 없는 맨땅을 파낸 것은 일부에 불과하다. 우리는 중국의 산천 중에서 황하, 회수, 장강 정도만 알고 있지만 이들 사이에는 무수히 많은 지류들이 거미줄처럼 나 있다. 사실 중국에서 운하의 역사는 엄청 오래되었다. 광대한 중국은 내륙 운송에 있어서 수로를 이용하지 않을 수 없었기 때문이다. 이들은 춘추시대부터 운하를 파서 사용하기 시작했고 이러한 운하를 이용한 조운은 진한 시기까지 이어졌다. 이렇게 많은 조운 인프라가 400년간의 대분열 시기를 거치면서 보수를 하지 않고 방치되었으니 운하의 물은 말라버리고 쓸 수가 없어졌다. 수양제 시기에 만들어진 운하는 대부분이 춘추전국시대와 진한 시기에 만들어 놓은 운하를 확장·재개통하여 주변의 작은 강들과 연결한 것이다. 즉, 작은 강들과 과거에 있던 운하를 이용하여 만든 것이지 맨땅을 생으로 파서 개통한 것이 아니라는 것이다. 그렇지 않았으면 이렇게 짧은 시간 동안 기계의 도움 없이 2,000킬로미터에 달하는 운하를 완공시키는 건 도저히 불가능한 일이다. 예를 들면, 수문제 때 개통된 '장안-낙양' 간 라인인 광통구(广通渠)는 3개월 만에 완공되었는데 그것이 가능했던 이유는 진한 시대에 사용되었던 운하를 재개통한 것이기 때문이다.

회하(화이안시)와 장강(양저우시)을 연결한 한구(邗沟)는 기원전 486년 오(吳)왕 부차 재위 시기 만들어진 운하이다. 수양제가 재개통했을 시에는 물론 오랜 세월 사용되지 않아 흔적만 있었겠지만 그래도 맨땅을 파는 것보다는 훨씬 수월했을 것이다. 남방 라인의 주축인 통제거 역시 기원전 4세기 전국시대 위나라 때 농업 관개(灌漑) 목적으로 만들어진 운하인 홍구(鴻溝)를 전신으로 한 것이다.

그렇지만 수당대운하의 위대한 점은 작은 노선들을 연결하여 하나의 거대한 노선을 만들었다는 데에 있고 이것은 이전 시대에서는 시도조차 해 보지 못했던 일이다. 한마디로 물길을 통합한 것인데 이는 산천의 위치에 대한 완벽한 이해가 있었기에 가능했던 일이다.

건설 시기

많은 사람들이 수당 대운하가 전부 수양제 때 축조되었다고 알고 있고 그래서 대운하 건설에 대한 역사의 비난은 모두 수양제 양광의 몫이 되었다. 앞서 말했듯이 수왕조 멸망은 대운하와 고구려 원정으로 인한 국력 소모와 이로 인한 민중의 반발이 주된 원인이긴 하지만 그렇다고 대운하의 모든 라인이 수양제 시기에 만들어진 건 아니다. 장안으로 연결되는 광통거는 수문제 때 개통되었다. 그리고 가장 기본 라인인 '황하-회화' 간 통제거는 수문제가 남조를 멸망시키고 중국을 통일한 589년에 착공되었다. 아직 수양제가 황제로 즉위하기 5년 전의 일이다. 그렇기 때문에 650킬로미터에 걸친 통제거가 양광의 즉위 이듬해인 605년에 완공될 수 있었던 것이다.

수양제 양광의 잘못은 운하를 만든 것에 있었던 것이 아니라 너무 급하게 동시다발적으로 일을 벌리고 몰아쳤다는 것과 그 위에서 수차례 상상을 초과하는 규모의 뱃놀이를 하면서 민중의 원성을 산 것에 있다.

수당 대운하는 현존하는가?

오늘날 수당 대운하에서 배를 타고 싶다면 아쉽지만 꿈을 접어야 한다. 수당 대운하는 북송 때까지 사용되다가 그 후 방치되었고 지금은 대부분의 구간에서 흔적조차 찾기 어렵다. 시멘트를 쓰지 않는 당시의 운하는 끊임없이 보수를 하고 준설하지 않으면 수량이 줄어들고 흙이 들어와 쌓여 사용할 수가 없었다. 주요 라인인 통제거는 남송 때부터 방치되면서 없어지기 시작했는데 알고보면 그 이유는 너무나 당연하다. 화북지역을 이민족의 수중에 내어주고 강남으로 피신해 있던 남송으로서는 화북과 화남을 연결하는 통제거를 그대로 놔둘 수가 없었기 때문이다. 그 후로 원나라 때 남북을 관통하는 경항대운하가 뚫리면서 수당대운하는 퇴화될 수밖에 없었다. 현존하는 대운하는 원나라 때부터 20세기 초까지 사용되던 경항대운하인데 이마저도 일부 구간은 끊겨 있다. 만약 수당대운하의 흔적을 보고 싶다면 통제거의 서쪽 출발지였던 허난성 쩡저우시(鄭州) 북쪽 싱양고성(荥阳故城)을 가거나 아니면 허난성 동부 상치우시(商丘市)의 대운하 부두 유적지를 가야 한다.

수당 대운하는 왜 만든 것인가?

수가 통일을 이루었을 때 중국은 경제와 인구 분포에 있어 예전과는 판이하게 달랐다. 남북조 시기를 거치면서 강남이 개발되었고 화남의 생산력이 화북을 초과하기 시작하였다. 여기서 강남 또는 화남이라 함은 회하와 장강 하류지역을 말한다. 남으로는 오늘날의 저장성(浙江省) 정도가 당시의 실질적인 경제 판도였지 그보다 더 남쪽인 푸젠성, 광동성, 광시성 등은 수의 공식적인 영토였을 뿐 이곳은 아직까지 미개발, 또는 저개발 지역이라 해둬야 할 듯하다. 한편 서위, 북주, 수를 거치면서 장안이 화북 정치의 중심이 되면서 이곳으로의 인구

유입이 늘었고 관중평원의 생산량으로는 도저히 자급자족이 불가능해졌다. 그래서 수문제 때 장안과 낙양을 잇는 광통거(广通渠)가 개통되었고 수양제 즉위 원년에 급기야 낙양으로 천도를 한 것이다. 물론 낙양으로의 천도는 경제적 목적 외에도 정치적 목적도 있었다. 장안은 너무 서쪽에 치우져 있었고 통일된 중국을 관리하는 데 있어서 정치 중심을 동쪽으로 이동할 필요가 분명히 있었기 때문이다. 양견도 낙양으로의 천도를 검토한 적이 있었다. 그러나 낙양으로의 천도도 화북의 식량 수급 불균형 문제를 완전히 해결할 순 없었다. 수왕조 성립 후 중국의 인구는 급격히 늘었으며 이들은 여전히 중원 지역에 집중되어 있었기에 남방의 잉여 생산물을 대거 수송해서 중원지역으로 대지 않으면 안되었다. 이렇게 봤을 때 천도, 운하개통, 창고건설 등이 모두 같은 맥락에서 이해될 수 있고 특히 대운하와 같은 곡식 수송로의 개혁은 필연적이었다고 말할 수 있다.

수문제는 수왕조 건립 후 불과 3년째 되던 해에 광통거를 만들어 개통시켰고 아직 통일을 이루기도 전인 587년에 이미 통제거 착공을 위한 준비를 하고 있었다. 물론 통제거의 남단은 진(陳)의 영토이므로 2년을 기다려야 했지만 이는 당시 중국에게 있어서 그만큼 운하의 필요성이 컸고 시급했다는 걸 반증한다.

물론 대운하의 건설에 수양제의 개인적 욕심이 없었다고는 말할 수 없다. 양광은 605년, 610년, 616년, 세 번에 걸쳐서 오늘날의 양저우(扬州)인 강도(江都)로 대규모 유람을 떠났다. 수양조의 뱃놀이는 무슨 항모 전단이 움직이는 것과 같았다. 수백 척의 배들이 수양제가 탄 5층짜리 거대한 용 모양의 배를 호위하며 따랐고 왕족들, 문무백관, 비빈들, 궁녀들 등 수만 명을 대동했으며 선단이 2백여 리(80킬로미터)를 이루었다고 한다. 운하의 양옆으로는 폭이 4~6미터 정도 되는 도로가 만들어졌고 수만의 기병들이 선단을 따라갔다. 선단이 지나는 오백리 내에서는 모두 공물과 양식을 바쳐야 했고 지방 관리들은 잘보이기 위해 너나없이 특산물과 산해 진미를 갖다 바쳐 그 낭비는 이루 말할 수 없었다고 한다. 수양제의 강도(양저우)로의 유람은 웬만한 전쟁에 맞먹는 어마어마한 비용과 인력이 들어가는 국가 행사였지만 수양제 는 아랑곳하지 않았다. 특히 610년의 세 번째 유람이 행해졌을 때에는 고구려와의 세 번에 걸친 전쟁으로 국력이 다 소모된 상태인 데다가 이미 각지에서는 민란이 일어나고 있었다.

대운하의 수혜 도시 양저우(扬州)

수당대운하에 고마워해야 할 도시들이 있는데 그중 대표적인 곳이 양 저우(당시명 강도江都)이다. 장쑤성의 중부에 위치한 양저우는 난징에서 북동쪽으로 약 100킬로미터 떨어져 있는 장강 하류 연안의 도시이며 회 하와 장강을 잇는 한구(邗沟)가 장강과 만나는 지점이다. '중국 운하 제 일의 도시(中国运河第一城)'라는 별명을 가지고 있으며 고대 양저우의 번 영을 말하는 '양일익이(扬一益二)'라는 속담도 있다. '양주가 일등, 익주 (쓰촨 청두)가 이등'이라는 뜻의 이 속담은 당나라 때 장강 유역의 대표적 인 두 상공업 도시인 양주(양저우)와 익주(청두)의 번영과 풍요로움을 나 타내는 말이다.

위진남북조 시대를 거치면서 강남 지역의 경제가 크게 발전하였고 결정적으로 '안사의 난' 이후로 화북의 경제가 하락하고 장강 유역의 경제적 지위가 상승하였는데 강남의 번영을 대표하는 두 도시가 익주와 양주였다. 각각 장강 상류와 하류의 물자 교역의 중심지였던 익주와 양주는 경제 규모로 화북의 두 정치 중심지 장안과 낙양을 추월하였다. 그래서 '천하에서 풍요로움으로는 양주가 으뜸이고 익주가 두 번째이다'라는 '양일익이(扬一益二)'라는 성어가 나온것이다.

양저우가 그렇게 발전하게 된 데에는 회하와 장강을 잇는 조운의 허브가 된 점과 수양제의 휴양지가 된 점이 가장 큰 요인일 것이다. 수양제는 한번 유람을 하면 양저우에서 몇 달씩 머물렀으니 수많은 문무 백관, 미녀, 공납업자들이 몰렸고 밤낮으로 연회가 열렸을 것이다. 휴양을 위한 궁전이 지어지고 돈과 물자가 이리로 다 모이니 상공업과 건축업, 숙박업, 요식업 등 3차 산업이 발달하지 않을 수 없었다. 또한 당나라 때에 들어와서 아랍 등 외국과의 교역이 활발했고 이들 외국 상선들은 1차로 광저우에서 정박한 후 다시 양주로 가서 거기서 운하를 타고 내지로 운송되었다.

오늘날 양저우는 한국인들에게 잘 알려진 관광지는 아니지만 계란과 새우가 들어간 양저우 챠오판(볶음밥)은 중국에서 잠시라도 살아본 사람이면 한 번쯤은 들어본 메뉴이다. 마치 비빔밥 하면 전주를 떠올리는 것과 같이 양저우는 차오판(炒饭)의 대명사가 되었는데 이 역시 수양제와 관련이 있다. 수나라 때의 군중 쉐프였던 사풍(谢讽)이 저술한 《식경(食经)》에는 양저우 볶음밥에 대한 유래가 나온다. 수양제는 평소 쇄금반(碎金饭)이라는 계란 볶음밥을 좋아했고 그가 강도 유람 시 황제의 쉐프는 '금가루 밥'이라는 이름의 이 계란 볶음밥을 강도에서도 선보였다. 그리고 거기에 남방에서 잡은 새우 등 여러 가지 재료들을 추가하여 수양제의 찬사를 얻었고 그것이 양저우 볶음밥의 유래라고 전해진다.

수의 멸망 원인

수는 대운하 건설로 인해 멸망한 것인가? 맞기도 하고 아니기도 하다. 수의 멸망이 대운하 건설 때문만은 아니지만 그것이 큰 요인 중의 하나임에는 틀림없다. 수왕조의 멸망 원인은 다음과 같다.

3개 통치 집단의 부조화

북주를 계승한 수의 통치 계층의 핵심은 관롱 그룹이었다. 반면 북제의 통치 계층은 산동의 사족이었는데 관롱 그룹은 이들 산동의 문관 귀족들에게 강압적인 방식을 취했다. 한편 남조의 통치 계층인 순혈 한인들은 북방의 이민족 혼혈 정권의 통치를 받는 것에 여전히 위화감을 느꼈다. 이렇듯 이들은 물리적으로 합쳐졌을 뿐 화학적 결합은 이루어지지 않았다.

통치 계급 간의 불협화음 외에도 민간에서의 문제도 불거졌다. 수나라의 통일 후 북주의 상하층 모두 정복자의 태도로 북제와 남진을 대했다. 그들은 북제 사람들을 편견과 멸시의 태도로 대했고 자신들이 한족의 정통을 이었다고 생각하고 있는 남방의 한인들 역시 수왕조 통치자들에 대해 똑같이 불만을 가지고 있었다.

황권과 관롱 집단 간의 정권투쟁, 이로 인한 내부 불안정

황위 선양의 형식을 취하긴 했지만 실은 찬탈이나 마찬가지였던 양견의 즉위 방식은 핵심 지도층인 관롱 집단의 전폭적인 지지를 받지는 못했다. 단지 양견 집안의 세력이 컸기에 관롱의 사족들은 어쩔 수 없이 인정할 수밖에 없었지만 내심으로는 불만을 가지고 있었다. 그러나 관롱 사족들과의 갈등이 표면화될 때마다 양견은 유화정책을 취하지 않고 탄압과 배척, 제거의 방법을 취했다. 심지어 그를 도왔던 유방(刘昉)도 죽게 했다. 이렇게 황권과 관롱 집단과의 갈등이 불거졌다.

황위를 이어받은 양광은 서둘러 관롱 사족들의 황권에 대한 견제를 벗어나려고 애썼는데 낙양으로 천도를 한 목적은 바로 이런 데에 있었고 과거제를 창건하고 조정의 구조를 바꾼 것도 다 이런 것과 연관이 있었다. 이런 조치들이 관롱집단으로 하여금 더욱 위기감을 느끼게 만들었고 황권과 관롱 집단 간의 갈등은 더더욱 커져갔다. 북주와 수는 모두 관롱에서 일어선 왕조이므로 황권과 관롱 집단 간의 갈등이 불거지는 것은 사실 통치의 근본이 흔들리는 것이었다. 결국 수왕조 말기 천하동란이 일었을 때 황권은 의탁할 곳이 아무 데도 없었다.

전쟁과 토목 공사

사실 위에 설명한 불안 요인들은 왕조 초기에, 특히 막 통일을 이룬 왕조에 있어서는 불가피하게 직면할 수밖에 없는 문제들이다. 그러므로 양광이 조금만이라도 사회를 유지하려는 마음을 가지고 속도와 정도를 조절했으면 이렇게까지 급속도로 무너지진 않았을 것이다. 양광은 그의 재위 10여 년간 국가의 원기를 소모하고 민중들을 힘들게 만드는 갖가지 일들을 벌렸는데 이는 크게 토목 공사와 전쟁이라는 두 가지 방식으로 진행되었다. 토목 공사로는 대운하가 대표적이지만 그 외에도 천도, 장성 축조, 치도(고속도로) 건설 등등 엄청나게 많은 공사를 벌렸다.

604년 11월 낙양 주변의 해자(垓子, 성을 둘러싼 방어 목적의 개천)을 파기 위해 산시, 허난의 농민 수십만 명을 부역에 동원했다. 이듬해에 낙양성을 짓기 위해 매월 동원된 사람이 200만 명이었다. 604년에서 610년 사이 각 구간의 운하를 파는데 회하와 장강 주변 지역의 농민과 사병 300만 명이 매월 동원되었다. 607, 608년에 오늘날 네이멍구 후허하우터시 투어커투어현(呼和浩特 市托克托县)에서 장성 보수 공사를 하였는데 이를 위해 농민 120만 명이 차출되었다. 이런 식으로 십여 년간의 연이은 대규모 공사에 징발된 농민들 수는 1,000만 명이 넘었으며 그중 반수가 죽어나갔다고 한다. '천하가 부역에 죽어가는' 참상이 벌어지고 있었다.

고구려 원정

대운하 건설과 함께 수의 멸망에 직접적 원인을 제공한 것이 고구려 원정이다. 앞선 역사에서 중국의 중원 정권은 요동과 만주, 한반도 북부에 걸친 한(韓)민족 정권을 두 차례 무력 침공하였다. 한무제의 고조선 점령이 그 첫 번째였고 두 번째가 조위(曹魏)의 고구려 공격(비류수 전투)이다. 그리고 이번에 이야기하는 수양제의 원정이 그 세 번째이다. 물론 요동에서 무룡선비족의 연(燕) 계열 국가와 고구려의 군사 충돌을 포함하면 그보다 훨씬 많지만 중원과 요동의 충돌을 이야기하고자 함이니 무룡선비와의 전투는 포함시키지 않았다. 앞선 두 번의 군사 충돌에서 한민족 정권이 거의 일방적으로 당했던 것과는 달리 이번에는 고구려가 훌륭하게 수의 대군을 물리쳤다. '을지문덕'과 '살수

대첩'으로 대표되는 이 시기의 전쟁사는 한국인이면 초등학생들도 알고 있는 자랑스러운 역사의 한 장(章)이 되었다.

근데 수나라와 고구려와의 군사 충돌은 왜 일어난 것인가? 수양제는 왜 고구려를 향한 동정(東征)을 하였을까? 그것도 세 번에 걸쳐서 대규모로 말이다. 수양제는 고구려에게 무슨 깊은 원한이라도 있었던 것일까? 어떤 책에는 611년에 수양제가 탁군(베이징)에 행차했을 시 고구려 국왕(영양왕)이 조회하지 않은 것에 씩씩거리며 고구려 정벌을 명했다고 하는데 이는 수양제를 바보로 만드는 편협한 설명이다. 물론 영양왕이 탁군으로 와서 수양제를 알현하지 않은 것을 계기로 수가 고구려 공격 계획을 공식적으로 천명한 건 맞지만 이는 전쟁을 하기 위한 명분을 만드는 과정이었을 뿐이다. 오지 않을 거라는 것을 알면서 오라고 하는 것은 선전포고나 마찬가지가 아니겠는가? 그 후로 고구려 또한 수의 공격에 대비한다.

이 물음에 대한 답을 찾기에 앞서 먼저 수양제의 세 차례에 걸친 원정이 있기 전에 수문제 때에 이미 고구려를 향한 군사 원정이 있었음을 알아두어야 한다. 수문제는 중국을 통일하고 9년이 지난 598년에 30만 대군을 동원하여 고구려 요동성과 평양성을 향해 수륙 두 갈래로 진격했는데 이 사실은 그의 아들 양광이 고구려 공격에 왜 그리 열을 올렸는지에 대한 단서를 줄 수도 있을것 같다. 수왕조 38년의 짧은 역사는 수문제 정권과 수양제 정권이 극명하게 서로 대비되는 것 같지만 실은 수양제는 아버지 수문제가 했던 일들을 대부분 이어받아 완수하고자 했다. 과거제, 대운하, 천도, 튀르크와의 관계 등 이 모든 것들이 전부 수문제가 시작했거나 하고자 했던 정책들이었고 수양제는 이를 계승하고 발전시키고자 했다. 단지 그 방식에서 극명한 차이를 보였을 뿐이다. 수문제는 실리적이며 허튼 짓은 하지 않는 스타일이다. 양광처럼 자신을 드높이기 위해서 군대와 백성을 마구 동원하는 걸 가장 싫어하는 사람이다. 이런 그가 튀르크를 상대하는 것도 버거운 마당에 30만 병력을 모아 고구려를 공격했다?

고구려가 수의 원정 대상이 된 것은 고조선이 한무제의 공격을 받아 멸망한 것과 비슷한 이유에서이다. 당시 한은 흉노를 상대하는 데 바빴지 고조선은 공격의 대상이 아니었다. 그런데도 한무제가 고조선을 공격한 것은 고조선이 한의 최대 적국인 흉노와 군사 연맹을 맺으려는 움직임이 있었기 때문이다. 영토 분쟁이나 감정적인 이유로 일어나는 전쟁은 국지전으로 끝난다. 그렇지만 자신의 안보에 근본적인 위협이 되는 경우는 상대의 심장을 노리는 전면전을 불러일으킨다. 당시 수를 둘러싼 동아시아 국제 판도를 보자. 한때 수는 동서남북에 모두 적대적인 정권을 두고 있었다. 무엇보다도 몽골 초원의 동서에 걸쳐서 튀르크라는 거대 세력이 위에서 누르고 있었다. 또한 오늘날의 칭하이와 신장 일부에 걸친 투위훈이 서쪽에서 위협하고 있었으며 수왕조 초기에는 남쪽에도 적이 있었다. 그리고 요동을 포함한 동북 지역에서는 고구려와 거란이 있었다. 동북의 뜨거운 분쟁지역 요동은 397년 광개토대왕이 후연으로부터 뺏어온 후 줄곧 고구려의 영토였기에 수는 요하를 사이에 두고 고구려와 접하고 있었는데 이는 고구려의 서쪽 끝에서 육로로 700킬로미터만 가면 탁군(베이징)에 도착할 수 있고, 요동반도 끝에서 배를 타고 100킬로미터 남짓만 가면 산동반도에 상륙할 수 있다는 것을 말한다. 게다가 고구려의 외교적 스탠스가 수왕조에 그리 우호적이지 않았다. 사실 고구려는 남북조 시대 내내 북조나 남조 어느 한 정권에도 치우치지 않았다. 북위와 남조 모두에게 책봉을 받고 모두에게 조공을 했으며 또 어떤 때는 한쪽에는 하고 다른 한쪽에는 하지 않는, 이런 식이었는데 좋게 말하자면 균형 외교이고 나쁘게 보자면 어느 한 곳과도 진정한 우방을 만들지 못했다. 또한 북조 정권를 견제하기 위해 북방의 유목 민족 정권과 적극적으로 교류를 한 전력이 있다. 그러니 수 입장에서 고구려가 좋았을 리 없다. 그리고 무엇보다도 역사 이래 자신들의 영토라고 생각하는 요동을 고구려가 점령하고 있는 것이 그들을 상당히 불편하게 했을 것이다. 중국이 분열되어 있을 때는 이런 외교 정책이 효과를 발휘했지만 통일 정권이 들어서자 고구려는 거대한 위협에 맞닥뜨렸다. 특히 수가 진(陳)을 멸망시켰을 때 고구려는 큰 충격을 받았을 것이다. 고구려가 선택한 외교 전략은 수와 표면적으로 우방을 표방하면서 적극적으로 다른 견제 세력과의 협력을 모색하는 것이었기 때문이다.

596년 수나라의 외교·군사 라인에 비상이 걸리게 한 일이 있다. 수의 사신이 동튀르크의 칸을 만나러 갔다가 고구려에서 온 사신을 본 것이다. 이것이 왜 수에게 민감한 사안인가? 왜냐하면 자신들이 우려하던 튀르크와 고구려가 손을 잡으려는 정황이 드러난 것이기 때문이다. 수로서는 튀르크와 고구려의 교류가 군사 동맹으로 발전하기 전에 둘 중 하나를 쳐야 했다. 그렇다면 튀르크를 치겠는가? 결과적으로 고구려가 혼자 힘으로 수의 연이은 공격을 막아내긴 했지만 수와의 전쟁을 불러일으킨 고구려의 외교적 행보에는 아쉬움이 남는다고 볼 수도 있다. 그렇다고 고구려가 수의 공격을 받았을 때 튀르크가 고구려를 도와줬냐 하면 그것도 아니다. 만약 고구려가 수에게 조금 더 가깝게 다가감과 동시에 수에게서도 한반도 일에 중립을 지키겠다는 확답을 받은 후 차라리 한반도 통일에 매진했더라면 고구려가 중국의 중원왕조와의 전쟁에서 이렇게 힘을 뺄 필요도 없었을 뿐더러 우리의 역사와 영토는 지금과는 완전히 달라졌을 수도 있다. 백제, 신라가 주로 교류하였던 나라는 남조의 국가들이었지 북조 왕조들과는 그리 우방 관계를 맺었다고 할 수 없기 때문에 이런 접근이 충분히 가능했을 거라 생각된다. 하여간 고구려 사신 일이 있은 후 수문제는 고구려에 최후 통첩을 보내 튀르크와의 군사 동맹을 하지 말 것을 요구하였고 고구려가 이를 받아들임으로써 둘 간의 충돌은 일어나지 않았지만 이미 수와 고구려 간에는 일촉즉발의 긴장 관계가 고조되고 있었다. 그리고 수와 돌이킬 수 없는 강을 건너게 된 두 번째 사건이 이듬해에 발생한다. 597년 고구려는 말갈 부족과 연합하여 요하를 건너 요서의 수나라 군사기지를 공격하였다. 이 사건을 계기로 고구려는 수의 국가 안보전략상의 타깃이 되었고 수문제, 수양제 2대에 걸쳐 다섯 차례나 원정이 계획되거나 행해지게 된다. 더 큰 문제는 이 관계가 당까지 이어졌다는 것이다. 아무리 강력한 고구려라도 중국의 두 통일왕조 수, 당에 걸친 장기간의 공격을 버틸 수는 없었다.

이듬해인 598년에 수문제는 30만 병력을 수륙 두 갈래로 나눠서 고구려 원정에 나선다. 고구려와 수와의 대결에서 고구려에게는 운이 여러 번 따랐다. 육군은 이동 중 전염병이 발생한 데다가 식량 보급이 원활치 못하여 도중에 철수하였고 수군 역시 도중에 풍랑을 만나 대부분이 물에 빠져죽었다. 후에 고구려가 수나라에게 사과를 표하면서 두 나라의 군사 충돌은 발생하지 않았지만 이는 후에 있을 대규모 전쟁의 서막에 불과했다.

수문제의 뒤를 이은 수양제는 612, 613, 614년 세 차례에 걸쳐 원정을 시도하였다. 612년의 1차 원정에서는 수양제가 직접 통솔하는 113만 대군이[74] 육군과 수군으로 나뉘어서 탁군(베이징)과 산동성 동래(東萊, 산동반도 옌타이 부근)에서 진격하였다. 이 상황은 기원전 5세기 초 페르시아가 아테네를 침공하는 상황을 떠올리게 한다. 페르시아와 아테네와의 전쟁도 표면적인 전력상으로는 완전한 비대칭이었고 에게해의 지형도 발해만과 같이 움푹 들어가 있다. 그래서 페르시아도 한번은 육로와 두 번은 바다를 건너서 왔고 이들도 한번은 풍랑을 맞아 군대를 되돌린 적이 있다. 그리고 아테네는 세 번에 걸친 페르시아의 대군을 훌륭하게 물리쳤다.

수양제의 1차 원정은 아주 오래동안 계획된 전쟁이었다. 아버지 때 식량 보급이 원활치 않아 군대를 되돌린 경험으로 '낙양-탁군' 간 대운하를 개통했다. 북쪽의 튀르크 제국은 동서로 갈라졌고 동튀르크를 철저한 친수정권으로 만들어 놓음으로써 북쪽의 우환이 해소되었다. 서튀르크도 604년의 철륵족의 반란으로 일시적으로 거의 와해되었다. 그리고 608년에 수는 서쪽의 우환인 투위훈을 공격하여 큰 타격을 입혔다. 이렇게 수양제는 북쪽과 서쪽 변경의 손발을 묶어놓는 작업을 끝낸 후 고구려 원정을 시작하였다. 그렇지만 우리가 잘 알다시피 수양제의 1차 원정은 철저히 실패하였다. 그리고 국력 소모에 대한 부작용과 억눌려 있던 백성들의 원성이 이때부터 표출되기 시작한다. 사실 수는 1차 원정

---

74) 물론 이 수는 과장이다. 수당 시기 병력 규모로는 113만 명을 데리고 원정을 가는 것은 불가능하다.

의 시작부터 문제가 많았다. 대운하 건설로 기력이 빠져있는 상황에서 대규모 징집과 행군, 식량과 전투물자의 장거리 수송으로 백성들의 피로는 극에 달했으며 동래에서 수백 척의 전투선을 건조하기 위해 백성들은 밤낮없이 하반신을 바닷물에 담근 채 있다 보니 살이 짓무르고 구더기가 끓어 죽어 나가는 사람이 태반이었다고 한다.

2차 원정에서는 하남성 여양이라는 곳에서 군량 운송을 감독하는 양현감(杨玄感)[75]이 반란을 일으켜 수양제는 도중에 군사를 돌리지 않을 수 없었다. 3차 원정에서는 기력이 빠진 고구려가 수의 공격을 방어하지 못했다. 요동이 뚫렸고 수의 군대가 평양성으로 향하던 중 고구려는 반란 실패 후 고구려로 망명한 양현감의 부하 곡사정을 수나라로 보내면서 강화를 청하였고 수가 이를 받아들임으로써 더 이상의 전투 없이 군대를 철수시켰다. 수양제는 이번에는 체면을 세웠다고 생각했으나 3차 원정이 진행될 무렵에는 수의 각지에서 이미 민란이 일고 있었다. 그런데도 수양제는 고구려 원정의 미련을 버리지 못하고 이듬해인 615년에 4차 원정을 준비했다[76]. 그러나 때는 이미 여기저기서 민란이 들끓고 있던 터라 수양제는 원정을 포기해야 했다. 그대신 그는 이듬해 강도(양저우)로 다시 가서 휴양을 하는 어이없는 선택을

---

75) 양현감의 부친 양소(杨素)는 수의 개국공신이며 진(陈)을 멸망시킬 때 실질적인 최고 사령관 역할을 한 사람으로서 수문제, 수양제를 걸쳐서 활약한 조정의 핵심 인물이다. 양견이 황위를 찬탈할 때 공조한 공으로 상서령, 태사, 사도(司徒) 등 모든 요직을 다 거쳤고 초국공(楚国公)에 봉해진다. 그러므로 양소의 아들 양현감의 반란은 보통 봉기가 아니라 권력 내부에서 수양제의 폭정을 보다못해 나온 쿠데타이다. 양현감의 쿠데타는 결국 진압되어 그의 시체는 조정으로 보내져 갈기갈기 찢겨졌고 가문은 거의 멸족되었다.

76) 615년 8월 수양제는 4차 동정 준비를 시찰하러 탁군으로 가던 중에 분양궁(산시성 영무)에 들러 피서를 하려고 하였다. 그리고 이때 동튀르크의 시비 칸의 습격을 받아 포위되어 생포될 뻔 한 일이 벌어진다. 그러나 이때의 튀르크의 습격은 고구려를 도와주려고 한 것이 아니라 수의 '마읍 암살 사건'에 대한 보복이었다.

한다. 이때 이미 수왕조의 운명은 정해진 것이나 다름 없었다.

616년이 되었을 때 천하는 이미 봉기군의 세상이었다. 최초의 민란은 양광이 1차 고구려 원정을 하기 1년 전인 611년부터 이미 시작되었다. 이들 봉기군의 리더는 다양한 신분으로 구성되어 있었는데 어떤 이는 하급관리 출신이었고 어떤 이는 지주 출신이었는가 하면 어떤 이는 양현감과 같은 고위 무관이었으며, 어떤 이는 순수한 농민 출신이었다. 그리고 이들 봉기군 중에는 양광의 이종 사촌 형제인 태원왕(太远王) 이연(李渊)도 포함되어 있었다. 어떤 이들은 스스로 왕 또는 황제를 자처하였고 어떤 이들은 북쪽의 튀르크를 끌어들여 원조를 구하는 등 중국은 다시 할거와 민란의 혼돈 속으로 빠져들었다. 이들은 수왕조 타도를 외치며 관청과 식량 창고들을 공격하였고 수왕조가 망하자 생존과 확장을 위해 서로 싸우거나 합병하였다. 진제국 말기나 왕망의 신왕조 말기의 내전 상황이 또다시 재현된 것이다.

616년 7월 양광이 낙양에서 양저우로 떠났을 때(3차 유람) 이미 허난성 농민들의 폭풍 지지를 받으며 중원의 유력한 세력이 된 와강군(瓦岗军)이 낙양을 포위하며 양광의 열 가지 죄상을 발표하였다. 자신에게 민란을 평정할 힘이 없다는 걸 안 양광은 체념한 듯 1년이 넘도록 양저우의 미궁에서 술과 미녀들에게 둘러싸여 있었다. 618년 4월 결국 수왕조의 명이 다했다고 생각한 양광의 최측근인 선비족 장수 우문화급[77]이 금위군을 이끌고 궁으로 쳐들어와 양광을 목매달아 죽였다.

---

77) 양견의 첫째 딸은 선비족 무신 귀족 집안의 아들인 우문사급(宇文士及)에게 시집 갔는데 그의 형이 우문화급(宇文化及)이다. 즉, 양광은 자신의 사돈집 사람에 의해 죽임을 당한 것이다.

성장기 당唐의 리더십

40장
제2의 황금기 당(唐)

당삼채. 당의 화려함, 개방성, 풍요로움과 강대함을 이보다 더 함축적으로 보여주는 물건은 없다고 생각된다. 낙타를 끌고 들어오는 서역과 아랍 상인들, 각국의 외교 사절단, 북적대는 장안과 낙양의 모습, 시장과 망루, 고층 탑들, 원양 상선들이 끊임없이 드나드는 항구 도시들, 경제적 풍요, 인구 증가, 영토 확장, 과거제도의 완성, 문화와 과학기술의 비약적인 발전, 각국의 유학생 러시, 몰려드는 상인을 맞이하려는 숙박 업소와 유흥 업소들, 수많은 제왕들과 영웅들, 그 안에서 치열한 생존 게임을 한 궁중의 여인들, 조국의 안위를 위해 눈물을 머금고 낯선 이민족 국가에 시집가야 했던 공주들⋯⋯. 당에 대한 이야기를 하려면 책 한 권을 다 할애해도 모자랄 것이다. 그렇지만 당시 사람들은 이 모든 걸 당삼채라는 예술 양식으로 담아내었다. 생동감 있는 모양과 화려한 색채의 당삼채를 보고 있노라면 당시 시대의 모습과 분위기가 느껴진다.

제2의 황금기라 불리우는 당(唐)은 명실상부한 중국 역사상 최전성기이자 중국인들의 마음속에 가장 내세우고 싶은 왕조이다. 오늘날의 중국의 정치 지도자들은 당의 부흥을 꿈꾸며 중국이 당처럼 되기를 바라고 있을지도 모른다. 그런데 아이러니한 건 중국 역사에서 가장 빛났던 이 시기가 중국 개혁사에는 그리 큰 족적을 남기지 않았다는 것이다. 당나라 시대의 유명한 개혁가를 들어보았는가? 안사의 난 이후 행해진 조세와 재정 개혁, 그리고 당 후기 기울어져 가는 당왕조를 살려보려는 시도들에 대해선 분명 주목할 필요가 있다. 그러나 당이 전성기를 구가했던 안사의 난 이전의 시기에는 오히려 드라마틱한 개혁이 눈에 띄지 않는다. 그래서 역사 이야기꾼들에게 있어서 당은 물론 할 얘기가 넘치는 시기이지만 당의 개혁은 그리 선호되는 소재가 아니었던 것 같다.

그건 왜일까? 당 초기에는 개혁이 없었나? 그럼 당의 황금기는 어떻게 온 것인가? 이 질문에 대한 답은 비교적 간단하다. 당의 개국 초기 정책들은 전부 수왕조의 정책을 그대로 계승한 것이기 때문이다. 당은 수의 개혁 정책들을 완성시켰고 그 위에서 부흥했던 세기이므로 개혁 정책을 보는 입장에서는 수의 연장선상에서 보는 게 마땅하다. 그래서 당을 수와 구분하지 않고 수당이라고 부르기도 한다. 그러면 우리는 당의 무엇을 이야기해야 하는가? 우리는 당의 어떤 측면에 주목해야 할 것인가?

당왕조 289년(618~907)의 역사는 755년에 일어난 '안사의 난'을 기점으로 전반기와 후반기로 나뉜다. '안사의 난'은 당이라는 거대 항공모함을 밀어주던 강력한 엔진이 수명을 다해간다는 걸 보여주는 일대 사건이었다. 균전제, 부병제와 같은 당의 경제와 군사력를 받쳐주던 제도들은 더 이상 지속될 수 없었으며 통치 그룹의 열정과 투명함은 이제 과거의 일이 되어버렸다. 우리가 말하는 '당의 황금기'란 안사의 난 이전을 말하며 이는 엄밀히는 창건자 이연이 내전을 종식시키고 전국을 통일한 624년부터 안사의 난이 발발한 755년까지의 약 130년간의 시기이다. 역사는 이를 '성당(盛唐) 시기'라 부른다. 장장 8년에 걸친 안사의 난은 130년간의 안정과 번영의 시기를 종식시켰고 그동안 잠재되어 있던 여러 가지 문제점들을 수면 위로 표출시켰다. 당은 그 후로 내리막길을 걸었고 다시 오르지 못했다.

황금기의 동력 I: 군사력

당을 중국 역사의 황금기로 만든게 무엇인가? 당의 황금기를 이루는 것은 무엇인가? 이런 질문에 대한 답을 몇 마디로 말하는 것은 매우 곤혹스러운 일이다. 그렇지만 '황금기의 동력'에 대해 고찰하지 않고 당의 화려한 겉모습에만 취해 있다면 그것은 역사를 바로 바라보는 것이 아닐 수 있다.

'당을 황금기로 만든 게 무엇인가'대 대한 나의 첫번째 답은 군사력이다. 당은 우리가 보아왔던 그리고 앞으로 나올 중국의 중원 왕조 중 군사력이 가장 강했던 나라이다. 여기서 중원 왕조라 함은 비(非)한족이 세운 원(元), 청(淸)과 같은 왕조는 제외한다는 뜻이다. 우리나라에서는 어쩌다 보니 '당나라 군대'가 오합지졸을 뜻하는 말이 되어

버렸는데 이는 근거도 없으며 사실과는 오히려 정반대이다. 당이 개방성을 유지하며 당시 세계 무역의 중심지가 되고, 상업이 번성하며 문화가 발달할 수 있었던 것은 모두 동, 북, 서쪽 변경의 위협을 완전히 제거하고 넓은 영토를 경영하였으며 실크로드와 해상 무역로를 완전히 장악하였기에 가능했던 일이다. 당왕조 황금기의 핵심은 군사력이며 안사의 난 이전의 당은 중국의 고대 왕조 중 오늘날의 미국과 가장 닮은 나라였다. 지금이야 미국의 위상이 다소 떨어지긴 했지만 지난 세기 말까지만 하더라도 미국은 전 세계에서 가장 자본주의가 발달하고, 부유하고, 개방적이고 자유로우며 과학과 대중문화가 발달한 나라였고 세계의 수많은 사람들이 아메리칸 드림을 꿈구며 미국으로 향했다. 이런 미국의 번영에는 이를 가능케 해 준 압도적인 군사력이 있었듯이 당의 번영 뒤에도 막강한 군사력이 있었다.

당의 성립은 그들과 변경을 맞대고 있던 주변 민족들에게는 불행의 시작이었다. 2대 황제 태종 즉위 후 전란의 휴유증을 수습하고 휴양생식을 통하여 경제력을 되살린 당은 7세기 30년대부터 튀르크, 투위훈, 고구려, 거란에 대한 대대적인 공격을 시작하였다. 634년에 투위훈의 국왕을 살해하고 괴뢰 황제를 세우면서 사실상 투위훈을 식민지화했고 645년에 동튀르크를 멸망시켜 광활한 몽골 초원을 평정했다. 이로써 당태종은 튀르크와 서역의 여러 국가들로부터 천(天)칸이라는 칭호로 불리게 되니 당시 주변국들이 느꼈던 당의 위세를 짐작해 볼 만하다. 결국 이 세기 60년대에 들어 당은 서튀르크를 멸망시킴으로써 100년 동안 중국을 괴롭혀왔던 북쪽의 거대 초원세력을 완전히 무릎 꿇렸고 그 후 백제, 고구려를 차례로 멸망시킴으로써 사방의 적대

세력을 모두 자신의 식민지로 만드는 중국 역사상 유례없는 강성함을 이루게 된다. 세 번째 황제인 고종 때(649~683) 당의 영토는 최고조에 이르렀고 자치 식민지를 포함한 당제국의 세력권은 동으로 한반도 북부, 북으로 바이칼호, 서쪽으로는 아랄해, 남쪽으로는 베트남 중북부에 이르렀고 면적으로 추산하면 1,230만 제곱킬로미터(오늘날 중국의 면적 960만 제곱킬로미터)에 달했다. 당은 장성을 한 번도 축조하지 않았던 유일한 중원 왕조로 역사에 남는다.

전성기 당의 세력권(669)

당 군사력의 핵심

사방의 모든 적을 다 굴복시키고 중국 역사상 최대 강역을 이룬 당의 군사력의 핵심은 무엇이었을까? 당의 군대는 왜 이토록 강했을까? 병력이 압도적이었을까? 당의 병력 규모에 대해서는 여러 가지 주장이 있다. 당은 초기에는 농병 합일의 부병제였는데 중기로 가면서 균전제의 붕괴로 농(農)이라는 한 축이 무너지자 이와 연계된 부병제 역시 그 수명을 다한다. 그 후 당의 병제는 모병제로 전환된다. 그러므로 당의 상비군 규모에 대해서는 시기별로 큰 차이가 있다는 걸 염두에 두어야 한다. 여기서는 안사의 난 이전의 전성기 당의 군사력에 초점을 맞추고자 한다.

전문가들은 당의 군대 편제와 조각 조각의 역사적 사료에 의거하여 저마다의 추산 결과를 밝히고 있는데 이를 종합하자면 대체적으로 60만 명 정도로 보고 있다. 이 병력 수는 많은 것인가? 중국의 통일 정권 중에서 병력이 가장 많았을 때는 명나라 때인데 당시의 상비군이 220만 명이었다. 무기력해 보였던 송나라도 가장 많았을 때에는 126만 상비군을 보유하고 있었다.[78] 인구 700만이 채 안 되었던 고구려의 병력도 다 긁어 모으면 25~30만은 되었으리라 추측된다. 왜냐하면 당태종의 공격을 앞두고 연개소문은 병력의 대부분을 평양성으로 집결시켰는데 그것이 20만 명이었다고 적혀있으니 요동에 남아있던 병력을 합하면 25만 정도는 되었으리라 보인다. 그렇다면 60만이 조금 넘는 병력은 당의 인구와 영토의 크기, 경제력에 비했을 때 생각보다 적은 규모이다. 630년 동튀르크를 멸망시켰을 때 출정시킨 병력이 10만이었고, 당태종이 1차 고구려 원정 때 끌고간 병력은 육군과 수군을 합하여 17만이었다. 3차 원정 때(이세민의 사망으로 취소됨) 최대 규모의 병력을 징집했는데 그것이 30만이었다.

---

78) 王增瑜 저《宋朝军制初探》中华书局出版 1983, 8月 69쪽, 송인종 경년 연간 (1040~1048) 병력 수.

자, 그럼 당 군사력의 핵심이 병력의 수가 아니라면 무엇이 그들을 강군으로 만들었을까? 이런 문제는 보통 한두 가지 요인으로 설명될 수는 없다. 이 질문에 대한 논문이나 체계적인 설명을 찾아보려 했지만 없는 걸로 봐서 여지껏 이에 대한 궁금증을 제기한 사람이 그리 많지 않았던 모양이다. 여러 측면의 고찰에 의한 나의 분석을 이야기하자면 이렇다.

첫째, 국민의 성향이나 가치관은 국가가 위기에 처하거나 대외 충돌 발생 시 크게 영향을 미친다. 보통 이런 측면의 중요성을 간과하고 객관적이거나 제도적인 측면만 보는 경향이 있는데 집단의 성향이 그 사회의 경쟁력에 미치는 영향은 그 무엇보다 크다고 할 수 있다. 가장 쉽게 생각하면 남미 국가들이 왜 축구를 잘하는지를 생각하면 될 듯하다. 이들이 나라가 부유하고 스포츠 과학이 발달해서일까? 그게 아니라 이들은 옛날부터 온 국민이 축구를 좋아했고 걷기 시작하는 순간부터 축구공과 함께 살았기 때문이다. 고구려가 백제, 신라에 비해 월등한 군사력을 가지고 있었던 이유 역시 같은 맥락이다. 한족과 선비족의 혼혈 정권인 당에는 5호16국과 남북조 시대를 거치면서 부단한 전쟁 중에 형성된 북방 유목 민족의 상무정신(尙武精神)이 깃들어 있었다. '상무정신'이란 '무(武)를 숭상한다(尙)'는 뜻으로 요즈음에는 좀처럼 듣기 어려운 단어이지만 필자가 어릴 적에는 가끔 듣던 말이다. 초원에서 말달리고 활쏘면서 사냥을 즐기며 전투를 두려워하지 않던 유목민족의 피와 문화가 대거로 들어오면서 당은 국민 성향은 우리가 생각했던 것처럼 앉아서 글만 보는 점잖은 선비 사회가 아니었다. 당나라 때 유행하던 격구(擊球)라는 스포츠가 있었다. 말을 타고 장대를 이용하여 공을 몰고 가서 상대편 골대에 넣는 매우 격하고 위험한 경기이다. 칼과 활을 안 들었다 뿐이지 거의 전쟁과 같은 스포츠였다. 어떤 영화에서는 양귀비가 당현종과 격구를 하는 장면이 나오는데 양귀비가 격구를 했는지 아닌지는 확실치 않으나 당시 여자들도 격구를 했던 것은 사료에 나와 있는 사실이다. 생각해 보자. 여자들이 말 위에 올라 먼지 풀풀 날리는 경기장에서 소리치며 이리저리 뛰어다닌다? 뒤에 나오는 무측천의 어머니 양씨(그녀는 귀족 집안의 딸이었다)도 말을 타기를 좋아하는 자유분방한 성격의 여성이라고 사료는 설명하고 있다. 이는 당이 얼마나 개방적이고 무를 숭상했던 사회였는지를 보여준다.

둘째로는 부병제라는 독특한 군제에 있다. 수문제가 확립한 부병제는 농민들에게 토지를 공짜로 나눠주는 균전제와 연계되어 토지를 받은 사람은 모두 부병이 되어 징발에 응해야 하는 제도이다. 이는 과거의 징발과는 완전히 달랐다. 토지를 공짜로 받았으니 이들은 흔쾌히 군복무에 응했고 또한 훈련 시 옷가지와 먹을 것, 개인 무기를 스스로 챙겨 갔으므로 국가의 입장에서는 부대의 운영 부담이 적었다. 부병제는 당으로 하여금 언제든지 대규모 징집을 가능케 했다.

세 번째로는 적극적인 포상제도에서 그 이유를 찾을 수 있다. 전장에서 공을 세운 병사들에게는 당연히 포상을 한다. 장수나 장교들은 진급이라는 방식이 있고 일반병들의 전공에 대한 포상은 보통 곡식이나 직물로 행해졌다. 그중에서도 당왕조 초기는 역대 왕조들 중 병사들의 전공에 대해 아주 후한 포상 제도를 운영한 시기로 손꼽힌다. 이는 현대 사회에서도 마찬가지이다. 기업의 판매 실적은 제품이 좋거나 가격이 저렴한 것에 의해 판가름난다고 생각되지만 실은 많은 경우 판매 채널과 소비자 접점에서의 영업 인력들의 적극성에 의해 크게 좌우된다. 그래서 잘 짜여진 협력업체들과 영업사원들에 대한 인센티브 제도는 기업의 영업력을 결정지으며 만약 기업이 단기간에 판매 실적을 올리고자 할 때 가격을 낮추기보다는 이들에 대한 포상이나 리베이트를 늘려주는 게 더 효과적일 때도 많다. 전국시대 진(秦)은 상앙의 변법 이후로 작위를 20개로 구분하여 병사들의 전공에 따라 작위를 올려주었고 이러한 신분상승과 경제적 보상에 대한 열망이 진을 강군으로 만들었다. 당 역시 전쟁에 참가한 사람들에 대한 두터운 보상을 한 왕조이다. 당 성립 초기, 즉 이연이 봉기를 일으켰을 때는 살기가 어려워진 빈농이나 유랑민들이 굶어 죽는 것보다는 나아서 군인이 되었다. 그러나 그 후 태종(이세민)과 고종(이치) 시기의 부병들은 일반 농민들, 즉 먹고 사는 것은 해결이 된 평민들이 대부분이었다. 당 정부는 전쟁에 참여하여 공을 세운 부병들에게 관직을 주거나 토지를 주는 획기적인 정책을 폈고 이로써 전쟁은 평민들의 신분 상승의 통로가 되었다. 또한 당태종의 전투 스타일이 속전속결이라서 매번의 출정이 그리 오래 지속되지 않았다. 그래서 당시 농민들 입장에서는 출정에 참가하는 것은 잠깐 나가서 한바탕 잘 싸워서 전공을 세우면(여기서 전공이란 사람을 많이 죽이는 것) 고향에 돌아와서 하급 관리 자리라도 하나 받을 수 있는 일생일대의 기회였다. 그리고 신분 상승은 당연히 경제적 상승을 가져온다. 그래서 태종과 고종 때 농민들이 서로 출정에 참여하겠다고 자원하는 일이 비일비재하였고 부병 제도의 특성상 입고 먹을 것도 자기가 싸들고 왔으니 정부 입장에서는 절감된 병력 운영비를 무기나 다른 방면으로 쓸 수 있었다. 신분 상승에의 열망은 병사들의 전투 의지를 높여주었고 여기에 부병제의 장점이 더해져서 당은 강하고 효율적인 군대를 운영할 수 있었다.

물론 이러한 제도는 전쟁 국면이 장기화될수록 붕괴될 수밖에 없는 방식이었다. 관직과 토지라는 게 한없이 늘어나는 물건도 아닐 뿐더러 또한 전쟁 국면이 장기화되면 전쟁에서 공을 세우는 경우보다 과를 범하는 경우가 더 많아지기 때문이다. 당군의 승승장구가 언제까지 이어지겠는가? 고종 재위 후기로 들면서 당은 전투에서 패배하는 경우가 많아졌고 전공으로 받은 관직과 땅을 다시 몰수당하거나 전쟁에서 과를 범하여 처벌이나 벌금에 처해지는 경우가 생겨나기 시작하였다. 또한 균전제의 붕괴가 시작됨으로써 균전제와 연계되어 있던 부병제가 제대로 작동할 수 없게 되었다. 다행히 무측천은 이러한 당이 처한 현실을 간파했고 그녀가 정권을 잡은 후로는 건국 후부터 자기 남편 대에까지 지속되어 온 초기 당의 정복전쟁 드라이브를 멈추고 외교적 방식으로 전환시켰는데 만약 무측천 때 시의적절한 방향 전환을 하지 않았더라면 당은 전쟁과 군대라는 함정에 빠져 나라가 위기에 처했을 수도 있다.

네 번째는 무기 체계의 혁신이다. 역사 이래로 중국의 대외 군사 충돌은 '기병 대 보병'의 싸움이었다. 흉노, 선비, 유연, 튀르크, 위구르, 거란 모두 말 안장 위에서 대부분의 시간을 보낸 초원 민족이었고 그러므로 이들의 군대는 모두 기마병이었다. 화기가 등장하기 전인 냉병기 시절에는 한 명의 기마병이 보병 대여섯 명에 필적했다. 당시 잘 훈련된 기마병은 요즈음으로 말하자면 탱크나 공격용 헬기와 같은 존재였고 중국의 역대 중원 왕조들의 보병 군대는 초원 민족의 기병에 속절없이 당하는 경우가 허다했다. 그래서 중국의 대초원 민족 전술은 기병에 대한 열세를 어떻게 극복할 것인가에 초점이 맞춰져 있었으나 마땅한 방법을 찾지 못하고 있었다.

그런데 수·당의 제련 기술의 발달은 '보병 대 기병'의 싸움에서 게임 체인지가 되는 전무후무한 살상력의 중병기를 탄생시켰는데 그것이 바로 맥도(陌刀)이다. 맥(陌)이란 '긴 밭고랑'을 뜻하는 글자인데 아마도 '긴 칼'이라는 뜻에서 지어진 것 같아 보인다. '대(對) 기병 양날 장(長) 병기'인 이 무기는 총 길이가 2~2.7미터에 이르며 매우 예리한 양날을 가지고 있는 중병기였다. 날 부분의 길이만 1.5~2미터에 달하며 그 끝이 매우 날카로워 찌를 수도 있고 양쪽으로 날이 서 있기 때문에 어느 방향으로도 벨 수 있었으며 쉽게 변형되지 않았다. 이와 비슷한 무기는 한나라 때부터 있었으나 실전에 거의 쓰이지 못했다. 이 무기의 관건은 무게와 예리함이었다. 1.5~2미터에 이르는 예리한 양날 칼날을 만들어야 하는데 이전의 제련, 단조 기술로는 그것을 실현시킬 수가 없었다. 서한 때 나온 대 기병 무기인 '참마검(斬馬劍 삼국지의 관우, 장비 등이 들고 다니던 걸 생각하라)'은 그 무게가 20킬로그램에 달했기 때문에 실전에서 병사들이 휘두르기에 너무 무거웠다. 그래서 참마검은 주로 궁 내의 의전용으로 쓰였다. 무게가 무거웠다는 것은 그만큼 얇지도, 예리하지도 못했다는 걸 뜻한다. 그래서 실전에서는 대 기병 무기로 주로 창을 썼는데 창은 찌르기만 하고 벨 수가 없으므로 위력이 그리 크지 않았다.

수나라 때부터 제작되기 시작한 맥도는 무게가 50근에 불과했다고 하는데 수나라의 50근은 오늘날의 11킬로그램이다. 이것도 가벼운 건 아니지만 실전에 쓰는 데에는 문제가 없을 무게이다. 영화와는 달리 고대 전투의 실전에서는 칼과 칼끼리 부딪히거나 상대를 몇 번 베고 나면 그 칼은 이미 무뎌져서 병기로서의 역할을 제대로 못하는 경우가 허다했다. 그러나 당의 맥도(陌刀)는 특수 탄황강(스프링강)을 사용하여 내구성이 좋았고 무척이나 예리한 날을 구현하였는데 이것은 당시 제련과 단조 기술의 큰 발전이 있었기에 가능했다.

당의 군대는 제1선에서 방패와 맥도를 든 맥도병들이 일렬로 진을 유지하면서 마치 벽이 움직이듯이 조금씩 전진하였는데 3미터에 가까운 예리한 검은 보는 이에게 엄청난 위협이었을 것이다. 기마병이 150보 이내로 오면 석궁을 날렸고 50보 이내로 오면 화살을 쐈다. 20보 이내로 오면 긴 맥도를 들고 말과 기병들을 공격하였는데 여기에 유목민족 기병들은 속수무책으로 당했다. 《구당서》의 기재에 의하면 고선지가 소보율국(小勃律国)[79]을 공격할 때 이사업(李嗣业)과 전진(田珍)이 좌우 맥도 장수로서 "둘이 거대한 검을 휘둘렀는데 한번 휘두를 때마다 수 명을 참살했으며 마치 기병을 만난 것처럼 적의 대오가 버티지 못했고 사람과 말이 산산히 분쇄되면서 적군은 기가 꺾였다"라고 한다. 《신당서》에 의하면 '장홍이 부장수로 있을 때 갑옷을 걸치고 맥도를 들고 출병하였는데 한 번 휘두르니 몇 명이 죽었고 적들은 모두 겁을 먹었다"고 한다.

당의 군용 검은 의장용인 의도(仪刀), 보편적인 대인 공격 검인 횡도(橫刀), 대 기병용 양날 장검인 맥도(陌刀), 그리고 개인 방어용 단검인

---

79)　카쉬미르(Kashimir) 지역의 유목 민족 정권.

장도(障刀)의 네 가지로 구성되어 있었고 실전에서는 주로 쓰였던 검은 횡도와 맥도였다. 제련과 단조 기술의 발달은 맥도를 탄생시켰을 뿐 아니라 전반적인 병기를 보다 날카로우며 견고하고 가볍게 만들었다. 냉병기 전을 펼치던 당시에 검의 살상력을 높이고 민첩하게 해 주었다는 것은 오늘날로 비유하자면 단발 총을 쏘고 있는데 상대가 기관총을 쏘고 있는 것과 마찬가지이다. 상왕조가 하왕조를 멸망시킬 수 있었던 결정적 요인은 상왕조의 청동기 발달에 있었다는 사실을 기억할 것이다. 당이 강군을 보유할 수 있었던 데에는 전술의 발달, 지휘관의 능력, 정치적 안정 등 복합적인 요인에 의한 결과겠지만 이 중에서도 무기의 발달은 빼놓을 수 없는 객관적인 요인임에는 틀림이 없다.

맥도는 그 제작 과정이 매우 번거롭고 정밀한 솜씨가 요구되는 당시로써는 첨단 무기였기에 민간에서의 제작과 소지가 엄격히 제한되었다. 오늘날 박물관에 소장되어 있는 칼과 검들은 전부 왕족이나 귀족의 무덤에서 나온 것들인데 이 맥도는 심지어 황제의 무덤에도 부장품으로 넣지 못하도록 규정하였다. 그래서 아쉽게도 아직까지 맥도는 그 실물이 발견되지 않고 있다.

황금기의 동력 II: 개방성

'황금기'의 두번째 동력은 개방성과 상업에 대한 장려이다. 당은 중국 역대 왕조 중 가장 개방적인 왕조이며 상업과 무역을 장려했던 유일한 왕조이다. 개방성과 상업의 발달, 사실 이 둘은 불가분의 관계이기도 하다. 폐쇄적인 사회에서 상업이 발달할 순 없기 때문이다. 지금이야 사회의 개방성에 대한 척도로 언론의 개방, 정치적 자유, 여성 평등, 동성애에 대한 인식 등 여러 측면이 있지만 농업이 주가 된 고대 동북아 사회에서 개방성을 가늠하는 주요 척도는 상업 정책과 인재 기용 정책이었다. 중국의 역대 정권은 춘추시대 제나라의 일부 시기를 제외하고는 전부 중농억상 정책을 써왔고 이러한 분위기하에서 상인들에게는 고율의 세금이 부과되었으며 그들의 사회적 지위는 낮았다. 진(秦)은 상앙의 변법으로 중농억상주의가 더욱 심해졌으며 진시황 때 상인들은 거의 죄인 취급을 받았다. 서한 정부 역시 중농억상 정책을 실시하여 상인들에게 무거운 세금을 부과하여 그들을 곤혹스럽게 만들었고 민간의 상업 활동을 위축시켰다. 동한 역시 상업에 그다지 노력을 들이지 않았으며 이어지는 혼란과 장기 분열기에서 상업이 위축되었음은 굳이 설명이 필요 없을 듯하다. 그러나 당왕조는 달랐다. 변경에서의 군사적 위협이 없어지자 실크로드의 안전이 보장되었고 이로써 서역을 통한 교류는 점점 빈번해지기 시작했다. 그리고 이러한 교류는 초기 당정부로 하여금 경제 교류가 가져다 주는 이익을 실감하게 해 주었고 이들은 보다 과감한 개방과 적극적인 상업 진흥 정책을 추진하였다.

정부가 상업에 대해 우호적이냐 아니냐의 척도는 무엇보다도 상업 활동에 부과되는 세금이다. 당현종때 편찬된 행정법전인 《당육전(唐六典)》에 의하면 '모든 관문에 세금을 부과하지 않았고 상공업자들은 세금을 면제받았다. 단지 가구의 자산 규모에 따라 부과된 호세(戶稅)만 내면 되었다'고 한다. 당대종(唐代宗) 대력4년(769)에 당정부는 등급을 매겨 가중 부과하는 등급제를 폐지하고 일률적으로 본호(本户)에 따라 부과하여 상인들의 세금 부담을 더욱 가볍게 하였다. 또한 안사의 난 이전에는 소금과 술에 관세를 부과하지 않았다. 이러한 일련의 정책들은 상인들의 세금 부담을 가볍게 하였고 상인들의 사회적 지위를 대폭 상승시켰으며 영업에의 적극성을 진작시켰다.

건국 초기 화폐 개혁을 성공적으로 실시한 일도 당의 상업 발달에 큰 역할을 하였다. 당고조 이연은 621년에 한나라 때부터 700년간 사용되어온 오수전을 폐지하고 개원통보(开元通宝)라는 새로운 화폐를 발행하였고 민간의 주조를 엄격히 금함으로써 혼란스러웠던 화폐 질서를 바로잡았다. 중국은 오랜 분열과 혼란으로 같은 오수전이라 하더라도 지역마다 그 함량과 크기가 달랐다. 그러므로 화폐에 대한 신뢰가 낮았고 화폐의 사용률이 낮았으며 이는 원활한 상품 유통의 걸림돌이었다. 당 초기의 화폐 개혁은 상품 유통을 촉진시키고 경제를 활성화하는 데 큰 역할을 하였다.

당 정부는 민간 수공업을 육성하였는데 이 또한 이전 왕조와 차별화되는 정책 중의 하나였다. 고대 사회에서 제조업은 거의 국가가 관리하는 영역이었다. 제조업에는 금속과 같은 전략 자원이 들어가고 농기구와 바늘의 제작은 창칼과 화살촉의 제작으로 금세 변할 수도 있기 때문이다. 그러나 사회와 경제가 어느 정도 단계에 이르면 민영 수공업의 발달은 필연적이다. 고대 사회의 관영 수공업장에서의 일이란 부역과 군역과 같이 백성들을 때때로 차출하여 무상으로 부려먹는 경우가 많았고 이러한 노동력 착취 행태는 백성들에게 부담을 주었으며 백성들의 부담은 통치자들에게도 좋은 일은 아니었다. 또한 농업 발달로 세수가 늘어났고 정부의 재정이 탄탄해지자 정부가 굳이 수공업을 쥐고 있을 필요가 없었다. 민간에 수공업을 개방하자 민간에 자본이 축적되었고 축적된 자본은 상업 수요를 자극하였다. 그리고 이는 다시 수공업을 발전시켜 상품 경제를 활성화시키는 선순환을 일으켰다. 민간 수공업을 지원한 것은 당왕조의 상업 진흥 정책에 있어서 중요한 한 수였다.

그러나 무엇보다도 당나라 때 와서 상업이 발달할 수 있었던 가장 근본적 이유는 농업의 발달로 사회에 부가 쌓였기 때문이다. 배고픔을 해결하기에 바쁠 때는 교역이나 상업이 발달할 수 없다. 눈여겨 두어야 할 사실은 당나라 때 와서 중국의 농업 기술과 생산량이 크게 증대되었다는 것이다. 이는 쟁기의 발명과 같은 농기구 혁신의 덕도 있었고, 당왕조 초기부터 관개(灌漑)와 수리 사업에 엄청난 국가적 노력을 쏟은 결과이기도 했으며, 남방으로부터의 풍부한 농작물이 원활하게 공급된 이유도 있었다. 사실 당왕조 초기의 사회 변혁에 있어서 농업 혁신은 매우 중요한 부분을 차지한다. 그리하여 당태종 때 이미 관영, 민영 할 것 없이 곡식창고에 충분한 비축량이 쌓였고 이는 사회에 충분한 물질적 기초가 되었다. 사회에 부가 쌓이자 이는 자연히 상업의 발달을 자극하였고 상업의 발달은 자연히 외국과의 교역을 불러일으켰다. 여기에 당의 개방정책과 외국인 우호 정책이 더해져서 점점 더 많은 외국 상인들이 실크로드를 따라 장안을 찾았다.

개방성의 또 하나의 척도는 인재 기용이다. 당왕조의 개방성은 과거제도라는 관리 채용 방식에서의 발전과 혁신을 통해서도 드러났다. 과거제도가 수왕조 때 도입되긴 했으나 수왕조의 과거제도에는 응시 자격에 5품 이상의 추천 조건이 있었다. 평민들이 어디 5품 이상의 관원에게 추천을 받겠는가? 그러므로 수왕조의 과거제도는 엄밀히는 평등하고 열린 고시제도라 볼 수 없다. 그러나 당왕조에 들어서 과거 응시 자격에 제한이 없어지면서 그야말로 누구에게나 개방된 고시제도가 되었다. 또한 당 후기에 들어 과거제도에 빈공과라는 외국인 특별 전형을 설치하여 외국인들에게도 국가 공무원이 되는 길을 개방하는 파격 조치를 실시하였다. 당의 수도 장안과 낙양에는 외교 사절로서, 사업을 목적으로, 유학을 목적으로, 과거 응시를 목적으로, 종교 유학을 목적으로, 그리고 포교를 목적으로 온 수많은 외국인들이 있었다. 이들은 아랍에서, 서역에서, 인도에서, 토번(티벳)에서, 신라에서, 일본에서 온 사람들이었고 저 멀리 아프리카에서 온 사람들도 있었다. 당과 외교 관계를 맺은 나라는 40개가 넘었고 당시 장안의 상주 외국인 수는 적게는 5만, 많을 때는 10만 명은 되었을 것으로 추측된다. 장안성의 총 인구 80~100만 명으로 추산 당시 장안의 외국인 비율은 6~10%가 넘었으며 이는 오늘날의 서울 2.6%, 상하이 3.3%[80]보다도 훨씬 높다. 외국인이 많은 건 비단 장안과 낙양뿐이 아니었다. 내륙으로 가는 운하 물류의 중심지인 강도(양저우)에도 수천의 외국인이 있었고 최대 수입항인 광주(광저우)에는 그보다 훨씬 많은 외국 상인들이 있었다. 당시 광저우의 외국인들 수를 조사한 기록은 없으나 '878년 황소(黃巢)의 봉기군이 광주를 공격하여 함락시켰고 이때 성 안의 외국 상인 12만 명을 축살했다'는 기록이 있다. 이 숫자가 다소 과장되었을 가능성이 있지만 그런 걸 감안하더라도 상당히 많은 외국 상인

---

80)   서울 2016, 상하이 2019 상주 외국인 인구 수 통계에 의거.

들이 광저우에 있었다는 것은 분명한 사실이다.

황금기의 동력 III: 아랍제국

　당왕조 황금기의 동력 그 세 번째는 아랍제국의 흥성이다. 오늘날 43개국에 9억 명의 신도를 가지고 있는 이슬람교는 이연이 당왕조를 창립하기 8년 전인 610년 마호메트에 의해 창시되었다. 사막에서 생긴 이 신생 종교는 중동 지역에서 오랫동안 이동하며 목축과 상업을 하던 사막의 유목민(베두윈족)들을 일깨웠고 단합시켰다. 이슬람교로 무장한 아랍제국은 7세기 중반, 즉 중국이 당태종 후반기와 당고종 시기에 있을 즈음 이미 중동지역을 통일하고 이집트와 사산 페르시아까지 접수하는 무서운 기염을 토한다. 7세기 후반에서 8세기 초반에 걸쳐 중국이 무측천과 당현종의 전성기를 구가하고 있을 때 이들 역시 서쪽으로는 북아프리카를 전부 점령하고 그걸로도 모자라서 지브롤터 해협을 건너 스페인까지 무슬림 식민지로 만들어 버렸다. 그리고 동으로는 중앙아시아 여러 국가들과 아프가니스탄까지 점령하여 당과 거의 국경을 접하게 되었다. 결국 751년 오늘날의 키르기스스탄과 카자흐스탄의 접경지역인 탈라스에서 당과 아랍과의 무력 충돌이 벌어지기에 이른다. 이렇게 아랍제국(이슬람 제국)과 중국과의 무력 충돌이 한 번 있긴 했으나 이들과 당과의 관계는 절대 적대적이지 않았고 그럴 이유도 없었다. 이 두 민족 모두 상업적으로 밝은 민족이 아니었던가? 아랍인들은 이슬람교가 생기기 훨씬 전부터 낙타와 배를 타고 사막과 바다를 횡단하며 무역을 하던 사람들이었는데 이제 대 제국이 만들어졌으니 이들의 무역 본성은 더욱 큰 시장과 공급처를 향하고 있었다. 당시 세계에는 세 개의 거대한 세력이 존재하고 있었다. 하나가 동아시아의 당제국, 또 하나는 아랍제국, 그리고 더 서쪽으로 동로마제국이 있었다. 동로마제국은 너무 서쪽에 치우쳐 있었던 데다가 그들은 자신들의 제국을 지키는 것에만 급급했기 때문에 당과 직접적인 교류는 이루어지지 않았지만 아랍은 달랐다. 당고종 때인 651년 아랍 최초의 사신이 당에 온 이래로 당덕종 정관 10년(798)까지 147년 동안 아랍은 당에 무려 39차례의 사신을 보냈다. 아랍제국의 형성은 당에게 있어서 가장 큰 무역 파트너의 탄생이었다.

당과 아랍과의 교역 루트는 초기에는 주로 육상 실크로드를 통해서 이루어졌으나 751년 탈라스전투 후 육로를 통해 서아시아로 가는 것이 막히자 양국의 상인들은 해상 항로를 이용하지 않을 수 없었다. 이로써 해상 무역의 시대가 열린다. 육로 운송에 비해 해운의 가치는 훨씬 컸다. 적재량과 운송량, 단위당 운송비용에 있어서 육로 운송과는 비교할 수 없는 우위에 있었고, 이 점에 있어서 아랍인들의 원거리 항해술은 매우 큰 역할을 했다.

아랍인들이 해상을 통해 중국으로 들어올 때는 4개의 항구 중 하나에 도착해야 했다. 교주(交州, 베트남 하노이), 광주(广州, 광동성 광저우), 명주(明州, 저장성 닝보), 강도(江都, 장쑤성 양저우)가 당시 외국 상선들이 정박하던 곳이다. 이 중에서도 특히 광저우는 서양과의 해상교통의 집산지였고 오늘날의 싱가포르 같은 역할을 했다고 볼 수 있다. 외국 상인들은 광저주에서 하역하여 화물을 넘기기도 했으나 더 많은 이윤을 원하는 자들은 광저우에서 다시 배를 몰아 명주나 강도로 들어갔다. 강도에서는 대운하를 따라 낙양으로 갈 수 있기 때문이다. 일본 나라시대의 문인 오미노 미후네의 《당대화상동정전(唐大和上东征传)》에 의하면 광저우에는 아랍, 페르시아, 인도, 스리랑카, 그리고 아프리카 동부 연안의 국가들로부터 온 상선들로 가득찼고 이들이 실어온 향료와 약재, 보화들이 산처럼 쌓였다고 한다. 또한 원양 상선의 깊이는 6~7장(1장=3.3미터)이나 되었다고 하니 이들 상선의 규모를 짐작할 만하다. 《신당서·이면전(李勉传)》에 의하면 대력(大厉)년에 이면이란 사람이 영남(岭南) 절도사로 부임 후 1년간 광저우에 정박한 외국 상선이 4,000척이 넘었다고 한다. 또한 장싱랑(张星烺) 선생의 고증에 의하면 당시 광저우 항구에는 1년에 80만 명의 상인들이 들어오고 나가며 무역활동을 하고 있었다고 한다. 당시에는 오늘날과 같이 수출입 액수에 대한 통계를 내지 않았으므로 그 무역액을 알 방도는 없으나 당시 상선의 입출항과 상인들의 왕래 규모를 볼 때 당시 광주를 통한 대외 무역이 얼마나 번성했는지를 짐작할 수 있다. 그리고 그중 가장 큰 부분을 차지한 무역 파트너가 아랍의 상인들이었다. 당시 당 정부는 광저우에서 들어오는 수입 상품에 대해 30%의 수입 관세를 매겼다. 상당히 높은 관세이지만 이것이 무역을 위축시키지 않았던 것 같다. 광주 시박(오늘날의 세관)의 세수액은 당 중앙 정부의 재정수입에서 무시 못할 지위를 차지하고 있었을 것이다.

황금기의 동력 IV: 오제(五帝)의 리더십

넷째는 당 전반기 다섯 황제(五帝)의 리더십이다. 역시 사람을 이야기하지 않을 수 없다. 기업이 장사가 안 돼서 하루아침에 위기를 맞는 경우는 없다. 다만 CEO나 오너의 독단, 무리한 투자, 지분 싸움, 치정 등 위로부터의 위기는 치명적이며 그룹을 분열로 이끌 수 있다. 그래서 오너 리스크, 총수 리스크라는 말이 나오기도 하는 것이다. 세습 군주에게 절대 권력이 주어지고 황제에 대한 아무런 견제 장치가 없었던 봉건 왕조에 있어서 가장 큰 위험 요소는 바로 오너 리스크였다. 전임자가 아무리 잘해도 영호해나 양광 같은 자가 황제로 등극하는 순간 나라는 순식간에 몰락의 길로 접어들기 때문이다. 그러므로 왕조의 성공에 우선적으로 필요한 조건은 정치적 안정을 이끌 리더십과 그 연속성이다.

당 황금기의 주역은 당태종(2대), 당고종(3대), 당현종(4대)의 3대이다. 여기에다가 창업자인 당고조 이연과 여황제 무측천을 포함시키면 무려 5대에 걸쳐 탁월한 정치 리더이거나 최소한 명군(明君)이라 칭할 만한 군주를 배출하였다[81]. 역사를 보면 통상 초기의 3대가 왕조의 운명을 결정짓는다. 초기 3대에서 항상 위기가 찾아왔는데 이를 잘 넘기지 못하면 금방 쇠락의 길을 걸었고 3대에 걸쳐서 괜찮은 군주를 배출한 왕조는 활짝 꽃피웠으며 왕조를 오래 유지하였다. 3대에 걸쳐

---

81) 당고종이 죽고 무측천이 낳은 셋째 아들 이현李显(당중종中宗)이 뒤를 이었으나 어머니의 핍박을 못이겨 3개월 만에 쫓겨난다. 그러므로 중종은 실질적인 황제로서 포함시키지 않았다. 그 후 무측천의 넷째 아들 이단(당예종)이 즉위하였으나 처음부터 무측천이 수렴청정을 하였기에 이때부터 실질적인 황제는 무측천이었다.

서 중간 이상의 리더가 나온다는 것은 말처럼 쉬운 일이 아니다. 그런데 당은 다섯 명이나 명군이 이어졌으니 이것은 전례를 찾기 힘든 케이스였고 그야말로 하늘이 내린 축복이라 하지 않을 수 없다. 그렇지만 위에 말한 다섯 명의 황제가 모두 전설 속의 요순 임금과 같은 무결점 성군이며 아무 정치투쟁 없이 평안무사했을 거라 생각하면 이는 착각이다. 이들 중 한 명은 친형제 둘을 성문 앞에서 죽이고 태자 자리를 찬탈했고, 그 아들은 아버지의 후궁을 자신의 아내로 삼았으며 그것도 모자라 자신의 정실을 내쫓고 새 부인을 황후로 올렸다. 여황제가 된 이 여인은 황후가 되기 위해 자신의 친딸을 제손으로 목졸라 죽이고 20년을 기다렸다가 급기야 반대를 무릅쓰고 중국 유일의 여황제가 되고 국호를 바꾸었다. 또 한 사람은 아들의 아내, 즉 며느리를 자신의 아내로 삼았다. 하나같이 패륜이며 무슨 막장 가족의 이야기를 하는 것 같지만 모두 황금 시기를 이끈 황제들의 이야기이다. 그러나 이들은 영호해가 아니었으며 양광도 아니었다. 이러한 일들은 모두 거대한 정치 풍파를 가져왔을 법한 사건이지만 이들은 탁월한 통솔력으로 자신들의 권력 장악 과정과 개인적 정사가 정책 방향과 치국에 영향을 미치지 않고 정치투쟁으로 격화되지 않도록 하는 높은 관리능력을 보여주었다. 궁에서 일어나는 황제의 가족 문제는 장기화되거나 정쟁으로 확대되지 않았고 그렇기에 당은 100여 년에 걸쳐서 정책의 연속성을 유지할 수 있었으며 황궁에서 일어나고 있는 일과 상관없이 밖은 태평성대를 유지할 수 있었다.

장안성(長安城)

장안은 당의 번영을 대표적으로 보여주는 도시이다. 당시 장안이 얼마나 화려하고 웅장했으면 우리 속담에 '장안의 화제'라는 말이 생겼겠는가? 오늘날의 시안(西安)에 가보면 명나라 때 축조한 웅장한 시안 성벽이 옛 도성 지구를 둘러싸고 있고 그 안에는 고루, 종루 등 명나라 때의 건물들과 대안탑, 소안탑 등 당나라 때의 건축물도 있어서 3천 년 고도의 숨결을 느낄 수 있게 해 준다. 10여 년 전 필자기 시안에 갔을 때에는 도시 내에서 당의 특색이 그리 강하게 느껴지지는 않았고 약간 난개발된 것 같은 느낌도 있었으나 그 후 시안시는 도시에 당의 느낌을 드러내려고 부단한 노력을 하였다. 그중에서도 최근에 완공한 대당부용원(大唐芙蓉园)은 당의 거리를 복원하여 만든 대규모 테마파크로 당의 느낌을 가장 잘 느낄 수 있으며 오늘날 당을 배경으로 한 사극과 영화들은 모두 이곳에서 촬영된다. 장안이 당제국의 수도였으니 당연히 크고 발달했을 거라는 건 짐작할 수 있지만 실제 이곳의 규모와 구조는 우리의 상상을 초월한다.

당의 장안성에 대해서는 그 크기와 구조에 대해 사료에 정확하게 기재되어 있다. 주변 둘레가 35.56킬로미터에 면적은 87.27제곱킬로미터인 거의 정사각형에 가까운 이 도성은 명청 시기 서안성의 9.7배, 서한 때 장안의 2.4배, 원나라 대도(元大都)의 1.7배, 명청 시대 북경의 1.4배, 동로마의 수도 콘스탄티노플의 6배,[82] 압바스 왕조의 수도 바그다드의

---

82) 14k㎡ enclosed within Theodosian Walls, Wikipedia.

6.2배, 고대 로마제국의 수도 로마의 3.5배,[83] 조선시대 한양도성의 5배이다.[84]

완벽하게 네모 반듯한 모양의 장안성은 외곽성, 궁성, 황성의 세 부분으로 구성되어 있다. 외곽성은 동서 9.7킬로미터, 남북 8.7킬로미터의 완벽하게 좌우 대칭 구조로 되어 있다. 외곽성 안이 장안성이고 그 밖은 장안 교외 지역이다. 궁성은 성의 북쪽변 중앙에 자리하고 있었으며 남북 1.5킬로미터, 동서 2.8킬로미터의 직사각형 모양의 궁이다. 이곳의 중앙에는 황제가 업무를 보고 거주하는 태극궁(太极宫)이 있었고 동쪽에는 태자의 동궁(东宫)이 있었으며 서쪽에는 궁인들이 거주하는 액정궁(掖庭宫)이 있었다. 황성에 황제의 거처가 있을 것 같지만 황제는 궁성에 있었다. 태극궁 안에는 중서성과 문하성이 있어서 이 둘을 내조라 부른다. 황성은 궁성의 바로 남쪽에 있는데 이곳은 중앙 부처의 공무원들이 업무를 보는 곳이다. 동서 양쪽에 종묘와 사직이 있었고 중앙에는 상서성과 산하 부처들과 부속 기관들이 있었다. 이곳에는 말과 차량을 관리하는 마방(马坊)도 자리 잡고 있었다.

장안성은 중앙 대로를 기준으로 동서 대칭 구조이며 동쪽과 서쪽에 각각 상업 지구가 있어 동시(东市)와 서시(西市)라 불렀다. 성내에는 남북으로 11개 대로, 동서로 14개 대로가 나 있었고 주민들의 주택 지구는 110개의 네모 반듯한 단지(坊)로 이루어져 있어서 마치 바둑판처럼 구획이 나뉜 거대 아파트 단지와 같았다.

성 안의 대로들은 그 크기가 어마어마했다. 남북으로 난 중앙대로인

---

83)   3세기에 지어진 아우렐리우스 성벽(Aurelian Walls) 내부 면적 2,400헥타르(24 ㎢), Wikipedia.
84)   조선시대 한양 도성 면적 16㎢.

주작대로(朱雀大街)는 전체 성을 동서로 나누었는데 이 대로의 너비는 무려 150미터였다고 한다. 오늘날 베이징 천안문을 지나는 장안가(長安街)의 폭이 가장 넓은 구간이 120미터이고, 광화문 광장이 있는 세종로의 너비가 100미터이니 주작대로의 규모에 놀라움을 금치 않을 수 없다. 다른 대로들도 너비가 35~65미터였다고 하니 대부분의 길이 오늘날의 왕복 8차선 도로 이상이었다는 것이다.

장안성의 전체 인구가 몇 명이었다는 기재는 없으나 몇 가지 사실로 추산이 가능하다. 오늘날의 아파트 단지에 해당한 방(坊) 하나에는 500~1,000가구가 있었다. 그러므로 장안성 안에는 총 8.8만 호가 있었고 매 호당 6명으로 잡았을 때 민호만 약 53만 명이 있었을 것으로 추산된다. 그리고 수도이므로 많은 귀족들이 있었을 것이고 귀족들은 또한 많은 노비들을 거느리고 있으므로 귀족과 그 식솔들을 10만 정도로 잡는다(1,000호×100명). 그리고 수도 경비대인 금위군이 약 10만 정도 있었을 것이다. 여기에다 환관, 궁녀, 승려, 유학생, 외국 상인 등을 10만으로 잡는다면 당시 장안성 내의 총 인구는 80만이라는 계산이 나온다. 많게는 100만이라는 설도 있다. 이는 장안성 밖의 교외 지역을 제외한 성내의 인구이다. 지금으로부터 1,200~1,300년 전에 인구 80~100만의 성곽 도시가 있었다는 건 실로 놀라운 일이다. 동시대에 인구 50만 이상의 성곽 도시는 아마 장안을 제외하고는 전 세계에 아무 데도 없었을 것이다.

장안성에는 평민, 황족, 귀족, 군인, 노복, 승려 등 갖가지 신분과 직업의 주민들이 있었는데 자국민 외에도 각지에서 온 상인, 외교관, 유학생, 종교인 등 외국인이 최소 5만 명이 있었다(어떤 기록에는 서역 상인만 5만 명이었을 때도 있었다고 한다).

41장

당태종 이세민

이연 부자의 당왕조 건립

이연(李淵)의 봉기는 617년 7월 산시성 태원(太原)에서 시작하였다. 양광과 사촌 지간이였던 이연은 얼마 전까지만 해도 양광의 명을 받들어 수나라 정부군을 이끌고 반란군 진압과 북쪽의 튀르크 방어에 앞장섰던 사람이다. '이씨가 새로운 황제가 될 것이다'라는 소문 때문에 이연은 평소에 양광의 의심과 견제를 받고 있었는데 617년 2월에 자신의 관할 경내인 산시성 마읍을 지키던 부하가 반란을 일으켜 스스로 천자를 칭하는 일이 벌어졌다. 양광은 당시 강도에서 오도가도 못하고 있던 처지였는데 이 소식을 듣고는 노발대발하며 이연의 죄를 묻겠다며 그를 강도로 오라는 어처구니 없는 명을 내렸다. 이미 수나라는 전국에서 민란이 들끓고 있던 상황이었다. 양광이 가망 없다고 생각하고 있던 이연은 이참에 아들들과 함께 군대를 이끌고 자신도 반란의 길을 걸었다. 수나라에서 최초의 민란이 611년에 일어났으니 이연은 수많은 봉기 세력 중 후발 주자였던 셈이며 그가 내세운 구호도 '수를 뒤엎자'가 아니라 '혼군을 폐하고 명군을 세우며 대왕(代王, 양광의 손자 양유)을 옹립하여 위태로움에 빠진 수황실을 다시 세우자'였다. 이연의 봉기는 태원에서 시작했으나 당시 중원은 와강군 등 쟁쟁한 봉기 세력의 각축장이 되어있었으므로 후발 주자인 이연이 발을 붙일 곳이 없었다. 그래서 이들은 관중으로 이동하여 장안을 점령한 후 그곳을 근거지로 삼기로 했다. 아무래도 자신의 고향이자 관롱 그룹의 근거지인 관중에 자신의 인맥과 지지 세력이 많았기 때문이다. 4개월 후인 617년 11월에 이연 일당은 장안에서 12살짜리 양광의 손자 양유(楊侑)를 황제로 세우고 양광을 태상황으로 올렸다. 이로써 양광은 황제 자리에서 해임된다. 이연·이세민 부자와 그를 따르는 세력은 순식간에 관중을 장악하였고 장안을 수도로 하여 새 정부를 구성하였다. 그로부터 5개월 후에 강도에서 양광이 살해되었다.

양광이 죽은 바로 다음 달인 618년 5월에 양유는 이연에게 황위를 선양하였고 이연은 장안을 수도로 한 당(唐)왕조를 선포하였다. 그의 나이 52세였고 둘째 아들 이세민은 20살이었다. 물론 이때의 중국은 아직 봉기 세력들이 서로 싸우던 내전 상태였고 막 성립된 이연의 당은 이들 봉기 세력 중의 하나에 불과했다. 그러나 그로부터 6년에 걸쳐서 당은 할거와 봉기 세력들을 하나하나 제압하였고 624년에 드디어 내전 최후의 승자가 되었다.

이연과 당왕조 성립 과정에 대해선 많은 얘기를 하지 않으려고 한다. 그렇지만 이연의 출신과 가족관계를 알아두는 것은 당왕조 건립의 기반을 이해하는 데 조금 도움이 될 듯하다.

- 이연의 할아버지는 우문태를 도와 북주를 세운 8주국의 한 명인 이호(李虎)이다. 그는 우문태로부터 당국공(唐国公)으로 봉해졌고 그 작위는 이연에게까지 세습되었다.
- 이연의 어머니는 8주국의 한명인 독고신(独孤信)의 넷째 딸이자 수문제의 황후 독고가라의 친언니이다.
- 따라서 독고황후는 이연의 이모이고 이연은 양견 부부의 외조카이다.
- 이연의 아내는 우문태의 외손녀이다.
- 양광과 이연은 이종사촌 관계이다.
- 이세민의 아내 장손씨(문덕황후)는 수문제 때 튀르크와의 외교관계와 관련하여 탁월한 지략을 발휘한 선비족 외교 전략가인 장손성(场孙晟)의 딸이다. 그러므로 이연과 선비족 무신귀족 장손성과는 사돈지간이다.
- 이세민의 아내 중 한 명(杨妃)은 양광의 둘째 딸이다[85]. 즉, 이세민은 양광의 오촌 조카인 동시에 사위인 셈이다.

위의 가족 관계를 보면 이연의 가문이 관롱그룹과 수황실에 아주 깊숙이 들어가 있었다는 것과 이연 부자가 선비족과 혈연 관계, 혼인 관계로 엮여 있었다는 것을 알 수 있다. 이연의 어머니가 독고씨이므로 그 역시 선비족의 피가 반이 섞여 있는 혼혈 한족이다. 게다가 이연의 아내가 우문태의 외손녀이니 그녀도 선비족의 피가 일부 섞여 있었을 것이다. 그러므로 이연의 아들 이세민은 성이 이씨였을 뿐이지, 그에게는 선비족 피가 적지 않게 들어 있었다는 얘기가 된다. 또한 이

---

85) 당시에는 귀비(贵妃), 숙비(叔妃), 덕비(德妃), 현비(贤妃)의 네 명을 4부인이라고 하여 황제의 아내로 간주하였는데 양비(杨妃)는 그중 숙비였을 것으로 추정된다.

세민은 선비족 장손씨를 아내로 맞이하였으므로 이세민의 뒤를 이은 고종 이치 역시 선비족 피를 반 이상 받은 사람이다. 서위, 북주 그리고 수의 통치 그룹의 핵심이었던 관롱그룹과 선비족 혈통은 이렇게 당으로까지 이어졌다. 일부 사람들이 수·당을 '한-선비족 혼혈 왕조'라 부르는 것은 이런 맥락에서이다. 물론 이때부터 선비족은 한족에 동화되어 민족을 나누는 게 의미가 없어지긴 하지만 민족의 문화와 기질이란 희석이 되더라도 어느 정도 대물림되는 법이다. 이렇게 초원 민족의 DNA는 모계 쪽 피를 통해 당왕조 초기 통치그룹에 전달되었고 이 혼혈왕조는 과거의 또는 앞으로 나올 그 어느 왕조보다도 개방적이고 유연하면서도 높은 문화 수준을 가진 제국을 건립한다.

당의 창립자는 유연이지만 실질적으로 전장을 누비며 통일 전쟁을 지휘한 자는 그의 둘째 아들 이세민(李世民)이었다. 아버지로 하여금 봉기를 하도록 독려한 사람도 바로 이세민이었다. 영화 '안시성'에서 이세민을 '전쟁의 신'이라 부르는 장면이 있듯이 그는 동한의 개국황제 유수처럼 탁월한 전투 지휘능력을 지니고 있던 황제이다. 그러나 이세민을 두고 전투 지휘능력에 대해 길게 얘기하고 싶은 생각은 없다. 그것 말고도 이세민은 정말로 할 말이 많은 사람이기 때문이다.

당 초기 삼대와 조선 초기 삼대

당고조(이연), 태종(이세민), 고종(이치)으로 이어지는 삼대는 재미있게도 조선왕조 초기의 태조(이성계), 태종(이방원), 세종(이도)의 삼대와 상당히 닮은 면이 있다(2년밖에 재위하지 않은 조선 2대 국왕 정종은 제외하였다).

우선 이들 세 명의 군주가 있었기에 왕조 초기의 병목현상 없이 정권을 안정적으로 이끌어 갈 수 있었고 그로 인해 세 번째 군주 때에 와서 전성기를 누릴 수 있었다. 당은 고종 때에 가장 넓은 영토를 가졌고 조선은 세종 때 가장 태평성대를 누렸다.

둘째로는 두 왕조 모두 창업자의 아들, 즉 이세민과 이방원이 실질적인 창업자라 할 수 있다(공교롭게도 묘호가 둘 다 태종이다). 이 둘은 아버지를 도와 개국 과정에서 막대한 역할을 하였고 혁혁한 공을 세웠다. 이세민은 군대를 이끌고 전장을 누비며 할거 세력들을 하나하나 제압했고 당을 최후의 승자로 만들었다. 이방원은 아버지를 대신해 고려의 대신들과 반대파를 제거하는 등 관건의 순간에 어려운 일을 도맡아 했다.

셋째로는 2대와 3대 군주들이 모두 적장자가 아니었다는 것이다. 이들은 모두 탈적 또는 선양에 의해 태자가 되었다. 당의 2대 황제 이세민은 차남이었지만 형을 죽이고 태자가 되었고 조선의 실질적인 2대 국왕 이방원도 이성계의 다섯 번째 아들이었으나 왕자의 난을 통해 세자로서의 입지를 굳혔다. 당의 3대 황제가 된 이치 역시 이세민의 세번째 아들이었으나 이런 저런 이유로 두 형들이 폐위되고 그가 태자가 되었다. 조선 역시 우리가 잘 알다시피 세종대왕은 세 번째 아들이었으나 큰 형과 둘째 형을 젖히고 세자가 되었다.

마지막으로 이 두 왕조 모두 이(李)씨 왕조이다.

이세민

중국인들에게 역사상 가장 위대한 군주가 누구라 생각하냐고 묻는다면 뭐라고 답을 할까? 당태종 이세민을 꼽는 이가 가장 많을 거라는 것을 나는 의심하지 않는다. 현대 중국의 정치 지도자들도 이세민과 같은 정치 리더로 역사에 남기를 바라고 있을지도 모른다. 이세민은 이 책이 이야기하는 개혁가의 범주에 들지는 않을 수도 있다. 그러나 이세민을 이야기하지 않고는 당을 이야기할 순 없으며 그를 건너뛰고 당의 역사를 이야기한다면 평생 후회할 듯 싶다. 그는 제도적 개혁을 이끈 사람은 아니지만 그가 보여준 정치 스타일과 지도자로서의 모범은 앞선 군주들에게서 겪어보지 못했던 것이었다. 후세의 군주들은 모두 이세민을 롤모델로 삼으려고 했고 그의 행적과 말 한마디 한마디는 후대인들에 의해 되뇌어지며 귀감이 되었다.

이름: 이세민(李世民)

묘호: 태종(太宗)[86]

시호: 문제(文帝)

재위: 626~649년(23년)

민족: 한족(엄밀히는 한족과 선비족의 혼혈)

---

[86] 이전까지는 무제, 문제, 원제와 같은 시호로 불렀으나 당나라 황제부터는 태종, 고종, 덕종과 같은 묘호로 부른다. 그것은 다른 이유가 아니라 당나라 때부터 황제의 시호가 매우 길어졌기 때문이다. 이세민의 시호는 풀네임이 '문무대성대광효황제(文武大聖大广孝皇帝)'이다. 그래서 후세 사가들은 당에서 명왕조의 황제들을 묘호로 불렀다. 그러다가 청나라 황제는 1, 2대를 제외하고는 모두 순치제, 강희제, 옹정제, 건륭제와 같은 연호로 불렀다.

생몰: 598~649년(51세)

직업: 당 2대 황제

가족관계: 당고조 이연의 차남

배우자: 장손황후(문덕황후)

무덤: 소릉昭陵(섬서성 시엔양시咸阳市)

현무문의 변: 태자 지위 쟁탈을 위해 친형과 친동생을 현무문에서 살해함.

역사는 왜 이세민에 열광하는가?

"물은 배를 띄울 수도 있지만 배를 전복시킬 수도 있다(水能載舟, 亦能覆舟)".

'통치의 기반을 이루는 것은 민심이며 정치 리더는 민심을 얻어야 한다'는 이 말은 오늘날 한국 정치인들이 걸핏하면 인용하는 격언이 되었다. 이 말의 본래 출처는《순자(荀子)·애공(哀公)》에 나오는 공자의 말이지만 그보다도 당태종 이세민이 여러 차례 인용하면서 유명해졌다. 이세민은 자신의 셋째 아들 이치에게 교육을 시키면서도 이 말을 인용했는데 이는 군주와 치국에 대한 그의 남다른 마인드를 엿보게 해 준다.

624년, 내전을 끝내고 당(唐)이 전국을 통일했을 때의 중국은 그야말로 폐허와 잿더미밖에 남지 않았다. 13년이라는 내전의 시간은 과거의 내전에 비하면 짧았지만 그 파괴력은 이전보다 훨씬 컸다. 시대가 변천하면서 병기는 더욱 날카로워졌고 인간의 잔인함 또한 더불어 발전하였던 모양이다. 수양제 즉위 초반인 609년의 조사에서 890만 호(4,600만 명 추정)였던 인구는 이세민 즉위 원년인 626년에 200만 호(1,600만 명)로 반의 반토막이 되었다. 인구의 3분의 2 이상이 죽거나 유랑민이 되었고 황궁은 불탔으며 국가 곳간은 텅 비었고 오랜 시간 경작 활동을 하지 않아 논밭은 황무지가 되었다. 변방의 군사 위협은 여전히 당을 억누르고 있었지만 더 이상 이들과 전쟁을 할 여력이 없었다. 창업자 이연은 어쩔 수 없이 튀르크에게 신하를 자청하며 황실의 여인들을 바칠 수밖에 없었다.

그로부터 100년 후의 모습은 어떠했는가? 당은 태종, 고종, 무측천을 거쳐 현종에 이르기까지 한 번의 꺾임도 없이 가파른 상승 곡선을 탔고 거대했던 튀르크를 포함하여 당과 국경을 접하고 있던 모든 이민족 정권들을 무릎꿇렸다. 그걸로도 모자라 당의 세력권은 러시아 남부와 우즈벡에까지 달했고 새로 일어난 아랍 세력과 맞닿았다. 이로써 7세기 초 당은 중국 역사의 황금기라는 타이틀을 안고 날아오르게 되는데 이 황금기의 가장 큰 지분을 가지고 있는 사람이 바로 이세민이다. '정관의 치(贞观之治)'라 불리는 23년간의 그의 시간은 당이 황금기로 진입하는 데 있어서 굳건한 발판이 되어주었다. 그의 이력에는 서한의 개국황제 유방이나 동한의 개국황제 유수와 같은 왕조 창건과 전란의 평정이란 업적이 있으며, 서한 초기 폐허를 딛고 일어서서 경제를 부흥시킨 문제와 경제의 업적도 있고, 주변 정권들을 복속시키고 영토를 확장한 한무제와 같은 업적도 있다. 그의 이력서는 제1제국의 가장 위대한 황제 셋을 합쳐놓은 것과 같다. 그러니 일단 업적 측면에서 그 어느 누구도 이세민을 따라갈 수가 없다. 그렇지만 후세 사람들이 그를 좋아하는 이유는 이력서에 보이는 업적 때문이 아니다.

이세민, 그가 당의 후임 황제들에게 물려준 기반이란 무엇을 말하는 걸까? 경제 재건과 군사적 성과를 말하는 것일까? 물론 그러한 물질적

기반이 있었기에 후임 황제들이 마음 놓고 개방적 정책을 펼칠 수 있었다. 그렇지만 그보다도 그가 당의(또는 그보다 훨씬 나중의) 후임 주자들에게 물려준 정치문화적 유산에 주목해야 한다. 이것이야말로 당이 이전 왕조에서는 볼 수 없었던 경쟁력의 핵심일 수 있기 때문이다.

그는 천하의 인재들이 샘솟는 물처럼 배출될 수 있는 시스템과 분위기를 만들어 놓았다. 또한 황제와 신하들이 허심탄회하게 국정을 논하는 정치 풍토를 구축해 놓았는데 이 둘은 전후의 경제 재건과 군사적 성과보다 훨씬 의미 있는 것들이었다. 이세민은 당에게 이전의 그 어떤 왕조에게도 없었던, 그러나 꼭 필요했던 무언가를 남기고 갔는데 그것은 정책도 아니었으며 영토도 아니었고 문서로 남겨지는 것도 아니었다. 그것은 이세민 그 자체였다. 이로써 중국의 통치자들은 롤모델이란 걸 가지게 되었고 후대의 황제와 통치그룹은 이세민이 보여준 정치 스타일을 귀감으로 삼으며 개방적이며 투명한 정치풍토를 유지하려고 노력하였다.

이세민 정권의 성공 비결

그러므로 이세민 정권의 성공 비결을 파헤치는 것은 당왕조 전반기의 성공 비결을 이해하는 것과 직결된다. 나아가서 대다수 중국인들이 존경해 마지않는 역사 속의 정치 지도자를 이해하는 것은 현대 중국인들과 그들의 사회를 이해하는 데에도 필요한 일일 것이다.

이세민과 그를 보좌하는 통치그룹은 수나라 멸망의 이유가 무엇이었는지에 대해 철저하게 분석하고 되새겼으며 이를 다시 반복하지 않으려고 노력하였다. 이것이 이세민 정권의 성공 비결 0순위이다. 수나라 멸망의 이유는 제도적 결함이나 정치적 의사결정에 오류가 있었던 것이 아니었다. 이세민은 이전 왕조를 거울삼아 통치자가 저지르는 오류와 오만을 경계하려고 엄청 노력하였다. 이것은 우리가 역사를 배우는 이유이고 이세민은 그것을 가장 잘 실천한 사람이다.

적극적인 간언 문화

당태종 이세민(李世民)하면 가장 먼저 떠오르는 것은 무엇일까? 우리 역사에 비춰진 그는 갑옷을 입고 투구를 쓴 채 수십만 대군을 이끌고 고구려를 침공하는 호전적이며 카리스마 넘치는 정복군주의 모습일 수도 있다. 하지만 그는 중국 역대 군주들 중 신하들의 간언과 충고를 가장 잘 듣고 받아들인 사람이며 이러한 적극적인 간언 문화는 '정관의 치(贞观之治)'의 핵심을 이루는 요소이다. '신하들의 의견을 청취하고 충고를 겸허히 받아들인다(听取群臣意见, 虚心纳谏)'는 이 말은 이제 이세민을 표현하는 대표 문구가 되었다. 이세민의 성격이 유하고 착해서일까? 그가 인자하고 자기 주장이 강하지 않은 스타일이었을까? 이세민은 중국의 역대 황제 중 대표적인 강성 매파 군주에 속한다. 그의 재위 때 거대한 동튀르크를 멸망시켰고, 투위훈을 실질적으로 복속시켰으며, 1천 6백 킬로미터를 친히 행군하여 고구려를 침공하였다. 이런 그를 두고 성격이 유하고 착한 군주라고 할 수는 없을 것 같다. 오히려 사료에서 묘사하는 그의 성격은 다혈질이다. 그렇지만 그는 군주가 독선으로 치달을 때의 위험성을 잘 알고 있었고 역사를 거울삼아 그것을 극복하려고 노력하였다.

이세민은 간언을 잘 듣는 것에서 그친 것이 아니라 황제에 대한 간언과 비평을 독려하였다. 듣기 싫은 소리를 용기있게 한 신하에게는 상을 내리기도 했다. 이것은 리더에게 있어서 매우 중요한 덕목이지만 현대 사회에서도 이런 리더를 우리는 좀처럼 볼 수가 없다. 고대 왕조에서 간언이란 생명과 같다. 무소불위의 권력을 가진 자가 독단적이고 공포를 조장하면 밑의 사람들은 분명히 비위를 맞추려 들게 되어 있고 그 결과는 지도자의 눈과 귀가 가려진 채 연이은 정책적 실패로 나타날 뿐이다. 세습제인 고대 군주들은 나이나 경험에서 신하들보다 아래인 경우가 많았으므로 군주는 신하들의 의견을 경청하고 신하들로 하여금 적극적으로 의견을 개진하도록 하여야 하지만 대부분의 경우에 있어서 군주와 신하들 간에는 일종의 긴장과 대립 관계가 형성되어 왔다. 자아가 약한 젊은 군주는 여기서 꺾이면 안 된다는 일종의 자격지심 같은 것이 있었고 그러기에 자신을 방어하는 방법으로 자신에게 비위를 맞추는 충성스러운(?) 이들을 가신(이 중에는 환관도 포함)으로 두었고 이들로 하여금 바른 말을 하는 대신들에 맞서 서로 견제하도록 하였다. 그것이 고대 군주들이 조정 내에서 왕권을 강화하는 방식 중의 하나였다. 이러한 유혹을 극복하는 것은 전적으로 군주의 자아가 강하냐 약하냐에 달려 있다.

이세민은 당시 최고 지도자가 가지는 이 지극히 자연스러운 감정과 유혹을 매우 잘 통제하였다. 이것은 그의 자아와 통제력이 강했기 때문이고 여기에 그의 지도자로서의 훌륭함이 있다. 이리하여 이세민 재위 시기 대신들은 황제에게 자유롭게 의견을 제기하였고 평등하게 토론하였으며 의사결정 과정이 과거 그 어느 때보다 투명하고 개방적이었다. 이것은 이전의 어떤 왕조, 어떤 황제하에서도 맛보지 못했던 정치 풍토였다. 여지껏의 조정에서 신하들은 황제가 무슨 말을 듣고 싶어하는지만 생각하고 있었을 뿐 황제의 귀에 거슬리는 간언을 하는 건 개인적으로 상당한 리스크를 안는 일이었다. 그러므로 황제가 '짐이 이렇게 하려고 한다'고 하면 '영명하신 판단이옵니다'를 외쳤을 뿐이다. 이는 현대 사회에서도 마찬가지이다. '이건 아닌데'라는 생각을 하면서도 입을 다물고 있다가 회의장을 나서면서 투덜댄다. 또한 '보고를 받는 상관이 무슨 이야기를 듣고 싶은 건지'에서 시작하여 보고를 준비하는 경우도 왕왕 있으며 심지어는 그렇게 하는 자신이 일을 잘한다고 착각을 하기도 한다. 그렇지만 제대로 된 리더라면 그런 보고를 받고 "내가 듣고 싶은 얘기를 하지 말고 당신 얘기를 해 보시오!"라고 말한다. 이를 두고 직원들만을 탓할 수도 없는 게 사람들은 리더들이 '보고 싶은 것만 보고 듣고 싶은 것만 듣는다'라는 것을 학습해 왔기 때문이다.

당태종 때 신하들은 의견을 제기하는 데 거리낌이 없었다. 특히 위징(魏徵)과 같은 대신은 자신의 의견을 거침없이 내뱉는 걸로 유명했는데 당태종도 대신들 앞에서 자기 의견이 반박되는 것에 불쾌함을 드러내기도 했다. 한번은 그가 조회를 마치고 씩씩거리며 돌아와서 "내이 늙은 영감을 죽이고야 말겠어"라고 했다가 태후의 말을 듣고는 화를 가라앉힌 후 위징을 불러 자신의 잘못을 바로 잡아준 것에 대해 고맙다며 상을 하사했다. 용기 있는 간언을 하는 신하에게 상을 내리는 건 그가 진정으로 자유로운 의견 개진 분위기를 만들겠다는 의지를 가지고 있었다는 것을 말한다. 현대 사회에서도 대다수가 남과 다른 생각을 내지 않고 조직의 분위기에 따라가려고 하는 이유는 자신이 리스크를 안고 싶지 않아서이다. 이것은 기업이나 공무원 사회에서뿐 아니라 학내 교실에서도 마찬가지이다. 하물며 1,400년 전의 대신들에게 있어서 황제의 말에 이견을 다는 행위가 가지는 리스크는 훨씬 컸을 것이고 이는 목숨을 내건 용기가 있지 않으면 안 되는 일이었다. 그렇기에 이에 대한 보상을 해 주지 않으면 말뿐인 독려일 뿐 자유로운 의견 개진이나 소신 발언 같은 건 절대 이루어지지 않을 것이다. 그도 사람이니 아래 사람의 반박에 기분이 나쁘기야 했겠지만 이러한 분위기는 당태종 자신이 만든 것이었다. 후기로 가면서 그는 때로는 독선적인 경우가 있긴 했지만 대부분의 시간 동안 군신 간의 개방적이고 자유로운 의견 개진 풍토를 유지하였다. 충분한 의견 개진과 토론을 거치는 것은 리더의 의사결정 오류를 줄여준다. 당태종 때의 경제, 군사적 성과는 그만큼 그의 정책적 방향과 전술적 의사결정에 있어서 정확한 길을 선택했다는 걸 의미한다.

수 정책의 계승

두 번째는 정책의 계승이다. 이세민은 아버지와 함께 수왕조를 배반한 후 수왕조 멸망의 혼란을 딛고 나라를 세웠지만 아이러니한 건 그가 한 가장 잘한 일은 수나라의 제도를 그대로 계승한 일이었다. 통상 새 정권은 구정권의 모든걸 부정하고 새로운 바탕 위에서 자기만의 색깔을 칠하고 싶어하기 마련이다. 그래서 역대의 새 왕조들은 수도를 옮기고, 황궁을 다시 지었으며, 조직을 다시 구성하였고, 기존 정책들을 폐지하고 새 정책을 도입하였다. 그러나 이세민 정권은 수나라 멸망의 원인을 냉철하게 리뷰한 결과 그것이 제도에 있지 않다는 걸 인정하였고 수왕조의 정책들을 기본적으로 계승하였다. 대표적인 게 수왕조를 받친 세 개의 기둥인 과거제, 균전제, 부병제를 계승하고 발전시켰고 중앙 관제를 그대로 사용한 것이다. 균전제는 전후의 경제 부흥에 또 한 번 마법과 같은 효과를 내었고 균전제와 연계된 부병제는 당의 군대를 최강으로 만들었다. 그러나 무엇보다도 당나라 때 들어와 훨씬 업그레이드되어 빛을 발한 수나라의 제도는 과거제도이며 그 시작 역시 이세민이었다. 당왕조 때에 들어서 과거제는 보완되었고 해를 거듭하면서 완성도가 높아졌다. 그래서 '과거제를 만든 건 수나라지만 과거제를 실제로 실시한 건 당나라 때이다'라고 하기도 한다. 당의 번영과 과거제도와는 매우 밀접한 관련이 있다. 사실 역사상의 성공한 정권들에는 거의 예외 없이 출신 성분과 무관하게 인재 배출을 활성화시키려는 노력이 있었다. 반대로 인재 배양과 배출을 가로막는 요인들에 대해 개혁을 이루지 못한 정권은 뻗어나가지 못했다. 과거제가 미친 영향력은 단지 당나라 공무원 집단에 질 좋은 인재를 공급해 주었다는 것에 있지만은 않다. 당나라 때부터 일반인에게도 응시자격이 주어지면서 과거제는 사회의 계층이동과 권력의 이동을 유발하였고 이로써 당왕조는 사회의 새로운 단계로 진입하였다. 진·한 제1제국과 수·당·송 제2제국을 가르는 주요한 차이는 바로 이런 데에 있었다. 이 점에 있어서 당태종의 과거제 계승과 보완은 당왕조 사회의 발전에 매우 중요한 물꼬를 터 준 것이라 할 수 있다. 당태종 이후 과거제는 계속 진화하여 분야와 과목은 세분화되었으며 대상은 더욱 개방되었다. 무측천 때 무과가 신설되었고, 당 후기인 목종(穆宗) 때에는 외국인들을 위한 전형인 빈공과(宾贡科)가 설치되어 신라, 발해, 베트남 등 주변국의 인재를 흡수하였다. 빈공과에 응시하여 이름을 떨친 대표적인 케이스로 우리가 잘 알고 있는 신라의 최치원이 있다.

두터운 재상 군단

이세민의 인재에 대한 욕심은 거의 조조에 버금간다. 인재 모집을 위해선 출신 성분, 가문, 과거 진영을 묻지 않았던 것도 역시 조조와 비슷하다. 이세민의 주위에는 방현령, 두여회 같은 문신뿐 아니라 장손무기, 양사도, 이적, 이정과 같은 걸출한 무신들, 그리고 한때는 정적이었던 위징, 왕규 같은 이들도 자기 사람으로 품었다. 이세민 정권의 성공 요인 그 네 번째는 훌륭한 재상들이 포진해 있었다는 것이다. 방현령(房玄龄), 위징(魏徵), 장손무기(长孙无忌), 두여회(杜如晦) 같은 대신들은 어벤져스 참모 군단을 이뤄 서로를 독려하고 협력하며 황제를 바른 길로 보좌하기 위해 애썼다. 이들 한 명, 한 명이 모두 한 세대에 하나 나올까 말까 한 걸출한 재상이었으며 이들은 대부분 이세민과 함께 천하를 평정한 개국 공신들이자 이세민의 태자 쟁탈전을 도운 사람들이었기에 그에게 충성했다.

유방에게 서한의 개국 공신 소하(萧何)가 있었다면 이세민에게는 방현령이 있었다. 유방의 천하 통일이 소하가 한신과 같은 인재를 영입하고 후방에서 군량과 보급품 공급을 책임져 주었기 때문에 가능했듯이 당의 개국 공신이자 이세민의 최측근 참모인 방현령은 이세민 그룹에 인재를 공급하기 위해 끊임없이 고민하였다. 두여회 같은 대신도 이세민의 눈에 띄지 않았던 사람이었는데 방현령의 추천으로 이세민에게 중용되었고 그는 후에 이세민 정권을 위해 막대한 역할을 한다.

위징(魏徵)은 원래는 이세민의 형 이건성(李建成)의 참모였으나 '현무문의 난' 이후 이세민의 신하가 된 사람이다. 그의 배경을 좀 더 거슬러 올라가자면 그의 아버지는 수나라 때 지방의 작은 관리를 하던 사람이었는데 일찍 죽었고 위징은 매우 어려운 가정 형편하에 놓여 있었다고 한다. 그는 와강(瓦崗) 농민 기의에 참여하였고 와강군에서 농민군의 거두인 이밀(李密)의 참모를 맡았다. 와강군이 수나라의 주요 창고인 회락창(回洛仓), 회구창(回口仓), 려양창(黎阳仓)을 점령할 수 있었던 것은 위징이 있었기 때문이다. 그 후 와강군이 이연에게 격파되자 그는 이연 그룹으로 투항하였고 이세민의 형 이건성(李建成)의 참모가 되었다. 그러므로 그는 이세민에게는 반대파였고 그의 탈적에 있어서 골치를 아프게 했던 인물이다. 위징은 황제 앞에서 거침없이 직언을 내뱉었던 것으로 유명하다. 626년 이세민이 막 즉위하였을 때는 아직 천하가 내전의 후유증에서 벗어나지 못하고 있었고 그와 동시에 튀르크와 투위훈 등이 변경을 위협하고 있었다. 황제는 향후 치국의 중점을 민중의 부담을 덜어주는 것과 나라를 바로 세우고 힘을 키우는 것 중 어디에 두어야 할지 고민에 빠졌다. 이에 대신들을 모아 역사를 회고하고, 특히 수나라가 폈던 정책의 득실을 따져가며 향후 정책의 중점을 찾고자 하는 회의를 열었다. 이세민은 내심 주변 국가에 계속 방어적이고 굴욕적인 국면을 하루빨리 전환시키고 싶었다.

위징: 대란을 겪은 후의 치국은 아사 직전의 사람에게 먹을 것을 주는 것과 같습니다. 그러니 모든 역량을 민생 복구에 쏟아부어

야 합니다.

당태종: 어진 자의 치국은 100년을 두고 한다고 하지 않았나?(장기적
　　　　으로 보고 지금 민생 복구에 너무 올인하지 않아도 되지 않을까?)

위징: 그렇지 않습니다. 지금은 백성들의 소리가 있을 때 즉각적으
　　　로 반응해야 할 때입니다. 1년 안에 효과를 볼 수 있도록 모든
　　　걸 쏟아부어야 합니다. 3년이면 늦습니다.

이때 재상 봉덕이(封德彝)가 황제를 지원하며 말했다.

봉덕이: 자고 이래로 사람들의 마음은 하루가 다르게 간교해지고 있
　　　　습니다. 진(秦)왕조는 준엄한 법으로, 한왕조는 패도정치로
　　　　백성들을 교화시키려고 했으나 모두 실패했습니다. 위징의
　　　　서생과 같은 말로는 국가를 다스릴 수 없습니다. 폐하께서
　　　　만약 위징의 말을 듣는다면 국가를 망하게 하는 길일 것입
　　　　니다.

위징: 당신 말처럼 사람들이 하루가 다르게 간교해지고 있다면 작금
　　　의 백성들은 모두 귀신이 되어 있을 텐데 우리가 여기서 무슨
　　　국가 대세를 논한단 말이오? 폐하, 황제의 길을 걸으면 황제가
　　　되는 것이고 왕의 길을 걸으면 왕이 되는 것입니다. 문제는 어
　　　떻게 국가를 관리하고 끌고 갈 것인가이지, 백성들을 교화하
　　　는 게 아닙니다.

위징은 태종에게 수의 멸망의 교훈을 학습할 것을 가장 강하게 강

조한 사람이었다. 그는 수왕조 멸망의 원인이 백성들을 너무 괴롭힌 데에 있으며 이제 간신히 어느 정도 회복한 당왕조가 다시 일을 벌인다면 수의 전철을 밟을 거라 피력했다. 위징의 강력한 권유로 태종은 즉위 후에도 부역과 세금을 낮추고 토목 공사를 가급적 자제하는 휴양생식 정책을 편다. 바른말 사나이 위징은 643년에 죽었다. 그로부터 2년 후 당태종이 친히 군대를 이끌고 고구려 정벌을 위해 요동으로 갔으나 안시성에서 좌절당하고 철군하는데 이때 그는 "위징이 살아있었으면 나의 이 전쟁을 말렸을 것이다!"라며 탄식했다고 한다.

장손무기(长孙无忌)는 이세민의 첫째 부인 장손황후의 오빠이다. 장손씨? 어디서 익히 들어본 성이다. 이 두 남매의 아버지는 수문제 때 몇 번씩이나 튀르크의 이간질 전략을 성공시켜 튀르크를 동서로, 남북으로 분열하게 만든 그 유명한 분열 외교의 대가 장손성(长孙晟)이다. 선비족 귀족 가문 출신인 장손무기는 이연이 태원에서 봉기한 후 위수를 건너 장안으로 입성할 때 이연을 맞이했던 사람이다. 그 후 그는 이세민을 도와 전란의 평정에 참여하였으며, 이세민이 형을 죽이고 태자 자리를 뺏은 '현무문의 난'을 일으켰을 때 주도적 역할을 한 인사이다. 자신의 친 여동생이 이세민의 아내이니 죽기 살기로 자신의 매부를 도울 수밖에 없었을 것이고, 이세민에게 있어서도 관롱 그룹의 영향력 있는 인사가 자기의 처남이 되었으니 천군만마를 얻은 것이나 다름없었다. 626년 이세민이 황제로 즉위하자 그는 예부상서(吏部尚书)[87]가

---

87) 당은 수의 관제를 그대로 계승했다. 집행기관인 상서성의 장을 상서령(尚书令)이라고 하였고 그 밑으로 여섯 개의 부(部)가 있었는데 각 부의 장관을 상서(尚书)라고 했다. 이 중 예부(吏部)는 관리들에 대한 인사와 과거제 등을 담당하는 부서였다. 그러므로 이세민이 즉위 초기 장손무기에게 국가의 인사권을 쥐고 있는 예부상서에 임명한 것은 그를 대단히 중용한 것이라 할 수 있다.

되었고 공신 1호로 칭해지며 제국공(齐国公)으로 봉해졌다. 그는 태종의 침실을 드나들 수 있는 유일한 대신이었다고 한다. 그러나 나라를 망쳤던 역사 속의 많은 외척들과는 달리 그는 권력과 사욕을 탐하지 않았다. 그는 자신의 여동생이 황후가 되자 재상에서 물러날 것을 신청하였다. 이세민은 동의하지 않았으나 그는 뜻을 굽히지 않았고 황제도 어쩔 수 없이 그를 개부의동삼사(开府议同三司)라는 품계는 높으나 실권은 없는 관직에 임명하였다. 6년 후인 633년에 이세민은 그를 다시 불러들여 사공(司空)[88]으로 임명하였고 장손무기는 또 한번 관직을 거절하는데 이번에는 이세민이 그의 요청을 받아들이지 않았다. 이때부터 장손무기는 이세민 정부의 주요 정책과 군사 행동에 적극적으로 참여한다.

그는 이세민의 신복 중 그의 아들 이치(고종) 때에까지 황제를 보필한 유일한 사람이었다. 그는 이세민의 셋째 아들인 이치를 태자로 세우는 데 가장 큰 공헌을 한 사람이었으므로 재위 초기의 고종은 자신의 외숙부인 그에게 전적인 신뢰를 보냈고 그에게 의존하였다. 그러나 후에 정실인 왕황후를 폐하고 무측천을 황후로 올리는 것에 격렬히 반대하자 고종에 의해 죽임을 당한다. 고종이 왕황후를 폐하고 무측천을 황후로 올린 이 사건은 순진한 고종이 한 여인에 눈이 멀어, 또는 노련하고 요염한 한 여인의 술수에 황제가 넘어가서 벌어진 그런 단순한 사건이 아니며 황제 가족에 국한된 일도 아니었다. 이는 당 지도부

---

88) 당왕조의 관직 품계에서 태위(太尉), 사도(司徒), 사공(司空)을 삼공(三公)이라 하여 이들은 가장 높은 정1품에 속하였다. 이때의 삼공은 보통 원로에게 주는 지위만 있고 실질적인 권한이나 특정한 직무가 정해져 있지 않은 관직이었으나 장손무기와 같은 실권자가 삼공이 되면 모든 것에 관여하는 신하들의 우두머리가 되기도 하였다.

의 핵심인 관룡 그룹과 방계인 산동 그룹 간의 헤게모니 전이(轉移) 과정에서 벌어진 필연적인 충돌이었다. 장손무기, 고종, 무측천을 둘러싼 이 어마어마한 정치적 사건과 파장에 대해서는 다음 장에서 이야기하겠다.

당태종은 사람 복이 많은 사람이다. 사실 이세민에 대해 알면 알수록 그 자신은 명성에 비해 그리 영명한 것 같지는 않아 보이며 결점이 많은 사람이라는 것에 실망하게 된다. 위대한 황제에게는 미안하지만 그 자신의 능력보다는 주위 사람들, 즉 뛰어난 신하들과 현명한 황후의 보좌 덕이 컸다. 그가 한 가장 잘한 일은 그저 자기 고집을 꺾고 주위 사람들의 말을 잘 들은 것이다. 그렇지만 역사상의 지도자들 중에 그걸 해낸 사람은 별로 없다. 사람들은 이런 사람을 두고 보통 '인복이 많다'고 하지만 사실 이런 것을 지도자로서의 '그릇'이라 말한다. 모두 직원 탓을 하지만 시간이 지난 후 가만히 생각해 보면 모든 것이 사장인 자기의 부족함이였음을 시인하지 않을 수 없게 된다. 사실 인재가 많고 적고, 이들이 능력을 발휘하고 못하고, 이들이 충성하고 안하고는 전적으로 리더 자신의 그릇에 달린 문제이다. 인재가 없는 게 아니라 인재를 품지 못한 것이며, 인재들이 서로 화합하지 못하는 게 아니라 이들을 적절히 기용하지 못하고 스스로가 균형 잡힌 모습을 보이지 못한 것이다. 그리고 인재들이 자신에게 충성하지 않는 게 아니라 리더 자신이 그들에게 신뢰와 비전을 주지 못한 것이다. 이런 측면에서 봤을 때 예나 지금이나 국가 지도자가 갖춰야 할 제1의 덕목은 천하를 담을 수 있는 그릇이다. 이것이 천하의 판도와 흐름을 읽는다는 역사 속의 수많은 현자와 책사들, 수만의 군사를 거느리는 용맹한 장군들이 스스로 도모하지 못하고 한 사람의 지도자를 선택해야만 했던 이유이다.

이세민의 군사적 재능과 강한 군대

성공한 사람들을 가까이에서 보면 모두들 한두 가지씩은 탁월한 재능을 가지고 있는 것을 발견하게 된다. 어떤 이는 탁월한 기억력을 가지고 있고, 어떤 이는 탁월한 말재간과 분위기를 이끌어 가는 능력을 가지고 있고, 어떤 이에게서는 좌중을 사로잡는 카리스마가 뿜어져 나오고, 어떤 이는 탁월한 통찰력, 어떤 이는 탁월한 인내심, 또 어떤 이는 탁월한 주량을 가지고 있다. 한 가지의 탁월함이 성공을 보장해 주지는 않지만 탁월한 면이 없이는 성공을 할 수가 없다. 각자의 탁월한 재능은 자신의 생명줄과도 같아서 그것이 자신을 위기에서 건져주기도 하고, 언젠가는 사람들이 그 탁월함을 원하게 되며, 그것을 통해 자신의 브랜드 가치가 올라가기 때문이다.

마오쩌둥은 "고금을 통들어 군사 재능은 이세민을 능가하는 사람이 없었고 그 다음이 주원장이다"라고 하였다. 중국 역사에서 혼란기에 군을 직접 지휘하며 많은 이약승강(以弱勝强) 전투를 남긴 끝에 왕조를 세운 대표적인 군주로는 동한을 건립한 광무제 유수와 명나라를 세운 주원장, 그리고 이세민이 있다. 마오쩌둥의 역사적 인물에 대한 평들을 보면 밑바닥에서 시작한 주원장을 매우 높이 평가하는 듯하다. 하지만 그 역시 군사 통솔력으로는 이세민의 손을 들어줄 수밖에 없었던 것이다. 십수 년간 전장을 누빈 야전 지휘관 출신인 당태종 이세민은 정세를 읽고 적의 약점을 파악하는 탁월한 감각과 경험을 갖춘 군사 전문가였다. 군사 분야만큼은 당대 주변 인물은 말할 것도 없고 중국 중원 왕조의 역대 황제 어느 누구도 그를 따라갈 수 없었다고 할 만하다.

튀르크(돌궐)는 615년 산시성 응문군(雁门郡)에서 수양제를 포위하였다가 군대를 물린 사건 이후 중국에 다시 위협적인 존재가 되었고 수왕조 말 혼란기를 틈타 다시 강성해졌다. 혼란기의 봉기 세력 중 일부는 동튀르크에 붙어서 칸에 책봉되어 그들의 지원과 보호를 받았으며 동튀르크 군대는 장성을 넘어 중원을 제집 드나들 듯이 하였다. 튀르크와 중국의 처지가 완전히 뒤바뀐 것이다. 중원의 혼란을 피해서 차라리 튀르크 지역으로 이주를 하는 한인들도 있었다. 이러한 상황이 처음 있는 일은 아니었고 5호16국 시대에도 혼란을 피해 적잖은 한인들이 남쪽으로 가는 대신 요동 지역의 선비족이 세운 전연(前燕)의 땅을 택하기도 했었다. 이제는 중원과 초원, 이 둘의 상황이 역전되었고 당왕조 설립자 이연은 재위 내내 이들 동튀르크에 의해 시달림을 받아야 했다.

이세민이 막 즉위했을 때인 626년, 시에리칸(颉利, 야미칸의 셋째 아들)이 20만 대군을 이끌고 장안성 밖의 위수 편교 북쪽에까지 내려와서 장안과는 불과 40리를 남겨두고 있었다. 튀르크 대군과 강 하나를 사이에 둔 장안은 공포에 떨었다. 당태종은 적의 눈을 속이는 가짜 군사를 세우고 직접 신하들과 장군들을 이끌고 위수로 가서 건너편의 시에리칸과 대화를 나눴다. 시에리칸은 당의 군대가 생각보다 많아 보이는 데다가 당태종이 계속해서 신하의 예로 받들고 공물을 늘려줄 것을 약속하자 당과 동맹을 맺고 군대를 철수시켰다(위수의 동맹). 이 일은 이세민에게 엄청난 치욕이 아닐 수 없었다.

그 후로 몽골 지역에서 당에게 유리한 일련의 정세 변화가 일었는데 가장 주요한 사건은 동튀르크에 복속되어 있던 설연타(薛延陀)라는 부락이 독립하여 설연타 칸국을 세운 것이다. 당은 설연타 칸국을 후원하여 동튀르크에 대항하도록 하였고 동튀르크는 설연타의 공격과 자체 내분으로 급속히 쇠락의 길을 걷게 된다. 즉위 3년째인 629년 가을, 당태종은 이정(李靖)을 총사령관으로 하고 이적(李勣), 시소(柴绍), 설만철(薛万彻) 등을 부장으로 한 10만의 군대를 양 갈래로 나눠 동튀르크를 향해 출격시켰다. 당의 군대는 동튀르크를 대파하였고 시에리 칸은 서쪽의 투위훈으로 도망치던 중 붙잡혀 포로가 되었다. 때는 630년 3월이었고 이로써 동튀르크는 멸망을 고하였다. 튀르크 민족은 뿔뿔이 흩어지면서 이때 다량의 동튀르크인들이 당으로 들어왔고 나머지는 서튀르크로 갔다. 당에 의한 동튀르크의 멸망은 당시 동아시아 판도를 완전히 뒤바꾸는 일대 사건이었으며 이세민이 이끄는 당의 국제적 위상을 획기적으로 올려놓았고 이세민의 정치적 입지를 열 배 강하게 만들어 주는 전환점이 되었다.

그 다음 타깃은 서역을 장악하고 있는 투위훈(吐谷浑)이었다. 4세기에 무롱 선비가 이동하여 세운 정권인 투위훈은 그 세력권이 오늘날의 칭하이성을 중심으로 하여 간수성 일부와 신장성 일부까지 걸쳤다. 중원 왕조의 부침에 따라 이들의 영토도 늘었다 줄었다 했는데 수왕조 말의 혼란기에 이들은 북상하여 하서주랑과 서역을 거의 세력권에 넣었고 서역의 여러 국가들을 자신의 통제하에 두었다. 당태종은 동튀르크 멸망 4년 후인 634년에 역시 이정(李靖), 후군집(侯君集) 등을 출격시켜 투위훈을 공격하였고 이듬해에 투위훈의 칸은 몽골 사막으로 도망가다가 당의 군대에 붙잡혀 죽는다. 당은 투위훈에 다른 칸을 세워 이들을 친중국 꼭두각시 정권으로 만들어버렸다. 튀르크와 투위훈이라는 두 거대 세력이 없어진 서역(신장)의 여러 작은 국가들이 당의 식민지가 되는 건 이제 시간 문제였고 이들은 납작 엎드려 당태종을 '천칸(天可干)'이라 부르며 자신들의 안위를 보전하였다.

그로부터 5년 후인 639년, 드디어 당의 칼날은 서역으로 향했다. 당의 군대는 현재의 투루판 분지에 위치한 위구르족 불교국가 고창(高昌)국을 공격하였고 이듬해에 이들은 당의 군대에 항복하였다. 당은 고창국의 수도 교하(交河)에 한무제 때의 서역도호부를 본따서 안서도호부(安西都护府)를 설치하여 서역을 식민 통치하였다. 오늘날의 신장 투루판시인 이곳을 중국인들은 교하(交河)라 불렀으며 당시에는 번화했던 실크로드의 요충지였다[89]. 이세민이 죽기 1년 전인 648년에 당은 오늘날 신장 서쪽의 아커수 지방에 있는 쿠차(龜茲, 구자)왕국을 멸망시키고 안서도호부를 더 서쪽으로 이동시켰다. 쿠차 왕국은 오늘날 사과로 유명한 신장 아커수 지방에서 키르기스스탄에 걸쳤던 인도 아리안 계통의 불교 국가였다. 이로써 중국은 동한 후기 이래로 거의 500년 만에 서역을 다시 완전히 손에 넣었고 실크로드의 장악을 위한

---

89) 오늘날 투루판시의 공항 이름은 이곳의 옛 이름을 따서 '투루판교하공항(吐鲁番交河机场)'이다. 서역의 대부분 국가들과 마찬가지로 고창, 쿠차 왕국도 불교 국가였으나 후에 이슬람화되었다. 투루판시에서 동쪽으로 45킬로미터 떨어진 곳에 만들어진 베제클리크 천불동(柏孜克里克千佛洞)의 불상과 벽화들은 고대 고창 왕국의 모습을 잘 보여준다.

거의 모든 장애물을 제거하였다.

한무제 때 장건의 서역 개척은 흉노를 견제하기 위한 군사 전략적인 목적으로 진행되었지만 당 초기 서쪽 민족과의 전쟁에는 실크로드의 재개통 또는 무역로 장악이라는 목적이 농후하게 깔려 있었다. 당태종은 실크로드에서의 안전 보장뿐 아니라 문화, 종교 등 방면에서도 마치 '서역과 변경 지역의 안정과 번영을 위해서라면 뭐든지 하겠다'와 같은 적극적인 포용과 개방, 융합 정책을 썼는데 이는 그가 이 무역로의 원활한 개통과 활성화에 얼마나 강한 의지를 가지고 있었는지를 보여준다. 결과적으로 튀르크, 투위훈, 고창, 쿠차 등 서쪽의 정권들을 멸망시킨 것은 후에 당에게 엄청난 경제적 이득을 가져다 주었다.

한편 몽골 지역에서는 동튀르크가 멸망하고 그 민족들이 뿔뿔이 흩어지자 설연타 칸국이 그 자리를 메웠다. 설연타 칸국은 동튀르크 주민들을 받아들이고 점점 영역을 넓히며 당과 국경을 접하였고 때로는 당의 변경을 침략하는 등 동튀르크를 이어 초원의 계보를 잇는 듯했다. 그러나 이제 당의 군대는 막강하였고 그들은 막북에서 새로운 거대 정권이 탄생하는 것을 허용치 않았다. 646년 설연타는 당과 회흘족의 대대적인 연합 공격을 받고 멸망하였다. 설연타가 망한 후 회흘(위구르족) 부락이 그 뒤를 이었으나 이들은 통합된 제국을 건설하지 못한 채 부락 형태로 있었고 당은 몽골 초원 지역에 몇 개의 총독부를 세워 회흘 부락의 추장들로 하여금 총독이 되도록 하는 자치 식민 방식으로 관리하였다.

고구려 침공

645년 2월 이세민은 고구려 정벌을 위한 친정(親征, 황제가 직접 군을 이끌고 출정)을 단행한다. 그의 나이 47세였을 때이며 고구려 원정은 그가 황제가 된 후 유일하게 한 친정이었다. 그만큼 부담이 큰 전쟁이었다는 걸 뜻한다. 고구려와의 전쟁이 당이 그간 치른 다른 정권과의 전쟁과 다른 점이 있다면 그것은 고구려가 농경민족이었다는 점일 것이다. 유목민족은 성을 쌓지 않았지만 농경민족은 성을 쌓았고 전시에 주민들은 산성 안으로 들어온 후 성안에서 방어전을 하였다. 그러므로 고구려와의 전쟁은 유목민족 정권들과 달리 유격전과 공성전이 복합되어 있었고 이들은 거대한 공성 무기들을 가지고 가야 했다. 여기에 그 난이도가 있었을 것 같다.

당태종의 고구려 공격은 매우 치밀하게 진행되었다. 이들은 본진이 도착하기 몇 개월 전에 당군과 거란, 말갈족으로 이루어진 선발대로 하여금 요동 지역의 고구려 성들을 이리저리 돌아다니며 시위와 약간의 교전을 하며 고구려의 요동 방어 체계를 교란시켰다. 고구려는 수비 체제로 들어갔고 그 사이 이세민이 이끄는 당의 10만 본진은 5월에 아무런 저항 없이 요하를 건넜다. 수의 100만 대군도 함락시키지 못했던 요동성은 이세민의 본진이 도착하고 7일 만에 투항하고 만다. 당과 거란, 말갈, 신라 등으로 구성된 연합군의 수륙 양면 파상 공격으로 현토성, 횡산성, 개모성, 요동성 등 요동 지역의 열 개 성이 순식간에 함락되는 등 고구려의 피해는 막대했다. 당은 압도적인 규모의 군대와 투석기 등 신종 공성 무기들을 총출동시켜 고구려에 파상 공격을 퍼부었다. 이에 반해 고구려는 새로 정권을 장악한 연개소문과 반 연개소문파 간의 알력과 대립이 있는[90] 정치적으로 매우 불안한 상황에 처해 있었다. 또한 당의 군대가 요동에서의 충돌을 피하고 평양을 향해 속전을 할 것을 예상한 연개소문은 요동 방어선을 포기하고 평양 수비에 집중하는 전략을 택하였으며 그래서 온 병력을 평양으로 집결시켰다. 그런데 이세민은 오히려 요동의 방어선을 하나하나 깨는 지구전을 택했으니(이것이 당이 압도적인 군사력을 가지고도 결국은 전쟁에 실패한 이유가 되기도 했지만) 요동에서의 군사 충돌은 고구려가 일방적으로 당할 수밖에 없는 전쟁이었다. 이렇게 요동 지역의 고구려 방어 체계가 무너지고 이세민의 당군은 평양성으로 향하는 길목의 가장 요충지인 안시성과 맞닥뜨리게 된다.

당군은 안시성을 우회하여 바로 평양성으로 향하느냐 아니면 안시성을 먼저 공략하느냐의 고민에 빠졌고 신하들도 의견이 갈렸는데 이때 당태종은 안시성을 먼저 공략하는 안정적인 방식을 택하였다. 안시성과 압록강까지는 직선거리로 불과 120킬로미터밖에 되지 않으므로 우회하여 가는 것도 당의 입장에서는 충분히 승산이 있는 전략이었다. 만약 황제의 친정이 아니었다면 그렇게 했을 수도 있다. 그러나 만에 하나 안시성의 군대에 의해 보급로가 차단되면 본진이 곤란에 처해질 수 있으므로 그들은 황제를 앞세우고 이러한 리스크를 질 수는 없었던 것이다. 당태종은 88일 동안이나 안시성을 파상 공격하였

90) 영화 〈안시성〉에서는 안시성을 지키는 양만춘이 연개소문의 쿠데타에 동조하지 않은 반대파였고 이에 연개소문은 심지어 양만춘을 죽이려고까지 했다는 설정을 하였다. 이 설정의 진실이 어디까지인지는 알 길이 없으나 당시 연개소문 지지파와 반대파 간의 알력이 있었다는 것은 정황상으로 봐서도 충분히 있을 수 있는 일이다.

으나 점령하지 못하였고 때는 이미 여름이 지나 가을이 되면서 당의 군대는 동북 지역의 일찍 찾아오는 추위와 군량미 부족으로 철군하게 된다.

645년의 1차 고구려 원정이 성공이냐 실패냐에 대해서는 의견이 분분하다. 중국의 관방 역사에서는 당 군의 피해는 거의 없이 고구려에게 큰 타격을 주었으니 성공적인 원정이었다고 자찬하고 있고, 우리의 역사에서는 당태종이 직접 이끈 육군 10만, 수군 7만의 공격을 필사의 투지로 방어에 성공한 전쟁이라고 말하고 있다. 둘 다의 말이 틀리진 않은 것 같다. 이 전투의 사상자와 피해로 따지면 당의 완승이다. 사료에 의하면 당은 고구려 군의 수급 4만을 베어 가지고 갔고 오늘날의 선양, 푸순, 랴오양시 등지의 성들을 함락시키면서 그곳의 주민들과 가축을 강탈해 갔다. 이에 반해 당군의 사상자는 2천 명에 불과했다고 한다. 그렇지만 고구려 멸망을 천명하고 황제가 직접 인솔한 전쟁인데 안시성에서 막혀 철군을 하여 결국은 빈손으로 돌아왔으니 이것을 두고 성공한 전쟁이라 할 수 있을까? 전투에서 좀처럼 진 적이 없는 당태종이 자신의 재위 후반에 커다란 오점을 남기게 된 것이다.

그러나 이 전쟁은 고구려에게 너무나도 큰 피해를 가져다 주었다. 그리고 당시 고구려는 연개소문의 쿠데타 이후 내부 정치투쟁의 소용돌이 속에 있었던 반면 거대한 당은 건국 초기의 강한 국운 상승기에 있었다. 고구려가 당 연합군의 공격을 막아낸 것만으로도 대단하다고 평가할 만하다. 당은 그 후로도 이세민이 죽는 649년까지 거의 매년 고구려를 수륙 양면으로 공격했다. 고구려는 필사적으로 방어하여 이들을 물리쳤으나 매번 막대한 피해를 입었고 또한 신라로부터의 공격에도 시달려야 했다. 649년 이세민은 이번에는 고구려와 결판을 내겠노라고 굳게 결심하고 30만 대군을 징집하였고 수백 척의 전함을 건조하였으며 장손무기를 총사령관으로 임명하여 3차 원정 준비를 마쳤으나 그의 사망으로 출병이 무산된다. 이세민은 고구려 원정을 이루지 못하고 세상을 떴고 고구려 또한 수년에 걸친 당과의 전쟁으로 중상을 입은 상태가 되었다.

려당 전쟁은 왜 일어났나?

645년의 려당(고당) 전쟁은 전투의 정확한 위치, 전쟁의 과정, 전술적 오류, 그리고 누가 이기고 누가 진 전쟁이냐 등등의 여러 가지 논쟁 거리를 남긴 역사적 사건이다. 그러나 역사를 바라보는 우리에게 가장 중요한 건 무엇보다도 '이 전쟁이 왜 일어났는지?'이다. 신라의 원조 요청? 연개소문의 쿠데타와 그의 전횡에 대한 응징? 이 두 가지 표면적인 이유는 이세민의 대규모 친정에 대해 충분한 설명이 되진 않는다. 이세민 자신도 쿠데타에 준하는 행동을 통해서 황제가 된 사람이 아니었던가? 또한 당과 신라의 동맹(나당 동맹)은 648년에 결성되었으므로 당의 1차 고구려 원정이 신라를 원조하기 위해 벌인 전쟁이라고 보기 어렵다. 이 전쟁의 발발 원인을 찾기 위해서는 먼저 고구려와 새로 성립된 중국의 제2제국 정권들(수·당)과의 본질적이고 오래된 갈등을 이해하고 넘어가야 한다.

앞선 수의 고구려 동정(東征)에서도 언급을 하였듯이 고구려는 오랜 분열을 끝내고 성립된 중국의 제2제국에 대해 지속적인 대립 노선을 견지하고 있었다. 즉, 겉으로는 예를 갖추는 척하면서도 실제로는 수그리지 않았고 뒤로 중국의 적대 세력과 손잡았다. 수나라 때는 동튀르크와 동맹을 시도했고, 당태종 때는 동튀르크 자리를 대신한 설연타와 손을 잡았다. 고구려의 이러한 외교적 스탠스는 중국을 매우 불편하고 불안하게 했을 것이고 결국 후에 이들로 하여금 신라와 동맹을 하도록 만들었다.

또 하나 중요한 요인은 바로 요동이다. 지정학적, 전략적 요충지인 요동 지역을 250년[91]간 고구려가 점령하고 있었고 중국의 중원 왕조는 자신들의 땅을 잠시 고구려가 불법 점거하고 있다고 여기고 있었으며 언젠가는 반드시 수복해야 하는 곳으로 생각하고 있었다. 즉, 고구려가 요동을 차지하고 있는 한 중국 제2 제국과의 군사 충돌은 어찌 보면 피할 수 없는 운명이었다. 당시의 이러한 중국인들의 정서는 수양제와 당태종이 말한 출정 이유에서도 잘 드러난다. 수양제 때 황문시랑 배구(裴矩)가 수양제에게 말하길 "고구려 땅은 본디 고죽국(孤竹国)이라 불렸고 주나라때 기자(箕子)에게 책봉한 지역으로서 한(汉)나라 때에는 세 개의 군(郡)을 설치하였고 진(晋)나라 때에도 요동을 통치하였습니다"[92]라고 했고, 당태종은 신하들에게 고구려 원정의 이유로 "요동은 오래전부터 중국의 땅이었다…… 수왕조 때 군사를 일으켰으나 실패하였고 당시 요동 땅에서 중국인들이 부지기수로 죽었다…… 이 생각만 하면 짐은 잠을 이룰 수 없다. 중국의 형제와 아들들을 위해 복수를 하고 군주를 시해

---

91) 고구려의 요동 점령은 광개토대왕 재위 때 후연과의 전쟁이 있은 397년이다. 이로부터 당태종의 1차 원정이 이루어지는 645년까지는 248년이 흘렀다.

92) 《수서(隋书)》 열전 제32.

한 역도를 벌하기 위해서……"[93]라고 말하였다. 불과 30년 전에 수양제가 이끈 100만 대군이 처참히 깨지고 수십 만이 요동 땅에서 죽은 일은 비단 조정의 정치인들뿐 아니라 당시 중국인들에게는 큰 트라우마로 남았고 민족적 자존심에 상처를 입은 사건이었다. 《자치통감》의 기재에 의하면 당태종이 고구려 원정을 준비할 때 백성들 중에는 '징집 대상이 아닌데도 자원하여 입대를 하려는 사람들이 있었고 이들은 상을 바라지도 않았으며 그저 요동에서 죽기를 바랄 뿐이었다'고 한다. 이는 당시의 민족적 정서를 보여주기도 하지만 뒤집어서 생각해 보면 당태종 정부가 고구려에 대한 중국 민중의 적개심을 얼마나 효과적으로 끌어냈고 이것으로 중국인들을 단합시키고자 했었는지를 드러내는 대목이기도 하다.

세번째 이유는 어쩌면 가장 본질적인 이유라 할 수도 있겠다. 당시 한반도는 삼국의 싸움이 비교적 치열했던 시기였고 고구려는 연개소문이 실권을 잡은 후로 백제와 연합하여 신라를 압박하고 있었다. 고금을 막론하고 강대국은 주변에 또 다른 강대국의 탄생을 절대 허용하지 않는다. 가만히 놔두면 한반도를 통일할 가장 가능성이 높은 나라는 바로 고구려였고 그렇게 되면 한반도 전역과 만주, 요동을 포함하는 거대 세력이 바로 자신의 왼쪽 귀퉁이에 생겨나게 된다. 당태종 이세민의 입장에서는 자신의 후손을 위해서라도 자기 대에 그것을 막아야 한다고 생각했을 것이다. 이것이 당이 동튀르크, 투위훈, 고창, 그리고 설연타 등과의 연이은 전쟁으로 또다시 대규모 전쟁을 수행하기 부담스러운 상황임에도 원정을 강행했던 가장 본질적인 이유이다. 신라를 도와주기 위해서가 아니라 고구려가 한반도를 통일하는 것을 막기 위해서이다. 이는

---

93) 《册府元龟·帝王部·亲征二》.

국공 내전의 전화와 먼지가 미처 가라앉기도 전인 1950년 10월에 마오쩌둥이 한국 전쟁 참전을 결정했던 것과도 흡사해 보인다. 당시 신중국을 건국한 지 1년밖에 안 된 중국 공산당은 서부의 일부 지역에서 여전히 국민당 군과 전투 중일 정도로 '제 코가 석 자'인 상황이었고 이에 지도부에서도 한반도 파병에 반대의 목소리가 있었다. 그러나 한반도가 통일되는 위기(?)에 놓이자 마오쩌둥은 '순망치한(잇몸이 없으면 이가 시리다)'이라고 하며 끝에 참전을 결정하였다[94].

마지막으로 연개소문의 대당 강경 노선은 고구려와 당과의 충돌을 앞당겼고 당에게 침공의 빌미를 주었다. 고구려가 수·당에 굽히지 않는 외교적 스탠스를 취하긴 했으나 표면적으로 부딪히는 일은 없었다. 더군다나 영류왕 고건무 재위 시기(618~642)에 고구려는 새로 건국된 당에 비교적 온건한 외교 정책을 견지하였고 당도 굳이 고구려와 부딪힐 만한 이유가 없었다. 그러나 642년 연개소문이 쿠데타를 일으켜 영류왕과 온건파 대신들을 하루아침에 전부 몰살시켰고 꼭두각시 국왕(보장왕)을 세운 후 자신이 정치를 좌지우지 하면서 고구려의 외교 안보 정책은 하루아침에 초강경 노선으로 돌아섰다. 결국 이들은 신라를 공격하지 말라는 당의 사신을 감금해 버렸고 이것이 빌미가 되어 전쟁이 발발하였다. 려당 전쟁으로 고구려는 중상을 입고 그로부터 20년 후에 멸망했으니 연개소문의 대당(對唐) 강경 노선은 고구려의 멸망을 앞당긴 결과를 가져왔다는 비판을 면하기 어려워 보인다. 고구려와 중국 제2 제국과의 충돌의 역사는 수문제에서 시작하여 수양제, 당태종, 당고종 네 명의 황제, 두 개의 왕조, 반 세기가 넘는 시간에 걸쳐서 진행되었다. 수당을 앞에 두고 고구려가 보인 국제 정세

---

94)　마오쩌둥은 아들을 한국 전쟁에 참전시켰고 그는 결국 아들을 전장에서 잃었다.

판단과 외교 정책은 아쉬움을 많이 남긴다.

당 내부적인 요인도 없지 않았다. 643년에 당 조정에서는 태자가 반란 죄로 폐해지는 커다란 정치적 사건이 벌어진다. 이로 인한 관련자 처벌과 이어지는 새로운 태자 선정의 과정이 순탄했을 리는 없다. 결국 이세민의 아홉 번째 아들(문덕황후의 셋째 아들) 이치가 태자가 되었지만 당태종은 내부의 혼란을 추스르고 통합을 기해야 하는 상황에 놓여 있었다. 민중을 단합시키고 자신의 입지를 반전시키는 가장 좋은 방법은 대외 이슈이고 그중 가장 확실한 건 전쟁이다. 이세민은 수나라의 실패를 끄집어내며 고구려에 대한 민중의 적개심을 불러일으켰고 그 에너지를 이용해 자신이 가장 잘 하는 분야에서의 성공을 통해 반전을 꾀하려 했을 수도 있다.

개방, 포용 그리고 상업 장려

이세민에게 정복 군주의 이미지가 있지만 한무제와 달리 그는 역대 어느 제왕보다도 개방적인 마인드를 지녔던 군주이다. 당태종과 한무제는 영토를 크게 확장했다는 것만 빼고는 모든 면에서 반대였다. 이세민의 개방적이고 포용적인 마인드는 여러 가지 측면에서 드러났다. 이세민 정부는 급격하게 늘어난 영토를 한무제와 같은 방식으로 관리한다는 것은 불가능하고 이는 또 다른 분쟁을 유발할 뿐이라는 걸 인식한 듯하다. 당의 영토가 1,300만 제곱킬로미터에 달했다고 하지만 이들이 직접 관리한 지역은 800만 제곱킬로미터가 채 안 되었다. 나머지

지역은 기미(羈縻) 정책, 즉 자치를 주었다. '기미(羈縻)'는 사전적으로는 '속박하다'란 뜻을 가지고 있지만 실제로 기미정책은 고도의 자치를 주는 정책이었다. 기미 정책하에서 당은 단지 명의상의 관리만 하였을 뿐 지역의 장을 현지 소수 민족의 추장으로 하였고 이들의 제도, 문화, 종교 등을 그대로 유지하게 하는 등 그 안에서 알아서 번영하도록 하였다. 단지 반란을 도모하지만 않으면 어느 것도 허용하겠다는 식으로서 사람들은 이를 오늘날 중국의 '일국양제(一国两制)'에 비유하기도 한다. 이러한 정책은 광활한 영토에서의 군대 주둔 비용을 최소화하고 소수 민족들의 민심을 얻고 자율성을 극대화하여 지역의 발전을 꾀한다는 이점도 있지만 한편으로는 반란에 취약하다는 리스크가 있다. 이런 측면에서 당태종은 비교적 대담한 선택을 했다고 할 수 있다. 그는 635년에 당에 투항한 동튀르크의 왕족이자 명망 높은 장군인 아스나투얼을 높은 자리에 기용하였고 자신의 여동생과 결혼하게 하는 엄청난 대우를 하였다. 아스나투얼은 야미칸(계민칸)의 둘째 아들 추뤄(处罗)칸의 차남인데 630년 동튀르크가 멸망했을 때 독립하여 서튀르크의 영토 일부를 빼앗고 스스로 칸이 되었던 사람이다. 그의 투항은 당으로서는 튀르크의 거물이 들어온 것이었고 이세민은 어마어마한 그의 가치를 알아봤다. 그는 당이 고창, 설연타, 고구려와 전쟁을 벌일 때 맹활약을 하여 이세민으로부터 비국공(比国公)에 봉해지는 등 외국인으로는 최고의 자리에 올랐고 이세민은 그에게 자신의 경호를 맡기는 등 거의 브로맨스의 수준의 신뢰를 보였다. 이는 이세민이 동튀르크 민족을 품는 데 더할 나위 없이 훌륭한 선택이었다고 할 수 있다.

당태종 정부는 무력으로 정복한 이민족들을 배척하거나 강압적으로 통제하려 들지 않았다. 이들은 이민족과의 통혼을 장려하였고 이민족에게도 관직의 길을 터주는 등의 융합과 포용 정책을 썼는데 이것이 이전 왕조와 다른 점이었고 이는 후대의 황제들에게도 이어졌다. 이세민은 타민족과 타문화에 대해 그 어떤 군주보다도 개방적이고 관대한 태도를 지니고 있었다. 그가 한 조치들을 보면 조화와 번영을 위해선 반역을 제외한 그 무엇도 허용하겠다는 듯한 느낌을 받는데 나는 이것이 개방경제에 대한 그의 신념과 관련이 있다고 생각한다. 일례로 이세민은 유교, 도교, 불교 할 것 없이 모든 종교에 포용적이었고 심지어는 기독교의 일파인 네스토리우스교도 사회 통합에 좋은 것 같다며 포교를 허용하였다. 또한 이세민은 중국 고대 역사상 상업을 장려한 몇 안 되는 군주 중 하나이다. 이세민 정부가 농민들의 세금을 획기적으로 낮춤으로써 농업 생산력을 키울 수 있었던 것에는 이와 같이 상업과 무역으로 벌어들이는 재정 수입의 뒷받침이 있었기에 가능했던 것이다.

이러한 개방 기조가 가능했던 것은 무슨 이유에서일까? 그것은 이세민 정부의 자신감과 개방형 경제권을 구축하고자 하는 장기적 비전이 있었기 때문이다. 보통 자국민이 해외로 나가거나 외국인이 자국으로 들어오는 것을 규제하는 이유는 자국의 문화와 경제가 피해를 입을 것을 우려하기 때문이고 결국은 자신들의 통치 근간에 영향을 줄 것을 걱정해서이다. 그렇지만 당시 당의 지도부는 개방으로 인한 이득이 훨씬 크다는 것을 보았고 개방으로 인한 부작용은 자신들이 흡수하고 통제할 수 있다는 자신감을 가지고 있었다.

그의 재위 시기 행해졌던 모든 군사 활동, 조세 정책, 임용 정책, 민족 정책, 종교문화 정책 등을 가만히 보면 모두 육해상 실크로드를 통한 개방형 경제권을 구축하고자 하는 하나의 방향과 목적을 향해 움직인 듯하다. 당시 그들에게 이러한 국가 장기 전략이 있었는지는 모르겠지만 확실한 건 그의 재위 시기 실시한 각 분야의 정책들은 거의가 개방형 사회와 교역 활성화에 도움이 되는 것들이었고 결과적으로 이들은 개방형 경제권을 성공적으로 구축하였다는 것이다.

대진경교유행중국비(大秦景教流行中國碑)

시안(西安) 시내를 둘러싸고 있는 남쪽 성곽의 원창먼(文昌门)에 들어서면 바로 옆에 '서안비림박물관(西安碑林博物馆)'이라는 곳이 있다. 중국의 유명한 역사 도시에는 소위 '비림(碑林)'이라 불리는 고대의 비석과 묘비들을 모아서 보존해 놓은 장소가 있는데 전국의 크고 작은 비림들 중에서도 서안비림박물관은 단연 으뜸이라 할 수 있다. 이곳은 1078년 송나라 철종 때 지어진 이래 원, 명, 청을 거치면서 계속 보수되어 온 곳으로서 그 자체의 역사만으로도 1천 년에 가깝다. 이곳에는 한나라에서 청나라에 이르는 2천여 년 동안에 만들어진 4천여 개의 비석과 묘비가 전시되어 있고 그중에는 국보급 유물도 130개가 넘는다.

이곳의 제2 전시실에 들어서면 검정 대리석으로 만들어진 높이 2.79미터, 너비 1.03미터, 무게 2톤짜리 비석이 눈에 띈다. 거북이가 받치고 있는 이 비석의 맨 윗부분에는 반원판 모양의 조각물이 있는데 배경으로 구름과 용 비늘 같은 것이 조각되어 있고 그 중앙에 '대진경교유행중국비(大秦景教流行中國碑)'라고 커다란 글씨가 새겨져 있다. 그 글씨 바로 위에 조그만 십자가가 새겨져 있으며 양옆에는 두 마리의 이무기가 서로 한 손을 치켜들고 활활 타오르는 태양을 받쳐들고 있다. 비석의 몸통에는 반듯한 해서체 1,780자가 새겨져 있고 하단에는 약간의 시리아 글자가 세로로 새겨져 있다. 이것을 보고 있다면 당신은 바로 세계 4대 비석 중의 하나인 '대진경교유행중국비(大秦景教流行中国碑)' 앞에 서 있는 것이다.

역사 문화 기행을 하거나 박물관을 참관함에 있어서 우리들의 발걸음과 눈은 단지 화려함과 규모에 이끌려 그 안에 담긴 스토리와 의미를 이해하지 못한 채 눈요기로 끝나거나 또는 정작 중요한 장소나 물건을 놓치는 경우가 많다. 시안에 와서 이 비석을 못보고 갔다면 당신이 바로 그런 케이스일지도 모른다.

비림박물관은 유적지가 차고 넘치는 시안에서 사람들에게 그리 인기 있는 관광 코스는 분명 아닐 것이다. 그러나 이곳에 있는 대진경교유행중국비 앞에 서서 지금은 닳아서 희미한 글자들을 바라보고 있노라면 비록 그 뜻을 거의 이해하지 못하지만 당왕조 이래의 중국 역사가 내 앞에 펼쳐지는 듯한 느낌을 받는다. 축복과 영광으로 시작하여 참으로 많은 역사의 풍파를 거친 이 비석에 대해 이야기 해 보겠다.

대진경교유행중국비

대진경교유행중국비가 만들어진 것은 당 중기인 781년이지만 이 비석에 관련한 이야기는 그보다 146년 전인 당태종 이세민 때로 거슬러 올라간다. 당태종 정관(貞观) 9년인 635년, 올로판(Olopen), 중국명 아뤄번(阿罗本)이라는 네스토리우스교 선교사가 서역을 통해 장안으로 들어왔다. 그는 중국에 기독교를 소개한 최초의 전도사로 역사에 이름을 남긴다. 네스토리우스교는 동로마의 콘스탄티노플 교회 감독이었던 네스토리우스(Nestorius, 381~451)에 의해 창립된 기독교의 일파로 '동방예수교회'라고도 불린다. 네스토리우스는 '그리스도에게 신성과 인성의 두 가지가 있고 인성은 일반인이 가지는 자유 의지와 같다'라는 이인격설을 주장한 것과 마리아 신모설을 부정했다는 이유로 이단으로 몰려 콘스탄티노플에서 이집트로 쫓겨났다. 그의 사후에 그를 따르던 제자들이 시리아를 거쳐 지금의 이란 땅인 페르시아에 정착하였고 5세기에 이들은 네스토리우스교를 창립하였다. 그 후 이 새로 생긴 기독교의 일파는 페르시아를 중심으로 발전하게 된다.

올로판(Olopen, 阿罗本)은 시리아인이었는데 성인이 되어 페르시아로 가서 네스토리우스교를 공부하였고 거기서 종교인이 되었다. 교양과 학식을 갖춘 중년의 교주가 된 그는 교단으로부터 중국에 가서 전도를 하라는 임무를 받게 되었다. 그는 두려움과 설레는 마음으로 경전을 싣고 장안을 향한 긴긴 여정을 떠났고 중앙아시아와 서역을 거쳐 이듬해에 장안에 도달하였다. 때는 당태종 정부가 한창 탄력을 받고 있던 635년이었다. 비석에는 이렇게 쓰여져 있다.

"당태종 9년(635)에 대진국(大秦国)의 대덕(大德)[95] 아뤄번(阿罗本)이 경

---

95) 대덕(大德)이란 높은 승려에 대한 호칭이다.

서를 가지고 장안으로 들어왔고 황제는 재상 방현령으로 하여금 서쪽 교외로 가서 영접하도록 하였다."

대진국(大秦国)에서 파란 눈의 전도사가 황제를 알현하러 오고 있다는 보고를 받은 이세민은 대신들 중 가장 높은 방현령으로 하여금 영접단을 이끌고 장안 입구까지 가서 맞이할 것을 명했는데 이는 오늘날로 말하자면 최고 국빈급 대우를 한 것이다. 혹시 로마 교황이 보낸 사신이라 생각했을까? 대진(大秦)이란 한나라 때는 로마제국을 지칭하는 말이었는데 당나라 때에 와서는 동로마와 소아시아, 그리고 시리아를 아우르는 개념으로 불렀다.[96] 비석에는 또한 이렇게 쓰여 있다.

"당태종이 그를 접견하였고 둘은 잠시 이야기를 나눴는데 황제는 경교(景教)의 교의가 훌륭하다며 국내에 전도를 허락하였다."

이렇게 하여 황제의 제가를 받은 올로판(Olopen)은 활발한 선교 활동을 하였고 그 후 3년 동안 페르시아로부터 21명의 네스토리우스교 전도사가 당을 찾았다. 당태종 재위 12년째인 638년에 올로판은 성당을 지어줄 것을 부탁하였고 당태종이 이를 허락하여 장안성 북서쪽의 의녕방(义宁坊)이라는 지구에 사원을 세웠고 이를 '파사사(波斯寺)'[97]라 이름하였다. 이 절은 후에 '경사(景寺)', '로마사(罗马寺)', '대진사(大秦寺)'로 개명하였다. 당태종은 이 경교 선도사에게 극진한 대접을 해 주었을 뿐 아니라 교리를 번역하여 인쇄하여 배포할 것을 지시하였으며 최초의 기독교 성당을 세워주고 이들의 경비를 지원하는 등의 전폭적인 지원을 아끼지

---

96) 대진(大秦)이 지칭하는 지역 범위는 중국의 시기별로 조금씩 다르고 학자별로 주장에 차이가 있다. 한나라 때는 로마제국을 지칭하였으나 당 이후로 오면서 그 영역이 넓어지고 모호해졌다.

97) 파사(波斯)는 중국어로 페르시아를 말한다.

않았다. 대진경교유행중국비(大秦景教流行中國碑)와 대진사(大秦寺)는 당태종의 외래 문화와 종교에 대한 개방성과 포용성을 보여주는 가장 대표적인 유물과 유적지이자 중국의 기독교인들에게는 성지라 할 수 있겠다. 경교(景敎)라 불리우는 이 기독교의 일파는 당태종, 당고종, 무측천 등 당왕조 초기 지도자들의 전폭적인 지지를 받으며 전국으로 퍼졌고 당시 당 전역에 100여 개의 대진사가 세워졌다고 한다.

781년, 당의 아홉번 째 황제인 덕종 재위 2년째이다. 페르시아 선교사 출신 이사(伊斯)가 출자하고, 역시 페르시아에서 온 선교사 경정(景淨)이 글을 작성한 후 중국인 여수암(呂秀岩)이 글자를 새김으로써 '대진경교유행중국비(줄여서 경교비)'가 탄생했고 이들은 비석을 대진사 앞마당에 세워 놓았다. 그런데 이 비석의 탄생에 기여한 세 명 인사들의 이력이 참으로 특이하다. 이사(伊斯), Yazdhozid[98]라는 본명의 이 페르시아인에 대해 비석이 소개하는 바에 의하면 금자광록대부(金紫光綠大夫), 동삭방절도부사(同朔方節度副使), 사전중감(試殿中監)이라는 세 개의 직책을 가지고 있던 삼품의 고위 관리였다. 게다가 경교 장안 지구 주교라는 타이틀도 이 사람의 명함에 들어있다. 광록대부란 한나라 때부터 내려온 궁중의 고문이고 금자(金紫)는 '금색 인장이 달린 자색 허리띠'라는 뜻으로 그의 높은 지위를 말해 준다. 당왕조 때 절도사(節度使)는 관할 지역의 행정, 재정, 군권을 전부 쥐고 있는 지방 행정장관이자 군사령관이었다. '안사의 난'을 일으킨 안록산의 당시 직책이 바로 절도사였다. 당은 북방 변경에 열 개의 절도사를 두어 방어를 담당토록 하였는데 이 중 삭방(朔方)은 오늘날의 깐수성

---

98) 대진경교유행중국비의 하단에 고대 시리아 문자로 Yazdhozid라 쓰여있으나 어떻게 발음되는지는 확인하지 못했다.

링우(콩武)를 말한다. 이 파란 눈의 페르시아인은 이곳의 부사령관(节度副使)이었던 것이다. 이걸로 미루어 보면 비석 제작의 자금을 댄 이사(Yazd-hozid)라는 사람은 한때 네스토리우스교 선교사였는데 당인으로 국적을 바꾸고 오랫동안 당 정부에 중용되어 높은 지위와 경제력을 가졌던 페르시아인이었다. 이는 외국인의 임용과 발탁에 있어서 인종과 종교에 제한을 두지 않았던 당의 개방적인 면모를 엿볼 수 있는 일례이다.

글자를 새겨넣는 작업을 했다고 비석에 나와있는 여수암(呂秀岩)이란 사람은 당대 유명한 도가 학자이자 관리였다. 도가 학자가 기독교의 발전을 칭송하는 비석에 노력 봉사를 했다고? 이는 듣는 이의 고개를 갸우뚱하게 만든다. 이는 당시 네스토리우스교의 교리가 불교, 도교와 서로 반목하지 않고 상생했다는 걸 짐작하게 해 주는 부분이다.

이 비석의 내용은 세 부분으로 구성되어 있다. 첫 부분은 경교의 교리에 대해 설명하고 있고, 두 번째 부분은 경교가 중국에 들어온 후의 100여 년에 걸친 발전 과정인데 역사적 가치가 가장 높은 부분이라 할 수 있다. 세 번째 부분은 출자를 한 이사(伊斯, Yazdhozid)를 칭송하고 있다.

그러나 이 영광스러운 비석은 9세기 중반에 갑자기 자취를 감췄고 역사와 사람들에 의해 완전히 잊혀졌다가 놀랍게도 800년 가까운 세월이 흐른 뒤인 1625년(명회종 5년)에 대진사 절터 땅 속에서 우연히 발견되어 세상에 다시 그 모습을 드러냈다. 이 비석이 왜 땅속으로 들어갔을까? 지진이나 산사태로 인해서일까? 발견 당시 경교비는 훼손됨이 없이 아주 깨끗한 상태였던 걸로 미루어 봤을 때 자연재해로 인해 땅 밑으로 묻힌 건 아니었다.

중국의 역사에서는 네 번의 커다란 종교 탄압의 바람이 불었다. 정확히는 불교 탄압이라 해야겠다. 첫 번째는 446년 5호16국을 종식시키고 화북을 통일한 북위의 태무제(太武帝) 투어바타오 때이다. 불교가 반역에 연류되었다고 생각한 태무제는 수많은 승려들을 죽이고 사원을 불살랐다. 두 번째는 561년 북주의 개혁 군주 주무제(周武帝) 우문옹 집권기이다. 이번의 탄압은 세금을 면제받는 사원과 승려들이 너무 많아서 국가 재정 수입에 영향을 미치고 개혁의 추진에 걸림돌이 된다고 판단했기 때문이다. 그는 사람을 죽이진 않았지만 승려 300만 명을 환속시키고 4만 개의 사원을 문닫게 했다. 세 번째는 당의 15번째 황제 당무종(唐武宗) 재위 2년째인 842년에 시작되었다. 당나라 때는 천축으로부터 승려와 경전들이 들어오면서 불교가 가장 융성했던 시기이다. 그러다 보니 중후기로 가면서 도를 넘어서서 사원들이 거대 장원을 소유하였고 농민들은 사원들의 장원에서 소작을 하게 됨에 따라 사원들의 경제력이 커지고 불교가 점점 정치 세력화되었다. 이로써 불교와 정부와의 또 한번의 충돌이 불가피해졌다. 도교의 신봉자였던 무종은 841년에 궁중에 파견된 천축의 승려들과 갈등을 빚었고 돌아가겠다고 시위하는 천축 승려 81명을 5일간 구금하는 일이 벌어졌다. 뒤이어 842년 사원의 재산을 전부 몰수하는 명령서에 사인함으로써 불교 탄압은 시작되었다. 결정적으로 이듬해에 번진(藩镇, 변경의 군사 도시)에서 '첩자가 승려로 가장하여 장안으로 침입했다'는 소문이 퍼지자 오늘날의 국정원에 해당하는 경도부(京逃府)에 의하여 300여 명의 승려들이 죽임을 당하는 사건이 벌어졌다. 이러한 종교 탄압의 바람이 어찌 불교에만 한정되었겠는가? 선교사와 교인들은 곧 자신들에게 닥칠 위험을 감지했고 이 신성한 비석을 보호해야겠다는 생각에 아마 어두운 밤을 틈타 땅 밑으로 숨겼을 것이다. 대진사도 이때부터 문을 닫았고 경교와 페르시아 선교사들은 이렇게 당의 쇠락과 함께 중국과 이별을 고해야 했다[99].

세상에 다시 빛을 보게 된 경교비는 원래의 대진사 자리에 놓여졌다. 그렇지만 이 비석의 수난은 그걸로 끝이 아니었다. 기독교 중국 전래를 기념하는 비석이 발견되었다는 소식이 서방 세계에 전해지자 서방의 선교사들이 이를 보러 몰려왔고 심지어 이들은 경교비를 훔쳐서 바티칸으로 가져가려는 시도를 몇 차례나 하였다. 어떤 선교사는 이 비석을 세 개로 잘라서 실어가려고 하다가 현지 정부와 주민들에게 발각되었고 그 후 선교사들은 반출을 포기하고 대신 청정부에 잘 관리해 줄 것을 부탁하였다. 청정부도 이 비석에 누각을 만들어 보호하였는데 청나라 말기의 혼란을 겪으면서 또다시 훼손의 위기에 놓이게 된다. 광서33년인 1907년에 홀름(Frit V. Holm)이라는 덴마크의 신문 기자가 모조품을 만든 후 몰래 바꿔치기하여 런던으로 빼가려는 시도를 하다가 이송 중 발각되는 일이 벌어졌다. 청정부는 모조품은 가져가도 좋다고 허락을 해 주었고 그 모조품은 뉴욕으로 갔다가 현재는 바티칸에 전시되어 있다. 홀름 사건 이후로 섬서성 정부는 이 비석을 그대로 절터에 놔두면 안 되겠다는 생각을 하여 경교비를 시안비림박물관으로 옮겼다. 새로운 보금자리를 찾은 경교비는 그로부터 오늘날까지 100여 년 동안 잘 보존되어왔고 오늘날 대진사 절터에는 진품과 똑같이 생긴 모조품이 세워져 있다. 2002년에 대진경교유행중국비는 중국 정부에 의해 해외 반출이 절대 금지된 국보로 지정되었다.

---

99) 네 번째 불교 탄압은 5대10국 시대인 955년에 후주(后周)의 세종에 의해 실시되었다. 공교롭게도 네 번의 종교 탄압 중 세 번이 무(武)자 시호의 황제들 재위 때 벌어진 일이므로 후세 사가들은 이를 '삼무일종(三武一宗)'의 불교 탄압이라 칭하기도 한다.

7세기 중엽 동북아 정세

다음 장으로 넘어가기 전에 당태종이 죽기 4~5년 전인 645~649년의 동북아 삼국의 정세에 대해 잠시 이야기했으면 한다. 이 짧은 시기는 동북아 국제 정세가 과거 그 어느 때보다도 다이나믹하고 긴박하게 돌아가고 있었던 시기이며 각국의 국내 상황도 중요한 변화와 변혁을 맞이하고 있던 시간이다. 당시 한반도와 일본 열도에 중요한 정세 변화가 있었고 이 변화들 중 어떤 것은 향후 민족의 미래에 지대한 영향을 끼치기도 하였다. 이 5년 동안의 주요 인물과 사건들을 키워드로 소개하자면 이렇다;

- 고구려와 당과의 전쟁(645~648)
- 당태종, 보장왕(실세: 연개소문), 선덕여왕(실세: 김춘추), 의자왕, 나카노오에, 당시 동북아 정세는 이들 다섯 명의 국가 원수들에 의해 결정되었다. 고구려 보장왕은 바지 사장과 같은 존재였으므로 연개소문이 실질적인 국가 원수였고, 신라의 경우 고구려와는 달랐으나 외교적으로는 당과 고구려, 일본을 오가던 김춘추라는 거물 정치인의 손에 달려 있었다.
- 김춘추의 외교적 활약과 나당 동맹 결성(648)
- 신라의 한화 개혁: 신라는 당을 끌어들이기 위해 무진장 애를 썼고 결국은 당과 동맹을 맺는 데 성공했는데 나당 동맹은 그저 한순간의 군사 동맹이 아니라 신라가 당의 범중국 정치문화 세계로 들어가는 것을 의미했다. 신라는 독자 연호를 포기하고 당의 황제로부터 연호를 받았고, 당의 관제를 도입하였으며 관복을 당의 관복으로 바꾸는 등의 일련의 한화 조

치를 진행하였다. 관복이란 정부 공무원들의 제복과 같은 것인데 제복을 당의 것으로 바꾼다는 것이 무엇을 의미하는 건지 굳이 설명을 할 필요가 없을 것이다. 이 밖에도 여러 가지 명칭들이 이 시기부터 점점 중국식으로 바뀌기 시작했고 그 후 100년 후인 8세기 중반 경덕왕 때에는 아예 지명을 모두 중국식으로 개명하여 오늘날과 같은 중국식 지명이 탄생하였다. 이두와 향찰과 같은 우리 문자의 시도도 이 시기의 한화 개혁으로 퇴화되어 더 이상 쓰이지 않게 되었다.

신라의 삼국통일과 이어지는 한화 개혁은 우리의 고대 역사의 물줄기를 바꾼 일대 사건이자 새로운 민족의 캐릭터를 결정지은 시간이다. 아쉬움이 남긴 하지만 그렇다고 이를 마냥 부정적인 시각으로만 볼 문제는 아니다. 이는 당시 세계에서 당과의 교류가 확대되면서 벌어질 수밖에 없는 어쩔 수 없는 측면이었고 또한 신라의 선진화를 위해 통치자들이 선택한 국가 개혁이었다.

• 일본의 다이카 개혁: 일본은 645년 나카노오에(中大兄) 황태자를 비롯한 당 유학파들이 주도가 된 정변에 의해 3세기 이래로 유지되어 온 야마토 정권이 무너지고 일본 고대사의 획을 긋는 일대 개혁이 일어난다. 다이카 개신(大化改新)이라 불리는 5년에 걸친 이 개혁 운동의 핵심은 당의 율령과 관제, 행정, 호적, 토지, 군사 제도 등을 벤치마킹하여 천황을 중심으로 한 새로운 중앙집권적 정치 체제를 구축하는 것이었다. 특히 중앙 귀족과 지방 호족들의 토지를 전부 몰수하여 국유화하는 등의 강력한 중앙집권화 조치를 단행했던 건 일본 역사상 처음 있는 일이었다. 정변의 주역인 나카노오에는 바로 천황에 오르지 않고 자신의 동생을 천황으로 올린 후 자신은 실권자로 남아 개혁과 국정을 주도하다가 668년이 되어서

야 천황에 올라 덴지(天智) 천황이 된다. 다이카 개혁으로 친당파들이 정권을 잡았고 곧이어 대륙 문물의 전수자였던 백제가 멸망하자(660) 일본은 당에 매년 대규모의 유학생들을 보내고 사절단인 견당사를 정기적으로 보내 당과의 직접적인 교류를 대폭 확대시켰다.

42장
무측천

세기가 바뀌는 700년 7월 7일, 일흔일곱 살의 여황제 무측천은 중악(中岳)[100]이라 불리는 숭산(嵩山)에 올라 하늘에 제사를 지내고자 했다. 그러나 늙고 쇠약해진 그녀는 이번에는 도저히 가파른 숭산을 올라갈 수가 없었다. 그리하여 그녀는 궁중 도사 호초(胡超)로 하여금 금간(金簡)을 만들어 자신의 염원을 새겨넣은 후 숭산의 가장 높은 봉우리인 준극봉(峻極峰)에서 던지도록 명하였다. 무측천의 금간에 대해서는 사료의 기재가 거의 없고 전설로만 전해 내려왔기 때문에 그것이 진짜 금으로 만들어진 건지, 그것이 몇 개인지, 무엇을 빌었는지, 어디에 숨겨져 있는지 어느 누구도 정확히 알고 있지 못했다. 후세 사람들은 여황세의 금간을 찾고자 1,300여 년 동안 숭산을 샅샅이 뒤졌지만 아무도 찾지 못했다.

---

100)　중국의 신성한 다섯 개의 산을 가리켜 오악(五岳)이라고 한다. 오악에는 북악의 항산恒山(산시성), 동악의 태산泰山(산동성), 서악의 화산华山(섬서성), 남악의 형산衡山(후베이성), 그리고 중악의 숭산嵩山(허난성)이 있다.

1982년 5월 21일 등봉현(登封縣) 당장촌공사(唐庄公社) 소속의 농민 취시화이(屈西怀)는 상급기관의 숭산 식수조림 사업에 동원되었다. 이들은 일을 일찍 마치고 해질녘이 될 때까지 산 위에서 시덥잖은 얘기를 하거나 놀이를 하면서 시간을 보내고 있었다. 취시화이는 당나라 때 무측천이 지었다고 하는 제단인 등봉단(登封坛) 터에서 멀지 않은 곳에 있었다. 그들이 하던 놀이라는 건 바위와 돌을 산비탈로 굴려 돌이 부딪히며 내는 소리를 듣는 것이었다. 취시화이가 작은 바위을 굴리려 들어올렸을 때 바위의 갈라진 틈에서 기다란 종이 같은 것이 끼어 있는 게 그의 눈에 들어왔다. 빼내어 보니 그것은 종이가 아니라 얇은 금속 조각이었다. 흙을 털어내고 소매로 닦으니 반짝반짝 광이 났고 그 표면에는 글자가 새겨져 있었다. 주위의 동료들이 그게 뭐냐며 몰려들었지만 거기 있던 사람들은 아무도 이 1,300년 전의 글자를 읽을 수가 없었다. 그들은 그것을 그저 구리로 만들어진 옛날 물건이라 여겼다. 취시화이는 이 세로 36센티미터, 폭 8센티미터, 두께 0.1센티미터짜리 '동편'을 집으로 가져와 장롱 속에 넣어두었다.

그렇게 자신도 그 금속편의 존재를 거의 잊어먹고 있던 중 소문을 들은 문화재 장물아비가 그를 찾아왔다. 산동에서 왔다는 문화재 매매업자는 그 금속편을 보더니 현금 다발 5만 위엔을 그 자리에서 내놓았다. 얼이 빠진 취시화이가 아무 말도 하지 않자 그는 더욱 이상한 제안을 했다. 자기가 이 물건을 팔면 5만 위엔을 더 주겠다며 자신의 신용을 담보하는 혈써까지 쓰며 자기한테 팔으라는 것이었다. 1982년에 10만 위엔이면 현재 가치로 환산 시 한화 10억도 넘는 돈이다. 지금 같으면 집이라도 사겠지만 개혁개방 초기인 당시 중국에서는 일개 농민이 그렇게 많은 돈으로 할 수 있는 것도 없었을 뿐더러 또한 그렇게 많은 액수를 부르는 것에 취시화이는 겁이 덜컥 났다. 이는 분명 국가 보물이 틀림없었다. 그는 이 보물을 어떻게 처리할지 마음을 정하지 못하며 잠을 못 이루고 있던 중 결국 7월 10일에 그 기다란 금속편을 들고는 등봉현 정부를 찾아갔다. 당시 등봉현 정부에는 이런 보물을 보관해 둘 데가 없어서 이들은 그것을 등봉현의 중국은행에 보관하였다. 그리고 얼마 후 등봉현정부는 허난성 문화재 관리국 주임에게 전화를 걸었다. 이렇게 하여 무측천의 '제죄금간(除罪金簡)'은 세상에 모습을 드러냈다.

제죄(除罪)란 '죄를 사하다', '죄를 면하다'라는 뜻이고 간(簡)이란 글자를 새기는 길고 납작한 물건을 말한다. 종이가 나오기 전에는 대나무에 글을 썼고 이를 죽간이라 불렀다. 그러므로 '제죄금간(除罪金簡)'이란 '하늘에 속죄를 비는 금으로 된 제문'인 셈이다. 당과 오대십국 시기의 제왕들은 하늘에 제사를 지내거나 뭔가를 기원할 때 금, 은, 구리, 옥 등으로 길고 납작하게 간(簡)을 만들어서 그 표면에 내용을 새긴 후 신령한 산 봉우리에서 투척하거나 묻어놓았는데 전설로만 내려오던 고대의 금간이 발견된 건 이번이 처음이었다. 그것도 중국 유일의 여황제 무측천의 금간이었다. 제죄금간(除罪金簡)에는 직경 1센티미터짜리 글자가 3열로 총 63자가 새겨져 있는데 그 내용은 대략 이렇다.

大周圀 (国) 主武曌好乐真道长生神仙 謹诣中岳嵩高山门投金简一通 乞三官九府除武曌罪名 太岁庚子七月甲申朔七日甲寅 小使臣胡超稽首 再拜谨奏

도교를 신봉하는 주(周)나라의 군주 무조(武曌)가 중악 숭산에 도착하여 금간(金簡) 한 통을 바칩니다. 부디 하늘, 땅, 물 신령님께서는 무조의 죄를 사해 주시기를 비옵나이다. 태수경자년 칠월 칠일, 사신 호초(胡超)가 머리를 조아 려 정중히 바칩니다.

무측천은 일생동안 불교에 심취했었고 자신의 통치시기 불교를 거의 국교화한 사람이었는데 말년에 와서는 불교에 마음이 조금 뜨며 유교와 도교를 믿었고 그의 곁에 호초라는 도교 도사를 두었다. 그리고 도교의 신성한 산인 숭산을 좋아해 자주 찾았으며 숭산 남측 기슭에 상양궁(向 阳宫)이라는 별궁을 지어 말년에 많은 시간을 거기서 보냈다. 무측천 금 간의 내용과 그 배경에 대해서는 많은 설들이 있는데 그 하나는 말년의 무측천이 그녀가 저지른 악행에 대해 뉘우치고 있었고 이러한 의식을 통해 죄를 용서받고자 했다고 한다. 또한 어떤 학자들은 금간은 일종의 명함이고 명함을 두척하는 것은 고대에 방문자가 갖추는 예의였으므로 숭산의 신령에게 자신이 왔음을 알리는 인사라고도 한다. 그렇지만 여 든을 바라보는 제국의 통치자가 '저의 죄를 사해 주시기를 비옵니다'라 고 한 것이 그저 상투적인 인사말로 들리지만은 않는다. 그녀는 무엇이 그렇게 후회스러웠고 무슨 죄가 그렇게 마음에 걸렸을까?

무측천의 제죄금간(除罪金簡)은 현재 허난성 쩡저우시(郑州市) 소재 의 허난박물관(河南博物馆)에 소장되어 있다.

무측천의 제죄금간

고종(이치)

당의 3대 황제 고종은 당태종의 셋째 아들이자[101] 무측천의 남편이
다. 이치(고종의 본명)는 몸이 허약하고 마음이 유약해서 이세민이 자신
의 후계자로 생각도 하고 있지 않았던 아들이었는데 어떻게 하다 보니
그에게도 기회가 왔고 이때 장손무기의 강력한 지지로 태자 쟁탈전의
승리자가 되었다. 그는 착하고 효심이 깊었다. 그가 아홉 살 때 어머
니 장손황후가 죽었는데 어린 아이가 너무 슬퍼하는 모습에 이세민과
주변 사람들이 모두 감동했다고 한다. 그리고 이세민의 목 뒤에 있는
종기의 고름을 입으로 빨아낸 일은 아버지로 하여금 감정적으로 셋째
아들에게 기울도록 하였다.

---

101) 정실 장손황후의 셋째 아들이고 서자까지 합했을 경우 아홉 번째 아들이다. 애초
에 태종의 장자 이승건(李承乾)이 태자로 지명되어 있었으나 이승건은 자기의 태
자 지위가 위협받는다는 생각으로 황위 찬탈을 위해 정변을 기도하였다가 발각되
어 폐위된다.

이세민은 이치의 능력이 못미더웠던지 그를 태자로 책봉한 후로는 황제 교육에 상당한 노력을 기울였다. 그리고 절대 고구려와 전쟁을 하지 말라는 당부까지 남겼다. 그런데 여기서의 반전은 황제가 되자 이치에게서 아버지 못지 않은 정복 군주의 DNA가 발휘되었고 실제로 엄청난 군사적 성과를 이뤄냈다는 것이다. 서튀르크를 멸망시켜서 서쪽으로 중앙아시아까지 영토를 넓혔고(657), 백제와 고구려가 이 사람 재위 때 멸망했으며(660, 668), 한반도를 전부 점령하려는 욕심을 부린 나머지 동맹이었던 신라와 전쟁을 하게 되었고 결국 평양을 기점으로 한반도의 영토가 설정되었다. 이로써 그의 재위 때 당은 최대 영토를 가지게 된다. 당의 역사에서 중국인들이 자랑스럽게 말하는 "동으로는 한반도, 북으로는 오늘날 러시아 남부의 바이칼호, 서로는 카자흐스탄 서쪽의 아랄해, 남으로는 북베트남 하노이 지역에 걸치는" 전성기 당의 강역이 이때 형성된 것이다.

그러나 이 영토는 10년도 채 유지되지 않았다. 669년에 토번(티벳의 전신)으로부터 서역을 빼앗겼기 때문이다. 그리고 본 세기 말 튀르크 정권이 다시 부활하면서 몽골 지역을 금방 내주었는데 어차피 이 지역은 중국인들도 진심으로 자신의 영토라 생각하진 않았을 것이고 그들이 관리를 할 수 있는 땅도 아니었다. 그렇지만 서역은 달랐다. 당은 태종 때 오늘날의 신장 지역을 총 관할하는 안서도호부를 설치하고 그 산하로 4개의 군사 도시를(안서4진) 두어 서역을 자기들만의 확실한 식민지로 만들고자 했다. 그러나 이것도 만만치 않았던 것이 서남쪽의 토번이 세력을 키우며 북상하면서 당은 고종과 무측천 재위 내내에 걸쳐 안서 4진을 두고 토번과 뺏고 뺏기는 힘겨운 싸움을 벌여야 했다. 중국은 수와 당 초기에 걸쳐서는 튀르크와 투위훈 그리고 고구려가 주요 상대였지만 고종과 무측천 시기로 오면서 이들과 서역을 두고 패권 싸움을 한 상대는 오늘날 티벳(중국명 시장西藏)의 전신인 토번국(吐蕃国)이었다.

중국 유일의 여성 황제

중국의 고도 시안(西安)에서 북서쪽으로 80킬로미터 떨어진 시엔양시 치엔현(咸阳市乾县)에는 해발 1,048미터의 량산(梁山)이라는 산이 있는데 이 산에는 고종과 무측천의 합장릉인 건릉(乾陵)이 있다. 물론 이 산은 무덤을 만들면서 쌓아 올린 인공 산이 아니라 원래부터 있던 자연 산이다. 중국 황제들은 당태종 때부터 산을 기반으로 릉을 만드는 매장 전통을 만들었다. 당의 황제릉은 장안성을 축소시켜서 황성, 궁성, 외곽성으로 이루어졌고 건릉의 경우 외곽성은 가로 세로 약 1.5킬로미터의 정방형 성곽으로서 전체 량산을 둘러싸고 있었다. 건릉의 지하 궁전으로(중국에서는 황릉의 내부를 '지하 궁전地宫'이라고 칭한다) 이어지는 주 대로인 사마도(司马道)에는 양옆으로 문무백관을 조각한 대형 조각상들이 사열하듯이 늘어서 있다. 그 길을 따라 쭈욱 걸으면 외곽성의 남쪽 문인 주작문이 나오는데 그 입구에는 두 개의 거대한 비석이 사마도를 사이에 두고 서로 마주보며 세워져 있다. 그중 서쪽 편에 있는 비석을 술성기비(述圣纪碑)라고 하는데 이는 고종의 업적을 쓴 비석으로서 무측천이 내용을 작성하고 아들 중종(이현李显)이 글씨를 썼다. 높이 7.5미터 폭 1.9미터의 이 비석에는 총 5,000여 자가 새겨져 있었는데 세월에 의해 마모되어 지금은 3,000자 가량이 남아있다.

바로 건너편에 역시 7.56미터, 폭 2.1미터, 무게 99톤짜리 비석이 세워져 있는데 이것이 그 유명한 무측천의 무자비(无字碑)이다. 중국 유일의 여황제의 위세만큼이나 거대한 이 비석의 앞에 서면 누구나 그 위엄에 압도당하게 된다. 그런데 무측천의 파란 만장한 정치 인생만큼이나 수많은 내용이 담겨져 있을 것 같으나 이 비석에는 정작 아무런 글자가 새겨져 있지 않다. 그래서 무자비(无字碑)라 이름한다. 아마 이곳에 와서 실물을 봤거나 보게 되는 사람들은 이 비석에 새겨진 글자들을 보고 의아해할 수 있을 텐데 그 글자들은 송나라 이래로 그곳을 지나는 여행객들이 자기들 마음대로 글자를 파놓은 것일 뿐 원래는 글자가 없는 공백이었다.

무측천은 왜 무자비를 세웠을까? 중국에는 총 다섯 개의 무자비가[102] 있는데 글자를 새겨넣지 않은 저마다의 이유와 주장이 있다. 무측천의 무자비에 대해선 여러 가지 설이 있는데 그중 가장 일반적인 설이 무측천은 자신에 대한 평가를 후세로 넘겼다는 것이다. 할 말은 많은데 때로는 그것을 충분히 말이나 글로 담을 수 없을 때가 있다. 혹은 보이는 게 다가 아닐 때도 있고 또는 '내가 지금 무슨 말을 한들 저 사람들이 이해해 주지 않을 거야'라고 생각할 때도 있다. 그럴 때 사람들은 입을 다물게 되는 경우가 간혹 있다. 침묵이야말로 가장 많은 것을 말해 주기 때문이다. 임종을 눈앞에 둔 82세의 여황제는 무슨 말을 하고

---

102) 중국에는 총 다섯 개의 무자비가 있다. 가장 유명한 것은 무측천의 무자비이고, 또 하나는 산동성 타이산(泰山)에 있는 진시황(또는 한무제 비석이라고도 함) 무자비이다. 그리고 베이징에 있는 명13릉 중 12개의 릉에 무자비가 세워져 있다. 난징의 손중산(쑨원) 릉의 묘비에도 글자가 없다. 그리고 명대의 도교 사원인 쑤저우의 현묘관(玄妙观)에도 무자비가 있다.

싫었을까?

건릉은 당의 황제릉 중 한 번도 도굴되지 않은 유일한 릉이다. 시도는 수없이 있었지만 이상하게도 전부 실패하고 말았다. 중국 정부도 건릉의 지하 궁전에 대한 발굴 작업을 하지 않았기에 아직은 어느 누구도 그 안을 직접 본 사람은 없었다. 잘 보존되어 있겠지만 관광객들은 지하 궁전의 입구에서 발길을 돌려야 한다. 하지만 실망할 필요 없다. 무자비를 통해 건릉의 주인과 대화를 나누고 질문을 던지고 그녀의 대답을 들을 수만 있다면 그곳까지 가는 수고는 전혀 아깝지 않을 것이다.

무측천을 어떻게 바라볼 것인가?

무측천이라는 여인은 아마도 중국의 역대 제왕들 중 그 스타성과 흥행성에 있어서는 독보적인 인물이라 할 수 있을 것이다. 1939년에 무측천이라는 영화가 상영된 이래로 현재까지 그녀를 소재로 하거나 그녀 집권 시기를 배경으로 한 영화가 총 6편, 드라마는 무려 43편이나 제작되어 방영되었다. 중국에는 말할 것도 없고 지금도 한국의 서점에 가보면 무측천에 관한 책을 한 권 이상은 분명히 만날 수 있다. 그만큼 그녀의 일생이 파란만장하고 다이나믹하며 또한 논쟁의 여지도 많다는 것이다. 4천 년이 넘는 중국 역사에서 최초이자 유일의 여성 황제라는 것만으로도 사람들의 관심과 흥행을 불러일으키기엔 충분하다. 우리나라의 역사에서는 이보다 약 50년 앞서서 선덕여왕, 진덕여왕이라는 여성 군주를 차례로 배출하였다. 그렇지만 신라의 여왕은 진골에서 국왕이 되어야 하는 전통을 지키고자 하는 폐쇄성에서 탄생하였고 그것도 선덕여왕의 아버지인 진평왕이 그녀의 즉위를 위해 모든 것을 안배하였다. 그러나 지금부터 이야기하고자 하는 무측천이라는 이 여성 황제는 처음에는 밑천이 아무것도 없는 후궁에 불과했다.

무측천(624~705), 역사 속의 많은 여성들이 그렇듯이 그녀의 본명은 모른다. 무측천이라는 이름은 그녀의 시호인 '측천대성황후(則天大聖皇后)[103]'에서 따온 것이다. 《자치통감》과 《구당서》, 《신당서》에서는 그녀를 '황후', '무후', '측천' 또는 '측천황후무씨'라 칭하고 있고 '무측천'라는 이름은 20세기에 나온 이름이다. 우리나라에서는 '측천무후'라는 사서상의 정식 명칭에 익숙하나 오히려 중국에서는 '측천무후'라는 이름은 좀처럼 듣기 힘들고 근 100년 동안 이들은 그녀를 '무측천'이라 불러오고 있다. 본명을 부르고 싶은데 성만 알고 이름을 모르니 시호의 일부인 측천을 이름으로 간주하여 성과 같이 결합한 이상한 이름이다. 통상 황제와 황후는 시호나 봉호로 불리므로 '측천황후' 또는 최소한 '무황후' 정도로 불려야 정상인데 그녀를 무측천이라는 보통 이름으로 부르는 것은 왜일까? 중국인들은 그녀를 황제라 부르고 싶지 않은 걸까?

그녀의 본명을 무조(武曌)라고 말하는 사람들도 있지만 무조는 그녀의 나이 이미 60이 넘어서 스스로 만든 이름이다. 당태종은 그녀에게

---

103) 705년에 그녀의 병세가 위독해지자 태자 이현(李顯)은 재상 장간지(張柬之), 최현위(崔玄暐) 등과 낙양에서 군대를 이끌고 정변을 일으켜 무측천으로 하여금 황제 자리에서 물러나게 하고 이현이 다시 황제(중종)가 되어(신룡정변) 국호를 당으로 복귀시킨다. 신룡정변 후 중종은 그녀에게 '측천대성황제(則天大聖皇帝)'라는 존호를 붙여주었다. 그리고 8개월 후 그녀가 죽었고 중종은 그녀의 존호에서 '황제'를 '황후'로 바꾸어 '측천대성황후'라는 시호를 정했다.

'아름다운 무씨'라는 우메이냥(武媚娘)이라는 이름을 지어주었으니 10대와 20대에는 사람들은 그녀를 '우메이냥'이라 불렀을 것이다.

　천 년이 넘도록 후세 사람들은 그녀를 권력을 잡기 위해 잔혹한 짓을 스스럼 없이 일삼은 무서운 여자로 묘사해 왔지만 한 가지 확실한 건 그녀가 정치적 밑천이 전혀 없는 상태에서 출발해서 더 이상 올라갈 곳 없는 최고 통치자 자리에 올랐다는 것이다. 일단 그 수단은 잠깐 한 켠에 두고 정치적 두뇌와 섭외능력, 과단성과 같은 자질, 즉 정치적 전투력으로 보자면 역사상 그녀에 필적할 만한 인물을 도저히 고를 수가 없다.

　그러면 무측천 재위 시기 백성들이 살기 힘들었던가? 8세기 전반 50년 동안 당현종이 성당(盛唐)의 최고점을 찍을 수 있었던 것은 7세기 후반의 무측천 통치 시기가 있었기에 가능했다. 무측천 통치 시기 농업 생산력은 크게 증대되었고 그에 따라 호구 수도 크게 증가했다. 고종 재위 3년째인 652년의 통계에서 380만 호였던 것이 무측천이 죽는 705년에 615만 호로 72%나 증가했다. 백성들은 넉넉했고 세금과 부역의 부담은 줄어들어 여유로웠다. 사회는 안정되었으며 무엇보다도 능력만 있으면 모든 사람들에게 기회가 주어지는 사회를 만들고자 했다. 이 두 가지를 본다면 정치인 무측천이 분명 유능한 사람이었음에 이의를 다는 사람이 많지 않을 것이다.

　여자들은 유방이나 유수, 이세민, 주원장과 같이 전장에서 영웅이 된 후 그것을 발판 삼아 도약하는 전형적인 왕조 창업자의 길을 걸을 수가 없었다. 또 하나의 CEO가 되는 길인 쿠데타는 군을 장악하는 고위직이어야 하는데 이 또한 여성으로서 불가능하다. 그들은 과거

시험을 볼 수도 없었고 천거를 받을 수도 없었다. 그렇기 때문에 봉건 사회에서는 아주 극소수이긴 하지만 여성이 정치인 리더가 되기 위해서는 궁중 내에서의 투쟁을 통해야만 했고 어쩔 수 없이 황제의 총애가 필요했으며 치열하고 비열한 궁중 내 암투를 별여야 했다. 그것이 당시 여성들이 정치적 세력을 구축할 수 있는 유일한 방법이었다. 그러므로 이들이 취한 수단에 대해 너무 일반적인 잣대를 들이대는 것을 자제해야 할지도 모른다. 영정, 유방, 조조, 사마의, 이세민 등 역사상의 수많은 영웅들이 저지른 악행과 치부를 맘먹고 까발리자면 한도 끝도 없다. 이들의 악행에 대해서는 대의를 위한 어쩔 수 없는 선택이라고 이해를 해 주면서도 왜 유독 여성 정치인들의 과오에 대해서는 대의라는 것을 인정해 주지 않을까? 과연 그녀들에게는 대의라는 것이 없었다고 확신할 수 있는가? 그렇다면 여태후, 풍태후, 무측천 재위 시기의 안정과 발전, 개혁은 무얼로 설명할 수 있을까?

또 하나 무측천의 일생에 있어서 가장 혁명적인 것은 수천 년간 이어온 남자들이 황제가 되는 전통을 깨고 그녀 스스로 황제가 되었으며 그것도 모자라 아예 새로운 왕조를 세워버렸다는 것이다. 물론 그 왕조는 15년으로 끝나긴 했지만 이제껏 어느 누구도 감히 생각조차 해 보지 못했던 일이었다. 또한 그녀 자신의 안위를 위해서는 전혀 불필요한 모험이었다. 생각해 보자. 여성이 황제가 된다? 황후나 태후가 황제의 정치를 보좌하거나 섭정을 하는 경우가 있긴 했지만 여자가 황제가 되는 건 아무도 생각해 보지 못했던 일이다. 게다가 그녀는 모든 남자 황제들이 해왔던 것처럼 공개적으로 남자 비빈들을 두었다. "니들도 했는데 내가 왜? 나도 황제야!"라는 식이었다. 이를 두고 후세의 유교주의 사학자들은 그녀를 수치스러움을 모르는 문란한 여자라고 두고 두고 욕을 해댔지만 그녀의 전통을 깨는 거침없는 행보는 높이 평가할 만하다. 중국 역사를 통틀어 통치자 반열에 든 여인 중에서도 여태후, 무측천, 서태후 이 3인방은 실질적인 황제 역할을 한 사람들이다. 그렇지만 이 사람들조차도 무측천을 제외하고는 감히 황제의 자리에 앉으려는 시도는 하지 않았다. 아니 그러지 못했다. 무측천은 실질적으로 최고의 권력을 잡았음에도 자신이 황제가 되는 길을 밀고 나갔는데 왜 그렇게 했는지 묻고 싶다. 이성적으로는 그럴 필요가 전혀 없었다. 단지 죽기 전에 역사에 이름을 남기고 싶었던지 아니면 또 다른 대의가 있었는지, 이는 그녀의 무자비만큼이나 우리에게 무한한 상상과 쟁론을 남기는 질문이다.

무측천의 등장이 당의 역사에 주는 의미

우리는 무측천이라는 여인을 떠올릴 때 그녀가 고종의 총애를 입는 과정, 그녀가 경쟁자와 반대파들을 제압하는 과정, 그 과정에서 발생했던 권모술수와 대상을 가리지 않는 숙청 등 궁중 여인으로서의 생존 투쟁에만 초점을 맞추는 경향이 있다. 그러나 그것은 재미는 있을지 모르지만 역사적 인물과 사건의 단면만 보는 일이다. 우리는 정치인으로서의 무측천을 바라봐야 하고 그녀가 정권을 잡을 수 있었던 동력은 무엇이며 그녀의 등장이 당의 역사에 어떠한 영향을 주었는지를 꿰뚫어야 한다.

무측천의 등장은 고요한 호수에 돌을 던지는 것과 같이 당의 역사에 엄청난 파장과 변화의 바람을 불러일으켰다. 왜냐? 가만히 생각해 보면 그것은 당연한 결과이다. 무측천과 같이 정치적 밑천이 없는 자가 생존하고 투쟁에서 이기려면 무엇이 필요하겠는가? 그렇다. 사람이 필요하다. 자신의 지원군이 될 인재들이 필요한데 과연 기득권 층에서 그녀의 지원군으로 나설까? 그럴리 없다. 그러면 무엇인가? 물갈이를 하는 것이다. 무측천과 같은 비주류가 국가 리더가 되는 순간 조정은 안과 밖에서 물갈이가 시작된다. 조조가 왜 그리 인재에 목말라 했었는지를 기억해 보자. 한왕조를 망친 환관 집안의 아들이고 도덕적으로 깨끗하지도 않으며 정통성을 띄지도 않던 그가 세력을 키우기 위해선 사람을 모아야 했는데 기존의 큰 가문에서의 지지를 기대하긴 어려웠다. 그래서 그는 세상의 숨어있는 인재들을 끄집어내야 했고 그러기 위해선 그들의 출세를 어렵게 하는 장애물들을 걷어줄 필요가 있었다. 그래서 '구현령'이라는 스펙보다는 실력 위주의 인재 선발에 열을 올렸고 그렇게 하여 조조 진영에는 실력을 갖춘 인재들이 많았던 것이다.

다시 무측천으로 돌와와 보자. 선황의 후궁을 아들이 다시 비빈으로 불러들인다? 거기까지는 그렇다 치자. 왜냐하면 당은 비교적 개방된 사회였고 또한 이 일은 황후도 동의한 일이니. 새로 굴러들어온 무소의(武昭仪)와 왕황후가 연합하여 소숙비를 공격하였고 그 과정에서 소숙비를 지지하던 대신 몇 명을 날려버렸다. 그다음 라운드는 무소의가 왕황후를 밀어내고 황후가 되는 일이다. 이 싸움은 힘든 싸움이었다. 하지만 "당고종과 무소의 연합군 vs 왕황후를 보호하려는 연합군" 싸움에서 왕황후 연합군이 패했다. 한 세기를 관통하며 정치의 중심에 섰던 관롱집단은 그렇게 해서 쇠락하기 시작했다. 일대 숙청과 처형 끝에 조정의 세력 판도에 대변화가 일었고 물갈이가 되었다. 그걸로 끝이 아니었다. 무측천은 황후가 되자 점점 고종의 정무에 관여한다. 이를 본 대신들이 고분고분했을까? 그럼 어떻게 해야 하나? 제거해야 한다. 나중에는 고종의 건강이 안 좋아지고 눈이 희미해져 정사를 보기 힘들어졌고 무측천에게 더욱 많은 걸 맡기게 되었다. 어머니의 전횡이 못마땅한 태자가 일을 도모하다 어머니한테 딱 걸렸다. 그럼 어떻게 해야 하나? 죽이자. 그럼 태자 하나만 죽이나? 태자를 지지했던 세력들을 전부 소탕하자. 고종의 여성 편력도 문제였다. 그는 한때 무측천의 언니를 좋아하더니 이번에는 무측천 언니의 딸, 즉 무측천의 조카에게 관심을 가진다. 그럼 어떻게 해야 하나? 죽이자. 아무 이유 없이 조카를 죽일 순 없으니 이참에 꼴보기 싫은 대신 몇 명을 모반죄로 연류시켜 죽이자.

이렇게 하다 보니 조정이 자연스럽게(?) 물갈이가 되었다. 그리고 기득권의 공백을 채운 것은 비문벌이지만 실력을 갖춘 적인걸(狄仁杰)과 같은 신흥 세력들이었다. 690년 예순여섯 살의 그녀는 드디어 황제 즉위 작업에 착수한다. 대신들이 이에 동의하겠는가? 목숨을 걸고 당의 사직을 보호하려고 하였다. 그럼 어떻게 하지? 죽이자. 그런데 국가 리더는 대중의 지지가 필요하다. 그럼 어떻게 해야 하지? 누가 나를 지지해 줄 수 있을까? 그렇지, 문벌 지주 세력이 판을 치는 이 세상에 불만을 가지고 있는 사람들이 있었지! 그래, 비문벌 중소지주 세력들을 정치권으로 끌어들이면 이들은 나에게 고마워할 거야. 문벌들이 장악하고 있는 이 썩은 공무원 사회를 이참에 싹 개혁해야겠다. 그래서 무측천은 과거제에 대한 대대적인 업그레이드를 한다. 일반인 누구나 응시할 수 있게 된 것도 무측천 재위 때이고 무과가 생긴 것도 이때이다. 무과의 설치는 실로 대단한 개혁 조치이다. 시대와 나라를 막론하고 군은 가장 보수적인 집단 중의 하나가 아니던가.

이렇듯 무측천의 통치가 당에게 준 가장 큰 선물은 수백 년 동안 유지해 온 문벌 대지주층을 타파하고 한문(寒門, 비문벌) 중소지주 층을 사회 지도층으로 끌어낸 사회개혁이었다. 문벌제도라는 것은 위진 남북조 후기부터 쇠퇴하기 시작하였으나 문벌이라는 것은 계속 남아있었다. 이런 것은 그리 쉽게 없어지지 않는다. 마치 "SKY 대학을 나와도 다른 대학 졸업자와 차등을 두지 않을 테니 다른 대학을 많이 지원해 주세요!"라고 정부가 아무리 선전한들 명문대가 없어지지 않는 것과 마찬가지이다. 당시의 문벌은 오늘날의 명문대보다 훨씬 강한 위상과 사회적 네트워크를 가지고 있었기에 당태종도 문벌 타파를 위해 노력을 했건만 근본적인 변화를 가져오진 못했다. 당시에 가문의 성씨 랭킹을 매겨놓은 《씨족지》라는 것이 있었는데 당시 사회를 주름잡던 몇몇 가문의 성이 황제의 성보다도 위에 있었다. 이런 것에 대한 개혁은 지도층이나 기득권층에 한때라도 몸담았던 사람보다는 기득권층의 혜택을 전혀 못받았던 비주류 출신이나 여자가 더 잘 추진할 수도 있다. 금기를 깨고 여자로서 황제에까지 오르려는 무측천은 그깟 문벌들의 반발을 겁내지 않았다. 이로써 위진 남북조 시기 이래로 진행되어 온 '문벌 대지주 vs 한문 중소지주'의 대결 구도에서 한문 중소지주 계층이 힘을 받아 본격적으로 사회의 지도층이 되기 시작한다. 또한 자기가 능력이 있다고 생각되는 사람은 자기 자신을 천거할 수 있는 제도를 도입하였고 이는 심지어 농민들도 신청할 수 있었다. 이러한 일련의 개혁 조치들은 당의 사회에 매우 큰 변화를 일으켰다. 당의 개방성은 무측천 시기에 실시한 과거제도의 개방성과 세분화, 그리고 문벌 타파 정책으로 인해 더욱 꽃피울 수 있었다. 양귀비와의 로맨스로 유명해진 당현종은 8세기 전반에 '개원성세(开元盛世, 712~741)'[104]라고 일컬어지는 최고의 번영 시기를 구가할 수 있었는데 '개원성세'는 어쩌면 무측천 통치 시기의 사회 개혁이 없었으면 오지 않았을 거라고 많은 사학자들이 입을 모아 말한다.

무측천의 전반기 인생

무측천의 아버지 무사확(武士彠)의 집안은 오늘날의 산시성 중부인 타이위엔(太原市)시 근처 원수이(文水)라는 곳에서 대대로 상업과 투자를 하던 사업가 집안이었다. 그렇지만 무사확의 둘째 부인으로 들어온 그녀의 어머니 양(杨)씨는 수왕조 황실의 친척이었다. 무사확은 진시황을 탄생시킨 여불위와 비슷한 면이 있다. 사업가 집안이었지만 그는 비즈니스보다는 정치 쪽으로 관심이 많았고 이연 집안의 잠재력을 간파한 그는 자신의 재력을 이용해 이들과 친분을 쌓았다. 결국 당 고조 이연이 봉기했을 때(이연이 봉기를 한 곳이 태원太原이었던 것을 기억하실 것이다) 그는 이연 그룹에 자금과 물자를 아낌없이 제공하면서 이

---

104) 당현종(唐玄宗)은 712년에서 756년까지 재위했는데 그의 재위 기간은 연호로 개원(开元 712~741)년간과 천보(天宝 742~756)년간의 두 기간으로 나뉜다. 그중 당의 전성기로 일컬어지는 시기가 개원년간이므로 당의 최대 전성기를 '개원성세'라고 부른다.

연의 승리에 공헌하였고 당왕조의 2급 개국 공신 반열에 들어가게 되었다. 그는 건설교통부 장관인 공부상서(工部尚书)와 형주(荆州) 도독을 맡았고 응국공(应国公)이라는 작위까지 받았다. 돈만 있었지 가문으로는 별볼일 없었던 그가 정치적 베팅을 완전히 성공시킴으로써 무씨 집안을 일약 귀족 집안으로 일으킨 것이다.

그는 일찍이 아내를 여의었던데 그를 신임했던 이연이 직접 나서서 그에게 자신의 외가 쪽 친척을 소개해 주었고 그녀가 바로 무측천의 어머니 양(杨)씨이다. 재미있는 사실은 당시 무사확의 나이가 44살이었는데 양씨의 나이가 43살이었다는 것이다. 당시로써는 거의 손주를 볼 나이인데 그녀는 그때까지 처녀를 유지하고 있었다. 무측천의 친모인 양씨 역시 대단히 특이한 캐릭터이지만 그녀의 이야기를 여기서 자세히 하진 않겠다. 한 가지 말해 둘 것은 그녀가 낳은 딸들의 미모가 절색이었으므로[105] 양씨 역시 한 미모 하였을 것이고 이는 그녀가 얼굴이 못생기거나 집안이 나빠서 결혼을 못한 게 절대 아니었음을 말해 준다. 사료에 의하면 그녀는 말을 타고 다닐 정도로 자유분방하였으며 어떠한 남자도 그녀의 눈에 차지 않았다고 한다. 무측천은 아버지의 안목과 정치적 두뇌, 그리고 어머니의 미모와 자주성, 개방성을 모두 물려받은 것 같다. 무사확은 젊은 여인을 후처로 맞이하고 싶었겠지만 황제가 직접 선 중매를 거절할 수는 없었을 것이다. 아니면 높은 신분의 양씨 가문과 맺어지고 싶은 마음에 나이 같은 건 전혀 중

---

105) 양씨의 세 딸 중 무측천의 미모는 이미 공인된 사실이고 고종이 그녀의 언니 역시 좋아했다는 사실로 미루어 보면 그 두 자매 모두 절색이었을 거라 생각된다. 그녀의 여동생에 대해서는 역사에 기재된 것이 별로 없다. 시집가서 일찍 죽었다고만 알려져 있다.

요치 않았을 수도 있다. 전해지는 바에 의하면 양씨는 나이보다 훨씬 젊었다고 하며 더욱 대단한 것은 40대의 나이에 딸을 셋이나 낳았다는 것이다.

그렇게 양씨와 어린 무측천은 아버지를 따라 부임지 형주(荊州)에서 좋은 나날을 보내고 있었다. 무사확의 전처가 낳은 아들들은 고향의 본가에서 생활하고 있었다. 그러나 무측천이 11살 때인 635년에 그녀의 아버지가 세상을 뜨면서 이들 모녀의 생활은 급속히 몰락하기 시작한다. 산시성의 본가로 돌아온 이들 모녀의 생활은 고통의 나날이었다. 무사확의 아들들(무측천의 의붓 오빠들)의 학대와 핍박이 쏟아진 것이다. 여기서 무측천 모녀와 의붓 오빠들과의 악연이 시작되는데 사실 이렇게 된 데에는 아버지 무사확의 잘못이 컸다.

무사확은 정보다는 욕심이 많았던 사람인 걸로 보인다. 새 부인 양씨를 맞이하자 그는 전처에게서 낳은 두 아들을 돌보지 않고 내팽개쳤다. 그가 새 부임지에 아들들을 데려가지 않고 양씨와 딸들만 데리고 다닌 것만 봐도 알 수 있다. 당시 문벌들의 눈에 무사확의 집안은 별볼일 없는 상인 집안이었다가 갑자기 지위가 올라간 근본 없는 가문이었다. 무사확은 이런 신분적 콤플렉스가 있었고 이를 극복하고자 애쓴 것 같다. 그래서 43살의 양씨 노처녀와 결혼하여 무씨 가문의 위상을 높여보려고 했던 것이다. 양씨 가문 입장에서 이 결혼은 전형적인 낮춰서 가는 결혼이었고 무사확에게는 또 한번 가문의 지위를 높일 수 있는 기회였다. 그는 양씨와의 사이에서 아들이 나오면 자신의 작위와 재산을 모두 물려주려고 했고 전처에게서 나온 아들들은 고향에서 아버지의 소식도 모른 채 살고 있었다. 전처가 먼저 죽은 게 아니라 양씨를 후처로 맞이한 후 무사확에 의해 쫓겨났다가 죽었다는 설도 있다. 어쨌든 사정이 이러한데 전처의 두 아들이 계모 양씨와 그 딸들에게 좋은 감정을 가졌을 리가 없다.

문제는 양씨가 40대의 고령에 힘들게 자식을 셋씩이나 낳았음에도 그중 아들은 없었다는 것이다. 그리고 무측천이 11살 때 무사확이 병으로 죽자 이들 모녀의 상황은 완전히 역전된다. 왜냐하면 적자 계승의 원칙에 의해 아들에게 전 재산을 물려주게 되어 있었고 이들 전처의 두 아들들은 이제 재산과 가정의 권한을 쥔 가장이 되어버렸기 때문이다. 양씨와 무측천은 어쩔 수 없이 원수이로 돌아가 이들에게 몸을 의탁할 수밖에 없었다. 무측천의 언니는 이미 출가했고 그녀의 동생은 너무 어렸기에 오빠들의 핍박과 구박은 전부 어머니 양씨와 12살 무측천에게로 쏟아졌다.

어두웠던 무측천의 청소년기

무측천에 의해 죽임을 당한 사람들의 수를 합하면 무려 93명에 달한다. 이것은 연좌로 형장에 끌려들어간 사람들이나 같이 죽은 가족들을 제외한 수이다. 그중 자신의 친지들이 23명, 당 종실 사람들이 34명, 대신들이 36명이었다. 그녀가 황후가 된 후 세상을 뜨기까지 50년 동안 매년 두 명씩 죽인 셈이다. 이 중에는 자신의 딸도 있었고 아들도 있었으며 조카도 있었다. 왕황후처럼 손발이 잘린 후 술독에 넣어진 사람도 있는가 하면 선(善)부인처럼 가시 돋힌 채찍으로 매일 고문을 당하다가 죽은 사람도 있었다. 그녀는 사람을 죽이거나 고통을 가하는 것에 눈하나

깜짝하지 않았고 자신의 피붙이에게조차 모성애를 거의 보이지 않았다. 무측천의 냉혹한 면을 잘 드러내는 일화가 《자치통감》에 적혀져 있다. 태종에게는 서역에서 온 사자총이라는 준마가 있었는데 너무 거칠고 힘이 세서 아무도 그 말을 길들일 수가 없었다. 당시 이세민을 수행하고 있던 무측천이 나서서 말했다.

무측천: 소첩이 이 말을 길들일 수 있을 것 같습니다.

이세민: 그래? 어떻게 말인가?

무측천: 저에게 세 가지 물건을 주신다면 할 수 있습니다.

이세민: 그게 무엇인가?

무측천: 쇠로 된 채찍, 쇠몽둥이 그리고 날카로운 칼을 주시면 됩니다. 일단 채찍으로 매질을 합니다. 그래도 이놈이 복종을 하지 않으면 쇠몽둥이로 머리통을 냅다 갈기면 됩니다. 그러면 대부분은 순해지지요. 만약 그래도 복종을 하지 않는다면 칼로 모가지를 따야죠.

이세민: ······.

이 말을 듣고는 당태종이 그녀의 기개를 칭찬했다고 하는데 이것이 과연 칭찬할 일인지 모르겠다. 그녀가 당태종의 총애를 받지 못한 이유를 이제는 조금 알 것도 같다. 누구라도 이런 말을 했다면 "정신병원에 가서 소시오패스 검사를 받아보시오!"라고 할 것이다. 하물며 젊고 예쁜 후궁이 이런 말을 했다는 건 그녀의 정신 상태나 가치관이 보통 사람과 많이 달랐다는 것을 짐작하게 해 준다. 이 이야기는 무측천이 황제를 선포하고 11년 째인 700년에 욱(頊)이라는 장군이 무의종(무측천의 5촌 조카)과 거란과 전투에서의 공을 두고 다투면서 그녀 앞에서 듣기 거북한 말을 하자 이에 짜증이 난 무측천이 "내가 말이야, 젊었을 적에 태종 앞에서 한 말이 있거든……"이라고 말하면서 세상에 나온 이야기이다. 욱은 이 이야기를 듣고는 목숨을 살려달라고 납작 엎드려 머리를 조아렸다고 한다.

무측천의 성격이나 가치관은 확실히 보통 사람과 달랐는데 그것이 입궁하기 전 그녀가 가정에서 겪은 어두운 경험과 무관하지는 않을 거라는 설이 최근의 역사 논객들에 의해 회자되고 있다. 그녀의 나이 11살 때 아버지가 죽고 13살에 입궁하기 전까지의 2년여 간의 시간에 대해서는 역사의 구체적인 기재가 없지만 그녀에게 있어서 매우 어려운 시기였을 거라는 데에는 의견을 같이한다. 역사의 기재에 의하면 아버지가 죽자 어머니와 함께 무사확의 산시성 집으로 돌아왔고 거기에는 그녀의 의붓 오빠 둘과 사촌 오빠 셋이 있었다. 그리고 이들 다섯 오빠들은 무측천의 어머니에게 '불경(不敬)'하게 대했다고 쓰여져 있다. 그런데 이 '불경(不敬)'이라는 말이 사람들의 상상력을 자극하는 단어이다. 수양제 양광이 아버지의 젊은 첩 진부인을 겁탈하려 했을 때 진부인이 수문제에게 와서 고했던 말이 '태자가 무례(無禮)했다'였다. 고대의 '무례(無禮)'란 말에는 그런 의미가 있었다. 이러한 주장은 불경(不敬)을 무례(無禮)로 확대 해석한 결과이다.

이들의 주장은 무측천의 다섯 오빠들은 계모 양씨에게 막 대했을 뿐만 아니라 자신들의 열두세 살짜리 의붓 여동생 무측천을 자신들의 성노리개로 삼았을 거라 한다. 여자 나이 만 12~13살이면 가치관이 형성되는 시기이다. 이 중요한 시기에 가정에서 상습적 성폭력을 당해왔다면 그녀가 비뚤어진 세계관과 가치관, 남성관을 가지게 되는 것도 그리 이상하지 않다는 것이다. 물론 이러한 스토리는 아마추어 역사 애호가들의 과도한 상상으로 봐야 할 것 같다. 하지만 무측천의 다섯 오빠와 양씨 모녀 간에 지울 수 없는 원한 관계가 있었던 것 만은 확실하다.

그러나 그들은 사람을 잘못 건드렸다. 무측천의 의붓 오빠이자 무사확의 친아들인 무원경(武元庆), 무원상(武元爽)은 그녀가 황후가 되자 직위가 강등된 후 무원경은 오늘날 꾸이저우성으로, 무원상은 오늘날 하이난성으로 유배되었고 둘 다 거기서 의문사한다. 사촌 의붓 오빠인 무유량(武唯良)과 무회운(武怀云)은 음식에 독을 넣었다는 혐의로 죽인 후 성을 복(蚨, 살모사)씨로 바꿔버렸다. 그들의 자식들은 대대손손 '살모사'라는 성을 가지게 되었다는 건데 무측천의 증오가 얼마나 깊었는지를 알 수 있는 대목이다. 가장 큰 오빠인 무회량(武怀亮)은 무측천이 손을 쓰기 전에 이미 저세상 사람이 되어 있었다. 그러나 그녀는 그들을 그렇게 순순히 보낼 수 없었다. 자신의 어머니를 핍박했던 무회량의 아내 선(善)부인을 궁으로 끌고와 노비로 만든 후 가시가 돋힌 채찍으로 매일 고문을 하여 고통 속에서 죽게 했다. 그녀가 죽었을 때 그녀의 등은 이미 살점이 다 떨어져 나가 뼈가 보일 정도였다고 한다.

무측천은 13살에 궁으로 들어와 당태종의 재인(才人)이라는 낮은 등급의 후궁에서 시작했는데 애석하게도 이세민이 죽을 때까지도 계속 재인이었다. 당태종의 후궁으로 있었던 12년 간의 기간 중 그녀의 행적에 대한 역사적 기록은 없다. 그만큼 당태종의 총애를 못 받았고 궁 안에서 전혀 존재감이 없었다는 것이다. 그녀는 자신의 첫 남편의 관심을 받지는 못했지만 그 대신 남편의 아들, 태자의 눈에 드는 행운을 잡았다. 그것이 행운이었는지 노력의 결과였는지는 알 길이 없으나 운도 실력이라는 말이 있으니 각자의 상상에 맡기겠다. 이세민의 병간호를 하던 이치는 자신보다 4살 연상인 무재인(武才人)과 눈이 맞았고 이들은 몰래 정을 나눴다. 곧 있으면 비구니가 될 운명인 무재인에게 있어서 태자는 유일한 희망이었고 그녀는 이 유일하고도 거대한 투자처에 그녀의 모든 것을 쏟았다. 649년에 당태종이 죽자 후궁들은 관례에 따라 전부 감업사에 보내져 비구니가 되었고 그것은 그녀의 나이 25살 때였다. 그들은 이제 죽을 때까지 거기서 비구니로 살아야 했다. 가끔 황제의 조서로 감업사의 비구니들이 환속되기도 했는데 이는 죄수에 대한 대사면처럼 아주 드물게 있는 일이었다.

그런데 뜻밖의 기회가 찾아온다. 태종이 죽고 일 년이 지난 650년 5월에 태종의 제사를 지내고자 고종과 황후가 감업사로 갔고 이때 고종과 무측천 이 둘은 재회를 했다. 무측천의 부활은 당시 고종의 부인들 간의 투쟁으로 인한 어부지리의 결과였다. 정실 왕(王)황후는 자식을 낳지 못하고 있었고 둘째 부인 소(蕭)숙비는 아들을 낳은 상태에서 고종의 관심이 소숙비에게로 가고 있었기에 왕황후의 입지가 점점 좁아지고 있었다. 어떻게 하면 소숙비를 제거할 수 있을까에만 몰두하던 왕황후는 남편이 좋아했던 무측천을 궁으로 불러들이면 소숙비를 팽시킬 수 있을 것이라는 나름의 '이이제이(以夷制夷)' 전략을 생각해냈다. 뜻하지 않게 황후로부터 무측천을 데려오자는 희소식을 들은 고종은 태종의 상 기간이 끝나는 651년 5월에 무측천을 소의(昭儀)라는 높은 등급의 후궁으로 궁에 다시 들인다. 이리하여 무측천은 태종과 고종 두 부자(父子)와 두 번 결혼한 여자가 되었고 궁으로 다시 들어왔을 때 그녀는 이미 고종의 아이를 임신한 상태였다. 그렇게 무측천의 제2의 인생은 시작되었다.

폐왕입무(廢王立武)와 관롱 집단의 쇠락

영휘 6년(655) 10월 당고종의 조서가 내려졌다.

왕황후와 소숙비는 독주를 만들어 암살을 기도하였다. 그러므로 이들을 폐하고 서인으로 만들며 부모와 형제도 작위와 직위를 거둬 들이고 모두 영남(岭南)으로 유배보낸다.

조서는 또한 무측천에 대해서도 말했다.

무씨 집안은 일찍이 조정에 공을 세웠고…… 후궁들 중에 명성이 높았으며, 짐이 태자로 있을 때 선황의 특별한 보살핌을 받았다. ……그러므로 무씨를 황후로 즉위시킨다.

《자치통감(资治通鉴)·唐高宗永徽六年》

'폐왕입무(廢王立武)'는 고종의 정실인 왕(王)황후를 폐(廢)위시키고 무(武)측천을 황후로 세운(立) 사건을 말한다. 이와 관련하여 왕황후에게 누명을 씌우기 위해 무측천이 자고 있는 자신의 딸을 자기 손으로 목졸라 숨지게 했다는 유명한 일화가 있다. 그리고 이 소식을 들은 고종이 대노하여 왕황후를 폐했다고 알고 있다. 그러나 이것은 왕황후를 폐위시키는 표면적인 구실에 불과했다.

중국 역사상 황후를 폐하고 새 황후를 올린 경우는 많았다. 중국의 황제들는 왜 황후를 폐했을까? 아내와의 사랑이 식어서? 아니면 더 사랑하는 여자가 생겨서? 황후를 폐위시키는 일은 어떻게 보면 태자를 폐위시키는 것보다도 큰 정치적 사건이다. 왜냐하면 황후는 정사에 직접 관여하진 않지만 국모로서 그 정치적 상징성이 매우 컸기 때문이다. 한 여자가 황후가 되는 것은 그녀를 둘러싼 수많은 정객들의 노력의 결과이다. 그렇기 때문에 황후의 폐위는 그 과정에서 크고 작건 간에 정치적 타격을 입는 세력들이 분명히 생기게 되고 또 어떤 경우는 조정의 세대 교체를 몰고 오기도 하는 커다란 정치적 사건이었다.

폐왕입무(廢王立武)는 당 초기 역사에서 매우 중대한 사건이다. 그런데 이 사건의 본질은 황후를 폐위하는 것에 있는 것이 아니라 황제라는 존귀한 지위에 있는 당고종이 자립하고 자신의 정치를 하려는 것에 있었다. 다시 말하면, 황권의 대표자인 당고종과 신권의 대표자인 장손무기 간의 권력 쟁탈전이었다. 참으로 아이러니한 게 당고종 이치는 장손무기가 그렇게 공을 들여 태자로 만든 황제이고 그가 이치를 밀었던 이유는 이치의 성격이 부드러워서 나중에 황제가 된 후에도 자신이 상대하기 쉬울 거라 생각했기 때문이다. 그러나 이치는 몸은 약골이었지만 마음은 약골이 아니었다.

황제가 재위 초기에 원로 권신이나 외척의 눈치를 보다가 어느 정도 시간이 지나면 자립을 하려고 하고 이 과정에서 황권과 신권, 심지어는 황권과 어머니를 포함한 외척 간에 충돌이 생기는 경우는 역사에서 어렵지 않게 만날 수 있다. 현대 사회에서도 조직 생활을 하다 보면 우리도 본질적으로 비슷한 상황을 보거나 그런 상황에 처해지게도 된다. 그러니 고종과 장손무기와의 충돌이 그리 충격적인 일만은 아닐 듯 싶다. 그러나 이번의 황후 폐위 사건은 그 정치적 파장과 영향이 매우 컸다. 왜냐하면 이를 계기로 100년을 지배해 온 관롱 귀족 집단의 정치적 영향력이 쇠락하기 시작했고 당은 사회 지도층에서 변화가 일기 시작했기 때문이다. 38년 전에 할아버지 이연을 도와 당제국을 건국하였고 아버지 이세민을 도와 현무문의 정변을 성공시켰으며 자신을 황제로 만든 외숙부는 이제 관롱집단이라는 거대 기득권층을 대표하는 인물이 되어 있었다. 이들은 자신의 기득권과 이익을 보호하려고 했고 고종은 관롱 집단의 독점을 타파해야 했다.

  사실 고종은 재위 초기에 태종의 정책을 계승하고 열정을 가지며 나라를 잘 운영해 보고자 하였다. 아버지 때 시작한 대규모 토목 공사를 멈추고 내실을 기했으며 아버지의 간언 문화를 이어받아 대신들로 하여금 적극적인 간언과 토론을 하도록 하였다. 또한 언로를 넓혀 현자들의 의견을 수렴하고자 했다. 그러나 황제의 열정에 비해 대신들의 반응은 냉담했다. 상소를 하는 사람은 적지 않았으나 진정으로 고종의 마음에 와닿는 말을 하는 사람은 거의 없었고 대부분은 사태를 가리거나 하나마나한 얘기를 늘어놓았다. 이러한 상황이 못마땅했던 고종은 조정에 뭔가 문제가 있다고 생각하여 언로를 확대하여 문제를 밝혀내고자 했으나 장손무기는 조정에 누수는 없으며 모든 것을 자기가 잘 관리하고 있으니 굳이 언로를 넓힐 필요가 없다고 말하였다. 명의상으로는 고종이 최고 권력의 소유자이자 사용자이어야 하지만 한 명의 거대한 권신(權臣)의 존재로 황제의 실질적 권력이 충분히 사용될 수 없었고 이는 조정에 두 개의 권력을 출현시켰다. 하나의 하늘 아래 두 개의 태양이 있을 수 있는가? 젊은 황제와 늙은 권신 간의 충돌은 필연적이었고 그 충돌은 '폐왕입무(廢王立武)'라는 이슈를 빌어서 표면화되었다.

짐작했다시피 장손무기는 왕황후를 폐위시키는 일에 결사 반대하였다. 왕황후는 관롱 귀족 집단의 상당한 가문 출신의 여자이고 관롱 집단의 수장 격인 장손무기가 왕황후를 보호하지 못한다면 향후 관롱 집단의 기득권이 위협을 받을 것이기 때문이다. 처음에 고종은 자신을 황제로 만들어준 숙부와 하드(hard)한 충돌을 원치 않았다. 고종은 그와 말이 된다 싶은 대신들은 전부 그의 집으로 보내 설득하려 했고 무측천과 그녀의 어머니 양씨 역시 갖은 수를 써서 그를 회유하려 했으나 그는 꿈쩍도 하지 않았다. 어쩔 수 없었다. 이제 남은 건 이 두 권력 간의 전쟁밖에 없었다.

당시 조정의 권력 판도를 이해하기 위해 재상들의 구성을 보자. 당시 조정은 반무파, 친무파 그리고 중도파로 나뉘어 있었는데 총 일곱 명의 재상들 중 장손무기를 위시한 반무파가 다섯 명, 친무파 한 명, 그리고 중도파라 할 수 있는 자가 한 명이었다. 장손무기가 대장으로 있는 반무파는 주로 우지녕(于志宁), 저수량(褚遂良) 등의 관롱 귀족과 관롱 귀족에 붙은 중상위층 관원들이 주가 되었다. 대부분이 원로 중신들로서 비교적 높은 명성과 사회적 지위를 가지고 있던 이들은 조정의 두 개의 권력 중 한 축을 이루고 있었다. 반면 친무파는 대부분이 변변치 못한 가문 출신이었고 직급도 상대적으로 낮았다. 그들은 현재의 체제하에서는 능력을 펼치기 어렵다는 생각을 하고 있었고 폐왕입무를 통해 상황이 바뀌기를 희망했다. 그리고 전쟁 영웅 이적(李勣)이 대장으로 있는 중도파는 산동 출신의 무신들이 주가 되었는데 이들은 관롱 그룹 정도는 아니었지만 그래도 당대의 영향력 있는 집단 중 하나였다. 이들은 신중하여 궁중의 투쟁에 휘말리기를 원치 않았으며 자신의 일을 잘 수행하는 것을 소임으로 삼았고 다른 사람의 일에 관심을 두지 않는 경향이 있었다. 고종은 지속적으로 반무파 대신을 강등시키거나 지방으로 발령 냈고 친무파와 중도파를 중용하면서 이들의 세력을 키워주었으며 친무파와 중도파를 결속시키는 노력을 하였다. 군을 장악하고 있는 중도파는 시종 중립적인 입장이었는데 이들이 점점 황제 연맹으로 들어와 반무파와 대립하게 되었다. 결국 "폐하의 집안 일인데 굳이 외부인이 왈가왈부할 필요가 있겠습니까?"라는 이적의 한마디로 무게 중심추가 확 기울었고 황제는 천군만마와 같은 명분을 얻으면서 왕황후의 폐위를 밀어붙인다. 결국 재위 6년째인 655년 10월에 고종은 조서를 내려 무측천을 황후로 즉위시키면서 폐왕입무 사건은 종결되었다. 고종은 최종 승리자가 되었고 관롱집단은 몰락하기 시작했다.

무측천이 황후가 된 후 고종은 조정에 대규모 물갈이를 진행하였다. 재상급 인사 세 명이 잇달아 강등되어 지방으로 발령났다. 4년 후 반역의 혐의로 장손무기와 류상[106] 등은 죽음을 맞이하였고 장손씨, 류씨 집안 사람들 13명의 신분이 강등되었다. 우지녕은 영주 자사로 강등되었고 가족 9명의 신분이 강등되었다. 장손, 류, 한씨 집안의 재산은 몰수되었고 가까운 친척들은 모두 영남(오늘날 꾸이저우 지역)으로 유배보내져 노비가 되었다. 이렇게 하여 관롱 귀족들은 죽을 사람은 죽고 신분이 강등될 사람은 강등되어 더 이상 재기불능의 타격을 받았고 점점 역사의 무대에서 사라지게 된다. 이로 인하여 조정 내 많은 직위의 공백이 생겼고 이들 공백은 중하층 관료 세력의 진입으로 메꿔지게 된다.

무측천의 황후 즉위 후 고종은 일련의 세대교체 작업을 실시하였는데 그 대표적인 것이 《성씨록》의 수정이다. 먼저 당시 중국 관료 사회에서 꿈틀거리고 있던 변화의 조짐에 대해 알고 넘어가야 한다. 당시에 사회를 움직이는 건 공무원들이었고 출세를 한다는 건 관리가 되는 길밖에는 없었으니 공부 좀 한다는 사람들은 다 관리가 되려고 했다. 그러므로 당시 공무원 사회에 어떤 부류들이 많이 진출해 있었느냐, 또는 공무원 사회 구성원에 어떤 변화가 일고 있었느냐가 한 시대의 성격과 사회 변화를 대변해 주는 바로미터였다.

중국은 남북조 후기부터 관료 사회를 오랫동안 대변해 온 두 계층이 있었는데 이는 사족(士族)과 서족(庶族)이다. 쉽게 말하면 대대손손 고위직 공무원을 배출한 권문세가와 가문의 배경은 내세울 게 크

---

106) 류상(柳奭 ?~659): 왕황후의 숙부이자 병부시랑, 중서시랑을 거쳐 한때 중서령까지 갔던 외척 대신이다. 왕황후가 폐위되면서 지방 자사로 강등되어 지방을 돌다가 장손무기와 모반을 공모했다는 혐의를 쓰고 사형된다.

게 없으나 경제력이 있던 신흥 사대부층이었다. 사족과 서족은 여러 가지 이름으로 불려지기도 하는데 문벌과 한문(寒門), 대지주와 중소지주, 문벌 사대부와 신흥 사대부 등이 다 같은 개념이다. 당은 이 두 계층이 본격적으로 뒤섞이는 시기였으며 그 시작에는 고종과 무측천이 있었다.

다시 《성씨록》으로 돌아와서, 《성씨록》이란 당시 중국의 영향력 있는 가문의 랭킹을 적어놓은 빌보드 차트로서 대학 순위를 매겨놓듯이 가문의 순위를 매겨놓은 것이라 생각하면 된다. 이것이 관리 선발의 기준이 되지는 않았겠지만 결혼이나 사회 관계 형성에 있어서 매우 큰 영향력과 상징성을 가지고 있었음은 의심의 여지가 없다. 원래《씨족지》라 불렸던 이 빌보드 차트는 태종 때 한 번 손을 보았다. 이세민은 "황제 가문이 어떻게 산동 ○○씨보다도 아래야?'라며 순위 조정을 지시하긴 했지만 그리 의미 있는 변화를 이루진 못했다. 오랜 전통의 이 빌보드 차트는 황제조차 마음대로 어찌 할 수 없는 물건이었다.

이제 진정한 정권을 잡은 고종과 무측천 부부는 이 《씨족지》를 《성씨록》이라고 개명하면서 대대적인 수정을 가하였다. 659년에 반포한 《성씨록》 개정본은 이전의 원칙을 바꿔서 더 이상 가문의 과거 실적을 기준으로 하지 않고 오직 당대의 사회 진출 정도를 기준으로 하였다. 황족과 황후 족을 가장 높은 순위에 놓았고 그 아래부터는 오직 당시 관직의 고하에 따라 순위를 정했다. 현직 5품 이상의 관원을 배출한 가문은 전부 이 《성씨록》에 수록되었는데 전체 245개 성(性), 2,287개 가문을 총 9등급으로 나누었다. 이렇게 되니 원래는 그저 한 명의 보통 사병일지라도 전공을 세워 5품 이상의 관원만 되면 성씨록에 들어갈 수 있었다. 반대로 아무리 몇백 년 전통의 귀족 가문이더라도 지금 가족 중에서 5품 이상의 관원이 없으면 사대부와 인연을 끊어야 했다. 이것은 출신이 변변찮은 지식인들에게는 사회적 지위를 바꿀 수 있는 기회를 주었고 조정의 입장에서는 인재 유치의 새로운 채널을 개척했으며 새로운 통치계층의 기반을 확장했다는 매우 큰 진보적 의의를 가지고 있다.

폐왕입무 이후 무측천의 정치 여정

무측천은 655년에 황후가 된 후 683년에 태후가 되었다가 690년에 황제로 등극해서 705년에 82살의 나이로 생을 마감했다. 그러므로 7세기 후반 50년은 무측천의 시대라고 생각하면 된다. 마치 5세기 후반 50년이 북위 풍태후의 시대였던 것과 마찬가지로 말이다. 이 반세기 동안 그녀를 둘러싸고 벌어졌던 주요 사건을 간략히 정리하고 지나가자면 이렇다.

660년부터 무측천은 조정 회의에 참가하여 고종과 같이 보고받았고 정사에 참여하였다. 고종은 머리가 깨질 듯이 아프고 눈이 침침해지는 이상한 병을 앓았다고 하는데 나중에는 도저히 정사를 볼 수가 없을 정도였다고 한다. 무측천을 정사에 참여시킨 것은 그가 점점 시력을 잃어가는 이유도 있었지만 그녀가 뛰어난 정사 처리 능력을 보였고 고종이 그걸 인정했기 때문이다. 폐왕입무 사건도 고종이 무측천의 정치력을 이용한 측면이 있었듯이 이들은 부부관계이자 정치적 동반자 관계이기도 했다. 그러나 남녀 관계이거나 공동의 적에 대항해 힘을 합쳤을 때는 모든 게 좋아보이지만 일을 같이 하다 보면 두 사람 간의 의견 차이가 생기기 마련이다. 이 둘 역시 곧 마찰이 발생하기 시작하였다.

664년, 고종과 무측천 간의 갈등이 표면화되는 사건이 터진다. 무측천이 예전처럼 고분고분하질 않고 자기 정치를 하려는 움직임이 보이자 고종도 이를 못마땅하게 여겼다. 고종의 의중을 받든 재상 상관의 (上官儀)가 황후 폐위를 건의하였고 고종이 이에 동의하였다. 그러나 이틀이 되지 않아 상관의가 무측천을 폐위하는 조서를 기안하고 있다는 정보가 무측천의 귀에 들어가고 만다. 이때의 무측천은 이미 자기 사람들을 곳곳에 심어놓아 조정의 모든 정보를 장악하고 있었다. 그녀는 고종한테 달려가 거세게 따졌고 당황한 고종은 자기의 뜻이 아니라 자신은 그저 상관의의 말에 따른 것 뿐이라며 자기 부하에게 책임을 미루고는 자신은 빠져버렸다. 상관의는 바로 사형당했다.

655년 무측천의 친언니 한국부인(무순)이 독살되었고 뒤이어 그녀의 딸 위국부인(하란씨贺兰氏)도 무측천에 의해 독살되었다. 고종과 한국부인은 몰래 정을 나누는 사이였고 무측천과 고종 사이의 둘째 아들 이현(李贤)[107]은 실은 한국부인의 아들이라는 소문이 조정 내에 돌았으며 이에 이현은 공포에 떨고 있었다고 《구당서》는 말하고 있다.

665년 말, 무측천의 건의에 의해 고종은 태산에서 봉선(封禅)을 거행하였다. 봉선이란 중국의 오악 중 한 곳인 동악의 태산(泰山)이나 중

---

107) 고종과 무측천의 둘째 아들과 셋째 아들의 이름은 우리말 한자 독음으로는 '이현'으로 같다. 그래서 후에 중종이 되는 셋째 아들 이현(李显)을 이철(李哲)이라는 이름으로 부르기도 한다.

악의 숭산(嵩山)에 올라가서 하늘과 땅에 제사를 지내는 의식인데 이는 아무나 할 수 있는 게 아니었다. 태평성대를 이루고 대내외적으로 안정을 이루는 등 자타에 의해 공인되는 위대한 업적을 세운 황제만이 할 수 있는 의식이었다. 봉선은 많은 비용과 인력이 들어갈 뿐 아니라 조정의 문무백관은 물론 주변국의 군주와 사절들이 모두 와서 경축하는 대규모 국가 행사였다. 즉, 봉선은 황권이 매우 강했던 시기에 행해졌던 행사이다. 중국은 하왕조 때부터 봉선을 했다고 전해지고는 있으나 사료에 기재된 봉선을 거행한 최초의 황제는 진시황이다. 송나라 때까지 봉선 의식이 거행되었는데 천여 년 동안 봉선을 한 황제는 진시황, 한무제 등 일곱 명밖에 없었고 여기에 무측천 부부가 각각 이름을 올렸다. 당태종도 봉선을 고려했지만 바른말 사나이 위징의 반대로 생각을 접어야 했다. 무측천은 후에 황제가 된 후 숭산에서 봉선을 했다.

상관의 사건과 무측천의 언니, 조카 독살 사건으로 고종과 소원해진 무측천은 남편에게 태산에 가서 봉선을 할 것을 건의했고 "내가 그걸 할 자격이 있을까?"라고 하는 고종에게 그녀는 "당신은 충분히 그럴 자격이 있어요"라고 남편을 띄워주었고 이 둘의 사이는 봉선을 계기로 어느 정도 회복된다. 무측천은 장안보다는 동도(東都) 낙양을 더 좋아했다. 봉선이 이루어지기 얼마 전 무측천은 고종으로 하여금 조정을 잠시 낙양으로 옮기도록 하여 분위기를 바꿔보고자 했고 그 후로 무측천이 죽을 때까지 낙양은 당의 실질적인 수도가 되었다. 역사상의 거의 모든 천도가 새로 대권을 잡은 통치자들의 정치적 목적과 무관치 않다는 것을 생각하면 무측천이 고종으로 하여금 낙양의 궁궐을 수리한 후 정사를 낙양에서 처리하도록 한 것과 얼마 후 태산을 향한 출발을 낙양에서 했다는 것에는 그녀의 고도의 정치적 상징성이 담겨 있다고 볼 수도 있다.

672년, 용문석굴에 자신의 모습을 본뜬 거대 석불 로사나 대불 축조를 지시한다(675년 완성).

670~676년 나당 전쟁이 한창 벌어지고 있었다.

674년 12월, 무측천은 고종에게 《건의십이언(建議十二言)》을 제출하였다, 열두 가지의 정책제안서인 《건의십이언》의 내용을 보고 고종은 매우 흡족해하며 대신들로 하여금 반포하여 실시하도록 명했다. 이때쯤이면 고종은 이미 '이 여자는 어쩌면 나보다 더 나은 군주가 될 수도 있겠구나'라고 생각하며 무측천의 국정 능력을 완전히 인정하였을 때이다. 이 해에 고종은 건강 악화로 무측천에게 아예 섭정을 시키려 했으나 "아들이 있는데 굳이 왜 황후에게 섭정을 시키려 하십니까?"라며 대신들이 반대하는 바람에 무산되었다. 이때까지만 해도 무측천의 정치적 반대파가 조정에 많이 있었던 것이다. 이에 무측천은 많은 현자들을 불러모아 북문학사라는 외부 컨설팅 그룹을 조직하여 조정의 회의에 참석시켰고 이들을 이용하여 재상들의 권력을 분산시켰다. 같은 해 태자 이홍(李弘)이 병사하고 둘째 아들 이현(李賢)이 태자가 되었다.

680년, 태자 이현(李賢)이 모반죄로 폐위되고 서인으로 강등된다(684년 유배지에서 강압에 의해 자결함). 셋째 아들 이현(李显)이 태자가 되었다.

683년, 고종이 사망하고 이현(李显)이 황제(중종)가 되었다. 고종은 아들 이현에게 '대사를 결정할 수 없을 땐 엄마에게 물어보라'고 유언을 남겼다. 무측천의 나이 60살이었을 때이다.

684년, 중종(이현李顯)은 그래도 자존심과 야망이 있는 남자였다. 그는 어머니의 꼭두각시 황제로 있기를 거부하고 자신의 정치를 하고자 하였고 이에 무측천과 부딪힐 수밖에 없었다. 중종은 황후쪽 외척을 키워 자신의 어머니와 대항하고자 했고 이에 자신의 장인 위씨를 시랑에 올리려고 하였다. 그러나 대신들이 이를 반대하였고 이때 그가 홧김에 내뱉은 말이 화근이 되었다. "황제인 내가 내 장인에게 천하를 준들 누가 뭘 어쩔건데?"라고 한 말이 센 엄마 무측천의 귀에 들어간다. 중종과 무측천과의 정치투쟁 끝에 중종이 폐위당하고 넷째 아들 이단(李旦)이 황위에 올라 예종(睿宗)이 되었다. 예종은 그야말로 꼭두각시 황제였다. 거의 별궁에서 지냈으며 조회는 태후 무측천이 주재하였다.

그해 9월에 태조, 태종, 고종 삼대의 전쟁 영웅 이적(李勣)의 손자 서경업(徐敬业)[108]이 양주에서 반란을 일으켰으나 무측천은 2개월 만에 진압에 성공한다.

685~689년, 무측천이 황제가 되려는 준비를 하는 시기이다. 이 시기 무측천은 밀고와 혹리(酷吏)를 이용한 공포정치를 폈다. 밀고를 장려하여 자신에게 반하는 세력들을 사전에 색출하고자 하였고, 혹리(酷吏)[109]라는 당나라판 중앙정보부를 운영하여 이들에게 걸리면 아

---

108) 이적(李勣)의 원래 이름은 서세적(徐世勣)인데 황제로부터 이씨 성을 하사받아 이적이라 불리었고 그의 작위와 이씨 성이 세습되었다. 그러나 손자 이경엽의 난이 진압된 후 무측천은 그의 이씨 성을 철회했다.

109) 직역하면 '혹독한 관리'라는 뜻이다.

주 혹독한 고문을 당하였고 죄가 있건 없건 모두 자신의 죄를 자백할 수밖에 없었다. 이 시기는 무측천의 반대파 제거가 가장 활발했을 때이며 동시에 이씨 황족들을 중심으로 각 지에서 반무 반란이 가장 많았던 시기이기도 했다. 688년 8월 태종의 8번째 아들 이정(李貞)이 예주(허난성 루난汝南)에서, 그의 아들 이충(李沖)이 박주(산둥성 랴오청聊城)에서 동시에 봉기하였고 여러 종친왕들이 이에 호응하여 각지에서 반란을 일으켰다. 그러나 이들은 중앙군에 의해 신속하게 진압되었고 무측천은 이참에 수많은 이씨 황족들을 축살하여 자신이 황제가 되는 데 걸림돌을 제거했다.

690년 9월, 각계각층의 백성과 관리들, 승려들, 소수민족 추장들이 몰려들어 무측천으로 하여금 황제로 오를 것과 국호를 주(周)로 바꿀 것을 간청하였다. 조정 대신들은 그녀가 거주하는 상양궁으로 몰려가 황제로 등극할 것을 주청하였고 심지어는 예종(이단)도 그녀에게 황제가 될 것을 청하였다. 9월9일 무측천은 낙양성 측천문에서 황제 등극을 선포하고 국호를 주(周)로 하는 새로운 왕조를 선포하였다. 새왕조의 수도는 낙양으로 하였다.

692년, 토번으로부터 '안서4진'을 수복하였다. 대신들의 반대에도 불구하고 안서4진에 병력 3만 명을 추가 파병함으로써 서역을 완전히 손에 넣었다.

695년, 무측천의 성적 노리개이자 무측천의 미륵불 신성화 작업에 공헌했던 백마사(白马寺) 주지 설회의(薛怀义, 본명 풍소보冯小宝)와 무측천과의 관계가 소원해지기 시작한다. 그해 정월 16일 밤 무측천을 본떠 만든 거대 불상과 그것을 감싸고 있던 천당이라는 탑에 불이나고 무측천이 야심차게 지은 명당(明堂)도 화재로 소실되었다. 설회의와의 추문이 새어나갈 것을 염려한 무측천은 방화의 주범이 그라는 것을 알면서도 손을 쓰지 못하고 있었다. 그러나 얼마후 설회의가 죽은 채 발견되었다. 설회의는 무측천보다 38살 어렸다.

697년에 무소불위의 정치감찰 권력을 쥐고 반대파 제거와 고문을 일삼던 혹리의 대장 래준신(来俊信)이 선을 넘어 태평공주(무측천의 친딸) 등 무씨 종친들에게 죄를 덮어씌워 대권을 장악하려 하였다. 또한 무측천의 아들 이단과 이현에게 금위군을 이끌고 모반을 계획했다는 모함을 뒤집어 씌워 이들을 제거하려 했다. 이 사건은 무씨 종친들의 단합된 반격을 초래했고 결국 래준신은 죄상이 까발려지면서 사형되었다. 이 사건을 계기로 무측천은 래준신에 의해 구금되었던 대신들을 사면하고 혹리를 통한 정치 탄압을 중단한다. 이때는 이미 무측천이 황제가 되고 7년이 지난 후이고 더 이상 반대파가 없었으므로 혹리 정치를 할 필요도 없었다.

698년 무측천의 황제 등극에 지대한 역할을 한 두 조카 무승사(武承嗣), 무삼사(武三思)가 "고금에 다른 성을 가진 사람을 후계자로 지명하는 경우는 못들어 봤습니다"라며 자신들을 후계자로 정해 줄 것을 간언하였고 무측천은 고민에 빠진다. 여성이 황제인 무주(武周) 왕조는 아들에게 물려줄 경우 다시 이씨 왕조로 돌아갈 수밖에 없는 태생적 문제를 가지고 있었기에 후계자 문제는 무측천 즉위 후 계속해서 끌어온 골치아픈 난제였다. 무측천은 재상 적인걸(狄仁杰)을 불러 의견을 물었고 적인걸은 "조카와 아들, 이 둘 중에 누가 폐하와 더 가깝습니까? 고모의 제사를 지낸다는 말을 들어보셨습니까?"라는 유명한 한마디를 역사에 남겼다. 근대 문학가 린위탕의 소설 《Lady Wu》에 의하면 무측천은 자신의 사후에 아무도 그녀의 제사를 지내지 않을 것이 걱정되어 제국을 다시 이씨 후예에게 돌려주었다고 말하고 있는데 사실 그녀가 자신의 아들을 태자로 정한 것은 적인걸의 이 한마디에 의해서가 아니라 여러 가지 정황을 종합적으로 판단을 한 결과이다. 이때가 되어서는 무측천은 민의가 결국 당왕조에 있음을 깨달았고 그녀도 민의를 거스를 순 없었다. 그녀는 제국의 후계자를 셋째 아들 이현(패쌈죄로 한번 폐위되어 유배상태에 있었음)으로 마음을 굳히고 밀조를 보내 그를 낙양으로 불러들인다.

신룡 원년인 705년 정월 22일(2월20일), 봉각风阁시랑(문하시랑) 장간지(张柬之), 난대鸾台시랑(중수시랑) 최현위(崔玄暐) 등 대신들이 금위군 사령관과 결탁하여 금위군 500명을 데리고 궁으로 들어와 무측천의 남자 비빈 장익지(张易之), 장창종(张长宗)을 모반 혐의로 죽이고 무측천의 침소 장생전(长生殿)을 포위하였다. 이를 '신룡정변(神龙政变)'이라 한다. 그녀는 다음날 이현(李显)을 불러 국정을 주재하도록 하였다. 셋째 날 무측천은 황위를 이현에게 선양하고 자신은 상양궁(向阳宫)으로 거처를 옮겼다. 이로써 이현은 다시 중종이 되어 역사상 두 번 황제로 등극한 몇 안 되는 황제 중 한 명이 되었다. 자신의 어머니에게 조금 미안해진 중종은 그녀에게 '측천대성황제(则天大圣皇帝)'라는 존호를 붙여주었다. 3월3일에 당으로 다시 국호를 바꾸고 당의 복식, 제도 등을 회복시켰다.

705년 12월16일, 무측천은 자신의 황제 존호를 떼고 태후로 복귀시킨 후 자신을 고종과 합장시킬 것과 왕황후와 소숙비의 가족들을 사면하라는 유서를 남기고 사망하였다.

건의십이사(建議十二事)

함형 5년인 674년 12월 무측천은 《건의십이사(建议十二事)》라는 열두 가지 정책적 건의 사항을 만들어 남편 고종에게 올렸다. 《건의십이사》에 대해선 사람마다 평가가 다르다. 무측천이 시대의 흐름을 읽고 국가의 정책 방향에 있어서 의견을 낼 수 있었다는 건 그녀가 다년간의 국정 참여로 이미 현실 정황을 깊이 이해해고 있었으며 탁월한 정치적 안목을 구비하고 있었다는 걸 보여준다고 하는 이들도 있는 반면, 린위탕[110]과 같이 '《건의십이사》는 위대한 허풍 정치개혁 플랜이며 그럴듯해 보이지만 상투적인 글과 실행이 어려운 내용들'이라고 하는 이들도 있다. 《건의십이사》의 내용은 이렇다.

一. 劝农桑, 薄赋徭: 농업과 비단 생산을 장려하고 세금과 부역을 가볍게 한다.

二. 给复三辅地: 수도 장안 주변의 경도, 풍익, 부풍 등지의 인민들의 부역을 경감해 준다.

---

110) 林语堂(1895~1976), 우리나라에서는 임어당이라는 이름으로 잘 알려져 있는 중국의 근대 문학가이다. 중국 문화를 세계에 알리기 위해 영어로 집필 작업을 하였으며 《경화연운》, 《생활의 발견》, 《붉은 문》 등 수많은 베스트 셀러들을 남겼다. 그는 무측천의 일생을 그린 소설인 《무측천 정전 Lady Wu》을 저술하였는데 이 소설은 무측천의 부정적인 면만 이야기했다는 평을 받는다.

三. 息兵, 以道德化天下: 병사를 쉬게 하고 사회를 도덕으로 교화한다.

四. 南、北中尚禁浮巧: 남·북중상(정부가 운영하는 수공업 공장)의 기교 있고 사치스러운 상품 제조를 금한다.

五. 省功费力役: 공사에 드는 비용과 노동력을 절감한다(대규모 건설 사업 지양).

六. 广言路: 언로를 넓힌다.

七. 杜谗口: 비방과 험담을 자제한다.

八. 王公以降皆习《老子》: 왕공 이하는 모두 노자를 공부한다.

九. 父在为母服齐衰三年: 부친이 살아있어도 모친이 죽으면 삼년상을 한다.

十. 上元前勋官已给告身者, 无追核: 상원(上元) 이상의 훈관증서가 주어진 자들에게는 더 이상 책임을 물어 상을 회수를 하는 일이 없도록 한다.

十一. 京官八品以上, 益禀入: 장안의 8품 이상의 관리의 녹봉을 늘려준다.

十二. 百官任事久, 材高位下者, 得进阶申滞: 재직 기간이 길고 여전히 하위 직에 있는 사람은 심사를 거쳐서 승진의 기회를 준다.

위의 열두 가지 항목을 가만히 뜯어보면 크게 세 가지로 분류된다. 1~5번 조항은 전쟁을 멈추고 인민들의 부담을 덜어주어 경제활동에 전념하게 하자는 내용들이다. 6~9번 조항은 정치 풍조와 사회 의식의 개혁을 이야기하고 있다. 10~12번 조항은 하급 관리들에 대한 처우를 개선해 주자는 내용이다. 《긴의십이사》가 말하는 각 항목들을 당시의 상황과 연계해서 생각해 보면 이것이 그저 조정의 상투적인 문구를 가져다 편집한 건지 그녀의 정치적 통찰과 신념에서 나온 것인지에 대해 조금 감이 들 수도 있다.

고종 만년의 무측천은 대외정책에 있어서 대체적으로 무력에 의한 국력 소모를 줄이고 병사들을 쉬게 하자는 주장을 펼쳤다. 그녀는 왜 이런 주장을 하였을까? 고종은 대가뭄으로 인한 민심을 추스리기 위해 670년에 연호를 '모든 것이 순조롭다'는 뜻의 '함형(咸亨)'으로 바꾸고 대사면을 실시하였다. 함형년은 670년에서 674년까지 5년 동안 지속되었는데 아이러니하게도 함형년간은 전쟁이 매우 격렬했던 시기이다. 게다가 당왕조는 대외 전쟁 중 연이어 좌절을 맛보고 있었고 이는 국민들에게 심각한 영향을 가져다 주었다. 670년 4월 당과 토번은 서역의 쟁탈을 위해 오늘날 칭하이성에서 전쟁을 벌였고 여기서 당은 크게 패하여 서역과 옛 투위훈 지역을 내어주었다. 670~676년 사이 당은 한반도를 자국 영토화하려는 작업을 벌이다가 신라와 충돌, 나당 전쟁이 일어났고 당이 이에 패하여 평양을 기점으로 당과 신라의 영토가 정해졌다.

앞선 장에서 설명했듯이 고종 재위 초기에는 군공에 대한 후한 상으로 많은 평민들이 전쟁에서 공을 세워 관직을 얻고자 하였다. 게다가 당시의 전쟁은 그리 길게 지속되지 않았고 몇 개월 출정에 참가하면 곧 전공을 가지고 귀환할 수 있었다. 그래서 '백성이 서로 병력 모집에 응하고 출정에 참여하려고 했고 스스로 입을 것과 먹을 것을 가져와서 명의상으로 출정에 응하는 현상'이 만연했다. 그러나 고종 재위 후기로 가면서 전쟁이 장기전으로 가고 빈도도 잦아졌으며 전공에 대한 상도 점점 줄어들었다. 게다가 전쟁에서 지면 잘못을 물을 가능성까지 생기면서 사람들은 점점 출정에 참여하기를 꺼렸고 병사의 모집도 어려워졌다. 당은 성립 이래로 고종 때까지 대외적으로는 거의 전쟁 상태였다고 봐야 한다. 당이 태종, 고종 때 잠시 엄청난 영토를 구가했다고 하지만 정복으로 인한 경제적 혜택(무역)이 발생하기 전까지는 심각한 재정지출과 인력 차출로 인해 국가경제에 심각한 영향을 줄 수밖에 없다. 게다가 이때부터 균전제가 기능을 상실하기 시작하면서 부병제 역시 와해되기 시작한다. 균전제는 토지의 유한성으로 인하여 장기간 유지가 어렵다는 맹점이 있으므로 왕조 초기의 과도기적 정책일 수밖에 없었다. 《건의십이사》의 전반부 5개 항목은 대외정책을 무력에서 외교로, 국가의 중점사항을 회복과 경제발전으로 전환하자는 건의였고 이는 고종 재위 이래로 행해졌던 국가 정책의 중대 변화였다. 이런 측면에서 봤을 때 《건의십이사》는 바로 무측천이 당시 당왕조의 약점, 즉 변경의 전화가 인민의 부담을 가중하고 균전제, 부병제 등 사회의 기본 제도가 위기를 드러내는 당시 현실에서 출발해서 부국강민의 강령을 제시한 것이라 할 수 있다. 특히 무측천은 당의 역사에서 농업 발전에 대단히 힘을 기울였던 황제에 속한다. 농지에 물을 대는 관개(灌漑)사업과 관개 장비들이 그녀의 재위 시기에 큰 발전을 이루었고 수차례 농업 전문가들을 모아 농업 기술을 정리한 서적을 편찬하도록 하는 등 농업 기술 발전과 보급에 노력했다.

6, 7번 조항은 자신의 정권 장악과 관련이 있다. '언로를 넓힌다'는 말은 다양한 층의 인재를 기용하겠다는 말이고 궁극적으로는 자신의 지지 세력으로 조정의 물갈이를 하겠다는 의지이다. 고대 봉건왕조 사회에서 통치자가 '언로를 넓히겠다'고 하는 말은 이렇게 해석하면 7~8할은 맞는다. '비방과 험담을 자제한다'는 말은 무측천이 황후의 신분으로 정치에 참여하는 것에 대해 사람들이 이러쿵저러쿵 이야기하는 것을 막고 '투탑 체제' 정국을 유지하기 위함이다. '왕공 이하 모든 이는

노자를 공부한다'는 8번 조항은 조금 뜬금 없어보이긴 하나 자신이 이당(李唐) 왕실의 충성스러운 지지자라는 것을 보여주기 위함이다. 왜냐하면 노자는 이씨이고 당왕조의 시조(현원황제)라 불렸기 때문이다.

9번 조항은 상당히 흥미롭다. 당시에는 부모님이 돌아가시면 자식이 삼년 상을 하였는데 아버지가 살아계실 때에는 어머니가 돌아가셔도 삼년 상을 하지 않았다. 무측천은 이것이 공평하지 않다고 생각했던 것 같다. 이렇게 하는 게 자신에게 무엇이 유리할까를 생각해 봐도 별다른 게 떠오르지 않는다. 황제를 꿈꾸는 여성으로서 여권 신장에 대한 의식을 엿볼 수 있는 정책이라 할 수 있다.

10~12번 조항은 일반 중하층 지주 관료들의 이익을 보호하고 이로써 더욱 광범위한 사회 지지를 얻고자 함이다. 훈관이란 전공을 세워 상을 받은 자의 신분이다. 비록 구체적인 자리가 있는 건 아니었지만 이들은 훈품의 고하에 따라 '훈전(勳田)'을 받았다. 훈관 본인과 오품 이상의 고급 훈관의 아들은 임관의 자격을 득하였고 규정된 실습 복무기간 후에 소정의 시험에 합격하면 관리에 임명되었다. 그러기에 대다수 평민들이나 하급 장교들에게 있어서 훈관이 되는 건 아주 중요한 의의가 있었다. 그러나 전쟁이 장기화되면서 전쟁에서 과오를 저지르거나 돌아와서 뭔가 잘못을 저지르는 경우가 발생하였고 국가는 이들의 훈관을 몰수하는 정책을 폈다. 무측천은 이에 대해 반대의사를 표명하고 훈관증서가 주어진 자들의 이익과 권리를 정부가 인정할 것을 제기했다. 이는 광범위한 군인과 하급 관리 계층의 이익을 보호하는 제스쳐였다. 11, 12번 조항은 수도 장안의 중하급 관리들의 녹봉을 올려주거나 진급의 기회를 주자는 것으로서 무측천이 자신의 지지

층으로서 평민과 중하급 관리들에게 집중했다는 것을 확실히 보여주는 조항들이다.

건의가 제기된 후 고종은 이를 높이 평가하고 칭찬하였으며 각 부서에 실행하도록 명령했다. 무측천 입장에서는 이번의 건의로 자신의 정치적 역량에 대해 고종으로부터 완전한 인정을 받았고 사회의 지지를 얻었다. 이는 그녀의 정치 인생에서 기념비적인 사건으로서 자신이 곧 정치 전면에 나설 것을 알리는 신호탄이자 성공적인 데뷔전과도 같다. 어떤 사람들은 '건의12조'가 실현이 어려운 탁상공론에 불과했다고 하기도 하고 어떤 이들은 고종 마지막 몇 년은 기본적으로 이 강령에 의거했다고 하기도 한다. 그러나 어떤 사람들은 이렇게 말하기도 한다. "한 정책적 강령의 좋고 나쁨을 평가하는 것은 그것이 시대의 증후를 잘 짚었는지를 보고 적절한 치료 이론과 방향성을 제시했는지를 봐야지, 구체적인 약을 처방했는지 아닌지에 있는 게 아니다."

무측천에 대한 평가

역사적 인물에 대해 객관적이며 종합적인 평가를 내리기란 정말 어려운 일이다. 무측천은 1,300여 년 동안 역사에 의해 까이다가 현대에 들어서서 조금씩 긍정적인 면이 재조명되고 있는 여성 정치인이다. 20세기에 그녀를 그렸던 영화와 드라마는 거의 예외없이 그녀의 악독함과 음탕함, 정치적 암투를 이야기하였다. 그래야만 재미있고 자극적인 스토리가 되고 시청률이 올라가기 때문이다. 그녀는 물론 역사에 공과 과가 확실히 있는 정치인이자 통치자였다. 나의 책에서는 그녀의 집권 기간에 있었던 사회개혁에 초점이 맞춰져 있었기에 그녀가 반대파를 제거하기 위해 혹리를 앞세워 공포정치, 밀고정치를 한 것과 거기에 잔혹하게 희생된 많은 사람들에 대해서는 자세히 서술하지 않았지만 그러한 면 또한 무측천의 정치 일생을 이루는 중요한 한 축임에는 틀림없다. 무측천을 이야기하는 다른 많은 서적들이 그녀의 과오에 대해서는 부족함 없이 잘 이야기해 주고 있을 거라 믿어 의심치 않는다. 무측천에 대한 나의 평가를 감히 글로 쓸 수는 없을 것 같다. 대신 몇 몇 유명인들의 어록을 몇 글자 소개하면서 무측천에 대한 이야기를 마치고자 한다.

中国历史上这个最骄奢淫逸, 最虚荣自私, 最刚愎自用, 名声坏到极点的皇后的一生, 就这样结束了。她死了, 她所作的恶却遗留于身后。后来经过中宗、睿宗、玄宗, 把武后族人消灭之后, 本书的最后一章才算结束

중국 역사상 가장 교만하고 사치스럽고 음탕무도한, 가장 허영심 많고 이기적인, 가장 고집불통인, 악명이 극에 달했던 황후의 일생이 이렇게 끝이 났다. 그녀는 죽었지만 그녀가 저지른 악행은 그녀의 사후에도 남아있었다. 후에 중종, 예종, 현종을 거치면서 무후의 일족이 멸문된 후에야 이 책의 가장 마지막 장은 비로소 끝이 났다고 할 수 있다.

-《린위탕·무측천정전》마지막 페이지

政由己出, 明察善断, 故当时英贤亦竞为之

국가의 정책 방침은 모두 황제에 의해 결정되었고 친히 발표하였다. 문제를 분석하는 데에는 영명하고 정확했으며 사건을 처리할 때에는 과단성 있고 결단력 있었다. 그래서 당시에 현명한 인재들이 앞다퉈 황제에 의해 발탁되었다.

-《자치통감·권250·당기21》

我觉得武则天不简单, 简直是了不起。封建社会, 女人没有地位, 女人当皇上, 人们连想都不敢想。我看过一些野史, 把她写得荒淫得很, 恐怕值得商量。武则天确实是个治国之才, 她既有容人之量, 又有识人之智, 还有用人之术。她提拔过不少人, 也杀了不少人。刚刚提拔又杀了的也不少。

내 생각에 무측천은 간단치 않은 사람인 것 같아. 정말로 대단한 사람이지. 봉건사회에서 여자는 지위가 없었는데 여자가 황제가 된다는 건 감히 상상도 할 수 없는 일이었거든. 내가 본 야사들에서는 그녀를 음탕하기 이를 데 없는 여자로 그려놓았는데 이건 다시 생각해 볼 필요가 있을지도 몰라. 무측천은 정말로 인재를 담는 그릇이 있고, 인재를 알아보는 눈이 있고, 인재를 부리는 기술이 있어. 그녀는 많은 사람을 발탁하기도 하였고 또 많은 사람을 죽이기도 하였지. 막 사람을 발탁했다가도 죽인 사람도 적지 않단 말야.

-마오쩌둥(毛泽东)이 자신의 부하 멍진원에게 한 말에서

封建时代杰出的女政治家
무측천은 봉건 사회의 걸출한 여성 정치가이다.

-송경령(宋庆龄)

她拥有盖世的美丽、绝顶的聪明、超凡的理性、彻底的无情, 和刻骨的恶毒, 再加上强烈的政治欲望, 和无与伦比的好运。她综合许许多多的绝对的条件, 全力发挥才智, 终于在权利争夺的杀戮战场上, 创下奇迹, 在传统封建的父系社会中, 建立一个女性当主宰的崭新帝国

그녀는 세상을 뒤덮는 미모, 절정의 총명함, 범속을 초월하는 이성, 철저한 무정함 그리고 몸서리치게 만드는 악독함, 거기에다 강렬한 정치적 욕망과 견줄 데 없는 행운을 가졌다. 그녀는 많고 많은 절대적인 조건들을 종합적으로 이용하여 그녀의 재능과 지혜를 아낌없이 발휘하였고 결국에는 권력투쟁의, 살육의 전장에서 승리하였고 전통 봉건 부계사회의 한 가운데에서 여성이 주재하는 참신한 제국을 탄생시키는 기적을 이루었다.

-《백양왈(柏杨曰)》하권 제687절《무조를 논하다(论武曌)》

43장
튀르크의 부활과 토번의 굴기

전에 없는 긴 변경을 가지게 됨에 따라 중국은 훨씬 많은 민족들과 변경을 접하게 되었고 당제국이 직면한 대외 문제들은 이전 시대와는 차원이 다르게 복잡해졌다. 당은 다섯 개의 도호부[111], 즉, 식민지 총독부를 설치하여 새로 점령한 유목민들의 땅을 관리하였지만 대부분의 지역에서 기미(羈縻)라는 자치 식민지의 형태를 취하였고 실제로 드넓은 몽골 초원은 느슨한 무정부 상태와 비슷한 상황이 되어버렸다. 거대 초원 세력인 튀르크(돌궐)가 해체되는 과정에서 수많은 튀르크계, 위구르계 지류 민족들이 독립을 시도하거나 서로 전쟁을 하였고 또 일부는 당에게 흡수되었다. 무측천 즉위(690)에서부터 안사의 난 발발(755) 전까지의 시간 동안 당을 둘러싼 국제 정세에는 크게 두 가지의 큰 변화가 일고 있었다. 하나는 북쪽에서의 변화이다. 잠시 멸망한 튀르크가 부활하여 튀르크 제2제국(후돌궐)을 형성하였고 이로써 당은 북쪽의 거대 기미 자치 지구를 모두 잃었다. 그러나 튀르크

---

111)   702년에 무측천에 의해 북정도호부가 추가로 설치되어 실제로는 총 여섯 개였음.

제2제국은 오래 가지 않고 내분으로 멸망하였고(744) 위구르 민족이 그 뒤를 이었다. 또 하나는 역사 이래로 아무도 신경쓰지 않았던 남서쪽의 광할한 고산 지대에서 거대 세력이 탄생하였으니 그것이 바로 티베트의 전신인 토번(吐蕃)이었다. 여지껏 서북전선과 동북전선만 신경쓰면 되었던 중국은 이 시기부터 서남전선에 국력의 상당 부분을 쏟아부어야 했다.

돌궐(궈 튀르크) 제2제국

튀르크는 당태종 때, 정확히는 630년에 당의 군대에 의해 동튀르크의 힐리칸이 생포되면서 일시적으로 멸망하였다. 동튀르크의 주민들은 일부는 서튀르크 쪽으로 향했고 일부는 몽골에 남아 당의 통치를 받았다. 그리고 당고종 때, 정확히는 659년에 당의 군대가 서튀르크의 수도 수야브(Suyab)를 함락하고 사발라칸을 생포하여 장안으로 압송하면서 서튀르크마저 멸망하고 만다. 서튀르크인들 역시 일부는 더 서쪽으로 이동하였고 일부는 중앙아시아에 남아서 소그드인들과 같이 생활하고 있었다. 그러나 칸이 없어졌다고 튀르크가 없어진 건 아니었다. 고종이 죽기 2년 전, 즉 무측천의 시대가 펼쳐지는 681년에 아쉬나-쿠틀룩(Ashina Kulturk)이라는 칸의 후예가 흩어진 튀르크 부락들을 모아 다시 제국을 형성하였다. 역사는 이를 '돌궐 제2제국', 또는 '후돌궐'이라 부르며 쿠틀룩은 일테리쉬칸(Ilterish Qahan)이라는 칭호로 튀르크 제2제국의 초대 칸이 되었다. 튀르크 제2제국은 북으로는 바이칼호, 동으로는 중국 동북부의 거란, 해 민족을 공격하여 굴복시켰고 남으로는 중국의 허베이, 산시, 섬서, 닝샤, 깐수 등지의 변경을 수십 차례 공격하면서 당에게 엄청난 피해를 입혔다. 이로써 이들은 과거 동튀르크의 영토를 다시 차지하였고 서쪽으로는 알타이 산맥까지 넓혀 당의 안서도호부가 관할하고 있던 신장 지역을 위에서 누르는 형세가 되었다. 이로써 당의 5개 도호부 중 북부를 담당하고 있던 안북(安北)도호부, 선우(单于)도호부는 실질적으로 붕괴되었고 신장과 중앙아시아를 방어하는 안서도호부와 한반도 북부와 만주지역을 관할하는 안동도호부만 남아 사실상 당의 영토는 한무제 때와 비슷한 크기가 되어버렸다. 이마저도 안서도호부는 토번에 의해, 안동도호부의 상당 부분은 거란과 발해에 의해 실질적으로 지배되었다. 몽골 지역과 서역을(여기서는 신장과 중앙아시아 일부) 전부 차지하였던 전성기의 당제국 영토는 아주 잠시 동안이었고 튀르크 제2제국이 성립되면서 모든 것이 제자리로 돌아왔다.

7세기 말

정적을 죽이는 것에 눈 하나 깜짝하지 않았던 무측천은 의외로 대외 정책에 대해서는 수비적이며 때로는 무기력한 자세를 취했다. 그런데 잘 생각해 보면 그럴 수밖에 없다. 681년에 튀르크가 부활한 후 이들이 세력을 급속도로 키워나가던 초반 10년 동안 당은 어떠한 상황이었는가? 이씨 종친왕들의 반 무측천 반란이 곳곳에서 일어나던 시기였다. 황제 즉위를 눈앞에 둔 무측천은 종친왕들의 반란 진압과 반대파들 제거에 바빠서 돌궐이 되었든 누가 되었든 외부 정황에 신경을 쓸 겨를이 없었다. 그리고 재위 초반에는 자신의 정권을 공고히 하는 데에 온 힘을 쏟아야 했기에 밖으로 힘을 뺄 수가 없었고 또 그 후에는 정치 탄압과 공포정치로 이반되었던 민심을 내부적 안정과 경제적 풍족함을 통해 안정시켜야 했기 때문에 전쟁과 같은 큰 일을 치르는 것은 정치적 리스크가 컸다. 만약 적극적인 군사 대응을 한다면 막대한 군비 지출을 감수해야 하고 국민들을 차출하여 전장으로 보내야 하는데 이경우 자칫 잘못하면 경제가 고꾸라지고 민생이 어려워져 가뜩이나 뿌리가 깊지 않은 자신의 정권 기반이 흔들릴 수 있기 때문이다. 그녀가 고종에게 제기한 《건의12조》에서 상당 부분을 '전쟁을 하지 말자'라는 내용에 할애했듯이 무측천 정권은 새로 형성된 튀르크 제2제국에 대해 시종 온건하고 심지어는 굴욕적이기까지 한 입장을 취했다.

중국이 취하는 온건한 대외 정책이란 전통적으로 책봉과 혼인의 두 가지 수단으로 행해졌는데 이는 무측천 정부도 마찬가지였다. 일테리쉬칸의 뒤를 이은 카파가(Kapaghan, 묵철默啜)칸은 걸출한 정복군주였다. 그는 당과 주변 민족에 대한 공세를 더욱 강화했고 무측천 정부는 몇 차례 반격을 시도했지만 번번히 깨지고 말았다. 결국 무측천은 카파가 칸에게 입공보국칸(立功報国可汗)과 힐질리시 대선우(頡跌利施大単于)라는 작호를 주어 관계를 개선하고자 했고, 그의 혼인 요구를 들어주었으며, 그들에게 삥을 뜯겨 가면서도 '좋은 게 좋은 거다'라는 식으로 대응하였다. 그러면서 서역만은 가까스로 지켜내고 있는 것에 만족하고 있었다. 불행하게도 무측천의 무주(武周)왕조는 튀르크 제2제국의 전성기인 카파가칸 재위 시기(691~716)와 거의 일치한다. 서한 성립 초기에 여황제나 다름 없었던 여태후가 중원에서는 천하를 호령했지만 전성기를 구가하는 흉노에게 희롱적인 말을 듣고도 어쩔 수 없이 참고만 있었던 것이 떠오른다. 이 시기 튀르크는 당의 변경 도시들을 거의 샌드백 치듯이 아주 자유롭게 침공하고 노략질하였으며 관리들을 죽이고 갔다. 사료에 적힌 수십 번에 걸친 이들의 침공과 속절없이 당하고만 있던 당을 보면 당시 안에서는 무소불위의 통치자였던 무측천이 안쓰러울 정도이다. 한 가지만 예를 들겠다. 696년에 동북 전선의 거란족이 침공하는 것을 막지 못하여 당(무주)의 피해가 막심했는데 이를 본 돌궐의 카파가칸이 무측천에게 자신이 거란을 제압해 줄 테니 파병 대가로 곡식, 의복, 농기구를 줄 것, 당에게 투항한 돌궐인 수천 명을 돌려보낼 것, 그리고 자신의 딸을 황실의 며느리로 삼을 것을 조건으로 내걸었다. 물론 무측천은 너무 비싼 파병대가를 바로 수용하진 않았다. 이것이 왜 비싼 대가라고 하는 이유는 세 번째 요구 사항에 있다. 보통 중국과 주변 정권과의 혼인을 통한 화친은 중국의 공주를 유목민족 국가의 칸에게 시집을 보내는 것이었다. 이렇게 되면 중국은 장인이 되고 공주를 맞이한 칸국은 사위가 되는 것이다. 이렇게 중국은 '어른'의 지위를 유지하고 있었다. 그러나 카파가칸은 거꾸로 제안을 한 것이니 무측천으로서는 이를 받아들일 수가 없었다. 그러다가 698년에 동북전선의 우환이 맘에 걸렸던 무측천은 카파가칸의 조건을 모두 들어주기로 한다. 그해 6월 카파가칸의 딸을 맞이하기 위해 무측천은 자신의 조카가손자 회양왕(淮阳王) 무연수(武延秀)를 지금의 내몽고 후허하우터에까지 마중을 보냈다. 그러나 카파칸은 무연수가 나온 것을 보고 "누가 무씨와 결혼한다고 했어? 우리는 당의 은덕을 받은 사람들이니 혼인도 당의 후손과 해야지!"라고 하면서 무연수를 억류하고 오히려 '이씨를 태자로 세우지 않으면 이당 왕조를 회복시키기 위해 자신들이 공격을 하겠다'는 이상한 이유의 선전포고를 하였다. 무측천은 노발대발 하였지만 그렇다고 또 뭘 할 수 있었겠는가? 그렇지만 이들의 내정 간섭에 그대로 응할 순 없었다. '그래 설마 진짜 쳐들어 오겠어?' 얼마 후 돌궐은 진짜로 10만 기병으로 남하하여 베이징, 허베이성, 산시성, 내몽고 등지의 여러 도시들을 침공하여 초토화시켰다. 무측천은 자신의 셋째 아들 이현(李显)을 태자로 세우는 한편 그를 하북도항 대원수로 임명하고 적인걸을 부원수로 하여 반격을 시도하였다. 튀르크 군은 퇴각하였지만 철수하면서 엄청난 민간인 피해를 입히고 돌아갔다. 698년에 무측천이 후계자로 이현(李显)을 지명한 것은 앞선 장에서 설명하였듯이 적인걸의 한마디에 의해서만도 아니고 그렇다고 튀르크의 내정간섭에 의해서만도 아니었다. 여러 가지를 종합하여 내린 결정이지만 적어도 이런 말도 안 되는 내정 간섭적인 요구를 하였다는 것은 당시 튀르크 제2제국의 강대함이 어느 정도였고 무측천 정부의 군사력이 어느 정도였는지를 가늠케 한다.

정치투쟁과 인민의 지지만 알았지, 국가가 진정으로 필요한 것에 대해 생각이 미치지 못했던 무측천은 군사력을 키우는 것이나 군제 개혁 같은 일에 소홀히 했고 이는 통치자로서의 중대 과오가 아닐 수 없다. 698년 튀르크의 서쪽 부대는 알타이 산맥을 넘어 남하하여 거대한 준가리아(신장 북부의 준갈 분지)를 차지하면서 당의 안서도호부가 점령하고 있던 서역을 위협하였고 서튀르크의 지류 부락인 투르기시(突騎施, 오늘날 키르기스스탄)를 접수하면서 트란스옥시아나(카자흐스탄)에까지 세력을 확장하였다. 거의 과거 동서 튀르크를 합해 놓은 것과 같은 대튀르크 제국이 형성된 것이었다. 발해가 당의 아무런 간섭과 제제 없이 성립될 수 있었던 것도(698) 이 시기 무측천 정부가 튀르크와 토번에 정신이 팔려 저 동쪽 끝자락까지는 도저히 신경을 쓸 수가 없었기 때문도 있다.

　　무측천 사후 7년간의 정권 혼란기를 거치고 황제에 오른 당현종은 맞고 가만히 있을 남자가 아니었다. 그는 군제를 재정비하고 다시 강경한 대외 정책으로 돌아섰다. 무측천 시기에 와서는 당의 군제인 부병제가 붕괴되면서 병력 차출이 점점 어려워지는데 현종은 730년대에 부병제를 완전히 폐지하고 당의 군제를 모병제로 바꾸는 군제 개혁을 실시하였다. 무측천 시기 군사적 수단에 소극적이었던 것에는 이런 구조적인 어려움도 있었다. 하지만 현종 즉위 후 8세기 20~30년대에 당이 돌궐에 대해 강경한 입장을 취하며 변방을 정비할 수 있었던 데에는 운도 따랐다. 튀르크는 역시 내부 분열이 문제였다. 통치 계급 내의 정변이 잇따랐고 튀르크 제국의 울타리로 어설프게 묶여 있던 튀르크계 다른 계열 부락과 철륵 계열의 여러 부락들은 저마다의 정치적 이해관계를 찾아 서로 분열하고 연합하며 반목하였고 당은 이 상황을 아주 효율적으로 이용하였다. 거대 연합 세력의 힘을 빼는 데에는 예나 지금이나 불만을 품고 있는 세력이나 반대 당에 자금과 무기를 지원하고 독립을 약속하여 이들로 하여금 반란을 일으키도록 하는 것이다. 다민족 연합체인 튀르크 제2제국은 통치계층인 튀르크족들을 제외하고는 철륵 계열인 바스밀(Basmil, 拔悉密), 위구르(Uygur) 그리고 카를룩(Karluk)이라는 민족이 큰 지분을 가지고 있었다. 결정적으로 734년에 빌게(Bilge)칸이 부하에 의해 독살되면서 튀르크 제2제국은 급속히 힘을 잃어갔다. 그리고 당은 이를 놓치지 않고 서북쪽의 철륵 계열 여러 부락들과 동쪽의 거란 민족을 지원하면서 이들로 하여금 튀르크에 대항하도록 하였다. 빌게칸의 뒤를 이은 탱그리(Tengri)칸은 너무 어려서 모친이 섭정을 했는데 역시 이들 모자는 제대로된 리더십을 발휘하지 못하였고 분열의 기세는 점점 거세졌다. 741년에 동쪽의 샤드(부副칸)인 오즈미쉬(Ozmish)가 탱그리칸을 살해하고 칸의 지위를 찬탈하는 정변이 발생하였고 이에 반발하여 튀르크의 지배층이 대규모로 당으로 망명을 하는 일이 벌어졌다. 이때 리더십에 공백이 생기며 튀르크 제2제국은 이미 망한 거나 다름없었다. 그리고 바스밀, 위구르, 카를룩 등 민족은 오즈미쉬를 새로운 칸으로 인정할 수 없다며 반발하였고(물론 당의 개입이 있었을 것이다) 튀르크 제국은 내전의 상태로 접어든다. 결국 744년에 튀르크는 당의 지원을 받은 위구르에게 멸망하였고 이들의 운명은 거기까지였다. 초원의 최종 승리자이자 새로운 주인은 위구르가 되었다.

토번(티베트)

중국 지도를 보면서 고대 중국의 영토가 왜 이리 괴상한 모양을 하고 있는지 잠시나마 의문을 가졌던 분들이 있을 거라 생각한다. 오늘날 중국의 지도는 온전한 닭의 형상을 하고 있지만 고대 중국의 지도는 닭의 엉덩이 부분이 쑥 빠진 이상한 모습을 하고 있다. 닭의 가슴과 배에 해당하는 중국 본토를 깐수회랑(하서주랑)이 신장과 연결해 주고 있는 형세가 한무제 이후 대대로 내려오던 중국 지도였다. 꼬리에 해당하는 신장 지역은 어떤 때는 중국의 세력권 안에 있었다가 어떤 시기에는 떨어져 나가 있었다.

수왕조　　　　당(7세기 말 8세기 초)　　　　오늘날 중국

이 거대한 닭의 엉덩이 부분은 중국의 역사 이래로 천년이 넘도록 아무도 신경을 쓰지 않던 땅이었다. 왜냐하면 평균 해발 3,000미터가 넘는 고산지대로서 정주 농경민족인 한인 정권으로서는 거져줘도 안 가지는 그런 곳이었기 때문이다. 이곳의 남쪽은 5,000~6,000미터의 히말라야 산맥으로 인도, 네팔과 접하고 있고 서쪽은 파미르 고원을 경계로 중앙아시아 국가들과 접하고 있다. 세계 어디를 둘러봐도 이곳만큼 고산 지대가 넓게 분포되어 있는 곳은 없다. 이 넓은 고산 지

대가 있었기에 두 고대 문명인 중국과 인도의 충돌이 없었던 것이다. 대신 인도로 가는 승려와 상인들은 실크로드를 따라 서역을 거쳐 다시 남으로 내려오는 기나긴 여정을 밟아야 했다. 오늘날의 시짱(西藏) 장족자치구(티벳)와 칭하이 대부분 지역, 그리고 윈난성, 쓰촨성, 깐수성 일부를 포함하는 약 220만 제곱킬로미터(오늘날 중국 영토의 약 1/4)에 달하는 이 광활한 지역은 중국의 역사가 쓰인 이래로 당이 성립되기 전까지는 역사의 무대가 아니었다. 거의 언급조차 되지 않았다.

그러나 남북한의 열 배에 달하는 이 고산지대에 사람이 안 살았을까? 이곳에는 옛날부터 강족의 지류 민족과 여러 고산 민족들이 부락을 이루며 살고 있었다. 그중에는 토번이라는 부락이 있었는데 7세기 초에 토번 부락의 리더 송첸캄포가 티벳 고원의 모든 세력들을 평정하고 통일 정권인 토번 왕국을 세운다.

지금의 티벳과는 달리 토번은 굉장히 호전적인 정권이었다. 지금부터 이야기하는 토번왕국은 여러분들이 '티벳'하면 떠오르는 고요하고 신성한 불교국가, 향 냄새 그윽한 사원에서 불교에 귀의하려고 모여드는 사람들, 청정한 호수와 초원을 배경으로 힘겹게 절을 하면서 한 걸음 한 걸음 수행을 하는 승려의 모습, 속세에서 떨어져서 전쟁이란 모를 것 같은 평화적인 모습과는 매우 다르다. 그래서 1,300년 전 토번을 이야기할 때에는 지금의 티벳에서 이미지 세팅을 다시 해야 한다. 토번 민족은 여지껏 등장했던 중국의 주변 정권 중 가장 호전적인 정권 중의 하나이며 이들의 전투 수행 능력은 타의 추종을 불허했다. 인구 밀도도 낮은 이 고산 지역에서 갑자기 튀어나온 이 정권이 가진 힘의 원천은 과연 무엇이었는지 궁금하지만 거기까지는 다음 기회로 미뤄야겠다.

　토번(吐蕃)이란 이름은 물론 중국인들이 부르는 이름이다. 중국어로는 '투보(tu bo)'라고 발음한다. 고대 티벳 민족을 티벳 고유 언어로 '봇(bod)'이라고 불렀는데 'ㅅ, ㄱ, ㅌ' 받침 발음을 못하는 중국인들에게 이는 '보(bo)'라고 들렸고 그들은 '蕃'라는 한자를 선택해서 기재했다. 우리말로 '번'으로 독음되는 蕃의 중국어 발음은 펀(fen)과 보(bo)의 두 가지가 있다. 보통은 fen으로 발음되지만 토번의 경우에는 bo로 발음된다. 蕃은 울타리, 병풍의 뜻이지만 고대에는 역외 민족을 하대하는 '오랑캐'라는 의미도 있었다. 그럼 '토(吐)'는 무엇인가? 티벳 사람들은 당왕조에게 자신들을 Great Tibet이라는 뜻으로 大자를 붙여서 말하였는데 이들이 발음하는 大자가 중국인들이 듣기에 투(tu)로 들렸고 이들은 '토하다'라는 뜻의 '吐(tu)'자를 갔다 붙였다. 결국 '토 나오는 오랑캐'라는 뜻이 되었다. 하여간 고대 중국인들은 이민족을 부를 때 최대한 안 좋은 글자를 골라서 썼다. 이렇게 하여 당나라 사람들에 의해 '투보(吐蕃)'라는 이름으로 불리고 기재되었다는 것이 일반적으로 받아들여지는 설이다. 아마 토번인들은 중국인들과 교류할 때 자신들을 '팃봇'이라 불렀을 것 같다. 이것이 아랍인들에 의해 서방으로 전해지면서 Thibet이라 불렸고 현대에 들어 영어로 Tibet이 되었다. 이들은 물론 자신들의 언어가 있었고 자신들의 문자도 가지고 있었다.

　토번왕조 설립 전의 이 지역은 오랫동안 춘추전국 시대와 같은 국면이 지속되고 있었다. 면적으로 보면 이들의 무대가 중국 춘추전국 시대의 무대와 비교 시 결코 작지 않다. 그러다가 7세기 초에 토번 부락에서 '송첸캄포(松赞干布)'라는 엄청난 인물이 출현하여 춘추전국 국면을 평정하고 토번왕국을 건립하였다(630). 송첸캄포는 토번의 33대 군주라고 하지만 그 전에는 역사의 기재가 없으니 실질적인 초대 국왕이라 보자. 이 사람이 전국을 통일하고 국왕이 된 게 불과 14살 때의 일이다. 송첸캄포는 관제와 군사 제도를 정립하고, 엄격한 율령 반포, 토번 문자 창제, 도량형과 과세 제도를 통일하는 등 토번의 전반적인 국가 개혁을 추진하고 발전을 이루었다. 그는 토번의 역사에 있어서 상앙의 변법과 진시황제의 통일, 세종대왕의 문자 창제를 한꺼번에 이룬 인물이라 할 수 있겠다.

안사의 난 발발 전까지 토번과 당과의 관계는 크게 네 개의 시기로 나뉘어진다. 재미있는 건 토번의 시작과 종말이 당과 거의 시기를 같이한다는 것이다. 이들은 당이 성립되는 7세기 초반에 건국하여 당이 멸망하기 약 40년 전인 9세기 후반에 붕괴되었다.

634년 송첸캄포는 선물과 함께 사신을 당으로 보냈고 당의 태종도 돌아가는 사신의 편에 회답하는 서신을 딸려 보냈다. 이것이 토번과 당과의 최초의 외교적 접촉이었다. 당시에는 토번이나 당이나 서로에 대해 잘 몰랐다. 특히 당은 토번을 그저 작은 부락 정도로 생각하고 있었다. 그러나 곧이어 두 번의 군사 충돌이 벌어졌고 이는 서로의 군사 역량에 대해 절감하는 계기가 되었다. 최초의 군사 충돌은 투위훈(吐谷渾)을 두고 일어났다.

오늘날의 칭하이성(青海省) 북동부 지역에 300년이 넘도록 존재해왔던 선비족 정권인 투위훈(吐谷渾)은 위진 남북조 시대 이래로 존재감이 크진 않았지만 잊을만 하면 거론되어 왔던 칸국이다. 우리식 한자 독음은 '토욕혼'인데 모르는 사람은 이를 토번과 혼동할 수도 있다. 투위훈은 수·당 왕조 교체기를 틈타 서쪽으로 몸집을 불렀고 당 성립 초기 서역과의 교통로를 장악하였다. 그러나 무역로를 장악하고 있는 이들을 당이 가만히 놔둘 리가 없었다. 당군은 1만 명의 정예 군사를 출동시켜 이들을 초토화시켰고 국왕은 사살되었으며 태자는 토번으로 망명하였다(634). 그 후 당은 친당 인사를 국왕으로 앉혔고 민중들의 반발로 왕이 피살되는 등 우여곡절이 있긴 했지만 어쨌든 투위훈은 당에 의해 친당 괴뢰정권화되었다. 그리고 비슷한 시기에 남쪽에서는 송첸캄포의 리더십하에 토번이 굴기하고 있었던 것이다. 이들의 지정학적 위치를 보면 힘을 잃은 투위훈의 운명이 어느 정도 예측된다.

7세기 초반 투위훈과 토번

투위훈은 토번의 북동쪽 경계에 걸쳐서 맞닿아 있었다. 토번으로서는 밖으로 변경을 넓혀가는 데 있어서 반드시 먹어야 하는 대상이었고 동시에 당으로서는 변경의 안전에 있어서 꼭 필요한 완충지대였다. 그렇게 투위훈은 토번의 1차 먹잇감이 될 운명이었다.

636년, 송첸캄포는 당태종에게 느닷없이 "당신네 공주를 아내로 맞이하고 싶습니다!"라고 청혼장을 내밀었고 당태종은 "당신들은 우리랑 아직 급이 안 맞는 것 같아"라면서 거절하였다. 당시 공주를 보내는 건 그리 대단한 일은 아니었다. 먼 종친의 딸 중 한 명을 'ㅇㅇ공주'로 책봉하여 보내면 그만이었고 당은 투위훈에게도 공주를 시집보냈었다. 송첸캄포가 당태종에게 공주를 달라고 하는 것은 한족 여자와 꼭 결혼을 하고 싶어서가 아니라 당과 우호적 외교관계를 맺고 싶다는 당시의 외교 방식으로 이해해야 한다. 송첸캄포는 태종의 거절에 대해 '투위훈이 중간에서 훼방을 놓았기 때문'이라고 책임을 투위훈으로 돌렸고 이를 이유로 투위훈을 침공하였다. 그러나 당의 군대가 바로 개입하였고 토번군은 당의 군대에 패해 철수하였다. 이것이 당과 토번의 최초 군사 충돌이었다. 2년 뒤 638년에는 토번이 당의 송주(쓰촨성 북부)를 공격하였고 당의 반격 끝에 토번군은 또다시 철군하였다. 이 두 번의 군사 충돌은 비록 당의 승리로 끝나긴 했지만 당은 토번의 군사력에 깜짝 놀라지 않을 수 없었다. 당태종은 이들과 척을 지면 좋지 않겠다고 판단하였고 토번 또한 당의 위력을 절감했기에 더 이상은 당과 충돌하지 않고 우호관계를 유지하며 경제적 문화적 교류를 하는 게 자신들에게 더 도움이 되겠다고 판단하였다. 송첸캄포는 사과의 표시로 금은보화를 당태종에게 바쳤고 당은 화친의 정표로 황가의 여식인 문성공주(文成公主)를 송첸캄포에게 시집보냈다(641). 토번 왕국의 성립에서 문성공주가 시집오는 641년까지의 시기는 당과 토번 간에 약간의 군사 충돌을 통해 서로를 탐색하며 알아가는 시기였고 결국에는 좋은 결말을 맞이하였다고 할 수 있겠다.

641년부터 송첸캄포가 사망하는 650년까지는 평화와 우호의 시기로서 당, 토번, 투위훈 간에 한 번의 군사 충돌도 없이 경제, 문화 교류를 하며 서로 발전하였고 당도 공주를 투위훈에 보냈고 토번도 공주를 투위훈에 보냈다. 눈물을 흘리며 이민족의 나라로 시집을 간 문성공주는 성공적인 '화친'의 대표적인 케이스로 '왕소군'과 함께 중국인들의 마음속에 자리 잡게 된다. 왕소군처럼 그녀도 토번에서 거의 '여신'으로 대우를 받았고 지금도 토번 불교에서 문성공주는 관음보살의 화신으로 추앙받는다. 그녀가 시집올 때 가지고 온 혼수품에는 불교 경전도 포함되어 있었고 이로써 불교가 티벳에 전파되기 시작했다.

당태종이 죽고 1년 후인 650년에 송첸캄포도 34살의 젊은 나이로 세상을 떴다. 그의 죽음에는 몇 가지 설이 있지만 불교가 확산되는 것에 반대한 토번의 토착 종교인 본교(苯教) 세력에 의해 암살되었다는 설이 왠지 더 신빙성 있어보인다. 문제는 송첸캄포의 아들이 너무 어렸기에 토번의 정국은 '가르통첸'이라는 재상의 손아귀에 들어갔는데 그는 자신의 입지를 공고히 하고 국민의 지지를 얻기 위해서 대외 관계에서의 성과가 필요했다. 가르통첸은 송첸캄포를 도와 토번의 개혁을 이끌었던 진의 이사와 같은 인물이다. 이때부터 토번의 외교 노선은 확장과 전쟁이라는 초강경 노선으로 180도 선회하게 된다. 자신의 정권 기반이 빈약하거나 정당성이 약할 경우에 눈을 외부로 돌리려 전쟁을 하는 경우가 많다. 연개소문 시기 대당 강경노선으로 돌아서면서 전쟁이 났고, 도요토미 히데요시는 조선을 침략하였다. 물론 무측천처럼 철저하게 정적을 때려잡는 방식으로 안정화를 시키는 경우도 있다. 송첸캄포 사후 7세기 말까지의 50년 동안은 '가르통첸 가문의 섭정기'로서 중국과 적대시하며 당에게 공세적으로 나갔던 시기이다. 이 시기 당은 한반도에서의 전쟁과 북쪽에서 후돌궐의 공격을 막느라 전력이 분산되었고 이들은 당연히 서남쪽 전선에서도 고전을 하였다. 당은 7세기 후반 반세기 동안, 즉 고종 재위 후기와 무측천 집정 시기에 여러 전선에서 좌절을 맛보고 있었다.

충돌의 첫 번째 희생양은 토번과 북부 변경을 맞대고 있던 투위훈이었다. 663년에 토번은 드디어 투위훈을 향한 대대적인 공격을 가하였다. 656년부터 토번은 빈번하게 투위훈을 공격하였고, 당고종은 이둘 간의 중재를 한다며 나섰지만 실제로는 투위훈을 지지하고 있었다. 두 강대국 사이에 끼인 투위훈은 친당파와 친토번파로 나뉘어져 있었다. 그런데 이때 투위훈에서 내분이 일어나서 신하들과 귀족들이 대거 토번으로 망명하는 일이 벌어졌는데 이들은 당과 투위훈 간의 내부정황에 대해 털어놓았다. 그리고 토번은 때를 놓치지 않고 투위훈으로 진격하여 투위훈을 쑥대밭으로 만들어 놓았다. 토번의 연이은 공격을 버티지 못한 투위훈의 칸과 홍화공주는 주민 수천 명을 이끌고 당의 영토인 양주로 망명하였고 이로써 투위훈은 멸망하였다(663).

투위훈의 영토는 토번이 접수하였고 이로써 당에게는 서쪽의 완충지대가 없어지게 되었다. 토번의 투위훈 점령으로 당의 하서와 롱우 지역이 직접적인 위협을 받았고 하서·롱우 지역이 끊기면 서역이 고립된다. 당은 어떻게든 투위훈을 되살려 보려고 했지만 토번은 만만치 않았다. 오늘날 깐수 지역은 이때부터 하서주랑이라는 용어보다는 하서도(河西道)와 롱우도(陇右道)라고 불린다.[112] 하서(河西)는 신장과 이어지는 깐수의 중북부를 말하며 롱산의 서쪽을 의미하는 롱우(陇右)

---

112) 당은 주(州)의 상위 행정구역으로 도(道)라는 것을 도입하였다. 우리나라는 고려 성종 14년에 도를 도입하였고 그것이 지금까지 이어지고 있다.

는 깐수 동남부와 칭하이 일부, 섬서성 일부를 포함한다. 즉 룽우도는 실크로드의 출발지점이며 서쪽 세계로부터 수도 장안을 지켜주는 마지노선인 셈이었다. 앞으로 이 두 지명이 여러 번 나오므로 우리도 이에 익숙해지는 게 좋을 듯하다.

670년은 '당-토번' 투쟁의 역사에서 분기점이 되는 중요한 해이자 당으로서는 뼈아픈 한 해가 아닐 수 없다. 당은 투위훈을 되살려보고자 하는 노력을 계속하였는데 670년 4월 당고종은 고구려와의 전쟁에서 이름을 떨친 설인귀, 튀르크 출신 아쉬나도진 등 명장들을 투입시켜 투위훈 땅을 점령하고 있는 토번 군대를 향해 5만의 군대를 출격시켰다. 그러나 결과는? 오늘날 칭하이성 동부 시닝시(西宁市) 근처의 대비천(大非川)이라는 곳에서 토번의 40만 대군에게 박살이 나면서 당의 전군이 몰살되었다. '대비천(大非川) 전투'는 중국의 주변 민족과의 전쟁사에서 별로 떠올리고 싶지 않은 실패작 중 하나이자 토번과의 대립국면에서 당을 수세에 놓이게 만든 분기점이 되는 전투였다.

대비천 전투 이후 토번은 승세를 몰아 서역에 대한 대대적인 공격을 하여 '기미 18주(안서4진 관할하에 있던 기미주들)'를 모두 섬멸하였고 안서도호부가 소재한 쿠차왕국(오늘날 신장 아커수 지방)을 점령하였다. 이로써 안서도보후는 철수하였고 신장의 천산 이남 지역이 토번의 손아귀로 들어갔다. 안서도호부(안서4진)의 탄생과 멸망에 대해 잠시 설명을 하자면, 서역을 관장하는 안서도호부는 당의 6개 도호부(식민지 총독부) 중 가장 먼저(640) 설치되었으며 다른 건 다 내줘도 여기만은 지키고자 했던 핵심이자 젖줄이었다. 당은 648년에 신장 서쪽의 쿠차왕국을 점령하고 도호부를 그곳으로 이동함으로써 신장 전역을 접수하였고 그 산하에 4개의 군사 전략도시(안서4진)[113]를 두어 방어하도록 하였다. 그런데 670년 토번의 신장 침공에 의해 안서 4진이 없어졌으니 당이 신장을 지배한 건 불과 22년 정도인 셈이다. 당은 동북에서 고구려를 멸망시키고 만주를 얻었지만 그로부터 2년 후 서역을 통째로 내어주었다.

이보다 3년 앞선 667년에 토번은 당의 검남도(쓰촨성) 변경을 공격하여 여러 강족 기미주들을 토번으로 귀속시켰다.

무측천은 섭정 시기인 680년대에 안서4진을 다시 뺏어오고자 결심하였고 수비 위주의 수동적인 국면을 바꾸려 했다. 685~686년, 689년 두 번에 걸쳐서 당의 군대는 서역에 주둔하고 있는 토번을 공격하였으나 모두 실패하였다. 무측천 정부는 주변 민족과의 군사충돌에 대해 방어적이고 무기력해 보이기까지 했지만 유독 서역 관련해서만은 공격적이었고 강경했으며 집요하였다. 692년에 무측천은 다시 대군을 조직하여 출격시켰고 왕효걸을 총사령관으로, 튀르크인 아쉬나충을 대장군으로 하여 드디어 토번을 크게 이겨 쿠차, 우진 등 4진을 수복하였다. 이로써 쿠차 지역에 안서도호부를 부활시켰고 대신들의 반대에도 불구하고 한인으로 이루어진 군대 3만을 주둔시켰다. 22년 만에 토번에 빼앗긴 신장을 똑같이 22년 만에 다시 수복한 것이다. 692년의 안서4진 수복은 당으로서는 국면을 전환시킨 쾌거이자 무측천의 거의 유일한 굵직한 군사적 업적이었다. 새왕조를 선포하고 황제로 즉위한 지 2년밖에 안 된 무측천으로서는 만약 여기서 군사적 실패를 하면 정권 초기에 레임덕이 올 수도 있고 반대로 군사적 성과를 거두면 민중의 지지를 받으며 정권을 공고히 할 수 있었기에 온 힘을 다하

---

113) 쿠차, 소륵, 언기, 우진.

여 서역을 수복하려고 했을 것이다. 결국 692년의 서역 수복은 그녀의 정권을 공고히 하는 데 아주 큰 힘이 되었다.

그런데 이번의 군사적 승리는 당보다는 토번의 정국에 훨씬 더 큰 영향을 미쳤다. 토번은 650년 송첸캄포 사후 반세기 동안 권신인 가르 가문에 의해 정치가 좌지우지되었다. 667년에 가르통첸이 병사하였지만 그의 아들들이 토번의 군정대권을 나눠 가졌으며 685년 3대 찬보(국왕) 치득송첸(676~704재위)이 즉위하였지만 대권은 여전히 가르 가문에 의해 장악되었다. 치득송첸은 성인이 되어 감에 따라 가르 가문이 전권을 휘두르는 것에 불만을 품었고 이러한 국면을 종식시키고 자신이 친정을 하고자 기회를 엿보고 있었다. 그러던 중 692년 서역에서의 패배는 찬보로 하여금 권력을 회수하는 좋은 계기를 주었다. 치득송첸이 23세 되던 699년에 가르 가문을 모두 숙청하였고 이로써 반세기 가량 지속되었던 가르 가문의 전횡 국면이 종식되었다.

그러나 안타깝게도 704년에 치득송첸이 남조(南诏, 윈난성 지역의 정권, 후에 대리국이라고 불렸음)와의 전쟁에서 전사하면서 그의 어린 아들 치데축첸이 보위에 올랐고 찬보의 조모가 섭정을 하면서 토번은 다시 내부 정치투쟁과 혼란에 빠져든다. 8세기 시작부터 안사의 난(755) 발발 전까지의 반세기는 토번과 당의 입장이 뒤바뀌었다. 당이 공세적인 입장을 취하였고 토번은 시종 방어적인 자세였다. 토번은 정치 불안이 이어지면서 대외 전쟁을 자제하고자 하는 분위기였고 이에 반해 현종(712~756재위)이 이끄는 당은 재위 초기 정치 안정을 이루었고, 군제 개혁, 과거제 개혁, 경제 활성화 조치 등을 통해 황금기를 맞이하고 있었다. 때는 튀르크 제2제국이 멸망한 후였기에 더 이상 당을 위협하는 북쪽 세력이 없었다. 위구르가 뒤를 이었으나 이들은 아직은 당을 위협하는 거대 정권으로 발전하지 못했을 뿐더러 새로 세워진 위구르 칸국은 친당 정권이었기 때문이다. 한반도는 나당 전쟁 후 잠시 소원했던 신라와 다시 우호관계가 되었고 요동 지역에 거란, 해(奚) 민족이 있긴 했지만 이들은 아직은 중앙집권 국가로 발전하지 못한 채 부락 수준에 머물러 있었다. 역시 8세기의 가장 큰 위협 세력은 서남쪽의 토번이었으나 이들이 내부 정치 불안으로 움츠러들어 있었으니 당으로서는 마음 놓고 실크로드를 통한 무역을 할 수 있었고 경제, 군사, 문화 모든 면에서 최상을 구가할 수 있었다. 영화나 드라마에서 당 장안의 번화하고 풍요로운 모습을 보여주고 있다면 십중 팔구는 이 시기(720~740)를 배경으로 한 것이다.

토번은 당에게 계속적인 패배를 하자 두 차례 화친을 제안하였지만 당은 이를 받아들이지 않았다. 그러다가 710년에 당은(현종 즉위 전) 금성공주를 치데축첸에게 시집보내기로 하면서 두 나라 간의 화친이 다시 체결되었다. 그러나 이번 화친은 오래가지 않았다. 714년에 섭정을 하던 치데축첸의 조모가 죽자 또 다른 재상이 나서서 전횡을 휘둘렀고 토번의 창칼은 다시 당을 향했다. 그러나 당현종이 이끄는 당은 이미 무측천 시기의 당이 아니었다. 이때부터 안사의 난이 발발하기 전까지 토번과 당은 칭하이에서, 신장에서, 중앙아시아에서 거의 2~3년에 한 번씩 전쟁을 하였는데 대부분 당의 승리로 끝났다. 이 시기에 토번은 칭하이성 일부를 당에게 다시 내주었고, 다시 중앙아시아로 뻗어나가는 당과 부딪혔으나 대부분 당의 승리로 끝났다. 당현종이 이끄는 당은 다시 엄청난 영토의 제국으로 확장하고 있었고 토번은 잠시 움츠러 들었으나 역시 여전히 위력적이었다. 이들은 중앙아시아 국가들을 놓고 서로 자기들의 우방국으로 만들어 그곳에서 세력을 유지하려고 하였다. 마치 중동을 두고 미국과 러시아가 헤게모니 싸움을 하는 것과 비슷하다고 볼 수 있겠다. 이들 서역의 국가들은 자신이 속한 큰형님에게 공납을 바쳤는데(즉 당과 토번은 보호 명목으로 중앙아시아 국가들로부터 삥을 뜯었다) 이로부터 오는 직접적인 이득도 상당했지만 당으로서는 최대한 많은 국가들을 자기 진영으로 만들어야 실크로드가 원활히 작동할 수 있었다. 이것이 당이 천산산맥과 파미르 고원 너머의 중앙아시아 국가들에게까지 그토록 집착했던 이유이다. 인터넷을 보면 당시 당제국의 영토를 중앙아시아 전체로 확장하여 그려놓는 지도를 가끔 보게 되는데 이는 과장이고 당시 중앙아시아의 여러 국가들은 중국의 영토도 토번의 영토도 아니었다고 봐야 한다. 단지 친당 국가와 친토번 국가들이 있었고 어떤 경우에는 토번이 군대를 파병하여 친당 국가를 점령하였고 그러면 당의 안서도호부에서 출격하여 격퇴시키는 등의 전쟁이 빈번하게 발생하였다. 원래두 강대한 세력은 웬만해선 자기네 영토 내에서는 큰 교전을 하지 않는다. 토번과 당은 서로 인접해 있으니 칭하이와 같은 변경에서 전투가 발생하는 것을 피할 순 없었지만 세력이 균형을 이루었을 때 이들은 서역(중앙아시아와 신장)의 국가들을 이용해 대리전을 하였고 그래서 이 시기 중앙아시아는 당과 토번 간의 전쟁 무대가 되었다. 고구려 출신의 명장 고선지가 이 시기 중앙아시아 전장에서 당에게 많은 승리를 안겨준 대표적인 인물이다. 후에 이슬람 압바스 왕조가 이곳의 헤게모니 싸움에 참여하였고 당과 이슬람이 충돌하여 발생한 전투가 바로 '탈라스전투'이다.

당唐의 쇠망

44장
안사의 난(安史之乱)

755년 12월 16일(음력 11월 9일), 범양, 하동, 평로 삼진의 절도사를 겸하고 있는 안록산은 자신의 지휘하에 있는 당의 변경 부대와 거란, 해(奚), 실위(室韦) 등 소수민족 군대로 구성된 15만 명을 이끌고 범양(베이징 남부)에서 쿠데타를 일으켰다. 그가 내건 구호는 "역적 양국충을 토벌하고 위기에 빠진 나라를 구하자!"였다.

그로부터 3일이 지난 12월19일(음력 11월 12일), 일흔한 살의 당현종 이융기와 양옥환은 장안에서 북쪽으로 30킬로미터 떨어진 려산(骊山) 산자락의 화청궁에서 온천을 즐기고 있었다. 려산은 옛날 서주의 마지막 군주 주유왕(周幽王)이 포사를 웃게 만들려고 거짓 봉화를 올렸던 곳이다. 말년의 당현종은 대부분의 시간을 이곳 화청궁에서 지내며 여기서 정사를 보았다. 이때 멀리서 흙먼지를 날리며 전속력으로 말을 타고 달려오는 무리들이 눈에 들어왔다. 이윽고 환관 고력사(高力士)가 들어와 변경에서 급보가 왔다고 전했고 당현종은 옷을 걸치고 나가서 이들을 들어오라고 했다.

"폐하, 보고드립니다. 범양, 하동, 평로 삼진 절도사 안록산이 십일월 초구일에 반란을 일으켰습니다!"

"뭐라고?"

당현종은 믿을 수가 없었다. '그럴 리가……? 그가 왜……?' 이융기는 뭔가 정보에 착오가 있을 거라 생각하고 있었다. 그 후 여기저기각 지방장관들이 보내는 전갈들이 잇따라 도착하였지만 당현종은 여전히 반신반의하였다. 그로부터 삼일이 더 지난 12월 22일(음력 11월 15일)에서야 그는 안록산이 반란을 일으켰다는 걸 확신하였다. 당현종의 반응은 두 가지였다. '내가 이 호인(胡人) 놈을 그렇게 믿고 잘 해주었는데 이놈이 감히 날 배신해?' 그와 동시에 '지깟게 좀 키워줬더니하룻강아지 범 무서운 줄 모르는 군. 대당제국군의 뜨거운 맛을 보여줘야겠어'라며 반란이 곧 진압될 거라 믿고 있었다. 그러나 날이 갈수록 들어오는 소식들은 하북도(허베이)의 성들이 줄줄이 함락되었다는 것이었다. 어떤 곳은 싸워보지도 않고 항복했고 어떤 곳은 전멸했다고 했다. 당현종은 슬슬 불안해지기 시작했다. '설마 이들이 이렇게 센가……' 그러고는 곧 대신들을 불러 대책회의를 하였다.

'근데 우리에게 군대는 얼마나 있지? 뭐? 6만이 채 안 된다고? 그것도 각지에 뿔뿔이 흩어져 있다고? 그렇지. 죄다 변경으로 배치했으니내지에는 군대가 있을 리가 없지. 병사들을 급하게 모집해야겠군. 장안에 전투 경험이 있는 사령관 출신이 있던가?'

마침 황제를 알현하고자 장안으로 들어온 안서절도사 봉상청(封常淸)이 나섰다.

"천하가 너무 오랫동안 태평성대가 지속되었고 험한 일을 겪어보지 못했기에 사람들이 지금 '멘붕'에 빠져 있습니다. 그러나 모든 일은 반전이라는 게 있고 기세도 꺾임이 있는 게 아니겠습니까? 폐하께서 허락하신다면 제가 동경(낙양)으로 달려가서 사령부를 구성하고 군사를 모집한 후 북쪽으로 황하를 건너 머지않아 폐하께 안록산의 목을 바치겠습니다."

고선지와 함께 서역을 재패했던 명장 봉상청이 이렇게 나서주니 그래도 믿음이 갔다. 이리하여 당현종은 봉상청에게 안록산이 맡고 있던 범양과 평로절도사 직을 겸하도록 하고(이게 무슨 의미가 있는지는 모르겠다) 그로 하여금 낙양으로 달려가서 거기서 병력을 모집한 후 반란군을 토벌하라고 명하였다. '낙양을 방어하라'가 아니라 '반란군을 토벌하여 안록산의 목을 가져와라'였다. 이를 보면 이때까지만 해도 당조정이 당시 상황에 대해 얼마나 착각을 하고 있었는지를 알 수 있다. 병력 모집이란 물론 돈을 주고 불러모으는 것이었다. '봉상청을 보니 고선지가 생각나네. 그래! 고선지가 장안에 있지 않았던가. 고선지라면 안록산 이 역적놈을 박살낼 수 있을 거야.' 고구려 출신 레전드급 장군 고선지는 4년 전 탈라스전투 패배로 절도사직에서 물러난 후 장안에서 좌우림대장군(수방사 사령관)으로 있었다. 당현종은 자신의 여섯 번째 아들 영왕(荣王) 이완(李琬)을 반란군 진압의 총사령관인 동정원사(东征元帅)로 임명하고 고선지를 부원사로 임명하였다. 원사(元帅)라는 건 전시에 설치하는 임시직인데 중국 전투사에서 원사라는 단어가 나오면 총사령관이라고 여기면 된다. 영왕 이완은 임명된 지 며칠 안 되어 죽었기에 고선지가 실질적인 총사령관이나 다름없었다. 고선지는 최대한 빨리 장안에서 병력을 모집한 후 그 병력을 이끌고 섬군(陝郡)으로 가서 봉상성의 뒤를 받치게 되어 있었다. 섬군은 낙양에서 서쪽으로 약 140킬로미터 떨어져 있는 황하 강안의 도시이다(오늘날 허난성 산먼샤시三门峽市, 시안과 뤄양 사이). 이에 앞서 당현종은 수방사 부사령관에 해당하는 우림대장군(羽林大將軍) 왕승업(王承業)과 경호대장에 해당하는 금오대장군(金吾大將軍) 정천리(程千里)를 각각 산시성 태원과 루주에 보내 반란군이 산시성을 통해 장안을 향하는 걸 막도록 하였다. 고선지는 장안에서 급하게 6만을 모집하였지만 이들의 수준은 한심하기 짝이 없었다. 군 경험이 전혀 없는 사람들이 태반이었고 남루한 시정 잡배들로 가득찼다. 너무 오랜 기간 동안 내지에서의 안정이 지속되었기에 이들은 반란이란 게 어떤 건지 잊고 살았고 전투란 게 어떤 건지 기억도 나지 않았다. 게다가 훈련을 시킬 시간도 없이 바로 원정을 떠나야 했다. 고선지는 한숨이 저절로 나왔다. '상청이 낙양에서 모집한 병력들도 마찬가지겠지. 저들을 데리고 어떻게 안록산을 상대할 수 있겠나……'. 이들과 안록산 부대와의 싸움은 중화기와 공격용 헬기로 무장한 공수부대와 급조한 민방위 부대의 전투나 마찬가지였다. 그렇지만 할 수 없었다. 고선지는 급조된 병력을 이끌고 동쪽으로 향했다.

당의 역사는 '안사의 난' 이전과 이후로 나뉜다. 당은 안사의 난 후로 황금기를 뒤로하고 계속 내리막 길을 걸었고 한번 내리막 길을 탄 제국은 다시는 고개를 들지 못했다. 과거의 영광을 되찾아보려는 노력과 개혁에의 시도는 있었으나 대세를 돌려놓진 못했다. 안사의 난은 당의 역사에서 거대한 분기점일 뿐아니라 중국의 역사에서 거대한 분기점이다. 왕조 중간에 일어난 한 군사 쿠데타에 왜 이렇게나 큰 의미를 부여할까?

쿠데타 보고를 접한 황제 이융기는 반응은 '그가 왜?'였다. 그의 이 같은 반응은 어쩌면 많은 것을 의미할지도 모른다. 중국 역사상의 숱한 쿠데타들, 7국의 난, 8왕의 난 등등이 발발했을 때 황제가 '왜?'라고 질문을 한 적이 있었을까? 안사의 난을 이해하기 위해서는 세 가지 질문이 필요하다.

'안록산의 쿠데타는 왜 일어날 수밖에 없었는가?'
'내전의 화근은 누가 심어놓은 것이었던가?'
'당제국은 왜 안록산의 쿠데타를 조기에 진압하지 못했는가?'

안록산의 쿠데타가 발발하기 1년 전인 천보13년(754)의 호구조사에 의하면 당의 인구는 5,288만 명이었다. 여기에 호구조사에 응하지 않은 사람, 소작농, 노비, 사병 등을 포함 시 7,000만 명 이상이었을 것으로 추정된다. 당시 전 세계 인구가 2억 명이었으니 세계 인구의 35%를 차지하고 있었던 것이다. 장안성이 소재한 경조부(京兆府) 특구의 인구가 200만 명이었다고 하는데 지금도 우리나라에 인구 200만이 넘는 도시는 서울, 부산, 대구 세 곳밖에 없다. 또한 개원년간(712~742)의 조사에 의하면 경작지는 6억 6,000만 무[114]였다 하니 한 가구당 평균 70여 무를 경작했다는 것이다. 당시 매년 인구 한 명당 식량 생산량은 700근이었는데 이것이 어느 정도인가 하면 중국은 1982년이 되

---

114)　당나라 때 1무(畝)는 오늘날의 0.81묘에 해당하는 540제곱미터이다.

어서야 인당 식량 생산량이 이를 초과하였다. 봉건 황제 체제하의 대부분 시기에는 이의 절반에도 미치지 못했다. 각종 영화, 드라마에서 당왕조의 복장, 악세사리, 화장이 특히나 화려한 것은 당시의 넉넉함을 반영하고 있으며 돈이 있으면 뚱뚱한 게 아름다운 게 되었다. 이때부터 고기가 들어간 빙(饼)이 주식이 되었고 양고기도 이때부터 백성들이 일반적으로 먹는 고기의 대열에 들어갔다.

잘나가던, 최소한 겉으로 보기에는 더할 나위 없이 번성하던, 당제국이 하루아침에 동란에 휩싸였고 그것이 8년이나 지속되었다? 이것이 양귀비 때문일까? 전성기를 구가하고 있던 당은 왜 변방의 이 거대한 쿠데타 음모를 사전에 알지 못하고 있었을까? 무측천 때 황족들이 일으킨 반란조차 두세 달 만에 진압했던 제국의 군대는 왜 안록산의 쿠데타에 이렇게 허둥대며 속수무책으로 당했을까? 안사의 난은 무엇을 남겼고 당의 역사에, 나아가서 중국의 역사에 어떠한 의미를 가지는 사건일까?

소그드인

'안사(安史)의 난'은 안록산(安禄山)이 일으킨 쿠데타를 그가 죽은 후 사사명(史思明)이라는 부하이자 동업자가 이어받아 불씨를 살려 8년을 끌어간 내전이다. 그래서 이 둘의 성을 따서 '안사의 난'이라 이름한다. 자 그럼 이들은 누구인가? 안록산과 사사명은 당으로 귀화한 소그드인(Sogdian)이다. 즉, 안사의 난은 귀화한 외국인 후예가 일으킨 반란이다. 적절한 예가 될지 모르겠지만 앞전에 전성기의 당을 오늘날의 미국으로 비유했으니 이어서 비유해 보자면 히스패닉 2세 출신이 사령관으로 있는 태평양사령부가 쿠데타를 일으켜 항모전단을 이끌고 미국 서부 해안을 향해 가고 있으며 본토 방위가 무방비 상태로 놓여 있는 것이다.

 '소그드인'이라는 말은 들어봤어도 이 실체에 대해 잘 아는 사람은 그리 많지 않을 것 같다. '소그드'라는 단어는 '소그디아나(Sogdina)'라는 중앙아시아의 고대국가에서 유래된 말로 오늘날 키르키스스탄과 우즈베키스탄 서부를 일컫는다. 물론 역사와 문화 인류학에서 쓰이는 민족 용어이지 오늘날에도 통용되는 민족명은 아니다. 왜냐하면 이들은 오늘날에는 그 실체가 모호하기 때문이다. 1권에서 장건의 서역 개척 이야기를 하면서 소그디아나가 언급되었던 것을 기억할지 모르겠다. '~스탄'이란 이름의 여러 나라로 구성되어 있는 중앙아시아는 옛날에는 민족과 종교 구성이 지금과는 많이 달랐다. 이 지역은 기원전 8세기경에 유목민들의 조상이라 불리우는 하얀 피부와 파란 눈의 스키타이인들이 동쪽으로 이동하여 정주하면서 반농반목 생활을 해왔다. 기원전 4세기에 알렉산드로스 대왕이 대제국을 건설하면서 동진하다가 파미르 고원 서쪽에서 진격을 멈추었고 이로써 중앙아시아는 마케도니아 제국의 동쪽 끝자락 영토가 되었다. 그리고 이들은 이곳에다 소그디아나, 페르가나, 박트리아와 같은 그리스식 이름의 도시를 만들었다. 마케도니아 제국은 오래가지 않았으나 중앙아시아의 이 이름들은 오랫동안 이곳의 지역명 또는 왕국명이 되었다. 중국인들은 신장을 포함한 이들 지역을 광범위하게 서역이라 불렀고 중앙아시아의 도시연합국가에 대해서는 자기들의 한자식 이름으로 강거(康居), 대완(大碗), 대하(大夏) 이런 식으로 불렀다.

이 중에서도 소그디아나(강거) 사람들은 상업과 무역에 활발하여 중앙아시아를 누빈 것은 물론 실크로드를 따라 중국으로 들어오면서 그 이름을 널리 알렸다. 그래서 통상적으로 말하는 소그드인이란 중앙아시아를 근거지로(정확히는 소그디아나를 근거로) 하는 아리안계 스키타이 유목민들을 말하며 튀르크(돌궐)가 중앙아시아를 점령하기 전까지 이 일대에 살고 있던 민족은 대부분 이들 아리안계 소그드인들이었다. 서역인이라 불려왔던 소그드인들은 고대 육상 실크로드가 번성했던 한나라에서 당나라에 시기에 걸쳐서 활발하게 활동하였다. 이들은 실크로드를 따라 상업 거점도시를 만들었으며 상업적 이익을 좇아 동으로 뻗고 남으로 내려와서 중국의 북부, 중원, 그리고 동북부에까지 퍼졌으며 심지어는 한반도와도 교류하였다. 실로 '실크로드의 주요 담당자이자 독점자'라 할 수 있다.

소그드인들의 흔적은 오늘날에도 어렵지 않게 찾아볼 수 있다. 사료의 기재에서, 벽화에서, 석상에서, 이들이 쓰던 동전에서 그리고 무덤에서 이들의 생김새와 생활상을 유추할 수 있다. 그렇지만 무엇보다도 가장 생생하게 만날 수 있는 건 아마 당삼채가 아닐까 한다. 당나라의 여러 가지 생활상을 담은 당삼채의 소재로 이들 서역인들의 모습도 적잖이 쓰였기 때문이다. 푸른 눈에 수염을 귀 밑에서부터 덥수룩하게 기른 이들 서역 상인의 모습을 보며 안록산을 떠올려도 무방하리라 싶다. 단지 안록산은 엄청 뚱뚱하여 배가 무릎에 닿을 정도였다고 한다.

베이징대학 중국 고대사 연구소 룽신장(荣新江) 교수는 그의 저서 『중고대 중국과 소그드 문명(中古中国与粟特文明)』에서 다음과 같이 기술하고 있다.

1907년 영국의 고고학자 마크 스타인(Marc Aurel Stein)에 의해 발견된 편지는 세계인들에게 소그드인의 많은 것을 알려주었다. 깐수성 둔황에 있는 장성의 한 봉화대 밑에서 한 무더기의 문서가 발견되었는데 그 안에는 89통의 소그드어 사업 문건과 서신이 있었다. 소그드 본토가 돌궐에 의해 튀르크화된 후 그들의 언어는 이미 사(死)문자가 되었기에 발견 당시에는 구체적인 내용을 해독할 방법이 없었으나 후에 해독이 가능해졌다. 이 서신들은 하서(깐수성)에서 사업을 하는 소그드인들이 가족과 서쪽의 본사에 보내는 편지였다. 이 편지 중 가장 완전한 상태인 것은 깐수성 무위(武威)의 한 부락 수령의 신분인 사람이 당시 소그디아나의 수도인 사마르칸트(오늘날 우즈베키스탄 동부)의 고용주에게 사업 현황을 보고하는 내용이었다. 소그드인의 사업 방식은 매우 시스템화되어 있었다. 한 자본가가 사업 자금을 출자하여 한 명의 상인 리더에게 위탁하면 이 상인 리더는 이 자금을 가지고 대상을 이끌고 출행하였다. 한 중심 도시에 거점을 형성하면, 예를 들어 깐쑤성 무위에 지사를 설립하면 이 상인 대장은 곧 사람들을 각지로 파견하였다. 312, 313년을 전후하여 쓰여진 이 편지에는 중국 각지의 지명이 언급되어 있다. 그는 사람을 오늘날의 허난성 안양(安阳), 즉 갑골문자와 조조의 무덤이 발굴된 안양으로 파견했다. 서진 말에 안양은 중요한 도시였다. 그리고 그는 낙양에도 사람을 파견하였는데 낙양에 간 소그드인과 인도 상인들은 거의 굶어 죽을 지경이었다. 왜냐하면 흉노가 쳐들어와서 도시가 포위되어 보급로가 끊겼기 때문이다(영가의 난). 이러한 정황들이 전부 편지에 묘사되어 있었다. 편지에는 또 깐수성의 주요 도시들을 언급하며 어떤 도시에서 누구를 파견하여 어떤 물건을 어디로 운송해 올지를 명확하게 설명했다. 편지에 언급된 교역품으로는 향료, 약재, 금, 은, 황동들이 있었다. 재미있는 건 '비단'이란 말은 그 편지에서 한 글자도 찾을 수 없는데 그들은 실제로는 비단을 암거래했던 것이다.

소그드인들의 종교는 광명을 신성시하는 조로아스터교(중국명:배화교)였다. 이슬람제국에 의해 점령되어 이슬람화가 되기 전까지 중앙아시아인들의 종교는 조로아스터교였고 신장의 대부분 왕국들은 불교였다. 안록산은 자신을 '광명의 신'의 화신이라 칭하였고 친히 소그드인 부락에서 조로아스터교의 제사를 주관하며 스스로 소그드인 민중들의 종교리더를 담당하기도 하였다. 그는 종교 역량을 이용하여 자신의 관할 구역 내 이민족들을 단결시켰고 '광명의 신'이라는 신분으로 민중들에게 어필했는데 많은 번진(변경의 군사도시)의 장교와 병사들이 안록산의 쿠데타를 따른 데에는 '광명의 신'이 주는 정신적 힘을 무시

할 수 없었을 것이다.

외국인에 대해 개방적 태도를 취했던 당왕조 시기 이들 소그드인들은 중국의 화북 구석구석에 상당한 인구가 퍼져 있었다. 안사의 난이 발발했던 당현종 천보년간(742~756)에 장안성 안의 소그드인이 10만이 넘었다고 하니 장안성 내의 8~9명 중 한 명은 이들 파란 눈의 서역인 이었다는 것이다. 이들은 상업 분야뿐 아니라 수·당 때에는 무관으로서도 크게 활약하였다. 중국 닝샤(宁夏)지역에서는 다량의 소그드인 장군 묘가 발견되었으며 산시성, 섬서성, 깐수성 등지에서도 문무관을 지낸 소그드인 묘가 다수 발견되었다. 안록산은 소그드인 아버지와 튀르크인 어머니 사이에서 태어난 혼혈이다. 말하고자 하는 것은 당왕조 시기 중국의 화북지역은 소그드인과 튀르크인이 사회에 꽤 깊숙히 퍼져 있었으며 이들은 각 분야에서 상당한 역할을 담당하고 있었다는 것이다. 당시 중국인들은 소그드인, 튀르크인, 회흘인(위구르인), 거란인, 고구려인 등 이민족들을 전부 호인(胡人)이라 불렀고 안사의 난 이전의 당왕조는 호인에 대해 개방적이었다. 호인과 당정부가 서로 효용가치가 있어서 공생했다고 하는 게 더 맞는 표현일 수도 있겠다. 당제국의 동북지역 3개 절도사를 겸임하였던 안록산의 위치는 당대에 북중국 전역의 상업, 행정, 군사에서 호인들(특히 소그드인)이 차지하고 있던 비중을 잘 보여준다. 실제로 베시에르(Vaissière)는 당 치하의 북중국을 '튀르크-소그드적 환경'이라고 불렀으며 '안록산의 반란은 여태까지 잘 알려지지 않았지만 소그드 상인들로부터 지원을 받은 소그드인 운동이었다'고 주장하기까지 한다.[115] 물론 이 주장을 전

---

115)　James A. Millward 지음, 김찬영·이광태 옮김, 《신장의 역사》, 사계절, 82쪽.

부 그대로 받아들이는 건 곤란할 듯하다. 안사의 난은 소그드인들의 일부 지원이 있긴 했지만 한편으로는 많은 소그드인들과 소수민족들이 쿠데타 진압의 편에 섰고 안록산의 쿠데타군의 상당 부분은 한인들이었기 때문이다. 중국 측의 논문이나 주장들을 보면 안사의 난을 민족 갈등으로 몰고 가는 것을 굉장히 경계하고 그에 대한 반론의 근거들을 제시하며 적극적으로 방어하려고 하는 것을 느낀다. 이것이 소수민족에 민감한 오늘날 중국의 정치적 정서와 관련된 것인지 아니면 정말로 민족적 갈등 요소가 주된 요인이 아니었는지는 더 깊숙한 이해와 연구를 통해 알아가야 할 일이다.

소그드인들은 한반도 정권과도 교류를 했고 이를 알려주는 여러 자취들이 있다. 우즈베키스탄 사마르칸트의 아프로시압 벽화에 등장한 고구려 사신은 서로 수천 킬로미터 떨어진 고구려와 소그디아나가 외교 관계에 있었음을 보여준다. 경주에 있는 신라 원성왕릉(785~798재위)의 봉분 앞에는 턱수염을 한 외국인 무인 석조상이 있는데 이 석조상은 소그드인일 가능성이 크다.

아프로시압 벽화   원성왕릉 서역 무인상

반란의 씨앗이 된 군제 변화

모병제로의 전환

정변을 통해 무씨 잔당을 완전히 정리하고 황제가 된 당현종 이융기(李隆基)는 당이 배출한 또 한 명의 능력자 군주였다. 물론 나이를 먹고 양귀비를 만나기 전까지 말이다. 보위에 오른 현종은 자신이 무얼 해야 할지 알고 있었고 이를 위해 여러 가지 개혁조치를 취하였다. 당현종은 당태종에 버금가는 강성 매파 군주였고 대외정책과 군사·외교적 입장에 있어서 무측천과는 결이 매우 달랐다.

무측천 시기 당의 영토 사업은 거의 파산 직전까지 갔으나 당현종은 이를 다시 되살려 중흥을 이루었다. 무측천은 대외적으로 운이 없기도 했다. 실질적인 그녀의 집정 시기는 돌궐 제2제국의 전성기와 겹쳤고 토번의 가르 가문이 자신들의 정권을 공고히 하기 위해 한창 활발한 대외 사업을 전개할 때였기 때문이다. 그나마 신장을 수복하고 무역로를 지킨 것에 위안을 삼을 만하다. 그렇지만 무측천의 경제 점수는 A+였다. 손자 당현종에게 부동산은 별로 못 주었지만 두둑한 현금과 수익이 나오는 경제기반을 물려주었다. 사실 당태종, 당고종 때 얻은 땅이라는 게 대부분 북쪽의 사막과 초원지대인데 당이 여기로부터는 무슨 경제적 이득을 취할 게 있었겠는가? 오히려 군대 주둔비용과 이민족 관리 비용만 나갈 뿐이었다. 그러나 서역(신장과 중앙아시아)은 달랐다. 이 점에서 만약 무측천 지지자가 있다면 그녀가 의도했건 아니건 실리를 챙겼다는 평을 할 만도 하다. 하여간 젊은 날의 당현종은 중조할아버지, 할아버지 때 이룬 강역을 자신의 할머니 대에 이르러 대부분 빼앗기고 제국의 위엄을 잃은 것을 한탄하며 자신이 이를 회복시켜 놓겠노라고 마음을 먹었다. 그리고 다시 강군 건설을 결심한다.

그런데 보위에 오른 당현종은 얼마 안 있어 지금 있는 군대의 질과 수량으로는 제국 건설의 꿈은커녕 있는 영토도 지키기 어렵다는 것을 깨닫게 된다. 앞서 설명한 적이 있듯이 당이 왕조 초기에 거침없는 확장을 할 수 있었던 것에는 '농병합일'의 부병제를 건립하여 언제든지 병력원을 보충할 수 있었던 것이 크게 작용하였다. 당왕조 성립 초기에는 땅은 넓고 사람은 적어서 정부가 대량의 토지를 통제하였고, 토지를 줌으로써 민간의 군입대에 대한 적극성을 촉진할 수 있었다. 농민의 군복무는 정부의 토지 장기 임대에 대한 임대료인 셈이었고 균전을 받아 농사를 짓는 모든 가구는 곧 국가에 병력을 제공하는 단위였다. 즉, 균전호(均田戶)가 곧 군호(軍戶)가 되었다. 태종과 고종 때 당의 상비군은 60만밖에 안 되었지만 언제든지 징집할 수 있는 군호가 무수히 많았기 때문에 언제라도 얼마든지 증원이 가능했던 게 당 군제의 최대 강점이었다. 그런데 그 후 사회의 안정과 경제적 풍요가 지속되자 당왕조 건립 100년 동안 인구는 배로 늘어 8,000만 명에 가까웠고 정부가 장악하는 경작 가능한 토지는 이미 아주 적어져서 더 이상 군호에 나눠줄 수가 없게 되었다. 농민의 군복무는 더 이상 기꺼이 내야 하는 임대료가 아니라 정부의 차출에 어쩔 수 없이 끌려가는 의무복무가 되었고 농민들은 점점 병역을 고역으로 받아들이고 있었다. 균전제의 유효기간 만료, 그리고 이와 연계된 부병제의 붕괴는 당고종 후기, 무측천 재위 시기를 거쳐 이미 표면화되었던 문제였다. 단지 이들은 아직은 꾸역꾸역 굴러가고는 있으니 군제라는 이 거대하고 민감한 정책에까지는 손을 대지 않고 미뤄두었던 것이다. 마치 국민연금이 고갈될 걸 알면서도 역대 정권들이 이에 대한 근본적인 개혁에 착수하지 못하고 미뤄두고 있는 것과도 같다.

당현종 재위 시기(711~756)는 아마도 중국 역사상 주변 정권과의 전쟁이 가장 빈번하게 진행되었던 걸로 손꼽히는 시기일 것이다. 빈번한 전쟁은 병력 징발이 빈번했음을 말해 주며 그만큼 민간의 남자들이 고된 병역에 시달렸고 여인들은 남편을 보내고 혼자서 힘들게 일을 하다가 과부가 되었다는 걸 말해 준다. 이는 당의 전성기를 의미하는 '개원성세(开元盛世, 712~742)'의 또 다른 단면을 말해 주며 화려함과 풍요로움 속에 농민들의 고통이 숨겨져 있었음을 의미한다. 매번 전쟁이 발발할 때마다 곡소리 나는 징발이 이루어졌고 당나라의 시성 두보(杜甫)는 이 장면을 시로 남겨놓았다. 두보는 712년에서 770년까지 산 사람으로서 성당(盛唐) 시기와 안사의 난을 모두 겪으면서 많은 시를 남겼다. 그의 시에는 당의 풍요로움을 찬미하는 시도 있지만《병차행(兵车行)》처럼 징발되어 떠나는 농민들의 애환을 그린 시도 있었다.

병차행(兵车行)

수레바퀴 덜컹덜컹, 전마의 울음소리, 남자들의 허리에는 활과 화살이 차여져 있고.

아들을 보내는 부모, 남편을 보내는 아내, 자욱한 먼지가 하늘을 뒤덮어 함양교가 보이지 않네.

옷자락을 붙잡고 길을 막으며 통곡을 하니, 처참한 울음 소리가 하늘을 뒤덮고,

행인이 그 이유를 물으니 관부의 징병이 너무 빈번하다 하네.

열다섯에 북방으로 보내진 이, 사십 세에 하서로 보내져서 둔전을 일구고 있는 이.

떠날 때에는 나이가 어려서 이장이 머리를 싸매어 주었는데, 돌아와 보니 머리가 하얘졌다. 그리고 또다시 변경으로 보내진다네.

변경에서 흘린 피로 강을 이루었으나, 황제의 강역은 아직 끝나지 않았으니.

들어보셨는가? 화산 동편의 이백 주에, 천만 촌락의 들판에 잡초가 무성하다는 걸.

억센 부녀자들의 손에 호미와 쟁기가 쥐어져 있지만, 수확되는 작물에 쓸만한 건 없다네.

고달픈 전장에서 몰이되는 관중의 병사는 개닭과 다를 바 없네.

노인이 물은들 병역 중에 있는 남편이 어찌 힘들다 불평을 할 수가 있겠는가?

이제 겨울이 왔는데 관서의 병졸들에게 전쟁은 여전히 멈출 줄을 모르네.

현령들이 쥐어짜내는 세금은 다 어디로 가는고?

모두가 말하길 남자를 낳는 것보다 여자를 낳는 게 낫다고 한다네.

여자를 낳으면 이웃으로 시집을 가지만, 남자를 낳으면 벌판의 잡초 아래에 묻게 되니.

당신은 보지 못했을 것이오. 칭하이 변경 그곳에, 예로부터 널부러져 있고 아무도 수습하지 않는 백골들을.

새 귀신은 억울함에 한이 맺혔고 옛 귀신은 목놓아 울고 있다네. 흐린 하늘에 내리는 차가운 비 속에서 처참하고 구슬픈 울음 소리가 끊이질 않는다네.

주는 것도 없이 군역만 하라고 하니 농민들의 군입대 회피 현상과 탈영이 빈번해졌고 당의 징집은 더욱 어려워져만 갔다. 게다가 사회·경제 상황도 한몫했다. 지주들이 농민들에게 가뭄이나 홍수 시 돈을 빌려주고 이를 제때 못 갚으면 토지를 몰수하는 토지 겸병이 심화되었고 이는 가뜩이나 균전을 못 받아 경작할 땅이 없는 농민의 유랑화를 초래했다. 농민의 유랑화는 호적에 등재된 인구 감소로 이어지고 이는 곧 병력 징집원의 감소를 뜻한다. 결국 당은 더 이상 군인을 충원할 곳이 없어지게 되었고 이것이 모병제로 전환한 근본 원인이다. 농민의 유랑화는 심각한 사회문제를 야기할 수 있는데 급여를 주며 고용하는 모병제는 유랑민을 흡수하는 효과도 기대할 수 있었다.

당현종이 모병제를 도입한 또 하나의 이유가 있다. 본래 중국의 군대는 전통적으로 보병이 주력이었는데 이 시기 당군은 보병보다는 기병이 주요 돌격 부대였다. 그만큼 초원 기마 민족에 대한 수비보다는 공격 위주의 부대 구성으로 바뀌었다는 것을 뜻한다. 그런데 한 명의 숙련된 기병을 배양하려면 몇 년의 훈련이 필요했다. 교대로 입대하는 일반 농민 군호로서는 이 조건을 도저히 충족시킬 수가 없었다. 그럼 어떻게 하나? 외국에서 사오면 된다. 튀르크인들, 회흘(위구르)인들, 소그드인들, 고구려인들 이들은 원래부터 말을 잘 타던 민족들 아닌가? 이들의 기마술이 중국을 그토록 괴롭혔던 것 아닌가? 맞다. 이들을 고용하면 된다. 돈은 충분히 있나? 그래, 돈은 좀 있다. 할머니 무측천이 물려준 두터운 경제기반에 당현종 초기의 경제 발전 성과로 인하여 당정부는 충분한 재정 능력을 가지고 있었다.

개원 11년(723)에 이륭기는 재상 장설(張说)의 건의를 받아들여 고용제를 시작하였다. 시범적으로 수도 경비군 12만 명에 대해 모집을 했는데 이것이 부병제에서 고용병제로 전환의 시작이었다. 이후 10여 년에 걸쳐 점차로 이 제도를 전국으로 확산시켰다. 이 고용병제는 백성들의 부담을 덜어주었을 뿐 아니라 집중적인 훈련을 가능케 하여 전투력 증강에 도움이 된 당현종의 중대한 군제 개혁이었다. 그러나 이 한 수가 안사의 난을 위해 심어놓은 씨앗 중 하나가 될지는 생각도 못하고 있었으리라.

오늘날 대한민국도 병제에 대한 논의가 잊을 만하면, 특히 대선 때, 튀어나오기도 하는데 이것은 매우 민감하고 치명적인 사안이다. 모병제를 반대하는 사람들이 말하는 이유 중 대표적인 게 '돈이 아주 궁한 사람만 군대에 가고 돈이 조금이라도 있는 사람은 안 가는' 현상인데 당 역시 비슷한 현상을 겪고 있었다. 군대의 모집 공고를 붙이면 입에 풀칠을 하려는 지원자들이 몰려드는 모병제는 필연적으로 군대로 하여금 '양민(중산층) 복역'의 특징을 잃게 하였고 군대의 질을 떨어뜨리는 현상을 초래하였다. 또한 기병 양성의 필요에 따라 말을 타고 활을 쏘는 게 일상화된 호인(외국인)들이 대부분이었다. 이 두 부류의 모병제 응모자들은 국가나 황제에 대한 충성심보다는 자신을 지휘하고 급여를 주는 상관만 알거나 나아가서는 변경 지휘관들의 사군대화 될 가능성이 컸다. 나중에 가서 어떤 상황이 벌어졌는가 하면 42만 변경 군의 과반수는 사병, 장교 할 것 없이 소수민족들로 채워졌지만 조정의 한족 관원들은 대부분 군대에 대해 잘 몰랐다. 그럼 어떻게 되겠는가? 당의 군대는 오랫동안 야전에서 잔뼈 굵은 외국인 장군들에의 의존도가 날로 커질 수밖에 없어진다. 예를 들면 서북 전선의 사령관 가서한(哥舒翰)은 돌궐인이었고, 대군을 이끌고 파미르 고원을 넘어 아슬람 제국군과 싸운 고선지는 고구려인이었으며, 동북전선의 사령관 안록산과 그의 부하 사사명은 소그드인이었다.

절도사(节度使)

당현종은 중앙의 변경에 대한 통제를 강화하고 변경 수비와 이민족에 대한 관리를 공고히 하기 위해 개원 10년(722)에 변경 지역을 열 개의 병진(군사구역)으로 나누고 절도사(节度使)라는 직위를 두어 이들로 하여금 지휘하게끔 하였다. 수도 방위군을 제외하고는 적과 싸우는 변경지역을 전부 열 개의 진(镇)으로 편제한 것이다. 절도사가 이전의 행정장관이나 도독과 다른 점은 그가 가진 어마어마한 권한에 있었다. 도독은 군대만 관리하였고 주의 자사는 행정권만 있었으나 절도사는 군사와 행정권을 모두 가지고 있었다. 진(镇) 아래로 몇 개의 주를 거느리고 있었는데 절도사는 자사 이하의 관리 임면권을 가지고 있었을 뿐 아니라 원래는 중앙파견직인 안찰사(감찰), 안부사(병력심성관리), 지도사(군수품관리) 등의 직을 절도사 1인이 겸직하였다. 어떠한 견제 장치도 없이 관할 지역 내에서 무소불위의 권력을 휘두를 수 있도록 만들어진 직책이었다. 앞서 설명하였듯이 당은 변경에서 빠른 기동력을 가진 숙련된 기마병이 필요했다. 그러나 이는 군량에 대한 막대한 지출이 필요했고 국가가 이를 전부 댈 수가 없었다. 사람도 먹어야 하지만 그보다도 말들을 먹여야 하기 때문이다. 그래서 당은 변경에서의 적극적인 둔전제를 실시한다. 둔전에서의 생산 관리는 누가 하는가? 당연히 절도사가 한다. 그러므로 절도사는 관할지역에서 군사, 행정, 민정, 재정, 생산, 그리고 세금징수까지 모두 관리하는 사람이 되어버렸다. 그리고 관할 지역 내의 군사 부족분에 대한 보충, 징집까지 모두 절도사의 관리 범위 안에 있었다. 이렇게 하는 이유는 현지의 모든 자원을 집중시켜 고도의 전투력을 발휘하기 위함이었다. 진에서 걷힌 세금은 모두 진의 군대를 위해 쓸 수 있었는데, 예를 들면 안서(安西)와 하서(河西)같은 경우 실크로드를 드나드는 상인들이 내는 어마어마한 통행세를 거의 전부 군비로 쓸 수 있었다.

당왕조 절도사

군사 구역	사령부 소재지	현재 지명	방어 대상	천보년간[116]의 주요 절도사
평로(平卢)	영주(营州)	랴오닝성 차오양(朝阳市)	실위, 발해	안록산(소그드)
범양(范阳)	유주(幽州)	베이징(北京)	해, 거란	안록산(소그드)
하동(河东)	태원(太原)	산시성 타이위엔(太原)	돌궐	왕충사(한족) 안록산(소그드)
삭방(朔方)	영주(灵州)	닝샤 링무(灵武)	돌궐	왕충사(한족) 안사순(소그드) 곽자의(한족)
하서(河西)	양주(凉州)	깐수성 무위(武威)	돌궐, 토번	왕충사(한족) 안사순(소그드) 가서한(돌궐)
롱우(陇右)	선주(鄯州)	칭하이성 러뚜(乐都)	토번	황보유명(미상) 왕충사(한족) 가서한(돌궐)
안서(安西)	구자(龟兹)	신장 쿠차(库车)	서역 관련한 모든 세력	고선지(고구려) 봉상청(한족)
북정(北庭)	정주(庭州)	신장 지무사얼(吉木萨尔)	투르기쉬	
검남(剑南)	익주(益州)	쓰촨성 청두(成都)	토번, 남조	양국충(한족)
영남(岭南)	광주(广州)	동성 광주(广州)	남중국 이민족	

---

116) 당현종 후반기의 연호를 천보(天宝)년이라고 하는데 742년에서 안사의 난 발발 1년 후인 756년까지이다. 이 시기는 당현종이 양귀비에게 빠져 국정을 소홀히하고 권신들에 의한 국정 농단 등 안사의 난을 위한 조건이 갖춰지는 시기이다. 천보년간의 모든 절도사를 열거한 것은 아니고 이 책에 등장하는 인물만 표기하였다.

내경외중(內輕外重)

당 초기에는 전국의 부병에 총 643개의 절충부(折衝府)[117]를 두었고 그중 261개가 수도 장안이 소재한 관중 지역에 위치했다. 그리하여 당의 군사력은 중앙이 두터운 외경내중(外輕內重)의 국면을 형성하였고 당황실은 충분한 수도 방위 병력을 보유하고 있었다. 그러나 722년 절도사의 설치로 변경의 군사력이 날로 커져 중앙을 능가하게 되었다. 천보원년(742)에 10진의 군대가 49만으로 전체의 85%를 차지하였고 그중 대부분이 동북과 서북 전선에 배치되어 있었다. 안록산이 지휘하는 평로, 범양, 하동 3진의 군사만 15만에 달했다. 게다가 이들 모병에 의한 중앙의 직업군인들은 지방 군벌들의 포섭 대상이었고 장교들은 이들과 특수한 관계로 엮여있었기에 변경 군단이 중앙군에서 능력 있는 장교들을 빼오는 일은 비일비재했다. 천보년간에 중앙군은 8만이 채 안 되었을 뿐 아니라 군대의 질도 낮았고 평소에 어떠한 준비도 하지 않아서 일단 전투가 일어나면 일격을 버틸 수 없었다. 이렇게 외중내경(外重內輕)의 국면이 형성되었고 점점 지방이 중앙을 위협하는 위기가 커지고 있었다.

정치투쟁

안사의 난의 직접적인 도화선이 된 건 재상 양국충과 동북 군벌 안록산 간의 알력과 충돌이지만 그것은 단지 표면적인 이유일 뿐 실은

---

117) 절충부란 부병의 가장 아래 조직으로 800~1,200명으로 구성되어 있었다.

중앙과 지방, 태자와 권신, 무신과 문신, 문신과 문신, 무신과 무신 간의 복잡한 이해 관계와 정치투쟁의 산물이다. 너무 복잡하고 이야기가 길어서 어디서부터 이야기해야 할지, 갈등의 본질과 과정을 과연 몇 페이지로 설명하는 게 가능한 건지도 모르겠다. 737년, 이 해부터 이야기를 풀어나가야겠다. 737년에 주목을 해야 하는 이유가 있는데 그것은 이 해에 발생한 세 가지 사건 때문이다.

첫째, 한 세기에 하나 나올까 말까 한 명재상 장구령(张九龄)이 파면되고 이림보(李林甫)가 그의 뒤를 이어 조정 신하들의 우두머리가 되었다.

둘째, 태자 이영(李瑛)과 두 왕자가 무혜비(武惠妃)의 작전에 걸려들어 반역의 죄로 평민으로 폐위되었고 얼마 안 있어 사약이 내려졌다. 이듬해에 양귀빈(杨贵嫔, 양귀비 양옥환이 아니다)의 아들이자 당현종의 셋째 아들인 이형(李亨)이 태자가 되었다.

셋째, 당현종 이융기가 사랑했던 무혜비(武惠妃)가 이 해 겨울에 38살의 나이로 죽었다. 무혜비는 자신의 사위와 함께 태자(이영) 폐위 작전을 주도한 여인이다. 재상 이림보도 이에 직간접적으로 가담하였다. 당현종은 이때 53세였다.

위에 언급된 인물들에 대해 잘 모르더라도 737년에 일어난 이 세 가지 사건은 우리에게 한 가지 의문을 가지게 한다. 무혜비라는 실질적인 황후 지위에 있는 여인이 작전을 짜서 태자를 폐위시키고 죽음에 이르게 했는데 정작 새로 태자가 된 건 그녀의 아들이 아닌 다른 여자의 아들이었다. 태자 쟁탈전에서 절반만 성공하고 결국은 자신의 목적을 이루지 못하고 죽은 것이다. 이제 남은 사람은 재상 이림보(李

林甫)와 새로 태자가 된 이형(李亨)이다. 이림보(李林甫), 그는 누구인가? 이 세 사건은 전부 파면, 폐위, 사망과 관련된 일로 기존의 사람이 제거되는 일이지만 단 한 명 만은 살아남았다. 재상 이림보, 그가 정치투쟁의 최종 승자로 남았고 당제국의 조정은 이제 그의 손에 의해 좌지우지되는 시대가 열렸다. 얼떨결에 새로 태자로 책봉된 이형은 아직 몸을 사려야 했고 여우 같은 재상 이림보에게 대항할 수 없었다. 오너이자 고용주인 당현종은? 당현종 이융기는 자신의 손으로 세 명의 아들을 죽인 일과 자신이 총애하던 무혜비의 사망으로 실의에 빠져 있었다. 그의 주위에는 수백, 수천의 후궁들이 있었지만 어느 누구도 그의 눈에 들지 않았다. 2년 후 양옥환을 만나기 전까지 말이다.

등장인물

- **이융기**(李隆基, 685~762): 한족. 당제국의 여섯 번째[118] 황제 당현종. 무려 44년(712~756)간 재위하면서 '개원의 치(开元之治 712~742)'라는 당의 전성기를 실현하였다. 그러나 재위 후반인 천보년간(742~756)에는 총기와 열정을 잃고 매너리즘과 향락에 빠진다.

- **양옥환**(杨玉环, 719~756): 한족. 당현종의 후처. 처음에는 당현종과 무혜비 사이의 아들 수왕(寿王) 이모(李瑁)에게 시집가서 수왕

---

118) 684년 1월에서 2월까지 1개월간의 당중종 이현(李显)의 재위 기간과 710년에 1개월을 재위했던 당소제는 제외하였다. 그리고 684~690년과 710~712년의 두 번을 재위했던 당예종 이단(李旦)은 한 명으로 계산하였다. 무측천은 주(周)라는 왕조를 세웠으므로 당왕조 황제에는 들어가지 않는다.

비로 불렸다. 그 후 자신의 시아버지인 당현종의 눈에 들어 두 번째 시집을 가서 황제의 부인이 된다. 황후보다 한 단계 낮은 귀비의 지위였으나 실질적인 지위나 대우는 황후나 마찬가지였다. 황제 이융기는 늘그막에 자신보다 34살 어린 이 여인에 빠져 정신을 못 차린다.

- **이형**(李亨, 711~762): 한족. 당현종의 3번째 아들. 당의 7번째 황제 당숙종. 원래 태자였던 2남 이영이 폐위됨에 따라 738년에 태자로 책봉된다. 이림보 재위 시는 이림보의 견제를 받았고, 이림보 사후에는 양국충과 대립하며 위기 상황을 맞이하고 있었는데 '안사의 난'이 그에게 반격의 기회를 주었다. 756년에 당현종이 장안을 버리고 피난을 갈 때 그는 자신의 지지자들 및 병사들과 함께 피난길에서 빠져나와 북쪽으로 향했고 얼마 안 있어 스스로 황제로 등극하고 자신의 아버지 당현종을 태상황으로 세웠다. 재위 기간은 756~762년이다.

- **장구령**(张九龄, 673~740): 한족. 당 개원년간에(712~742) 활약했던 명 재상. 문신. 진사에 급제하여 조정에 발을 들여놓았고 뛰어난 안목과 실력으로 재상까지 오른 실력파 대신이다. 당현종의 '개원의 치'에 지대한 공헌을 하였다. 대쪽 같은 성격에 능력과 충절을 갖췄으나 원칙주의자이며 고지식하여 황제에게 듣기 싫은 소리를 서슴없이 하였다. 그래서 황제를 포함하여 많은 사람들이 그를 존경하면서도 껄끄러워했다.

- **이림보**(李林甫, 683~753): 한족. 문신. 장구령의 뒤를 이은 당의 재상. 과거를 통해 정계에 입문한 것이 아니므로 학식은 조금 떨어지나 정치 두뇌가 뛰어나다. '입에는 꿀을 달고 가슴에는 칼을 품고 있다'는 별명을 가지고 있을 정도로 권모술수에 강하다. 장구령이 있을 때는 죽어지내고 있다가 그의 파면 후에 재상이 되면서 모든 것을 자신의 권력 강화를 위한 방향으로 재편한다. 장구령 파면을 물밑에서 주도하였다.

- **양국충**(杨国忠, ?~756): 한족. 재상. 문신도 무신도 아니다. 배운 것도, 능력도, 교양도 없는 하급 관리였으나 자신의 먼 친척 양옥환이 황제의 총애를 받는 바람에 일약 외척이 되었다. 후에 재상까지 올라 전권을 휘둘렀다. 안록산이 쿠데타를 일으키면서 내세운 명목이 "역적 양국충을 제거하라는 황제의 밀약이 나한테 있다"였다.

- **왕충사**(王忠嗣, 706~749): 한족. 능력 있으며 충성심과 소신을 갖춘 군인. 아버지가 714년 토번과의 전투에서 공을 세우고 전사하면서 10살에 고아가 되었다. 이를 불쌍히 여긴 당현종이 그를 궁으로 데리고 와 양자로 삼았고 태자와 어울리게 하였다. 능력과 조정의 인맥, 황제의 총애가 받쳐주어 젊은 나이에 하동, 하서, 삭방, 롱우 4개 절도사를 거쳤고 하서와 롱우 절도사를 겸하는 군내 일인자가 되었다. 이림보, 안록산에게는 최대 견제 세력이었다. 왕충사는 황제에게 누차 안록산의 반란 가능성에 대해 경

고했다. 747년 이림보의 모함에 의해 옷을 벗게 된다. 왕충사가 있었으면 안록산이 감히 쿠데타를 일으키지 못했을 수도 있다.

- 안록산(安禄山, 703~757): 소그드인. 상인 출신이라 총명하고 언변이 좋으나 야망만 있고 충성심이 없는 군인. 당현종과 양귀비의 총애를 받아 고속 승진한다. 천보년간에 평로, 범양, 하동의 3개 절도사를 겸직하며 엄청난 대군을 자기 지휘하에 두게 된다. 자신의 발톱을 숨기고 겉으로는 황제에게 충성하는 온갖 제스처를 다하다가 755년 11월에 변경의 군사 15만을 끌고 쿠데타를 일으킨다.

- 사사명(史思明, 703~761): 소그드인. 안록산의 고향 친구이자 부하. 안록산 쿠데타의 핵심인물. 757년에 정부군이 조여오자 군대를 이끌고 당군에 투항하면서 당숙종으로부터 하북절도사라는 직에 임명된다. 그러나 당조정은 그를 못 믿었고 그 역시 다른 마음을 품고 있던 중 한 사건이 계기가 되어 758년에 다시 쿠데타를 일으켰고 그것이 763년까지 갔다.

- 안사순(安思順, 695~756): 소그드인. 안록산과 의붓 사촌형제지간. 왕충사가 발탁하고 양성하였다. 서북쪽 변경에서 40년 동안 근무하면서 야전 경험에 잔뼈 굵은 군인이다. 능력과 충절을 갖춘 외국인 군인. 747년 왕충사가 보직 해임되면서 뒤를 이어 하서 절도사로 승진한다. 안록산과 친척지간임에도 조정에 그의 반란 가능성에 대해 경고하는 주청을 누차 올렸다. 물론 이로써

안록산과는 원수지간이 된다. 안사의 난 발발 후 안록산과 친척이라는 이유로 보직 해임되고 일개 자사로 좌천되었다. 그 후 가서한의 모함을 받아 사약이 내려진다.

- **가서한**(哥舒翰, 704~757): 투르기쉬인(서돌궐). 안사순과 같이 왕충사가 발탁하고 양성한 외국인 군인이다. 안사순과 가선한은 모두 왕충사의 부하였고 왕충사에게 충성하였으나 이들 둘은 사이가 안좋았다. 가서한은 능력 있는 군인이나 다소 출세 지향적인 성향을 보였다. 747년 자신의 상관 왕충사의 보직 해임으로 롱우 절도사로 승진한다. 안사의 난 발발을 기회삼아 자신의 경쟁자인 안사순을 모함하여 날려버린다. 고선지의 뒤를 이어 쿠데타군을 진압하는 정부군의 총사령관으로 임명되어 자신의 출세에서 뜻하던 바를 이루는 듯했으나 '동관(潼关)'에서 수비만 하지 말고 반란군을 향해 출격하라'는 황제의 명을 거역할 수 없어서 실패할 것을 알면서 출격하였고 예상대로 18만 대군이 반란군에 의해 박살난다. 동관전투의 패배로 인해 장안의 방어선이 뚫렸고 황제는 부랴부랴 장안을 버리고 도망간다.

- **고선지**(高仙芝, ?~756): 고구려인. 잘생겼으며 말타기와 활쏘기에 능했던 용맹한 외국인 군인. 안서 관할 지역에서 능력을 인정받아 안서절도부사(副使)를 거쳐 안서절도사가 되었다. 그를 일약 스타로 만들어 준 전투는 747년에 병사 1만 명을 이끌고 안서도호부를 출발해 파미르 고원을 넘는 3개월간의 고난의 행군 끝에

토번에 귀속된 소발류국을 점령한 원정이었다. 불가능해 보였던 소발류국 원정의 성공으로 그는 안서절도사로 승진하여 군의 수뇌부 대열로 들어간다. 그러나 그는 전공에 대한 욕심이 과다했고 이는 그로 하여금 서역의 여러 중소형 국가와 부락들을 관리함에 있어서 강압적이고 폭력적인 방식으로 일관하게 했다. 결국 그의 도발적인 행위가 이슬람 제국과 부딪히는 탈라스전투를 초래하였고 여기서 패함으로써 그는 안서절도사직을 내려놓게 된다. 756년 말 안사의 난이 발발하자 다급해진 당현종은 '뭐니 뭐니 해도 교전 능력만큼은 고선지를 따라갈 장수가 없다'고 판단하고 그를 진압군 최고 사령관으로 임명하였고 이렇게 하여 고선지는 다시 전장으로 나간다. 그러나 그는 곧 안타까운 최후를 맞이한다.

- **봉상청**(峰常清, ?~756): 고선지의 부하. 한족. 절름발이 장군. 고선지의 뒤를 이어 안서절도가가 되었다.

- **곽자의**(郭子仪, 697~781): 한족. 무측천의 무과 설치가 낳은 영웅. 젊어서 무과에 통과하여 군인이 되었고 한때 안사순의 휘하 장수였다. 안사의 난이 터지기 직전까지 절도부사 급이었으나 대부분의 절도사급 야전 사령관들이 모함으로 옷을 벗거나 처형되면서 반란군 진압을 진두지휘하는 자리에 오른다. 안사의 난 진압의 영웅으로 추대되고 있으며 '당 중흥 제일의 장군(唐中兴第一将軍)'이라는 후세의 칭호를 받고 있다. 그도 그럴 것이 그는 무려

85세까지 살면서 무측천, 예종, 중종, 현종, 숙종, 대종, 덕종의 무려 7명의 황제를 거쳤다. 안사의 난 진압뿐 아니라 위구르, 토번이 침략했을 시에도 맹활약을 하였다. 안사의 난 전후의 주요 무관들 중 거의 유일하게 제명까지 다 살다 간 인사이다. 자신의 상관이었던 안사순 사후 그의 억울함을 밝혀 명예를 회복시켜 주기도 하였다.

• **고력사**(高力士, 684~762): 한족. 환관. 본명은 풍원일(冯元一)로서 반주(潘州, 오늘날 광동성 일부) 자사의 아들이었다. 그가 열 살 때 그의 집안이 반란에 연류되어 가족이 처형되었고 그는 장안으로 보내져 환관이 되었다. 고연복이라는 환관의 양자가 되어 이름을 고력사로 개명하였다. 후에 태자 이융기의 심복이 되어 그가 정변을 성공시켜 황제가 되는 데 큰 힘을 보태었고 이로써 이융기의 절대적인 신임을 얻는다. 고력사는 보통 환관이 아니었다. 당현종은 그에게 표기대장군이라는 장군 직함을 주었고 한때 그는 황제의 경호부대를 지휘하기도 하였다. 또한 개부의동삼사(开府仪同三司)까지 올라 자신의 개부(관사)를 가지고 있었고 그가 죽은 후 제국공(齐国公)에 봉해졌다. 당현종이 "고력사가 있어서 짐이 두 발을 뻗고 잠을 잘 수 있다"고 말할 정도로 황제의 신임을 얻었고 현종은 웬만한 정사 처리를 고력사에게 맡겼다 하니 그의 영향력이 엄청났다는 것은 의심의 여지가 없다. 그가 천거하여 고위직을 득한 사람은 이림보, 안록산, 사사명, 고선지 등 무수히 많다. 당현종이 자신의 며느리인 양옥환을 아내로 삼는

과정에서 큰 역할을 하였다. 그러나 고력사는 권력을 가진 역사상의 여러 환관들과는 달리 대체적으로 자신은 한쪽으로 치우침 없는 입장을 유지하려 했고 사리사욕을 추구하지 않고 황제와 국가를 생각하였다. 환관이라고 하기보다는 정치인이라고 해야 할 듯하다. 중국 역사상 존경받는 몇 안 되는 환관이며 '천하제일환관'이라는 칭호를 받는다. 개원 초기에 한 하급 관리의 미모의 딸 여씨(呂氏)를 아내로 맞이하였다.[119]

이림보 vs 장구령

안사의 난의 책임은 누구한테 있는가? 안록산이 쿠데타를 일으킨 건 결과이고 세상만사는 원인이 있어야 결과가 있는 것이니 물론 누군가는 그 원인을 제공하였거나 환경을 조성하였다고 해야겠다.

양귀비? 양귀비는 정사에 간여하지 않았고 정치투쟁에 참여하지도 않았다. 춤을 추고 노래를 부르고 비파를 타면서 늙어가는 황제의 마음에 행복감을 주는 등 후비로서는 나름 흠잡을 데 없는 모습이었다. 그녀의 문제는 자신을 예쁘게 치장하는 데 돈을 너무 많이 썼고 자신의 자매들에게 후궁 출입의 프리패스를 주어 이들과 개념 없는 사치 행각을 수시로 벌임으로써 세간의 눈살을 찌푸리게 했다는 점이다. 그렇지만 당제국의 실질적인 국모 지위에 있는 여인과 그의 자매들이 아무리 사치를 한들 그게 뭐 그리 대수랴. 진짜 문제는 아들의 아내를 뺏을 정도로 물불 안 가리고 황제가 좋아했으니 그녀의 친인척들이 조

---

119) 당시 권세가 있는 환관은 자신의 관사에서 기거하며 아내를 맞이하기도 하였다. 물론 생식 기능을 상실하였기에 이들은 그저 형식적인 부부였고 아내가 외도를 하여 아이를 낳는 사건도 있었다.

정으로 들어와서 거대 세력을 이루는 것이 당연했고 그중에는 5촌 오빠뻘 되는 양국충도 있었다는 것이다. 하지만 양귀비는 양국충과 뭔가 일을 꾸미지 않았고 그의 일에 거의 관여하지도 않았다. 양귀비는 다른 많은 비빈들과 달리 황제의 총애를 얻기 위해, 또는 외척 세력을 공고히 하기 위해, 아니면 태자 지위 쟁탈을 위해 정치인들과 결탁하여 반대편을 모함하고 올가미를 씌워 서슴없이 죽이는 일들을 하진 않았다.[120] 정치와는 일정한 거리를 두었다는 것이다. 이렇게 볼 때 '안사의 난'의 책임을 양귀비에게 떠넘기는 건 번지수를 잘못 짚은 것이다.

안사의 난은 알면 알수록 그 책임이 최고 통치자인 당현종에게 있었음을 절감하게 된다. '선조'가 임진왜란의 책임에서 결코 자유롭지 못한 것과 마찬가지이다. 기업이 도산하는 가장 근본적 이유는 따지고 보면 다 '사업주'가 딴 생각을 품고 있었거나 제역할을 하지 못해서이다. 그렇지만 당제국의 사업주인 당현종의 이야기는 뒤에 다시 하기로 하고 좀 더 정치 메커니즘적으로 들어가고자 한다. 이제부터 하는 이야기는 '안록산의 쿠데타가 어떻게 가능했는가?'를 설명할 수도 있을 것이다. 안사의 난이 일어날 수 있는 환경이 만들어진 건 7할 이상이 재상 이림보(李林甫)의 공이다. 왜냐하면 그로 인해서 모든 밸런스가 깨졌기 때문이다. 태자파와 재상파의 균형, 중앙군과 지방군의 균형, 한인 사령관과 소수민족 사령관의 균형 등 여러 측면에서의 균형이 무너지고 한쪽으로 쏠림 현상이 발생하였지만 황제는 이를 방치하였고 이림보와 그의 당(堂)으로의 쏠림은 더욱 심화되었다. 그러므로 이림

---

120) 총 61명의 자녀를 두었던 당현종은 유독 양귀비와는 자식이 없었다. 양귀비의 첫 번째 결혼 생활 4년 동안에도 자식이 없었던 걸로 봐서 불임이었을 가능성이 높다.

보가 날린 사람들과 그가 자신의 권력 유지를 위해 한 조치들을 보는 것은 당시 문무 관원들 간의 복잡한 정치투쟁의 메커니즘을 이해하는 가장 빠른 길일지도 모른다.

이림보가 제거한 많은 사람들 중 네 명에 주목할 필요가 있다. 장구령(張九齡)은 737년에 자신이 추천한 인물이 죄를 짓고 사형을 당하는 사건이 있었는데 이에 대한 인사 실패의 죄를 물어 재상 자리에서 내려오게 되었다. 장구령은 뛰어난 실력파 재상[121]이었고 철저한 원칙주의자였다. 또한 성격이 불같았고 대쪽 같은 지조를 가지고 있었다. 보통 이런 사람은 자기정치를 잘 못한다. 즉, 적이 많다는 것이다. 사극에서는 보통 간사하게 생긴 배우를 간신으로 캐스팅하는데 현실에서는 이림보와 같은 사람이 장구령보다 훨씬 인자하고 사람 좋게 생겼으며 하는 말마다 구구절절 일리 있는 말만 하는 경우가 많다. 장구령이 진사과에 급제하여 중앙공무원 사회에 발을 들여놓게 된 반면 이림보는 빵빵한 가문을 배경으로 정계에 진출하였다. 그러나 이림보 또한 실력이 없는 사람이라고 할 순 없다. 그는 설명이 조리 정연하고 말에 설득력이 있으며 정세 판단이 빠르고 정확한, 아주 영리한 재상이었다. 단지 이 둘의 차이가 있다면 장구령에게는 모든 것이 '공(公)'이었던 반면 이림보는 모든 것을 '자신(私)' 위주로 생각하였다. 정치가, 또는 조직의 높은 자리에 있는 사람이라면 응당 공을 위해 자신의 이익을 희생하는 정신이 있어야 한다. 이림보에게는 그러한 희생정신이나 정치 리더로서의 고결함 같은 것이 없었다. 장구령은 '원칙주의자'

---

121) 재상은 직책이 아니라 오늘날의 국무위원과 같은 핵심 통치그룹을 지칭하는 개념이다. 장구령의 당시 직책은 중서성의 장관인 중서령이었고 그의 파면 후 이림보가 중서령이 되었다. 재상급 대신은 여러 명이었고 그 안에서도 서열이 있었다.

였지만 이림보는 '유연'하였다. 장구령은 황제가 듣기 싫은 간언을 자주 했지만 이림보는 황제의 의중을 파악하여 이에 맞추었다. 국가나 조직은 물론 장구령 같은 사람이 필요하다. 그러나 이러한 사람은 균형 잡힌 주군을 만나지 않는 이상 크게 성공하지 못할 뿐더러 오래 못 간다. 개원년간(712~741) 초기 20여 년 동안은 이융기와 장구령의 캐미가 잘 맞았다. 이융기는 열정이 있었으며 총기와 균형을 잃지 않았기 때문이다. 장구령의 파면은 황제가 이제는 예전같지 않음을 보여주며 당제국이라는 거대한 배가 저 멀리의 폭풍우 지대를 향해 기수를 틀었음을 알리는 사건이다.

736년 안록산이 거란과의 전투에서 실기하여 군법에 의하여 처벌받을 위기에 놓였다. 그의 상관인 평로 절도사 장수규를 비롯하여 많은 사람들이 안록산의 선처를 주청하였고 황제 이융기조차 안록산에게 중벌을 내리고 싶지 않았으나 유독 재상 장구령이 안록산의 처벌을 강하게 밀어붙였다. 그러나 결국 이융기는 장구령이 올린 안록산 중징계 결제서를 반려하였다. 장구령은 '향후 유주(幽州)에서 반란이 일어난다면 이 호인(胡人)일 것이다'라며 안록산의 참수를 주장하였다고 한다. 만약 이때 황제 이융기가 장구령의 말을 들었더라면 안사의 난은 일어나지 않았을 것이다. 당시 그저 평로(랴오닝성 차오양)의 장군 신분이었던 안록산에 대해 장구령이 잘 알고 있지는 않았을 거라 생각한다. 더군다나 당시는 안록산이 반란의 생각을 품기 전이었다. 장구령은 자신이 잘 알지도 못하는 이 소그드인 장군에 대해 왜 이리 반감을 가지고 있었을까? 이를 두고 장구령의 사람을 보는 높은 안목을 칭송하기도 하지만 그보다도 장구령은 당현종 정부의 위협이 변방에 있음을 항상 경계해왔고 이를 상기시켜왔다는 점에 주목해야 한다. 변방 전투부대의 세력이 점점 비대해지는 가운데 안록산과 같은 충성도가 약한 호인은 그의 눈에 잠재적인 반란 세력이었던 것이다. 그러나 높은 지위에 있는 정치인으로서 그의 소통 능력과 섭외 능력에 문제가 있었다는 것을 의심하지 않을 수 없다. 오늘날의 총리에 해당하는 장구령의 의견이 자신의 주군인 황제에 의해 받아들여지지 않았다는 것은 그것의 옳고 그름을 떠나서 그의 소통 방식에 문제가 있었으며 황제는 뒤로 가면서 점점 그를 좋아하지 않았다는 것을 의미한다. 장구령이 파면된 배경에는 이림보의 정치 공작도 있었지만 결국은 황제 이융기의 뜻이었을 것이다.

장구령은 변경 절도사가 일정 기간이 지나면 중앙으로 불러 중앙 대신을 맡도록 하거나 지역을 변경시키는 순환 보직 시스템을 세팅하였다. 그는 절대 사람을 한곳에 오래 머물도록 하지 않았다. 만약 이 시스템이 잘 유지되었다면 안록산이 그렇게나 오래 동북 군구의 절도사를 하면서 많은 병력을 사병화하는 것이 불가능했을 것이다. 장구령의 좌천과 죽음은 당 조정의 정파 대부의 몰락을 뜻함과 동시에 정치판은 곧 균형을 잃고 이림보에게 기울기 시작하고 중앙과 변방의 힘의 균형도 변방으로 기울기 시작함을 의미했다.

이림보는 자신의 권력을 공고히 하기 위해 여러 가지 작업을 하였는데 그중 하나는 안사의 난이 일어날 수 있는 직접적인 여건을 조성하였다. 당시 당의 절도사는 임기가 끝나면 조정으로 들어와 재상급 대신이 되기도 하였는데 변방에서의 실전 군경험을 갖춘 이들은 중앙정부로 들어와 각료로서의 타이틀과 중앙정치 경험까지 갖추면서 당정부의 훌륭한 리더그룹이 되었다. 그렇지만 이러한 부류들은 군대를 잘 모르고 단지 세 치 혀로 정치를 하는 이림보와 같은 자들에게는 버거운 경쟁자가 아닐 수 없었다. 그런데 가만 보니 조정으로 들어오는 이러한 부류들은 전부 한인들이었다. 외국인 사령관을 중앙으로 불러 재상을 시키는 일은 없었던 것이다. '그래, 외국인들은 나의 경쟁자는 아니겠구나. 이들은 그저 변방에서 대당제국의 군인으로서 만족하겠지. 정치 같은 건 관심 없을 게야'. 그리하여 이림보는 당현종에게 "변경의 이민족들을 상대하기에는 겁 많은 한인보다는 외국인 장군을 쓰는 것이 훨씬 더 전투력 증강에 도움이 됩니다"라며 이민족 출신 장군을 절도사로 중용하는 정책을 건의하였다. 당현종은 그의 말에 일리가 있다고 여겼고 이때부터 외국인이 군에서 대거 승진하였고 절도사에 더 많은 외국인이 중용되기 시작하였다. 여기에는 안사순(安思順), 안록산(安禄山), 사사명(史思明)과 같은 소그드인도 있었고 가서한(哥舒翰)과 같은 투르기쉬(서돌궐)인도 있었으며 고선지(高仙芝)와 같은 고구려인도 있었다. 이리하여 변방의 거물급 사령관들이 중앙정부에서 관복을 입고 출근하는 일이 더 이상 없어졌으나 당의 변방은 사령관과 장군, 고위 장교 등 지휘체계가 거의 외국인으로 도배되는 상황이 점점 심화되었다. 여기에 더하여 장구령이 세팅한 순환 근무 시스템이 무너지면서 변경의 사령관이 임기를 초과하여 오랫동안 한 군데에서 근무하는 일이 벌어지고 심지어 두세 개의 절도사 직을 겸하는 경우도 생겨나게 되었다.

그런데 여기서 당현종 정부 초기의 군제 개혁(절도사 체제와 이에 따른 내경외중 국면)과 이림보의 외국인 중용 정책, 사령관 임기 연장 등 향후 반란의 씨앗이 된 일련의 군 개혁 조치들을 두고 이림보만 탓할 순 없을 것 같다. 이러한 군 개혁 조치는 당시에는 일리 있어보이는 의견이었고 무엇보다도 당현종이 재가했기에 실행될 수 있었던 것들이다. 이림보는 단지 황제의 성향에 부합하는 정책을 건의하였고 황제는 그것의 장기적인 리스크를 깊이 있게 고려하지 않았던 것이다. 당현종은 중국의 역대 통치자들 중에서 패권 추구와 확장주의 성향이 아주 강한 황제에 속한다. 대당제국의 위엄을 천하에 드높이는 것이 그의 지향점이었고 이에 손상을 가하거나 반항하는 정권은 무력으로 제압해야 했다. 그렇기에 강한 군대는 필수였다. 기업의 CEO도 외연확장 성향을 가진 사람이 있는가 하면 내실 위주의 CEO도 있다. 외연 확장이란 매출 증대와 매장 수 확장, 매장 규모 확장 등의 눈에 보이는 실적으로 나타난다. 개원년간에 당에 조공을 하는 번국의 수는 70개가 넘었다고 한다. 당현종과 그를 위해 충성했던 문무신들은 자신들이 이룬 이 외형적 실적에 도취되어 정작 자신들을 향한 위협이 어디서 올지에 대해 무감각해지고 있었다. 그리고 매출이나 매장 수를 늘리기 위해선 영업인력을 늘리거나 영업 조직을 강하게 만들어야 한다. 그래서 이러한 기업 문화를 가지고 있는 기업은 영업조직이 비대해지고 영업팀이나 영업 임원들의 입김이 세지기 마련이다. 현지 영업력을 강화하는 방법 중 하나가 많은 권한을 현지에 위임하는 것이다. 그러다 보면 자연히 여러 영업 구역을 포함하는 거대 현지 총괄본부장이나 법인장이 탄생한다. 절도사라는 거대 사령관의 탄생 역시 마찬가지 이치이다. 여기에다 현지 영업력을 더욱 강화하기 위해선 해외 영업조직들의 수장을 현지인으로 앉히는 인사 전략을 고려해 볼 수 있다. 이에 더하여 실적이 한창 아쉬울 때는 현지를 잘 아는 지역 장들을 보직 이동하거나 본사로 불러들이는 게 고민스러울 때도 있다. 그리하여 이들의 임기를 연장하여 현지에 눌러 있게 하기도 하는데 이러면서 이들은 점점 자신의 관할 지역 내에서 소왕국의 군주로서 군림하게 된다. 당현종 시기의 군제 개혁과 정책은 대부분이 '어떻게 하면 전투력을 강화시킬 수 있을까'라는 황제의 확장주의 성향의 산물이다. 제대로 된 조직 같으면 CEO의 치우친 성향과 전략에 대해 제동을 걸어주는 임원들이 있어야겠지만 장구령 사후에 이러한 밸런스는 붕괴되어 버렸다.

이림보 vs 태자당

이림보는 장구령과 대립관계였다기보다는 자신보다 열 살이나 많고 지위와 명성에서 한 수 위인 장구령이 건재하고 있을 때에는 몸을 낮추고 있었다. 그리고 자신의 정치 파트너로 황제가 총애하는 부인 무혜비(武惠妃)를 선택하였다. 당현종 이융기는 61명의 자식을 낳을 정도로 왕성한 생식 능력을 갖추었고 당연히 그의 주위에는 수많은 여인들이 거쳐갔다. 당현종의 여자들에 대해 이야기하자면 끝도 없이 길어지니 여기서는 하지 않겠지만 한 가지 말해두어야 할 것은 무혜비란 여인이 꽤 오랫동안 실질적인 국모 역할을 해왔다는 것이다. 무혜비는 무측천의 조카손녀이다. 할머니를 닮아서인지 아름다운 외모와 뛰어난 정치 두뇌, 그리고 냉혹함을 갖추었다. 이 여인은 비와 빈보다 아래 등급인 첩여(婕妤)로 궁에 들어왔고 무측천의 사냥개 노릇을 했던 무삼사의 조카였기에 많은 이들의 견제와 멸시를 견뎌내야 했다. 724년 무씨와 이림보의 합작품으로 이융기의 조강지처 왕황후가 폐위되고 그녀는 혜비(惠妃)로 승격되었다. 2년 뒤 또 한 명의 경쟁자인 조려비(趙麗妃)가 죽었다. 그리고 3년 뒤인 729년에 후에 숙종이 되는 이형의 친모인 양귀빈이 죽었다. 이로써 726년부터 그녀가 죽는 737년까지 무혜비가 당현종의 정실이자 실질적인 국모 역할을 하였다.[122]

첫째 부인 왕황후는 생전에 자식을 낳지 못했기에 당황실의 태자는 조려비의 아들인 이영(李瑛)이었는데 이영을 비롯한 태자당이 꽤 큰 세력을 형성하고 있었다. 이림보는 겉으로는 나서지 않았지만 실은 무혜비 편에 섰기에 태자당과 이림보의 관계 역시 겉으로만 웃는 얼굴을 할 뿐 진심으로는 서로 견제하는 관계였다. 태자당과 무혜비와의 관계는 좋았을 리 없다. 이들은 '네가 죽지 않으면 내가 죽는' 그런 관계였다. 그런데 737년에 무혜비와 이림보와의 합작으로 태자당이 날아갔고[123] 이제 이들은 무혜비의 아들 이모(李瑁)를 태자로 책봉하는 황제의 조서가 떨어지기만을 기다리고 있었다. 이로써 드디어 재상, 황후, 태자의 거대 연합군이 형성되기 일보 직전의 순간을 눈앞에 두고 있었다. 그런데 얼마 후 당현종이 태자 이영과 왕자들의 죽음이 무혜비의 음모였다는 걸 알게 되면서 모든 게 물거품이 되어버린다. 황제는 자신의 경솔함으로 아들 셋을 한꺼번에 죽게 한 걸 알게 되면서 충격과 죄책감에 빠졌다. 아마 진실을 밝히는 과정에서 고력사가 결정적인 역할을 했을 것이다. 무혜비와 이림보는 고력사까지 자기편으로

---

122) 당현종은 첫째 부인 왕황후 폐위 후로 어느 누구도 황후로 책봉하지 않았다.

123) 737년 어느 날 밤 무혜비는 이영을 비롯한 태자파 왕자 세 명에게 황궁에 침입자가 있으니 와달라고 하였고 이들은 자신들의 군대를 이끌고 궁으로 들어왔다. 이때 무혜비는 황제에게 태자파가 반란을 하려 한다고 현종에게 알렸고 무장을 하고 궁에 들어오는 태자와 왕자들을 본 현종은 현장에서 그들을 체포한다. 자신의 두 눈으로 반란 현장을 봤다고 믿은 당현종은 자초지종을 잘 파악하지도 않고 태자 이영과 왕자 두 명을 사형시켰다.

끌어들이는 데에는 실패했던 것이다. 사료의 기재에 따르면 무혜비는 그해 겨울에 죽은 태자의 귀신에 시달리다가 죽었다고 하는데 화병으로 죽은 건지 당현종이 죽인 건지는 상상에 맡길 뿐이다.

당현종은 이림보를 불러 태자로 누구를 지정하면 좋겠느냐고 의견을 물어봤고 이림보는 당연히 무혜비의 아들 이모를 적극적으로 밀었다. 그러나 여기서의 반전은 이듬해인 738년에 오래전에 죽은 양귀빈의 아들 이형(李亨)이 생각지도 않게 태자로 책봉된 것이다. 이때까지만 해도 이융기의 총기와 판단력이 아직은 살아있었다는 것을 보여주는 결정이었다. 무혜비의 아들 이모(李瑁)는 어머니를 잃고 태자가 되는 꿈도 날아가버려 망연자실하고 있었다. 그나마 자신의 곁에는 아름다운 부인 양옥환이 있기에 버틸 수 있었다. 그러나 이마저도 2년이 지나고 자신의 아버지 당현종에게 빼앗기는 기구한 운명을 맞는다.

무혜비의 몰락은 이림보에게 뼈아픈 일이 아닐 수 없었지만 이 일로 이림보가 직접적인 타격을 입진 않았다. 황제는 그에게까지 손을 대진 않았기 때문이다. 이제 판은 새로 태자가 된 이형(李亨)과 이림보와의 관계이다. 이림보는 시종 이형을 견제하였고 이형은 신중한 성격이었기에 아직은 자신이 이림보에게 대항할 수 없다는 것을 잘 알고 있었다. 그렇지만 시간이 지나면서 자연스레 반 이림보 인사들이 태자 이형을 중심으로 모일 수밖에 없었다. 태자파에는 황보유명(皇甫惟明), 이충사(李忠嗣), 안사순(安思順), 고선지(高仙芝) 등 젊은 야전군 사령관들이 많았다. 이림보의 약점은 조정의 문신들은 자신이 꽉 잡고 있었지만 실제 병력을 움직이는 사령관들은 자기편이 아니었다는 데에 있었다. 태자파를 형성하는 서북 군구의 절도사들이 지휘하는 병력을 합하면 20만이 넘었다. 아무리 중앙에서 권력을 잡았다고 한들 군이 자신을 지지하지 않는다면 그것은 반쪽짜리 권세나 마찬가지이고 영 불안한 일이 아닐 수 없었다. 그래서 이림보는 태자파의 인사들을 하나 둘씩 제거하는 동시에 동북 군구의 부대를 키워 자신의 편으로 끌어들이고자 했고 그 중심에는 안록산이 있었다. 안록산의 고속 승진이 가능했던 데에는 당현종과 양귀비의 총애도 있었지만 정치적 필요에 의해 이림보가 뒤를 밀어주었기 때문이다. 그리하여 태자를 지지하는 서북 군구 절도사와 이림보에 붙은 동북 군구 절도사의 군 내 대립 국면이 형성되기에 이른다.

747년은 737년에 이어 또 한 번의 정치적 풍파가 집중되었던 해이며 정치판도의 중요한 분기점이 된 해이다. 746~747년 2년에 걸쳐서 태자당의 핵심 인물이자 서북 군구의 지주였던 황보유명, 이충사가 이림보의 모함에 의해 날아갔고 문신으로서 떠오르고 있었던 어사중승(서울 중앙지검장에 해당)이자 이형의 처남인 위견(韋堅)이 제거되었다. 이들 태자파를 안팎에서 받쳐주고 있던 문무신 인사들이 전부 모함에 의해 처형되면서 태자는 완전히 힘을 잃게 되었다. 조정은 완전히 이림보의 손에 들어갔으며 이림보가 키운 동북 군구의 안록산은 747년 이후로 군 내에서 견제 세력이 거의 없어졌다. 이렇게 하여 이림보는 완벽하게 조정을 장악하였고 군 내에도 자신에 대항할 세력이 없었다. 그러나 곧이어 또 한명의 적수를 만나게 되는데 이 사람은 능력은 변변치 않았지만 어마어마한 살아있는 배경을 가지고 있었다. 그는 다름 아닌 양귀비의 사촌 오빠 양국충이었다[124].

---

124) 양귀비와 양국충 간에는 사실 촌수가 명확치 않다. 그저 먼 친척인데 편의를 위해 사촌오빠라고 했다.

당현종의 재위 기간 44년 동안 두 번의 연호가 있었다. 하나는 712~741년의 개원년간이고 또 하나는 742~756년의 천보년간이다. 이 두 재위 구간은 하나는 '개원성세(开元盛世)'라 불리고 하나는 '천보의 혼란(天宝之乱)'이라 불릴 정도로 명암이 극명하다. 천보년간의 조정 내 정치투쟁은 크게 이림보파, 태자(이형)파, 그리고 양국충파의 삼각관계였다. 양국충은 양옥환이 정식으로 비로 책봉된 745년 이후에 들어왔으니 천보년간의 초반은 이림보와 태자당 간의 투쟁이었다가, 후반으로 가면서 이림보와 양국충 간의 투쟁으로 간다. 이림보가 753년에 병사하고 양국충이 권력을 잡으면서 다시 태자당과 재상 양국충 간의 투쟁양상으로 간다. 그러나 태자 이형은 대체적으로 공세적인 입장을 보이지 못하고 신중한 자세를 취하고 있었다. 그는 이림보가 재상으로 재위 시 이림보의 견제를 받다가 이림보 사후에는 양국충과 대립하면서 위기를 맞이하고 있었는데 '안사의 난'이 그에게 반격의 기회를 주었다.

이렇듯 천보년간은 조정 내에서 정치투쟁이 격화되고 있었고 이런 와중에 국정이 제대로 돌아갈 리가 없었다. 고용주인 황제가 이들 간의 균형을 잡아주고 교통정리를 해 주어야 하는데 말년의 당현종은 사업주로서의 역할을 제대로 하지 않았다. 그는 이제 지쳤고 '그냥 어찌 돌아가겠지……'라는 심정으로 알아도 모른 척하였으며 그저 젊은 아내와 즐거운 시간을 즐기고 싶었다.

이림보 vs 양국충

양국충은 어떤 사람인가? 그의 본명은 양소(杨钊)이다. 양국충은 후에 당현종이 그에게 하사한 이름이다. 그는 동네 노름판에서 노름이나 하고 술이나 마시던 시정잡배였다. 그러다가 벌어먹을 일이 없어서 서른 살에 군에 입대했다가 어찌 하다보니 둔전 관련하여 작은 공을 세우게 되었고 그것을 계기로 오늘날 쓰촨성 청두(成都) 부근의 신도현(新都縣)이란 곳의 하급 관리가 되었다. 얼마 안 되는 봉급을 도박판에 다 날리고 노름할 돈이 없으면 도박판의 계산을 해 주는 딜러 같은 것을 하면서 술값을 받아가는 그런 한심한 인생을 살고 있었다. 그가 쓰촨의 하급 관리로 있던 시절 자신의 당숙부뻘 되는 양현염(楊玄琰)이 죽었고 양소가 종친이라는 명목으로 양씨 집의 후견인 같은 신분이 되면서 양씨 집 자매들과 인연을 맺었다. 그러면서 양현염의 둘째 딸과 사통하였는데 그가 바로 양옥환의 둘째 언니였다. 양옥환은 그 집의 넷째 딸이었다. 양옥환이 당현종의 비가 되면서 이들 양씨 집안은 갑자기 인생이 확 피었고 특히 양소는 정치적 벼락부자가 되었다. 사실 양소(양국충)와 양옥환이 친척 관계인지도 확실치 않다. 그저 성이 같다는 것일 뿐 아주 먼 종친이며 양소는 양옥환보다 최소한 20살 이상 많았다.

이림보와 양국충의 사이는 좋았을까? 처음에 이들은 관계가 좋았다. 양옥환이 귀비로 책봉된 해는 745년이니 양국충이 조정으로 들어온 건 그 후일 것이고 때는 이림보의 권세가 절정을 누리고 있을 때이다. 아무리 외척이라고 하지만 조정의 한참 후배인 양국충이 재상인 이림보와 나쁘게 지낼 이유가 없다. 양국충은 이림보에게 잘 보이도록 노력했다. 이림보 입장에서도 양국충과 척을 질 이유가 하나도 없다. 지금은 아직 조정의 지위가 자기보다 한참 아래이지만 양국충이 고속 승진할 것은 불보듯 뻔한 일이었고 자신이 외척의 지원을 받는다면 더할 나위 없는 상황이기 때문이다. 이리하여 재상과 외척 간의 연합이 결성된다.

그러나 이 둘 간의 연합이 오래 갈 수 있었을까? 이들은 서로 간에 이용 가치가 있었기에 손을 잡았던 것이었고 양국충이 올라오면 올라올수록 이림보의 견제를 받게 되어 있었다. 양국충은 유래를 찾아보기 힘든 고속 승진을 거듭하였고 그가 겸하고 있는 직이 무려 14개에 달했다. 양귀비에 빠져 있는 현종은 자신의 처남에게 최대한 잘해 주려고 했을 것이고 양국충 또한 남에게 아부하고 남을 즐겁게 해 주는 데에는 소질이 있는 사람이었다. 그는 종종 현종과 양귀비가 놀이를 하는 것에 딜러 같은 역할을 해 주면서 도박판 출신 답게 빠른 계산 능력을 발휘하곤 하였는데 이를 본 현종이 '계산이 이렇게 빠른 걸 보니 분명 이재에 밝을 것 같다'며 그를 오늘날의 재정경제부 차관에 해당하는 도지원외랑(度支員外郎)에 임명하는 코메디 같은 발탁을 하기도 하였다. 하지만 양국충의 고속 승진에는 당현종의 이림보에 대한 견제의 의미도 있었다. 아무리 현종이 늙고 정사에 관심을 두지 않았다고 하더라도 이림보의 권세가 도가 지나치다는 것쯤은 알고 있었을 것이다. 기존 인물 중에는 이림보를 견제할 사람이 없던 터에 양국충이라는 외척의 등장은 현종에게 나쁘지 않은 패였다. 이러한 흐름을 정치 9단 이림보가 감지하지 못했을 리가 없고 그는 양국충을 견제해야겠다고 마음먹는다.

이 둘 간의 균열은 어사대부(御史大夫) 승진 인사에서 발생하였다. 어사대부는 오늘날의 검찰총장에 해당한다. 양국충과 왕홍(王鉷)이라는 자가 서울중앙지검장에 해당하는 어사중승(御史中丞)으로 있었고 황제는 이들 중 한 명을 어사대부로 승진시키려 했다. 왕홍은 몇 안 되는 정파의 인물이었고 이림보와 양국충이 합심하여 날리려고 했던 껄끄러운 인사였다. 그러기에 양국충은 이림보가 자신을 추천할 것이 라는 것을 추호도 의심하지 않았다. 그러나 어사대부는 감찰권을 쥐고 있는 힘 있는 자리이다. 이림보는 양국충에게 이 자리를 주고 싶지 않았다. 결국 이림보가 왕홍을 추천함으로써 이 둘은 갈라서게 되고 대립하는 사이가 되어버린다. 양국충이 안록산을 싫어하고 갈궈댄 것도 안록산이 이림보 라인이었기 때문이다.

어찌 되었건 최후의 승자는 양국충이 되었다. 이림보는 일흔한 살까지 살고 병사했으니 그가 저지른 죄악에 비해서 살아 생전에는 험한 꼴을 당하지 않고 천수를 누리고 간 운 좋은 간신이라 할 수 있겠다. 그렇지만 험한 꼴은 그의 사후에 벌어졌다. 양국충은 이림보 라인의 사람들을 그대로 둘 수 없었고 이들을 날리려면 이림보에게 모반의 죄를 뒤집어 씌워야 했다. 결국 죽은 이림보는 역적이 되었고 그의 작위가 박탈되었으며 가족의 모든 재산이 몰수되었다. 집안이 완전히 패가망신한 것이다. 물론 그에게 붙었던 사람들도 줄줄이 목이 날라가거나 짐을 싸서 저 멀리로 가야 했다. 당시는 아직 이림보의 장례가 치러지기도 전이었는데 양국충은 호화로운 관을 부수고 이림보를 꺼내어 시신의 입을 벌려 그 안의 야명주를 꺼내도록 했다. 그리고 허접한 관에 넣어서 묻도록 했다고 한다(753).

이림보의 자리는 그대로 양국충이 물려받았으며 이제 그가 일인지하 만인지상의 자리에 올랐다. 당시 양국충이 겸직했던 자리가 40개가 넘었다고 하니 그의 권세가 어느 정도였는지 짐작할 수 있겠다. 그의 국정 농단과 부패는 이림보를 능가하면 능가했지 결코 덜하지 않았다. 이림보가 '안사의 난'이라는 자동차가 다닐 수 있는 도로를 깔아놓았다면 양국충은 그 자동차에 기름을 넣어주고 시동을 걸어준 사람이었다.

양국충 vs 안록산

양국충과 안록산은 서로의 이익이 상충되지 않는 관계처럼 보이지만 이 둘 사이의 갈등은 첨예했고 안사의 난의 도화선에 불을 붙인 것이 이 둘 간의 갈등이다. 안록산은 오래전부터 반란의 마음을 품고 준비를 해왔으니 양국충의 견제와 공격이 안록산으로 하여금 쿠데타의 마음을 굳히고, 일정을 앞당기고, 그에게 명분을 주었다고 하는 게 더 정확한 표현일 것 같다.

안록산은 이림보는 두려워했어도 양국충은 안중에 두지 않았다. 양국충이 조정에 발을 들여놓기도 전인 744년에 안록산은 이미 평로와 범양 두 도의 절도사가 되어 있었기에 굳이 양국충과 같은 근본 없는 벼락부자와 영합할 필요가 없었다. 아니면 양국충의 농단 소식을 들은 안록산은 자신에게 좋은 명분이 주어졌다고 생각했을 수도 있다. 안록산과 양국충은 둘 다 실력보다는 아부, 뇌물, 후원자와 운에 의존하여 올라온 비슷한 면이 있는 사람들이지만 이 둘은 불과 기름처럼 서로 섞이지 못했다. 처음에는 양국충이 조정에 들어온 안록산에게 최대한 예를 보이며 잘 지내보려 했지만 안록산이 양국충의 호의를 몇 차례 거절했고 이에 양국충도 그만 빈정이 상했다고 한다. 재미있는 건 둘 다 양귀비와의 관계를 통해 정치적 벼락부자가 된 사람들이다. 안록산은 자기보다 훨씬 어린 양귀비의 양자가 되길 자청하여 그녀의 양자가 되었고 양국충은 그녀의 친척 오빠이니 따지고 보면 양국충은 안록산의 의붓 외숙부인 셈이다. 그런데 이런 것이 다 무슨 소용이겠는가? 안록산이 양자가 되길 자청한 건 누가 보더라도 현종·양귀비 부부와 가까워지기 위함이었고 양국충이 재상이 되었을 때에는 이미 반란의 준비를 거의 끝냈을 때이므로 굳이 양국충에게 잘 보일 필요가 없었다.

재상이 된 양국충은 기회가 있을 때마다 당현종에게 안록산의 험담을 하고 그가 반란을 할 것이라고 경고하면서 그의 탄핵을 여러 번 주청하였다. 양국충이 올린 주청 중 유일하게 옳은 소리를 한 것이다. 이 점에서 보면 양국충과 안록산의 사이가 나빴던 건 너무나도 당연한 일이다. 당시 안록산에게 반란의 움직임이 있다는 것은 당현종만 빼고 천하의 모든 이들이 알고 있던 사실이었다. 만약 변방에서의 반란이 성공하여 현 정부가 전복된다면 재상인 자신의 목숨이 붙어있을 리가 있을까? 그러므로 안록산이 자신과 손을 잡지 않는 이상 양국충은 갖은 수를 써서 안록산을 제거해야 하는 건 당연하다.

당현종

그는 한 국가 리더가 나이를 들어감에 따라 얼마나 극과 극을 달릴 수 있는지를 보여주었다. 개원성세(开元盛世)와 천보지란(天宝之乱)이라는 두 개의 그의 연호에 대한 극과 극의 별명이 이를 여실히 드러낸다. 즉, 총명하고 열정과 야망을 가지고 있던 군주, 모든 이들이 존경과 경외로움에 마지않던 황제가 어떻게 혼군(昏君)이 되어가는지를 보여주는 역사의 좋은 예이다. 안사의 난을 불러일으킨 두 간신, 이림보와 양국충은 공교롭게도 둘 다 재상을 맡았다. 이런 걸 보면 말년의 이융기의 눈이 얼마나 흐려졌고 얼마나 열정이 식었으며 황제의 역할에 얼마나 태만했는지를 알 수 있다.

안사의 난의 발발은 국가가 여러 측면에서 균형을 잃었던 데에 기인한다. 사람에 대한 균형을 잃었고, 군사에 있어서 지역적 균형을 잃었다. 조직이 균형을 유지하고 있으면 설령 잘못된 의사결정을 하더라도 시간이 지나면서 다시 수정을 가하고 보완을 하여 제자리를 찾아간다. 그래서 조직이 밸런스를 잃지 않았는지에 항상 초각을 곤두세우고 이를 조정하는 게 리더의 우선적 임무이자 역할이다. 후기의 당현종은 이 임무와 역할을 제대로 수행하지 못했다. 영민했던 이융기가 왜 이렇게 되었을까? 이 역시 좀 더 본질적으로 들어가서 생각해 보자면 성취에 도취하여 매너리즘에 빠진 데에서 그 이유를 찾아야 한다.

이융기가 한 또 한 가지 결정적인 실수는 안록산에 대한 맹목적인 신뢰이다. 안록산은 아주 오래전부터 지능적이면서도 꾸준히 당현종에게 자신을 홍보했다. 그리고 양귀비에게 접근하여 그녀가 좋아하는 호선무(몸을 회전시키면서 추는 소그드인들의 전통 무용)를 추는 등 양귀비의 총애를 얻었고 이를 바탕으로 당현종의 신임을 받는 전략을 썼다. 여기서 양귀비의 총애를 받았다는 것을 두고 남녀 관계를 가졌다는 걸로 오해하면 안 된다. 뚱뚱하고 늙고 못생긴 안록산에게 젊은 양귀비가 빠졌을 리도 없거니와 당현종이 그렇게나 그녀에게 빠져 있는데 양귀비에게 남자로서 접근하는 건 정신 나간 자살행위나 마찬가지이기 때문이다. 하여간 안록산은 황제 부부에게 잘 보일 수 있는 모든 걸 다했고 그것이 통했다. 그러나 아무리 그렇다 치더라도 당현종의 그에 대한 신뢰는 도가 지나쳤다. 이융기는 원래 모반이나 정변에 대단히 민감했던 사람이었다. 그가 황제가 된 것도 정변에 의했기 때문이다. 일례로 737년에 모반을 했다는 정황과 거짓 보고만으로 자신의 친아들 세 명을 죽이지 않았던가. 그런데 그로부터 10여 년이 지난 750년대에 들어서는 모든 이들이 안록산의 반란 정황을 보고하는 데도 그럴 리 없다며 이를 묵살했다?

당현종은 황실의 위협이 내부, 즉 아들들이나, 외척, 조정의 측근 대신들에게 있다고 생각했지 외부에 있다고는 전혀 생각하지 않았다. 이는 역사의 트라우마에 의해 편향된 현실 인식이 형성된 케이스라 할 수 있다. 앞선 사례를 보면 당태종은 자기 형을 죽이는 정변으로 태자가 되었고 아버지 이연을 협박 반 부탁 반으로 내려오게 하여 자신이 황제가 되었다. 후에는 장자를 모반의 혐의로 폐위시키고 죽였다. 고종과 무측천 사이의 아들이자 태자였던 이현(李賢)도 모반의 죄로 폐위당하고 죽음을 맞이하였다. 당현종도 당태종과 마찬가지로 위황후를 몰아내는 당륭정변(唐隆政变)을 통해 태자가 되었고, 태평공주의 정변을 막아냄으로써 태자 자리를 지켰으며 아버지 예종을 협박 반 부탁 반으로 내려오게 함으로써 황제의 보위에 오를 수 있었다. 당의 황실은 설립 이래로 친인척들의 정변에 대한 트라우마가 있었고 역대 황제들은 이에 대단히 민감하였다. 그래서 현종은 모든 위협이 황실 안에서 나올거라는 강박에 가까운 생각을 가지고 있었고 오히려 밖으로부터의 위협에는 소홀했던 것이다. 이러한 역사의 트라우마가 가져다 주는 편향된 현실 인식은 오늘날의 사회와 정치인들에게도 나타난다. 전쟁과 빈곤의 트라우마가 깊이 자리 잡고 있을 때에는 사회의 모든 역량이 개발과 성장에 맞춰져 있었고 강한 리더십과 국민들의 회생, 협조, 단결이 미덕이 되었다. 이 과정에서 민주와 인권, 복지의 가치는 한쪽 편에 두고 못본 척 눈을 감고 있었다. 반대로 독재의 트라우마가 깊이 자리 잡고 있을 때에 사회는 강력한 리더에 대한 반감이 있고 지도자는 대중의 반대에 너무 신경을 쓴 나머지 포퓰리즘 정책을 추진하고 미래의 발전과 성장을 위한 국가 사업은 할 엄두를 못 낸다. 현대 사회에서 돌아가고 있는 일들이 우리 현대사의 트라우마에 의해 형성된 편향된 현실 인식의 영향을 받고 있는 건 아닌지 항상 한 발 물러서서 보는 균형 잡힌 자세가 필요하다.

그럼에도 불구하고 당현종의 안록산에 대한 신뢰와 지지는 도저히 이해를 할 수 없을 정도이다. 특정 부하에 대해 이해할 수 없을 정도의 비호와 지지를 하는 경우는 보통 그 부하가 자신의 비밀이나 약점을 잡고 있는 경우이다. 그러나 당현종이 1년에 한 번 정도 볼까 말까 하는 안록산과 그런 비밀스런 관계였다고는 생각하기는 어렵다. 이림보나 고력사 정도라면 모를까. 이에 대해 심리학적으로 분석한 글들을 보면 역시 리더의 과도한 자신감에서 나오는 고집이라 말하고 있다. 다시 말하면 '내가 뽑은 사람은 틀림 없어. 내가 여지껏 사람에 대해 실패한 적이 있던가? 내가 사람을 잘 못 봤을 리 없어!'라는 식의 아집이 형성되는 것이다. 이런 아집은 보통 성공한 사람들에게서 많이 보인다. 그리고 '저들보다는 내 안목이 한 수 위이고 저들은 그저 안록산을 시기하는 마음에서 뒷담화를 해대는 거야. 이런 소인배들의 말에 흔들릴 내가 아니지'라는 식의 고집으로 발전하게 된다. 여기서 더 나아가서 '내가 신뢰하는 안록산을 부정하는 사람은 나의 안목을 부정하는 것이고 그것은 곧 황제인 나의 권위와 위엄에 대한 도전이다'라는 불쾌한 감정까지 가지게 된다.

안록산이 쿠데타를 일으키기 2년 전인 754년 정월, 재상 양국충이 하도 안록산의 반란 조짐이 있다고 보고를 올리는 바람에 당현종은 하는 수 없이 양국충의 건의에 따라 아무 이유를 달지 않고 '안록산은 즉시 조정으로 들어오라'는 교지를 보냈다. 당시 안록산은 수년에 걸쳐 병력 이동, 군량미 비축 등 이미 쿠데타의 모든 준비를 거의 마친 상태였다. 이러한 대규모의 준비 과정이 완전히 비밀리에 진행될 순 없었다. 안록산의 움직임이 이상하다는 건 당시 삼척동자도 다 아는 사실이었고 지난날 이림보에게 제거되었던 태자파의 주요 인사 이충사와 같은 사람은 진작부터 황제에게 안록산의 반란 가능성에 대해 경고했었다. 심지어 안록산의 의붓 형인 소그드인 삭방 절도사 안사순도 황제에게 안록산의 반란 가능성을 보고하였다. 이 일로 두 형제는 의절하고 대립하게 된다. 이런 상황에서 갑자기 '조정으로 들어오라'는 명령을 받으면 '황제가 뭔가를 알아챘구나'라는 생각이 들 것이고 안록산은 분명히 명을 거절하고 입궁하지 않을 것이라는 것이 양국충의 전략이었다.

그러나 여기서 양국충이 허를 찔린 것이 안록산은 황제의 입궁 교지를 받자마자 그길로 장안으로 출발하였고 그것도 생각보다 빨리 입궁한 것이다. 안록산이 장안에 심어둔 정보망이 양국충의 작전을 간파하였고 교지보다 먼저 달려가서 안록산에게 알려준 것이었다. 일흔 살의 당현종은 "거봐~ 내가 뭐랬어"라며 양국충을 쳐다보았고 이 일로 양국충은 완전히 기가 꺾이게 된다. 이 일로 당현종은 "더 이상 안록산의 반란을 거론하는 자는 안록산에게 보내버리겠다"라고 선언해 버린다.

쿠데타의 발발

755년 음력 11월 안록산의 대 부대는 범양(베이징)에서 '역적 양국충을 토벌하고 나라를 바로 세우자'는 '청군측(淸君側)'의 명목을 내걸고 출격하였다. '청군측(淸君側)'이란 글자 그대로 '군주(君)의 곁(側)에서 나라를 망치고 있는 간신들을 말끔히 쓸어내자(淸)'는 뜻으로 역대로 쿠데타 세력이 늘 내걸었던 구호였다. 쿠데타 세력은 '군주를 죽이고 나라를 다시 세우자'라는 급진적인 구호로는 여론의 지지를 받지 못하므로 항상 '청군측'을 내걸었는데 이는 그저 명목일 뿐 사실은 자기가 황제가 되고자 하는 것이다.

안록산은 영리하고 경험도 많은 사령관이었다. 그는 자신의 휘하 장군 하천년(何千年)으로 하여금 특수 훈련을 받은 정예병 20여 명을 데리고 북경(北京)인 산시성 태원으로 가도록 했다. 여기서 말하는 북경은 오늘날의 베이징이 아니다. 당왕조 때는 서경 장안(섬서성 시안), 동경 낙양(허난성 뤄양), 그리고 북경 태원(산시성 타이위엔)의 세 개의 수도가 있었다. 범양(베이징)에서 장안으로 가는 길은 태행산맥을 넘어 북경(태원)을 지나서 서남 방향으로 내려오는 코스가 있고 또 하나는 정남쪽으로 남하하여 황하를 건너서 동경(낙양)을 거쳐서 서쪽으로 방향을 틀어오는 코스가 있다. 전자는 산시성의 산지를 거쳐야 하기에 대규모 병력이 이동하기에 적합하지 않았다. 태원성에 도착한 하천년은 장안으로 외국인 궁수들을 호송하고 있다고 하였고 안록산의 심복 하천년이 온다는 소식을 접한 태원윤(윤尹이란 시장을 말한다)은 확인이고 뭐고 할 것 없이 그들 무리를 영접하였다. 하천년과 특수부대원들은 성문이 열리자마자 칼을 빼들어 태원을 접수하였고 이 소식은 곧바로 장안으로 전해졌다. 이는 안록산의 교란작전으로서 태원이 함락되었다는 소식을 접한 당현종과 대신들은 이들이 태원을 거쳐 온다고 믿고 1차 병력을 산시성으로 보낸 것이었다. 가뜩이나 모자란 중앙 방위군은 이렇게 병력이 분산되었다.

안록산의 15만 본진은 파죽지세로 남하하였다. 변방에서의 실전과 오랜 훈련으로 단련된 안록산의 기보병 앞에 얼마 안 되는 내지의 보병들은 탱크와 중화기로 무장한 전투부대의 공격을 받은 민방위군이나 다름없었다. 오랜 기간 동안 내지에서의 안정이 지속되었기에 이들은 험한 꼴이란 게 어떤 건지 너무 오랫동안 잊고 살았고 전투란 게 어떤 건지 맛본 적도 없었다. 이들은 쿠데타군을 보자마자 혼비백산하여 도망가거나 성문을 열어주었고, 저항하는 군대는 가차없이 몰살되었다. 반란군은 거침없이 남하하여 33일 만에 동도 낙양에 도착하였다. 겁에 질린 낙양 주민들은 먼 곳으로 도망을 가거나 백마사(白馬寺)[125]로 들어가 숨어 부처님의 자비가 그들을 보호해 주길 빌 뿐이었

---

125) 동한 초기(68년)에 지어진 불교사원. '중국제일고찰(中國第一古刹)'이라는 별명을 가지고 있으며 뤄양의 대표적인 역사 관광지이다. 인도에서 온 불교경전이 최초로 중국어로 번역되어 배포된 곳이고 당 무측천 시기의 명재상 적인걸의 묘가 있는 걸로도 유명하다. 안사의 난 때 많이 파손되었고 북송 때에 대부분 중건되었다.

다. 며칠 후인 이듬해 정월 초하루에 안록산은 황제로 등극하고 국호를 연(燕)으로 선포하였다. 낙양에서 장안은 불과 370킬로미터밖에 안 떨어져 있다.

"아, 자수(子壽, 장구령의 호), 충사(왕충사)! 당신들이 옳았소! 내가 눈이 멀었구려."

당현종은 탄식하였지만 이미 사태는 벌어지고 말았다. 장군들을 보냈으나 돌아오는 건 반란군에 전멸했다는 소식뿐이었다. 반란군의 기세는 하늘을 찌를 듯했고 반면 당의 중앙군은 전부 합쳐야 8만이 채 안 되었고 그것도 모집된 지 얼마 안 된 오합지졸들이었다. "이를 어쩌나?" 대신들이 머리를 맞대고 대책을 짰고 재상 양국충은 이럴 때 아무런 도움이 되질 못했다.

이때 구세주로 나선 인물이 고선지(高仙芝)와 그의 부하였던 안서절도사 봉상청(封常淸)이었다. 봉상청은 고선지가 안서4진의 도지병마사(아마 절도부사 다음으로 넘버3 정도였을 것이다)로 있을 때 자신이 흠모하던 고선지의 관사로 찾아와서 스스로 자기를 기용해달라고 한 사람이다. 이때 봉상청은 이미 서른 살이었으나 군에서의 경험이 없었고 게다가 절름발이었다. 고선지는 몇 번을 거절하였으나 봉상청이 끈질기게 찾아와서 반박할 수 없는 달변을 내뱉는 바람에 하는 수 없이 자신의 비서병으로 기용하였는데 알고보니 봉상청의 내공이 장난이 아니었던 것이다. 그는 고선지에게 중용되었고 이 둘은 환상의 케미를 발휘하며 서역의 거의 모든 전선에서 승승장구하였다. 후에 탈라스전투(751)의 패배로 고선지가 안서4진 절도사직에서 내려왔고 봉상청이 그의 뒤를 이어 안서4진 절도사가 되었다.

진정한 군인이었던 고선지와 봉상청은 하남에서 반란군을 진압하라는 무거운 명을 받아 급조된 오합지졸 군사들을 이끌고 동쪽으로 출발하였다.

동관(潼关)으로의 퇴각과 고선지의 죽음

안록산의 쿠데타는 거의 3년이 지난 758년 말에 가서야 진압되었다. 황제는 피난을 갔고 그 사이 수도 장안은 함락되었으며 당은 위구르 군대를 동원하여서야 겨우 이들을 진압할 수 있었다. 이 동란은 결코 제대로 진압되었다고 말할 수 없다. 아무리 안록산이 오랫동안 준비를 해 왔고 동북군을 다 끌고 왔다고 하더라도 당제국군이 왜 이리 힘없이 무너졌을까? 안사의 난은 서한 말, 동한 말, 수왕조 말, 원나라 말 등 왕조 말기의 민중 봉기와 다르다. 왕조 말의 봉기는 왕조가 갈 때까지 가서 굶어죽을 지경에 이른 농민들이 합세한 민중봉기의 성격이며 이 경우 전국에서 우후죽순 봉기가 일어나서 서로 왕과 황제를 칭하는 등 천하가 여러 개로 쪼개지는 양상이 된다. 이 지경이 되면 누가 진압군이고 누가 반란군인지의 구분도 없어지고 천하 쟁탈전에서 이기는 자가 새 왕조를 꾸리고 새 황제로 등극하는 것이다. 그러나 안사의 난은 왕조 말의 민중봉기로 시작한 것이 아니라 정치 싸움에 기인한 지역 사령관의 군사 쿠데타이다. 당왕조는 조정이 잠시 부패하긴 했어도 정점을 지난 지 얼마 안 된 시기였고 민중들이 봉기를 할 정도까진 절대 아닌 걸로 보인다. 그렇다면 전성기의 당제국 군이 안록산의 군사 쿠데타를 3년이나 끌었다? 그리고 뒤의 사사명의 난까지 더하면 총 8년이다. 왕조 말의 농민봉기가 아닌 반란군과의 싸움으로 는 너무 오래 지속된 셈이다.

사실 안록산의 반란은 조기에 진압될 수 있었다. 최소한 장안의 방 어선이 뚫어지지 않고 반격을 할 수 있었다. 당제국에는 여전히 20만 이 넘는 서북 전투군단이 있었고 이들이 장안으로 이동 중이었기 때 문이다. 게다가 당에는 여전히 훌륭한 지휘관들이 여럿 있었다. 그렇 다면 이 말은 결국 당은 스스로 자멸했다는 뜻일까. 당조정의 전략은 봉상청이 낙양에서 모집한 군대로 안록산 군대와 맞서고 진압군의 총 사령관인 고선지가 낙양에서 서쪽으로 140킬로미터 떨어진 섬군(陝郡) 에서 본진을 구성하여 봉상청을 지원한다는 것이었다. 이들은 섬군을 진압군의 마지막 방어선으로 생각하고 무슨 일이 있더라도 하남(허난 성)을 지키고자 한 것이었다. 그러나 아직 롱우, 하서 절도사가 이끄는 서북 군단이 도착하기 전이었고 봉상청과 고선지가 이끄는 군대는 급 조된 일반인들이었다. 봉상청이 낙양에서 모집한 군사 5~6만은 전투 력이 형편없었고 이에 비해 안록산의 군대는 너무 강했다. 황제에게 큰소리 치고 출격한 봉상청도 그때는 상황을 오판했던 것 같다. 낙양 의 성문이 뚫렸고 시가전에서 계속적으로 뒤로 밀리던 봉상청은 어쩔 수 없이 남은 군대를 이끌고 낙양성의 남쪽 문을 통해 퇴각하여 고선 지가 있는 섬군으로 향했다. 이렇게 교전 3일 만에 낙양이 함락되었다.

낙양을 빠져나와 섬군의 고선지에게 간 봉상청은 낙양의 전투 결과 를 보고하였는데 여기서 이들은 절체절명의 의사결정 상황에 직면하 게 된다. 봉상청은 이렇게 말했다.

"안록산의 부대가 너무 강합니다. 게다가 우리 군대는 훈련이 하나도 안 되어 있어 이들과 교전을 하기에는 턱없이 역부족입니다. 여기서 안록산의 부대와 정면승부를 하면 전멸할 가능성이 크며 저희가 뚫리면 장안이 위험합니다. 차라리 장군께서 섬군(陝郡)을 버리고 동관(潼关)으로 퇴각하셔서 거기서 진지전을 펴십시오. 동관은 지세가 험준한 요새와 같으니 반란군의 기마부대가 섣불리 공격을 하지 못할 것입니다. 우리가 거기서 전열을 정비하고 장기전으로 가면 이 추운 겨울에 저들도 흔들릴 것이고 삭방, 하서의 지원군이 도착한 후 기회를 보면 승산이 있을 것입니다. 이렇게 하면 최소한 장안은 지킬 수 있지 않습니까?"

동관(潼关)은 오늘날의 행정구역상으로는 섬서성에 속하지만 섬서성과 허난성, 산시성이 만나는 지점에 위치하고 있다. 장안과는 약 150킬로미터 떨어져 있으며 낙양에서 장안으로 가려면 반드시 지나야 하는 요지이다. 황하가 '几'자를 그리며 남쪽으로 내려오다가 동쪽으로 꺾이는 모퉁이에 자리 잡고 있으며 앞으로는 황하, 뒤로는 진령산맥으로 둘러싸여 있는 천연의 요새이다. 고선지는 고민에 빠졌다. 봉상청의 말은 틀리지 않았다. 그렇지만 섬군을 마지노선으로 하고 하남성을 지키라는 황제의 명을 받고 출정했는데 싸워보지도 않고 주둔지를 버리고 퇴각한다? 이것은 군법상 중죄이다. 그렇지만 조정에 보고를 하고 움직이기에는 시간이 없었다. 스스로 판단하고 사령관의 직권으로 결정해야 했다. 고선지와 봉상청은 '군인으로서의 주어진 명령과 임무에 충실하되 전멸의 길로 갈 것인가' 아니면 '군법을 어겨서라도 동관으로 퇴각하여 반란군의 서진을 저지하고 장안을 보호하느냐'

의 기로에 섰다. 고선지는 이렇게 생각하였을 것이다. '섬군에서 결전을 한다고 하면 전군이 전멸을 할 가능성이 크다. 동관으로 퇴각하여 수성전을 펼치면 조정이 나를 가만두지 않을 것이다. 나는 군법에 의해 처형될 것이고 명을 어기고 퇴각한 장수로 역사에 남을 것이다. 이러나 저러나 내 목숨은 부지하기 어렵다. 그렇다면 내 명예를 보전하느니 저들 병사들을 헛되이 죽게 하지 않고 장안을 보호할 수 있는 길을 택해야 하지 않겠는가?'

고선지는 섬군의 창고 문을 열고 그 안의 곡식과 직물들을 섬군에 남아있던 백성들과 군인들에게 나눠주고는 남은 곡식을 전부 불태웠다. 반란군이 군량미로 쓰지 못하게 함이었다. 그러고는 병력을 이끌고 동관으로 이동하였다. 곧 반란군이 동관 코앞에까지 왔지만 고선지는 출병하지 않고 성을 지켰다.

이 소식을 접한 당현종은 대노했다. 봉상청이 보낸 전령의 보고가 끝나기도 전에 화를 불같이 냈고 봉상청의 관작을 모두 박탈하고 사병으로 백의종군하도록 명하였다. 그리고 감군(監軍) 변령성에게 상황을 보고하라고 했다. 당은 야전 부대에는 사령관과 장군들을 감시하는 감군(監軍)이라는 직책이 파견되어 있었다. 오늘날 우리의 기무사와 같다고 보면 된다. 그런데 문제는 당현종 때 와서 감군들로 환관을 기용하였다는 것이다. 고력사와 같은 충심이 깊고 정의로운 환관도 있었지만 그건 아주 드문 케이스이고 많은 환관들은 그렇지 못했다. 당현종이 감군으로 환관들을 기용한 것은 이들은 군과 영합하지 않을 것이라 생각했고 또한 이들은 황제의 가노(家奴)로서 가장 측근 세력이었기 때문이다. 이런 측면에서 볼 때 감군으로 환관을 쓴 것은 나름 일리 있는 조치이고 당의 감군은 그 후로도 계속 환관이 맡았다. 그렇지만 이들은 항상 자기 나름의 방식으로 국가를 위기로 빠트렸다. 환관이 되는 사람들은 대부분이 사연이 있어서 어려서 생식기를 잘라내는 고통을 겪어야 했고 당연히 이들은 제대로 된 교육을 못 받고 황가의 가노로서 평생을 살아야 했다. 그러므로 이들에게 숭고한 가치관 같은 것이 형성될 리가 없었고 이들은 기회가 되기만 하면 뇌물을 받아 재산을 불리고 호화로운 생활을 하는 걸 유일한 낙으로 삼았다. 당연히 이에 걸림돌이 되는 사람들을 향해서는 모함을 일삼았다. 이들에게 정의, 공정, 대의 같은 것을 기대하는 건 애초에 무리였다. 멀리 있는 안록산이 당현종에게 자신을 PR한 방법 중의 하나도 파견된 감군에게 뇌물을 주어 그로 하여금 조정에 돌아가서 황제에게 갖은 칭찬을 하도록 한 것이었다. 고선지 부대의 감군으로 파견되어 있던 이는 변령성(边令诚)이라는 환관이었는데 이 사람은 장군들에게 뇌물을 받는 걸로 유명한 사람이었다. 변령성은 고선지가 안서4진 절도사로 있을 때에도 고선지를 감시하는 감군이었는데 이때부터 그들 사이는 썩 좋지 않았다. 섬군으로 출정을 할 때도 변령성은 뇌물을 요구했고 고선지가 이를 거절하면서 기분이 상할 대로 상해 있었으니 그가 황제에게 사실대로 보고했을 리가 없다. 변령성은 당현종에게 "고선지는 규율을 어기고 퇴각하였으며 섬군 창고의 재물을 착복하였습니다"라는 보고를 올렸다. 곧이어 당현종은 고선지와 봉상청을 참수하라는 교지를 동관으로 보낸다.

당현종이 고선지가 정말로 재물을 착복했을 거라고 생각했을까? 당현종은 오래전부터 고선지를 신임했다. 고선지가 서역 동맹국들을 불

필요하게 강압적으로 자극하여 동맹국들의 이반이 발생했을 때에도 그의 문제를 모른 척하고 덮어주다가 나중에 하는 수 없이 경징계했다. 탈라스전투 패배의 책임도 고선지에게 그리 크게 물은 건 아니라 여겨진다. 처음에는 개부의동삼사(开府仪同三司)라는 지위만 높고 실권 없는 직책으로 좌천시키긴 했으나 후에 좌우림대장군(수방사 사령관)을 맡겼으니 최대한 챙겨준 셈이다. 그는 고선지가 훌륭한 장수이고 그를 대체할 만한 사람이 현재로써는 없다는 걸 잘 알고 있었을 것이다. 그러면 대체 왜 그랬을까? 어쩌면 황제도 어찌할 도리가 없었을 수도 있다. 고선지의 죽음은 첫째 교전 없이 퇴각한 것에 대해 일단 군법상 책임을 물을 수밖에 없었고, 둘째 고선지의 죽음에도 정치적 알력과 갈등이 숨어있었다. 고선지는 태자파 장군이다. 아직까지는 태자파와 양국충과의 싸움에서 태자파가 밀렸던 것이고 태자파는 고선지를 비호하지 못했다.

756년 1월24일 황제의 교지를 들고 변령성이 동관성에 도착하였다. 먼저 봉상청이 참수되었고 그의 시신은 갈대밭에 내던져졌다. 그리고 곧이어 고선지에게도 교지가 읽혀졌고 그 안에는 퇴각의 죄와 재물 착복의 죄가 열거되어 있었다. 고선지는 의연하게 받아들이면서 그를 향해 이렇게 말했다.

"내가 섬군을 버리고 퇴각한 것은 죄가 맞소. 그것 때문에 죽으라면 달게 죽음을 받겠소. 하지만 군량미를 착복했다는 건 나를 모함하는 것이오. 위로는 하늘이 보고 있고 아래로는 땅이 있고 여기 있는 장병들이 모두 보았는데 당신이 그걸 모른단 말이오!"

그러고는 몸을 돌려 장병들을 향해 외쳤다.

"내가 너희들을 모집한 건 반란군을 진압하는 데 공을 세우도록 하여 후한 상금을 받도록 함이었다. 그러나 반란군은 너무 강했고 우리가 잠시 퇴각한 것은 동관의 수비를 강화하기 위함이었다. 만약 내게 죄가 있다고 생각하면 '유죄'라고 말하라. 하지만 죄가 없다고 생각하면 '억울하다'라고 외쳐라!"

이렇게 말하자 전군은 "억울합니다! 억울합니다!"를 외쳤고 이 외침이 하늘을 뒤흔들었다고 한다. 그러고는 봉상청의 시신을 보며 말했다.

"상청, 자네는 내가 발탁한 사람이고 내 뒤를 이어 절도사를 하였네. 그런데 이제 자네와 내가 함께 죽게 되었으니 이 또한 우리의 운명이 아니겠는가!"

이렇게 말하고는 죽음을 맞이하였다. 이렇게 하여 당은 두 명의 훌륭한 장수를 잃었다. 또 한 명의 외국인 사령관 가서한이 고선지의 뒤를 이어 진압군 총사령관이 되었고 그는 서북 군구에서 온 20만 정규 군단을 데리고 동관으로 들어왔다.

동관(潼关)의 함락과 양귀비의 죽음 그리고 태자파의 반격

고선지의 뒤를 이어 동관에 온 가서한은 그럼 안록산의 반란군을 향해 병력을 이끌고 돌진하여 그들을 처부수었냐 하면 그렇지 않다. 가서한은 서북 군구에서 온 20만의 전투군단이 있었음에도 성문을 굳게 닫고 나가지 않았다. 그 역시 수성전을 펼쳐 반란군을 지치게 만든 후 내부적 혼란이 발생하길 기다리고 있었다. 고선지와 생각이 같았던 것이다. 진격을 멈추고 오래 대치를 하면 조직력과 충성심이 약한 반란군은 흔들리게 되어 있었다. 이때 산시성에 주둔하고 있던 진압군을 남하시켜 협공을 하면 승산이 있었다. 시간 싸움에서 절대적으로 당 정부군에게 유리하였다.

그런데 또 한번 소인배들의 정치적 계산으로 인하여 당은 결정적인 기회를 날려버리는 사건이 벌어진다. 항상 적은 내부에 있고 내부의 소인배들과 어리석은 리더 때문에 멸망에 이르는 것이지 결코 외부의 위협 때문이 아니다. 앞서 벌어진 고선지의 죽음은 이순신이 동래(부산)로 병력을 이동시켜 왜적을 막으라는 선조의 명을 거역하여 직위해제되고 죄인이 되어 조정으로 압송되었던 것을 떠올리게 한다. 가서한도 비슷한 운명을 맞이하였다. 서튀르크 출신 가서한은 정치적 스탠스가 복잡한 인물이었다. 이충사의 부하였으므로 태자파에 한발 담그고 있는 것처럼 보였으나 자신의 동료이자 경쟁자인 태자파 충신 안사순을 모함하여 죽음에 이르게 했다. 만약 안사순이 죽지 않았더라면 고선지의 뒤를 잇는 진압군 사령관은 안사순이 되었을 것이다. 역사적 상상력을 조금 더 부리자면 정황상 고선지를 모함하는 데 그도 간접적으로 일조를 했을 가능성이 크다. 왜냐하면 고선지의 죽음으로 인한 최대 수혜자는 그였기 때문이다. 그는 그저 자신의 성공을 위해 좋게 말하면 유연하게, 나쁘게 말하자면 지조 없이, 때로는 비열한 방법도 썼던 성공 지향적 군인이었다. 그럼 가서한이 양국충과 한배를 탔느냐 하면 그것도 아니다. 처음에는 안록산을 견제하기 위해 양국충과 가서한은 한통속이 되었었다. 그러나 가서한이 하는 일이 점점 마음에 들지 않자 양국충은 불안해지기 시작했다. 안록산, 가서한과 같은 사령관들은 군대를 가지고 있지 않은가. 지금은 당의 모든 군대가 동관에 있는데 만약 이들의 창 끝이 자신을 향한다면 당현종과 자기는 무사할 수 없다. 그리하여 자신의 안전과 이익을 보전하기 위해 양국충은 배신을 하기로 결심한다. 그는 당현종에게 "가서한이 20만 대군을 거느리고 동관에 틀어박혀 있는데 만약 안록산과 손을 잡고 반란에 가담한다면 장안은 그날로 끝장입니다"라고 간언했다. 가서한의 여지껏의 행보와 사람됨을 보면 그것이 그리 허튼 얘기 같지만도 않았다. 역사상의 모든 황제들은 의심이 많은 문제를 가지고 있었는데 현종도 예외는 아니었다.

양국충은 계속해서 가서한이 가만히 웅크리고 있는 것을 비난하였고 그에게 나가서 싸울 것을 압박하였다. 수심에 찬 가서한이 부하와 차를 마시면서 이런 상황에 대해 토로를 하던 중 부하가 "그럼 장군께서도 청군측(淸君側)을 하심이……"라고 말을 꺼냈다가 가서한이 정색을 하면서 그냥 끝난 일이 있다. 어찌된 일인지 이 '청군측'이라는 민감한 단어가 양국충의 귀에 들어갔고 다시 당현종에게 보고되었다.

당현종은 가서한에게 '출병하여 교전하라!'라는 교지를 보냈고 가서한은 눈물을 흘리면서 패할 것을 알면서 성문을 열고 출병을 하였다. 결과는 매복에 걸려 20만 대군이 산산조각 났고 가서한은 안록산의 포로가 되었다. 이와 비슷한 상황은 역사에서 여러 번 반복되었다. 기원전 260년 조나라 40여만 명이 전멸한 장평전투를 기억하자. 조나라 국왕도 노장 염파의 지구전을 못 기다리고 조괄로 장수를 교체하였고 조괄이 성문을 열고 나서면서 진나라에게 전멸당하지 않았던가. 이런 사례는 무수히 많은데 사실은 거의가 이러한 내부 정치적 암투와 최고통치자의 어리석음의 합작품이다.

동관에서의 출병은 당으로서는 자멸의 길이었다. 서북 군구에서 끌어모은 전투군단을 하루아침에 전부 잃었고 당 정부는 군사적으로 파산 상태에 이르렀다. 동관이 뚫리면서 장안이 함락되는 건 이제 시간 문제였다. 일흔한 살의 당현종은 양귀비와 일부 비빈들, 대신들 환관들 그리고 태자와 호위 병력들과 함께 장안을 버리고 쓰촨성 청두(成都)를 향해 피난길에 올랐다. 그러나 장안에서 몇 발자국 가지도 못하고 마외포(马嵬坡)[126]라는 곳에서 배고프고 지친 호위병들이 반란을 일으켜 양국충을 둘러쌌고 도망치는 양국충은 성문 아래에서 호위병들의 칼을 맞았다. 그들은 그것으로 끝나지 않고 양국충의 아들과 양귀비의 언니들도 모두 죽였다. 그리고 황제의 눈을 흐리게 만든 양귀비도 죽일 것을 요구하였다. 양귀비는 불당에서 목을 매어 자살했다. 때는 756년 7월 15일이었고 그녀의 나이 38살이었다.

마외포 정변은 배고프고 성난 호위무사들의 돌발적인 행동처럼 보이지만 사실은 그 배후에 태자와 고력사가 있었다. 사실 동관이 뚫리자 현종은 이제 그만 보위에서 내려오고 태자 이형에게 황제 자리를 선양하고자 했으나 양국충의 격렬한 반대로 뜻을 이루지 못했다. 이쯤되면 현종에게 충성을 다 바쳐왔던 고력사도 양국충을 죽이고 현종을 끌어내려 새로운 리더십을 구축하는 것이 옳다고 생각했던 것이다. 어찌 되었건 결과적으로 마외포 정변은 후미에 있던 태자 이형에게 절호의 기회를 안겨주었다. 정적인 양국충이 제거된 이상 위엄을

---

126) 오늘날의 섬서성 싱핑시(兴平市). 서안시에서 서쪽으로 55킬로미터 떨어져 있다. 양귀비의 무덤이 이곳에 있다.

잃은 늙은 부황의 밑에서 피난을 가는 건 의미가 없다고 판단하였다. 그는 자신의 지지자들과 얼마 안 되는 군사를 이끌고 갈라져 나와 북쪽으로 향했다. 삭방 절도사로 있는 곽자의와 합치기 위해서였다.

756년 7월 9일에 태자 이형은 삭방 군단 본영이 있는 닝샤 영무(靈武)에 도착했고 3일 후에 영무성 남문 누각에서 황제(숙종) 등극을 선포하였다. 저 멀리 사천성으로 도망간 아버지 이융기는 태상황으로 밀려났다. 이제 위기에 빠진 당제국의 조타수는 7대 황제 당숙종 이형이 되었고 그는 곽자의, 이광필 등 자신의 사람들로 전열을 정비한 후 위구르 기마 군단을 끌여들어 반격에 나섰다. 이로써 안사의 난은 제2라운드로 돌입한다.

반란의 진압

이후의 진압 과정은 여기서 자세히 설명하지 않고자 한다. 그러나 하나 알아두어야 할 것은 이후의 전투에서 위구르 기병들이 큰 역할을 했는데 그 폐해 또한 만만치 않았다는 것이다. 당시 당숙종이 이끄는 당 정부군은 끌어모을 병력이 없었다. 서북 변방에서 끌어모은 20만 전투부대가 동관전투에서 대부분 전사하였기 때문이다. 그럼 어떡하나? 외국에서 군대를 끌어올 수밖에 없었다. 당 천보년간의 혼란을 틈타 북쪽 초원에서는 튀르크의 뒤를 이어 회흘(위구르) 칸 제국이 형성되었다. 당숙종은 회흘 제국의 칸에게 파병을 요청하였다. 그런데 동란 중에 정부 수중에 돈이 있을 리가 없었다. 그래서 당숙종은 장안과 낙양을 수복할 경우 도성의 모든 민간 재산과 여자들을 마음대로 가져가도 좋다는 이면 계약을 하게 된다. 757년 9월에 위구르 군대가 장안을 수복하였지만 장안의 백성들은 안록산 부대보다 훨씬 더 심한 약탈과 납치, 강간과 같은 재난에 치를 떨어야 했다.

안록산은 장안이 수복되기 얼마 전인 757년 1월에 자신의 아들 안경서(安庆绪)에 의해 살해되었다. 그리고 758년에 사사명이 범양(베이징)에서 투항하면서 전란이 끝이 나는 듯했다. 당숙종은 사사명에게 하북절도사라는 직을 주었지만 그가 다시 반란을 하리라 생각하고 있었고 사사명도 조정에 진정으로 충성을 할 생각이 없었다. 그 후 당 정부의 사사명 암살 미수 사건으로 인하여 759년에 사사명의 2차 반란이 시작되었다. 사사명도 안록산처럼 761년에 아들에 의해 살해되었고 이 지긋지긋한 전란은 763년이 돼서야 완전히 끝이났다.

안사의 난이 남긴 손실

8년간의 동란으로 중국의 화북지역은 그야말로 쑥대밭이 되었다. 반란군이 휩쓸고 간 지역은 방화와 약탈이 자행되었고 위구르 파병군이 휩쓸고 지나가면 또 한번의 방화와 약탈이 자행되었다. 남자들은 정부군과 반군의 병력으로 충원되어 전장에서 의미 없이 희생되었다. 운이 좋아 희생되지 않은 농민들은 전부 짐을 싸서 유랑민이 되었고 돌보지 않는 농지는 황폐화되었다. 전란이 끝난 후 실시한 호구조사에 의하면 전란으로 인한 인구 손실은 3,000만 명(전체 인구의 2/3)에 달했다. 중국은 서역은 물론 깐수회랑까지 토번과 위구르에 빼앗겼고 영토는 서한 개국 초기로 회귀하였다. 이 시기 이후로 신장은 천 년 동안 중국의 역사에서 떨어져 나가 있게 되고 화려함과 번영의 대명사였던 장안은 당 이후로 한번도 수도가 되지 않는다.

그러나 눈에 보이지 않는 손실이 더 컸는데 그것은 이민족에 대한 개방성이 사라지고 배척으로 돌아섰다는 것이다. 이것은 안사의 난의 주동자가 호인이었고 발발지가 당시 호인들이 많았던 허베이 지역이라는 점도 있었지만, 이보다 더 중요한 건 안사의 난이 진압된 후에 통치자들은 자기 자신들의 문제를 외부의 요인으로 전가시키고자 했기 때문이다. 그리하여 오랫동안 후세에 의해 안사의 난은 민족 갈등으로 정의, 간주되었고 중국인들에게는 '우리 민족이 아니면 분명히 딴 마음을 품고 있을 것'이라는 생각이 자리 잡았다. 이로써 개방적이며 포용적인 중국은 폐쇄적으로 변해갔고 중국은 더 이상 외부로의 진취성을 발휘하지 못하고 자신만의 '천하'에 갇혀서 나아가지 못했다. 중국에게 성당(盛唐) 시기와 같은 시대는 다신 오지 않았다.

45장
중흥의 시도와 좌절

일궐부진(一蹶不振), 중국인들이 안사의 난 이후의 당(唐)의 상황을 설명할 때 가장 즐겨 사용하는 성어이다. 일궐부진은 '한 번 넘어져서 다시는 일어나지 못하다'라는 뜻으로 그만큼 안사의 난이 가져다 준 충격과 피해가 컸음을 말한다. 당왕조는 그 후 8세기 말에서 9세기 초에 걸쳐서 중흥과 개혁의 시도가 있긴 했으나 벽에 부딪혀서 성공을 거두지 못하고 그야말로 '다시 일어서지 못하는' 운명을 맞이하게 된다. 8년 간의 내전의 피해가 그렇게나 컸을까?

안사의 난이 가져다 준 피해를 설명하기 위해 천보년간의 인구통계를 다시 한번 꺼내야겠다. 안사의 난 발발 1년 전인 당현종 천보13년(754)에 조사한 인구 통계에 의하면 906만 9,154호에 5,288만 488명이다. 비교를 위해서 일단 통계에 잡힌 인구만 보자. 안사의 난으로 죽은 사람도 많았지만 이 동란은 화북에 국한된 내전이었기에 남쪽으로의 대규모 인구 이동을 유발시켰다. 특히, 후베이성(호북), 장쑤성(강소), 저장성(절강), 광동성 등지의 인구가 크게 늘어났다. 화남의 경제규모가 화북을 초과한 것도 이때부터이다. 안록산의 난이 진압된 직후인 숙종 건원3년(760)의 인구 통계에 의하면 293만 3,174호에 1,699만 3,806명이다. 이를 두고 거의 70% 감소라고 하며 혹자는 인구절벽이라고 하기도 한다. 실제로 그럴까? 전란 중이었던 760년의 인구 조사는 300개가 넘는 전국의 주(州) 중에서 절반밖에 안 되는 169개 주만 인구 통계를 보고하였다. 안사의 난 직후 중국에는 여전히 4,000만 명에 달하는 인구가 있었던 걸로 추정된다.

진짜 문제는 내전 이후의 상황이었다. 당제국은 안사의 난의 직접적인 피해로 쓰러진 게 아니라 안사의 난이 만들어 놓은 새로운 국면들을 전환시키지 못하여 쓰러진 것이다. 안사의 난 이후 중국은 세 가지 커다란 문제를 안게 된다.

- 번진들의 할거
- 토번과 위구르의 위협
- 환관의 득세

하나는 외부의 위협이고 하나는 중앙과 지방의 문제이며 다른 하나는 통치계층 내부의 문제였다. 이후에 전개되는 당의 역사는 이 세 가지 위협 세력과의 투쟁의 역사로 볼 수 있다.

번진의 할거

　안사의 난은 진압되었지만 투항한 안록산과 사사명의 부하 장군들은 여전히 막강한 군대를 보유하며 중요 거점을 장악하고 있었다. 내전 시기에 당조정은 정부군의 장군들에게 'ㅇㅇ절도사'라며 없던 절도사 자리를 만들어서 임명하였고 또한 반란군의 어느 부대가 투항을 하면 그 반란군 장수에게 투항에 대한 보상으로 'ㅁㅁ절도사'나 그에 상응하는 지역 사령관 자리를 주었다. 이런 식으로 내전 중에 많은 절도사가 내지에도 우후죽순 생성되었고 내전 전의 10개에서 내전 후에는 전국적으로 50개가 넘는 절도사가 존재하였다.

　더 큰 문제는 중앙의 힘과 위엄이 땅에 떨어졌고 군대를 가진 절도사들은 통제가 안 되었다는 것이다. 이들 절도사들이 관할하는 군사지역을 번진이라고 하는데 당의 번진들은 수 개의 주를 거느리며 자신의 관할 범위 내에서 행정, 군대, 조세, 사법 등을 자신의 통제하에 두면서 실질적인 왕국처럼 군림하였다. 안사의 난은 진압이 되었지만 그 후에 펼쳐진 국면은 수십 개의 안록산 또는 잠재적 안록산들이었다. 군을 보유한 지역 사령관에게 호되게 당한 기억이 있는 당 황실은 대체적으로 이들 절도사들을 너무 자극하지 않고 겉모습이라도 평화와 안정을 유지하고자 했고 황제와 절도사와의 관계는 겉으로만 충성하는 관계를 유지하고 있었을 뿐 실질적으로는 많은 절도사들은 황제를 두려워하지 않았다. 마치 동한 말에 14개 군벌들로 쪼개져 있던 것과 비슷한 상황이 되어버렸다. 내전이 가장 치열했던 하북지역 절도사들의 힘이 유독 강했는데 이들은 중앙으로부터 여러 가지 권리를 얻어내어 거의 독립 상태에 이르렀다. 더욱 심각한 것은 이들 절도사들이 세습을 하려는 움직임이 있었다는 것이다. 이들은 절도사가 죽으면 그의 부하들을 부추겨 동생이나 아들을 후임 절도사로 추대하여 중앙의 승인을 요구하는 식이었다. 하북의 몇 군데 절도사의 세습이 이루어지자 다른 지역의 절도사들도 줄줄이 이와 비슷한 요구를 하고 나섰고 이 과정에서 당정부는 때로는 무력으로 진압하고 때로는 타협을 하거나 요구를 들어주는 식으로 대응하였다. 무력 진압의 경우 황제에 충성하는 절도사로 하여금 군을 이끌고 토벌하게끔 하는 식이었으니 진압이 제대로 되었을 리가 없다.

당의 황제들은 8세기 말에서 9세기 초반에 걸쳐 중앙의 권력을 강화하고 절도사의 권한을 약화시켜 번진의 할거 국면을 전환시켜 보려는 일련의 노력들을 하였고 실제로 당헌종(唐宪宗) 때에는 상당한 성과가 있었지만 안타깝게도 대세를 돌려놓지 못하였다. 결국 안사의 난 이후 굳어진 번진 할거라는 국면은 당 말기까지 지속되고 더욱 심화되어 중국은 '5대10국'이라는 또 한번의 분열기를 맞이하게 된다.

안사의 난과 위구르의 개입

안사의 난의 진압 과정에서 가장 큰 문제는 회흘을 끌어들인 것이었다. 회흘(回纥)은 오늘날 신장에 거주하는 위구르 민족의 당시 명칭으로서 이제부터는 우리에게 익숙한 위구르라고 부르겠다. 이들은 튀르크 제2제국이 멸망하면서 독립하여 급속도로 세력을 키웠고 튀르크의 옛 영토를 거의 차지하였다. 이렇게 '흉노-선비-유연-튀르크-위구르'로 몽골 스텝 정권의 계보가 이어진 것이다. 그런데 이들은 앞선 초원 정권들과는 조금 달랐던 게 정권 초기부터 중국과의 관계가 좋았다. 이들의 리더는 744년에 당현종으로부터 칸에 책봉되면서 나라로서 인정받았다. 앞선 44장에서 튀르크 제2제국을 설명할 때 '당이 이들 중 많은 부분을 차지하는 철륵 계열의 민족을 지원하여 튀르크 제2제국에게 반기를 들도록 하였다'고 하였는데 이때 철륵 계열 민족이란 대부분이 위구르 민족을 말한다. 고로 당과 위구르 민족은 튀르크 제국을 멸망시키기 위해 연합을 한 사이이고 당의 도움을 받아 초원을 차지하게 된 이들이 친당 정권인 건 당연하다.

안사의 난이 터지고 군대가 모자르자 새로 황제에 오른 당숙종 이형은 위구르 칸국에 파병을 요청하였고 위구르의 칸은 이에 응했다. 그리고 758년에 숙종은 이에 대한 보답으로 자신의 차녀 영국공주(宁國公主)를 그에게 시집보냈다. 안사의 난 후로 당은 세 번에 걸쳐서 위구르 칸국에 공주를 시집보냈는데 그중 두 번은 황제의 친딸이었고 한 번은 황제의 친여동생이었다. 중국의 역대 정권은 주변 정권에 수많은 공주를 화친의 목적으로 시집보냈지만 거의가 먼 종친의 딸들을 공주로 책봉하거나 심지어는 족보에도 없는 여인을 가짜공주로 만들어 보냈지 이렇게 황제의 친딸, 친동생을 보내는 일은 거의 없었다. 이는 당시 당정부가 얼마나 급하고 아쉬웠냐는 것과 당시 위구르 칸국이 당에게 전략적으로 얼마나 중요한 상대였냐는 것을 보여준다.

위구르 군의 파병은 안사의 난 진압에 결정적인 도움이 되었지만 수도 장안과 동도 낙양의 민간인들은 위구르 군대에 의해 심각한 약탈을 당해야 했다. 앞서 설명했듯이 당숙종이 파병의 대가로 민간인 수탈을 묵인했기 때문이다. 더 큰 문제는 내전이 끝난 후 당황실의 권위는 번진들도 우습게 볼 정도로 땅에 떨어졌으니 위구르나 토번 같은 거대 정권이 존중을 해 줄 리가 없다. 위구르 기병들은 안사의 난 이후에도 중국 본토를 제 집 들듯이 드나들면서 약탈을 일삼았고 당 정부는 이에 속수무책이었다. 심지어는 장안에까지 들어와 갑질을 하고 돌아가기 일쑤였다. 그래도 당 정부는 이들에게 공주를 시집보내며 자존심 상한 화친을 유지할 수밖에 없었는데 이는 서남쪽의 토번 때문이었다.

토번의 공격과 서역의 상실

755년 안사의 난이 발생하자 다급해진 당 정부는 변경의 군대 대부분을 끌어모아 쿠데타 진압에 투입하였다. 그럼 어떻게 되겠는가? 서부의 방어에 큰 공백이 생겼다. 그리고 토번은 기회를 틈타 롱우, 하서 등 당의 큰 지역을 점령했다.

치송데첸(적송덕찬赤松德贊)은 755~797년간 재위했던 찬보이다. 8세기 전반 50년의 정치 혼란기를(제44장 참조) 끝내고 보위에 오른 치송데첸의 재위 기간을 보면 이 사람이 만만치 않은 인물이란 걸 짐작할 수 있다. 무려 43년간 재위했다는 건 그만큼 왕권이 강했고 정치가 안정되어 있었다는 걸 뜻한다. 당으로서는 참으로 운 없게도 내란 중에

서남쪽의 가장 큰 적국은 정치적 안정을 되찾았으며 당이 전란을 끝내고 기력을 잃고 하강기로 빠졌을 때 이들은 전성기를 맞이했다. 그리고 그 결과는 당의 영토 상실로 나타났다. 치송데첸이 이끄는 토번군은 쓰촨, 칭하이, 깐수와 맞대고 있는 긴 변경의 전 범위에 걸쳐서 대대적인 공격을 가하였고 당은 깐수성 대부분, 칭하이 전지역, 쓰촨성 서부 일부를 내주었다. 중국이 이렇게 짧은 시간에 이렇게 넓은 영토를 상실한 적은 없었던 것 같다. 신장과의 연결고리인 깐수성을 잃었으니 당연히 서역(신장과 중앙아시아)은 당의 영토에서 떨어져 나갔다. 이후로 신장이라는 광활한 지역은 중국 역사에서 천년 동안 떨어져나가게 되고 청나라 때에 와서야 다시 편입이 된다. 치송데첸 재위 시기 토번왕국은 영토를 크게 확장하여 동으로는 당과 대략적으로 롱산(陇山)을 경계로 하였고, 북으로는 닝샤 허란산, 남으로는 오늘날 운남성인 남조를 속국으로 하였다. 아무도 신경쓰지 않던 고산지대의 왕국이 이 세기에 들어 중국보다 더 큰 영토를 차지하게 된 것이다. 롱산이란 닝샤 남부에서 시작하여 깐수성 동부를 지나 섬서성 서남부까지 남북으로 걸치는 산맥이므로 당시 토번은 동으로 오늘날의 섬서성 바오지시(宝鸡市)까지 영토를 밀고 들어왔다는 걸 의미한다. 바오지시는 시안에서 불과 170킬로미터밖에 떨어져 있지 않다.

763년은 당으로서는 치욕적인 한 해이다. 내전 직후 당이 정신이 없는 틈을 타 토번은 공물을 보내지 않았음을 빌미로 삼아 20만 대군을 몰고 장안을 향해 진격하였다. 수차례에 걸쳐서 정면 대결을 한 결과 승리를 거두며 당나라의 수도 장안을 점령했고 자신들이 당의 황제를 마음대로 세울 정도로 기세를 날렸다. 당의 황제는 한 번은 안록산의 군대를 피해서 서쪽으로, 또 한 번은 토번의 군대를 피해서 동쪽으로 두 번에 걸쳐서 궁을 버리고 피신을 간다.

790년 이후 토번은 북정, 안서까지 점령했으나 몇십 년 후에 북정, 안서를 다시 잃었다. 장족 문헌 기재에 의하면 토번은 한 번은 히말라야 산맥을 넘어 갠지스강 북안까지 갔다고 한다. 거대 세력으로 성장한 토번이 쪼그라든 중국의 변경을 이리저리 유린하였고 심지어는 정권 자체를 위협하였다는 것은 굳이 말을 하지 않아도 예상이 가능하다. 그럼 당은 이에 어떻게 맞섰을까? 안사의 난 이후 당의 토번에 대한 정책은 '이이제이' 전략이었다. 또 하나의 거대 세력인 위구르를 이용하여 토번을 견제고자 했고 그것이 그나마 최선의 방법이었다. 그것이 당의 황제가 위구르 칸국에게 친딸과 친동생을 시집보내고 말 한 필에 비단 40필을 교환하는 불공정 무역을 하면서까지 동맹 관계를 유지할 수밖에 없었던 이유이다.

전성기 토번 왕국(8세기 후반~9세기 초반)

양세법

당 조정은 전후의 질서를 다시 세우고 일어서고 싶었으나 그러기에
는 너무나 많은 산적한 문제와 위협들이 그들을 억누르고 있었다. 특
히 통제불능의 번진 할거 국면을 전환시키는 것이 최우선 과제였고 이
를 위해 황제와 중앙정부는 힘겨운 투쟁을 하고 있었다. '개혁의 시작
은 위기의 인식'이라 하듯이 사회가 여러 가지 문제와 위협에 봉착하
고 때로는 극한의 상황으로 몰렸을 때 개혁이 일어나는 법이다. 당 정
부가 국면 전환을 위한 여러 가지 시도와 투쟁을 하던 와중인 8세기
말에 조세 역사에 길이 남을 개혁이 이루어진다. 당의 역사를 이쯤에
서 마무리하고 펜을 놓고 싶지만 중국의 개혁사를 다루면서 '양세법'
을 이야기하지 않고 당나라를 이야기했다고 말할 수 없을 것 같다.

양세법 실시의 시대적 배경

양세법(兩稅法), 이 역시 논쟁의 여지가 많은 개혁의 역사이다. 먼저
양세법이 나오게 된 배경을 알아야 한다. 때는 당숙종의 다다음 황제
인 당덕종(이적李适, 779~805 재위) 재위 때였다. 당덕종은 국면을 전환
시켜보려는 노력과 의지가 강했던 황제이다. 환관을 멀리하고 번진에
대한 통제를 강화하고자 하는 등 그가 재위 초기에 하고자 했던 방향
들은 모두 틀림이 없었다. 그러나 후에 절도사 세습 관련하여 강경 입
장을 취했다가 하북 번진들의 반란을 불러일으켰고 이를 진압하지 못
하여 또 한번 황제가 장안을 버리고 피신을 가는 난리를 겪었다. 그리
고 그 후 그의 번진 개혁은 좌절을 겪고 만다. 한마디로 말하자면 하

고자 하는 방향은 맞았으나 당시 정부의 역량이 받쳐주지 못해서 좌절을 겪었고 후기에 가서는 무기력해져서 다시 환관들의 손에 의해 좌지우지되었던 황제이다.

다시 그의 재위 초기로 돌아와서, 덕종은 중앙 정부의 위엄을 세우고 국가 중흥을 위한 사업을 추진하고 싶었다. 그러나 문제는 돈이 없었다. 번진의 할거를 억압하는 일도 돈이 있어야 했다. 사람 간에도 그렇고 조직이나 국가 간에도 마찬가지이다. 돈 없이 위엄이 설 수 있겠는가? 군대를 증설하여 토번의 공격에 대비하는 일도 돈이 드는 일이다. 외교를 하는 것도 돈이 든다. 백성들을 구제하는 것도 돈이 드는 일이고, 무너진 궁전을 다시 짓고 운하와 도로 등 인프라를 보수하는 일도 돈이 드는 일이다. 무엇을 하든지 돈이 필요하다. 그 돈은 어디서 나오는가? 당연히 백성들이 내는 세금이다. 안사의 난 이후 실크로드가 막혔으니 무역상들이 내던 세금 수입이 확 줄었고 전란으로 폐허가 된 당나라에 유학을 하러 올 리도 만무했으며 삥을 뜯어내던 서역의 식민지도 없어졌으니 당정부의 재정 수입은 그저 백성들이 내는 세금에 의존할 수밖에 없었다. 안사의 난 이후 당 정부가 극심한 재정난에 직면하는 것은 예상이 가능한 수순이다. 호구 조사에 따른 인구 수, 즉 납세 인구가 급격히 줄었기 때문이다. 앞선 왕조에선 이럴 때 휴양생식 정책으로 국가 원기를 되찾았지만 지금은 그럴 때가 아니다. 국면 전환을 위해선 정부가 필히 돈을 써야 하는 상황인데 들어오는 정부 재정 수입은 확 줄었다. 이건 아껴 쓴다고 해결될 상황이 아니었다.

조·용·조의 폐단

이때 구세주처럼 등장한 사람이 재상 양염(楊炎)이었다. 양염은 재정 수입의 문제를 국가의 조세 시스템적 측면에서 근본적으로 분석했다. 그리고 그는 당의 조세 시스템에 있어서 근본적인 문제가 있음을 발견하였다. 이는 비단 전란으로 인해 호적 인구가 급감한 것만의 문제가 아니었다. 안사의 난이 아니더라도 당의 재정 수입 문제는 발생하게 되어 있었다. 즉, 백성들은 세금을 낼 돈이 점점 없어지고 정부는 재정 수입을 맞추기 위해 계속 세금을 올려 거둬들인다. 이렇게 되면 농민들의 유랑화를 가속화시킬 뿐이다.

왜 이런 현상이 벌어질까? 그것은 균전제의 붕괴에 있었다. 북위 때부터 시행되어 수, 당에 이르기까지 균전제는 마법처럼 매번 새로운 왕조에 활력을 불어넣어 주었고 중국 경제를 300년 가까이 떠받치던 기둥이었다. 균전제가 효력을 잃어가면서 부병제가 붕괴되고 당의 조세 제도인 '조·용·조'도 붕괴되었으니 균전제의 붕괴는 중국 역사에서 큰 전환점이 되는 일대 사회 현상이었다. 생각해 보자. 균전제는 모든 농민들에게 토지를 균등하게 공짜로 주는(평생 임대) 어마어마한 농민 복지제도이자 토지제도이다. 이 복지제도하에 세금도 그리 많지 않은 수준으로 균등하게 걷었으니 농민들은 불만이 없었고 토지를 받은 사람은 일정기간 군복무를 하도록 하였으니 기꺼이 군복무에 응하는 이상적인 시스템이었다. 당은 언제든지 징발이 가능한 부병을 기반으로 강력한 군대를 보유했고 강력한 군사력은 서역의 식민지를 개척을 가능케 했으며 식민지 경영과 실크로드를 통한 무역은 경제를 활성화시키고 재정을 충당하는 선순환을 일으켰다. 그리고 이 이상적인 시스템을 돌아가도록 하는 원자력 엔진이 바로 균전제였다. 그러므로 균전제의 붕괴는 보통 일이 아니다. 혹자는 안사의 난 발발도 균전제의 붕괴에서 원인을 찾기도 한다.

다시 당의 조세제도로 돌아와서, 간단히 생각해 보자. 당 건립 초기에는 균전제에 의해 정남(丁男, 21세 이상 남자)에게 80묘의 구분전과 20묘의 영업전을 주어 구분전에서는 곡물을 심고 영업 전에는 누에와 같은 직물 원료를 생산토록 하였다. 농지를 공짜로 받은 농민들은 당연히 거기서 나온 농작물의 일부를 세금으로 내도록 되어 있었다. 세금은 구분전에서 나오는 곡물과 영업전에서 나오는 비단, 마와 같은 견직물로 구성되어 있다. 곡물로 내는 세금을 '조(租)', 견직물로 내는 세금을 '조(调)'라고 했다. 그리고 매년 국가에 부역 20일을 제공해야 하는데 이는 현물로 대체할 수 있었고 이를 '용(庸)'이라 했다. '용'은 농번기에 농민들의 시간을 빼앗지 않으려는 일종의 배려였다. 잠시 당의 건립 때로 돌아가보자. 당왕조는 수왕조 말의 농민 봉기를 기반으로 세워진 왕조였고 당시 농민 봉기는 정부의 수탈과 노동력 착취에 기인하였다. 당태종을 포함한 당의 창업 그룹은 수왕조 멸망의 교훈을 매우 민감하게 받아들였고 그래서 자신들의 지지 기반인 농민들의 부담을 최대한 줄여주려고 했다. 당 초기의 농민들은 매년 2석의 좁쌀을 조(租)로 냈고, 2장(丈)[127]의 비단과 3량(兩)의 금(錦, 망사와 같은 고급 비단의 일종)을 조(调)로 냈으며 1년에 20일의 요역을 제공해야 했다. 요역을 용(庸)으로 대체하려면 하루당 3척의 비단을 냈다. 이 정도의 세금은 다른 왕조에 비해 낮은 편이었고 게다가 균전을 공짜로 받은 농민

---

127) 당나라 때 1장(丈)은 오늘날의 307센티미터이며, 1량(兩)은 37.3그램이다.

들은 세금을 내는 데 큰 부담이 없었다.

다시 말하면 '조·용·조'는 균전제에 의해 모든 정남이 농지를 동일하게 지급받고 동일한 양을 생산한다는 전제하에서 정남의 머리 수대로 세금을 징수하는 조세 시스템이다. 세금은 호(가구)별로 부과되었으므로 예를 들어 어떤 집에 성인 남자가 두 명 있으면(여자와 아이, 노인이 몇 명이 있든 상관 없이) 위에 설명한 '조용조 1인 표준량×2'을 내면 되었다. 그런데 시간이 흐르면서 문제가 발생한다. 농민들의 토지가 점점 줄어드는 것이다. 국가의 토지 공급량이 줄어드는 균전제의 태생적 문제는 이미 여러 번 언급하였다. 그런데 그것만이 다가 아니었다. 지급받은 토지를 상실하는 농민들이 생겨나고 있었던 것이다. 농민들은 토지를 왜 상실하는가? 그것은 귀족, 관료, 지주들의 토지겸병 때문이다. 원래 구분전은 매매가 금지되었고 60세가 넘으면 국가에 반납해야 하는 땅이지만 실제로는 그것이 잘 지켜지지 않았다. 이런 식으로 시간이 흐르면서 농민들은 실제적으로 지급받은 균전을 상실하는 경우가 많았다.

이렇게 자신의 토지를 상실하는 농민들이 생겨났는데 국가의 세금 부과는 여전히 토지가 있다는 전제하에 정남의 머리 수대로 행해지고 있었다. 이러한 현실 정황에 대해 당 정부는 매우 둔감하였다. 개원년간의 오랜 평화와 안정의 시기 동안 이러한 사회 구성원들의 재산권 변화가 호적에 반영되지 않았고 그러면서 조용조 제도는 매우 불공평한 제도가 되었으며 동시에 정부의 세수는 매년 줄어만 갔다. 농민들은 세금을 낼 돈이 없다. 그러면 어떻게 하겠는가? 고향을 떠나서 온 가족이 유랑민이 되는 수밖에 없다. 지주는 토지가 많아지긴 했지만 여전히 정남의 머리 수대로 부과하므로 그들이 내는 세금은 늘지 않았다. 정부는 세수가 목표량에 도달하지 않으니 원래 아주 미미한 수준이었던 각종 잡세들을 부활시켜서 부족분을 보충하려 했고 이는 농민들의 유랑 현상을 더욱 부채질했다. 조용조 제도가 폐단을 보인 이유는 정부의 토지 자원이 고갈되어 더 이상 토지 공급을 유지하기 어렵게 되었다는 균전제의 수명 문제도 있었지만 한편으로는 실제 현장에서 지주들의 토지겸병이 심했기 때문도 있다. 어쩌면 후자의 문제가 더 컸을 수도 있다.

양세법의 반포

양염은 조용조를 대체할 완전히 새로운 조세 시스템 도입을 추진하였다. 그 핵심은 첫째, 춘추전국 시대 이후로 행해온 정남의 머리 수에 의한 부과 방식(인두세)을 탈피하여 각 호의 자산과 토지에 의한 부과를 하는 것이었다. 이렇게 하여 '자산이 많은 사람은 더 내고 자산이 적은 사람은 덜 내는' 오늘날과 같은 부과 이념이 도입되었다.

새로운 조세 제도의 또 한 가지 핵심은 정부가 지출할 예산을 상정하여 각 지방에 세수량을 탑다운으로 할당하여 예산만큼 거두는 방식이다. '양출제입(量出制入)'이라고 하는 이 방식은 지금으로써는 당연한 일 같아 보이지만 당시에는 아무도 생각지 못한 획기적인 아이디어였다. 당시 중국뿐 아니라 전세계 대부분 국가의 정부는 세금을 거두기 시작한 이래로 '거둔만큼 쓰는' 방식을 써왔다. 예산을 짤 수 있었다는 것은 그만큼 당시 중국인들이 기록에 충실했으며 데이터가 축적되어 있었다는 것을 의미한다.

세 번째 핵심 이념은 세금의 종류를 호세와 지세, 두 가지로 간소화하여 징수의 효율을 높이고 농민들에 대한 착취를 막는다는 것이다.

당덕종 건중 원년인 780년에 '양세법'이라고 하는 이 혁신적인 조세 시스템이 반포되었고 그 구체적인 방식과 규정은 아래와 같다.

一. 양출제입(量出制入)의 원칙에 의거 국가는 한 해의 지출 총액을 산정한다.

二. 정남의 수를 징수 근거로 하는 규정을 폐지하고 전국의 백성을 주호(主戶)와 객호(客戶)로 구분하지 않고 원적이 어디든 상관없이 현 거주지에 호구를 등재한다.

三. 호세(戶稅)와 지세(地稅)를 국가의 정규 세수 항목으로 하여 1년에 6월과 11월 두 차례에 걸쳐 납부한다.

四. (양세법이 반포되기 1년 전인) 779년의 토지량을 지세의 기준 수로 삼는다.

五. 고정적인 거주지가 없는 상인들은 자신이 현재 소재한 지역에서 자산의 30분의 1을 낸다(후에 10분의 1로 개정).

六. 새로운 세제 반포 후 매년 세수 총액과 호구의 증감을 관리의 인사평가 항목으로 하여 상서성과 도지부는 관리의 승진과 퇴출에 반영한다.

양세법은 그 의도대로 국가의 재정을 크게 개선시켰고 빈자에게 과중한 세금을 물리는 불합리를 개선하였다. 또한 호적 변화를 등록하는 것에 소극적인 행태를 개선하는 등의 효과를 발휘하였다.

중앙과 번진의 재정 전쟁

양세법 시행에는 또 하나의 숨겨진 목적이 있었는데 그것은 중앙의 번진에 대한 재정 헤게모니 장악이었다. 번진들과 중앙과의 갈등에는 역시 '돈'이 중요한 부분을 차지하고 있었다. 당왕조 전반기에는 조·용·조 제도에 의거하여 중앙이 지방에 대한 완벽한 재정 통제권을 쥐고 있었다. 재정에 있어서 고도의 중앙집권과 일률적으로 거둬들이고 일률적으로 지출하는 '통수통지(统收统支)'의 방식을 유지하고 있었다. 그러므로 중앙과 지방 간에는 명확한 재정 분담이 없었고 지방은 그저 중앙의 지시에 따라 집행하는 역할을 맡았을 뿐이었다. 그런데 안사의 난 이후 재정의 중앙집권과 통수통지 원칙이 붕괴되면서 재정 권한이 상당부분 지방으로 옮겨졌다. 그리고 한번 간 재정 권한을 중앙이 다시 가져오기란 쉽지 않았다. 양세법의 시행에는 번진의 재정 권력에 제한을 가하고 중앙의 재정 권한을 강화하고자 하는 목적이 숨어있었다. 즉, 당덕종이 추진하던 번진 개혁에서의 재정 버전인 셈이다.

양세법의 정식 명칭은 '양세삼분법(兩稅三分法)'이었다. '양세'는 초여름과 늦가을 두 번에 걸쳐 납부한다고 하여 붙여진 이름이라고 사료에 나와있으나 혹자는 호세와 지세 두 종류의 세금으로 구성되어 있는 것에서 유래되었다고 하기도 한다. 그리고 거둬들인 세금은 다시 종적으로 상공(上供), 유사(留使), 유주(留州)로 삼분되어 있었다. 상공이란 중앙정부로 보내지는 부분이고, 유사는 번진의 절도사(使)에게 남기는(留) 부분이며 유주는 주(州)에 남기는(留) 부분이다. 그리고 오늘날 중앙과 지방 자치단체의 예산을 정하듯이 중앙정부는 출척사(黜陟使)라는 국세청 관리를 파견하여 절도사와 예산 배분 협의를 하여 그들의 몫인 유사의 총액을 정하였고, 또다시 주의 몫인 유주의 총액도 정하였다. '이제부터는 예산을 정하여 규모 있게 거두고 규모 있게 집행하여 인민들의 부담을 덜어주자'라는 대의에 번진들도 거부할 명분이 없었을 것이다. 이렇게 하여 '중앙-번진-주'의 3단계 재정·예산 관리 체계가 구축되었다. 이것이 번진들을 어떻게 구속하였는가 하면 번진들은 자신들의 예산과 세입 총액이 정해져 있으니 일단 규정상으로는 이들이 임으로 세금을 더 거두는 것이 불가능해졌다. 아무리 예산을 충분히 받았다고 하더라도 그것이 정해져 있는 것과 자신들의 재량으로 임의로 추가할 수 있는 것에는 큰 차이가 있다. 즉, 번진들은 재정 주권을 내어주게 된 셈이다. 이와 동시에 중앙정부는 출척사(黜陟使)를 정기적으로 파견하여 지방이 세금을 제대로 거두었고 제대로 집행했는지를 감독하게 되어 있었다. 양세법이 제대로만 시행되었더라면 번진들에게 재정적 측면에서 제동을 걸고 뒤바뀐 중앙과 지방의 지위를 다시 돌려놓는 기가 막힌 한 수가 되었을 것이다.

양세법의 폐단

양염은 양세법을 발기한 뒤 2년 후인 781년에 간신의 모함을 받아 죽음을 맞이하였다. 양세법이 반포되고 14년 후인 794년에 재상 육지(陆贽)는 덕종에게 《백성의 고혈을 짜내는 세법 여섯 조항》이라는 상소를 올리면서 양세법을 신랄하게 비판하였다. 그는 이렇게 말하였다. "(조용조제는) 당시에는 때때로 폐단이 있어 이치에 맞지 않을 때도 있었습니다. 그렇지만 법에는 폐단이 없는 법이 없습니다." 그의 이 말은 조용조 자체는 문제가 없고 단지 균전제의 붕괴가 문제였다는 것이다. 양세법의 폐단을 현장감 있게 이해하기 위해서 그가 한 말을 들어보자.

"대력년간(덕종의 아버지 당대종 재위 시기) 중에 행해졌던 불법 징수가 양세와 같이 행해지고 있습니다. 오늘날 양세 외에도 불법적인 세금 징수가 병존하고 있습니다."

"부자들은 수만 무의 토지를 가지고 있고 가난한 자들은 발디딜 거처도 없습니다…… 오늘날 경기 지방에 관리들은 한 무당 5승을 냅니다. 그러나 민간인들에게는 한 무에 대략 1석의 조(租)를 받습니다. 관리들에 비해 20배의 세금입니다."

"세금을 정할 때는 전부 돈으로 정하고 세금을 낼 때는 비단으로 냅니다. 이전의 세무자가 비단 한 필에 3,200문(文)을 받았다면 지금의 세무자는 한 필에 1,500문밖에 못 받습니다. 지금은 두 배의 비단을 내야 합니다."

양세법의 문제는 무엇이었나? 양세법이 추구하였던 핵심 철학에는 문제가 없었다. 문제는 오히려 그 사상이 너무 앞서갔고 그 사상을 실행하기에는 디테일이 부족했다는 데에 있었다. 또 한 가지는 그 실행과정에 있었다. 모든 제도가, 특히 조세 제도는 각 지방과 현장에서의 강제성이 보장되어야 하나 그러기엔 안사의 난 이후의 중앙정부는 여전히 지방에 대한 충분한 통제력을 가지고 있지 못했다. 이런 이유로 인해 양세법은 그 실제 실행과정에 있어서 여러 가지 폐단을 드러냈다.

첫째, 양세법의 가장 큰 허점은 총량 위주로만 규정을 해놓았을 뿐 통일된 과세 표준을 제시하지 않았다는 점이다. 전문 관원이 각 지방으로 파견되어 지방 관원들과 공동으로 현지 토지에 대한 심사를 하여 등급을 매기고 그 구역의 생산 능력을 고려하여 세금 징수 총액을 정하였다. 나머지는 각 번진, 주·현 자신들이 알아서 하는 것이다. 같은 등급의 농지를 보유한 농민이더라도 이쪽 현과 저쪽 현이 부과하는 세금의 양이나 납세 방식이 달랐다. 이는 유랑민을 가속화시켰고 호적 관리를 더욱 어렵게 만들었다.

둘째, 정기적으로 자산에 대한 업데이트를 하지 않았다. 양세법이 조용조제와 다른 근본적인 차이는 납세 가구가 소유한 자산을 납세 표준으로 삼았다는 것이다. 그러므로 국가가 정기적으로 전문인력을 파견하여 납세 가구의 자산에 대한 계속적인 조사와 업데이트를 해줘야 합리적인 세금 부과가 이루어지는데 그러지 않았다. 안 했다고 하기보다는 못했다가 더 맞는 말일 수 있다. 당시의 행정 관리 능력으로는 그런 것을 제대로 할 수가 없었다. 결국 이러한 허점으로 인하여 양세법은 현장에서의 실시에 있어서 지방 관리들에게 더욱 많은 편법과 불합리한 수탈의 공간을 제공하였다.

셋째, 납세량은 금액으로 정해놓고서 실제 납부는 현물로 하도록 했다. 당시 돈이 귀하여 돈 가치가 올라가는 현상이 성행했는데 이는 납세량을 정할 때에 비해 실제 납부할 때는 농민 부담이 배에 달하는 현상을 야기했다. 예를 들어 현의 관리가 "당신네는 일 년에 비단 10필을 생신할 수 있는 농지를 가졌네요. 그럼 2필을 세금으로 내세요. 지금 비단 시세가 얼마더라, 한 필에 500원이네요. 그러니 올가을에 1,000원어치를 비단으로 내세요"라고 한다. 주·현의 세금 목표 총량이 금액으로 정해져 있었으니 지방정부는 농민들한테도 금액으로 부과하였는데 실제 납부는 현물로 할 수밖에 없었다. 그만큼 당시 돈이 충분히 발행되어 있지 않았고 잘 유통이 되지 않았다는 것을 뜻한다. 그 농민은 생산된 10필 중 2필을 제외하고 8필을 내다 팔아 생활비로 쓸 예정이었다. 그런데 가을이 되어 보니 돈의 가치가 올라 비단 4필을 팔아야 1,000원을 받을 수 있었다. 그 농민은 비단 4필을 세금으로 바쳐야 했고 모자란 생활비는 빌려서 변통하는 수밖에 없었다.

넷째, 잡세의 폐지가 잘 지켜지지 않았다. 양세법이 반포되었을 때에는 지방에 하달된 공문서에 '양세법은 모든 기타 비용을 포함하며 봄·가을 양세 이외에는 모든 잡세를 전부 폐기한다'라고 되어 있었다. 이대로 지켜지기만 한다면 농민들에게는 손해 볼 게 없는 법이었다. 그러나 시간이 흐르면서 실제 현장에서 이것이 잘 지켜지지 않았다. 번진, 주, 현의 관리들은 양세 이외에도 통행비, 상품교역세, 주택재산세, 지세부가세, 실물징수훼손세 등 각종 명목의 비용을 포함시켜 징수했다. 양세법은 번진으로부터 재정적 우위를 점하고 통제력을 발휘할 수 있도록 설계되어는 있었으나 중앙이 강제력을 발휘하지 못하는 상황에서 번진과 주·현은 중앙정부를 비웃기라도 하듯 마음대로 다른 명목의 세금을 신설하여 모자란 부분을 충당하였고 농민들의 부담은 가중되어만 갔다.

아이러니하게도 양세법은 귀족·지주들의 토지겸병을 더욱 가속화한 측면이 있었다. 균전제하의 조용조제에서는 비록 토지의 겸병이 행해지긴 했으나 균전이란 모든 이들이 똑같은 양을 가지고 있어야 하는 것이고 원칙적으로 매매가 안 되는 국가 소유의 땅이었다. 그런데 양세법하에서는 '개인이 보유한 토지의 많고 적음'을 인정하였으니 토지의 사유와 매매를 허용한 것이고 대지주들에게 명목적으로나마 있었던 법 조항의 구속마저 걷어준 셈이 되었다.

당덕종은 양세법과 염철 산업 국유화 등 일련의 재정 개혁을 통해 재원을 마련하고 이를 기반으로 번진을 억누르기 위한 조치들을 시도하였다. 대표적인 게 중앙군을 확충한 것이다. 번진을 견제하기 위해선 때로는 무력 사용이 불가피했고 이때마다 다른 번진의 군대를 빌어서 하는 것에는 한계가 있기 때문이다. 이러한 노력들에도 불구하고 그는 번진 할거 국면을 바꾸지 못했다. 그렇지만 그의 여러 시도들은 후에 그의 손자가 '원화중흥(元和中興)'을 이루는 데 상당한 밑거름이 되었다.

개혁의 좌절과 당의 쇠망

덕종의 번진 개혁은 비록 성공하지 못했지만 국면을 바꿔놓고 중흥을 꾀하고자 하는 노력은 그가 죽은 후에도 계속되었다. 당이 개혁해야 할 대상은 번진 뿐 아니라 환관도 있었다. 어느 것이 더 심각하고 어느 것에 대한 개혁이 더 시급하다고 할 수 없을 정도로 이 두 세력은 똑같이 당제국을 멸망의 길로 몰아넣고 있었다. 번진은 제국을 분열로 몰아가는 세력이었고 환관은 양신(良臣)들을 내치고 중앙을 곪아 썩게 만드는 암세포와 같았기 때문이다. 당 후기 환관의 세력이 어느 정도였느냐 하면 중앙 군대인 금위군 사령관을 환관이 맡고 있었고 다음 황제가 누가 되느냐도 환관 세력이 좌지우지하였다. 중국에서 환관 세력이 강했던 시기는 동한 말, 당 후기, 그리고 명왕조 이렇게 세 시기를 들 수 있는데 그중 이들의 힘이 가장 강했던 시기를 고르라면 지금 이야기하는 당 후기라 할 수 있겠다. 당 후기의 환관 세력이 동한 말과 비교 시 가장 큰 차이점은 이들이 중앙군을 장악하고 있었다는 데에 있다. 환관이 금위군 사령관 직을 맡는다? 수도방위사령관에 군대를 전혀 모르는 사람을 앉힐 수 있는가? 말도 안 되는 상황 같지만 이런 결정이 가능한 일은 지도자가 '국가'를 생각하지 않고 '자신의 정치적 안위'만을 생각하기 때문이다. 황제에게 가장 측근은 '대신'이어야 하는데 어리석은 황제들은 자신의 가장 측근을 '환관'이라 믿고 있었고 자신을 절대 배신하지 않을 환관으로 하여금 금위군 사령관 등 군 요직에 포진토록 하였다. 결국 이들은 '국가'를 배신하였다. 이런 말도 안 되는 인사가 현대 사회에서도 간혹 연출되는데 이는 지도자가 국가의 미래를 생각하지 않고 '정치적 승리'에 모든 것을 걸고 있기 때문이다. 당은 현종 때부터 환관을 감군(기무사)으로 기용하면서 군에 발을 들여놓게 했는데 그것이 당을 멸망으로 이끄는 거대 암세포의 씨앗이었다.

805년에 덕종이 죽고 그의 아들 순종이 즉위했는데 그는 환관을 번진보다 더 시급한 개혁 대상으로 본 것 같다. 그는 뜻이 맞는 측근 대신들과 환관 개혁에 나섰는데 대표적인 조치가 환관으로부터 금위군의 병권을 박탈한 일이었다. 이는 환관 세력의 거센 반발을 불러일으켰고 황권과 환관 세력이 격렬하게 부딪친 결과 불행히도 환관개혁을 주도했던 왕비(王伾), 왕숙문(王叔文) 등이 숙청되고 그를 지지했던 여덟 명의 대신들이 강등되어 지방으로 보내졌다. 순종은 즉위 186일 만에 환관들의 압박에 의해 아들인 이순(李純)에게 황위를 선양하고 자리에서 내려오게 된다.

　순종의 뒤를 이은 헌종(宪宗) 이순은 805~820년의 15년 간 재위하면서 당의 중흥을 이끈 명군으로 추앙받는 인물이다. 그의 개혁은 아버지 순종과 달리 '번진개혁'에 치중하였고 이를 위해 환관들과는 한배를 탔다. 그리고 '거의' 성공하였다. 아무래도 환관에 의해 추대되어 보위에 오른 황제이다 보니 환관개혁보다는 번진개혁을 선택할 수밖에 없었을 것이다. 번진에 대한 강경책은 성공하여 헌종 재위 시기 당의 번진들은 자신들의 이권을 거의 중앙에 반납하였고 당은 중앙과 지방 간의 질서를 바로 세우고 잠시 중흥을 맞이하였다. 이 시기를 헌종의 연호를 따서 '원화중흥(元和中兴)'이라 칭한다.

　그러나 그의 뒤를 이은 아들 이항(李恒)은 아버지의 업적을 이어갈 능력이 없었다. 헌종 사후로 다시 번진 할거 국면이 재현되었고 당왕조 역사에서 더 이상의 개혁이나 중흥은 없었다. 이들 번진들은 합병을 통해 점점 세력을 불려갔고 이제는 왕과 황제를 자칭하는 사태로까지 갔다.

　이제 당은 과거 동한의 길을 가고 있었다. 중앙은 힘이 없고 황제는 환관에게 휘둘리고 있었으니 그 피해를 받는 사람들은 누구였겠는가? 실정의 피해는 고스란히 농민들의 몫이었다. 지방 관리들의 수탈은 날로 악랄해졌고 게다가 가뭄과 메뚜기떼 등 자연재해로 농민들은 아주 비참한 생활을 하고 있었다. 874년 허난성에서 농민 폭동이 일어나 왕선지라는 사람을 지도자로 추대했다. 그리고 이듬해인 875년에 산동성에서 농민들이 들고 일어나 황소(黄巢)라는 사람을 리더로 추대했다. 황소와 왕선지는 서로 연합하였고 가는 곳마다 굶주린 농민들이 속속들이 가입하여 이들의 세력은 눈덩이처럼 불어났다. 동한이 황건의 기의를 겪고 군벌에 의해 분열되었듯이 당은 황소의 기의를 겪은 후 5대 10국으로 들어갔다. 황소의 기의는 황건 기의보다 훨씬 조직적이었고 오래 지속되었다. 874년에서 883년까지 무려 10년을 지속하였고 이들은 한때 장안을 점령하기도 하였다. 이들은 광동성 광저우에서 외국 상인들과 선원들(대부분 아랍인들이었다) 20만 명을 죽이는 참극을 벌였는데 그만큼 농민들의 사회에 대한 분노와 극에 달했다는 것을 보여주는 예이다. 안타깝게도 그들의 분노는 외국 상인들에게 분출되었던 것이다.

황소의 난은 망조로 치닫는 당왕조에 결정타를 날렸다. 10년 간의 동란으로 중원은 황폐해졌고 이들의 진압에 나섰던 군벌들은 이제 중앙의 통제를 완전히 벗어나서 저들끼리 싸웠다. 동한 말의 상황이 재현되고 있었다. 결국 907년에 당왕조는 290년 간의 수명을 다하고 멸망을 고했고 중국은 '5대10국'이라는 분열기로 다시 접어들게 된다.

참고문헌

◆ **27장 5호16국: 화북의 대혼란**

张国刚. 『五胡十六国的血腥杀戮与民族融合』. 意林文汇. 2017.11

◆ **28장 왕맹(王猛)의 개혁과 전진(秦)의 짧은 화북통일**

刘薇. 『略论王猛出仕治国』. 辽宁师范大学学报(社会科学版). 2010.1

熊良钟. 『中国古代宰相传』. 广东旅游出版社 广州出版社. 2010

张先昌. 『前秦盛衰话王猛』. 殷都学刊. 1988.4

◆ **29장 북위(北魏)의 성립**

马颖. 『论中原王朝对早期鲜卑族的影响』. 地域文化研究. 2020.5

和勋, 李聃. 『淝水之战后北方政治形势的变化』. 文物鉴定与鉴赏. 2020.5

宿振华. 『鲜卑族的过去和现在』. 中国民族博览. 2019.5

◆ **30장 선비족, 화북을 통일하다**

冷卫国, 张瑞娇. 『《木兰诗》与北魏兵役制度考论』. 乐府学. 2018.12

曾雯雯. 『文化融合对北魏统一华北的影响』. 产业与科技论坛. 2018.8

柏俊才. 『民族融合与北魏女性地位及文化修养』. 中北大学学报(社会科学版).
2018.2

◆ 31장 풍(冯)태후

张相.『中国南北朝时期的中央管制』. GSGeo中国中心. 2016.12

郭林生.『南北朝与隋朝人口研究』. 郑州大学. 2006.4

霍静.『南简析云冈石窟造像的鲜卑特色与文化多样性』. 黄河之声. 2020.7

侯妍文.『云冈石窟形制演变及其影响因素』. 艺术教育. 2019.7

葛瑶瑶.『浅析北魏太武帝灭佛原因及影响』. 科学经济社会. 2016.12

◆ 32장 태화개혁(477~499)과 균전제의 탄생

李娜.『北魏三长制研究』. 延安大学. 2015.6

梁盼.『北魏的铁血"土改"』. 新财经. 2012.6

刘精诚.『论北魏均田制的产生』. 贵州师范大学学报(社会科学版). 1993.12

陈忠海.『治吏: 北魏孝文帝 "太和改革" 成功的关键』. 北京日报. 2018.4

赵玉钟, 张玉勤.『论冯太后在北魏太和改革中的主导作用』. 山西师大学报(社会科学版). 2002.12

◆ 33장 효문제의 급진적 한화개혁

J. 네루, 곽복희·남궁원 옮김.『세계사 편력(3권)』. 일빛. 2004.6

靳佳佳.『北朝人口结构和人口政策研究』. 郑州大学. 2013.5

孔毅.『魏晋南北朝的人口数量问题及伦理对策』. 重庆师范大学学报. 2008.3

曾代伟.『"太和改革"的历史反思』. 理论与改革. 1998.12

◆ 34장 북위의 쇠망

최진열.『北魏洛陽時代 胡太后의 胡化와 그 배경』. 인천대학교 인문학연구서. 2016

尚大超.『北周武帝改革府兵制: 打破民族隔阂, 促进边疆开发』. 中国民族报. 2015.7

周雪光.『黄仁宇悖论与帝国逻辑-以科举制为线索』. 社会. 2019.2

杨翠微.『论宇文泰建立府兵制』. 中国文化研究. 1998.1

◆ 35장 남조와 동북아 역사의 전개

郭林生. 『南北朝和隋朝人口研究』. 郑州大学. 2006.4

王雯. 『论 "侯景之乱" 与南朝庶族地主的崛起』. 剑南文学(经典教苑). 2011.10

吴青松. 『梁武帝与侯景之乱』. 江西教育学院学报. 2010.6

◆ 36장 양견(杨坚)

吴廷桢, 郭厚安. 『中国历史上的改革家』. 甘肃教育出版社. 1986.7

冷卫国, 张瑞娇. 『《木兰诗》与北魏兵役制度考论』. 首都师范大学文学院. 2018.12

齐陈骏. 『从隋代管制改革看专制主义政治的加强』. 兰州大学学报. 1985.2

达夫, 施奇 等. 『创造财富的经济名家』. 中国经济出版社. 2011.7

齐勇锋. 『关于中国古代均质史研究的几个问题』. 山东社会科学院. 1988.5

Michael H. Hart지음. 赵梅 옮김. 『影响人类历史进程的100名人排行榜』. 海南出版社. 2014.3

『中国古代史』. 人民教育出版社. 2017.8. * 중국 고등학교 역사 교과서

◆ 37장 중국의 재통일과 과거제

杨翠微. 『论宇文泰建立府兵制』. 中国文化研究. 1998.1

吴廷桢, 郭厚安. 『中国历史上的改革家』. 甘肃教育出版社. 1986.7

华枫红. 『简析隋朝统一的原因和意义』. INTELLIGENCE. 1998.1

周雪光. 『黄仁宇悖论与帝国逻辑 (以科举制为线索)』. 社会. 2019.2

路莉莉. 『隋代科举制度考论』. 曲阜师范大学. 2011.4

黄冬云. 『军事改革对隋朝灭亡的影响』. 淮北媒师院学报(哲学社会科学版). 2002.4

◆ 38장 괵 튀르크

黄成运, 涂洁. 『千金公主和亲与义成公主和亲比较研究』. 陇东学院学报. 2020.5

欧燕. 『突厥: 第一个创制文字的漠北民族』. 中国民族教育. 2019.12

◆ 39장 창고, 대운하, 민란 그리고 왕조의 멸망

　　记者 石蕴璞.『含嘉仓: 储藏九州租粟 谷粒前年分明』. 洛阳日报. 2014.4.21

　　张俊非.『仓储对隋朝国祚之影响』. 江苏教育学院学报 (社会科学版). 2009.9

　　程凤武.『隋炀帝修建大运河的直接原因探究』. 文化创新比较研究. 2020.1

◆ 40장 제2의 황금기 당(唐)

　　许敏.『唐前期的改革与兴盛』. 广西教育学院学报. 1999.2

　　徐仁云.『均田制与唐朝的强盛』. 浙江大学学报. 2000.9

　　刘金金.『新罗地方制度模仿唐制初探—以景德王十六年汉化地名为中心』. 山东大学. 2012.4

　　熊良钟.『中国古代宰相传』. 广东旅游出版社 广州出版社. 2010

　　刘增丽.『古代外国人在中国』. 中原农民出版社. 2008.4

　　焦小倩.『唐朝的扶商政策』. 西北师范大学 历史文化学院. 2015.12

　　朱玉衡.『唐太宗的经济政策』. 江淮论坛. 1986.6

　　孙金文, 王常健.『"柜坊" 对唐代商业发展的影响探索』. 廊坊燕京职业技术学院. 2014.12

　　周尚兵.『唐代对外开放格局的变化其影响』. 河南师范大学学报. 2000.1

◆ 41장 당태종 이세민

　　刘矩.『关于唐太宗东征高句丽的几个问题』. 吉林省社科院高句丽研究所. 2011.3

　　熊良钟.『中国古代宰相传』. 广东旅游出版社 广州出版社. 2010

　　达夫, 施奇 等.『创造财富的经济名家』. 中国经济出版社. 2011.7

　　刘增丽.『古代外国人在中国』. 中原农民出版社. 2008.4

　　秦妍.『《大秦景教流行中国碑》出土地点再探』. 萍乡学院学报. 2019.4

◆ 42장 무측천

　　柏陽 지음. 김영수 옮김.『맨얼굴의 중국사』 창해. 2005.

　　한준수.『新羅中代의 唐制受容과 政治體制의 정비』. 국회도서관 한국교육학술정보

원. 2010

雾满拦江. 『五个哥哥摧残少女武则天 催生一代女皇扭曲人格』. 凤凰网历史. 2011.8

李艳, 徐黎明. 『浅析"废王立武"对永薇年间权利结构的影响』. 南方论刊. 2014.2

陈娇. 『论武则天皇后时期的用人思想和进步意义』. 汉字文化. 2020.4

毕文斋. 『论武则天的用人思想及其进步意义』. 汉字文化. 2020.7

韩宏韬. 『唐代武则天科举改制的政治动因』. 南通大学学报(社会科学版). 2018.1

张剑英. 『浅析武则天称帝的条件』. 文教资料. 2013.1

姜同春. 『浅谈武则天的功过』. 中学历史教育参考. 1994.9

徐嫩棠. 『武则天称帝原因浅析』. 史学月刊. 1995.11

刘德明. 『武则天"建言十二事"安定社会』. 文史春秋. 2010.4

张婵, 敬晓愚. 『唐代军赏制度的功能浅析』. 教育教学论坛. 2015.1

林语堂. 『武则天正传』. 湖南文艺出版社. 2016.9

黄林纳. 『中国现存唯有的古代金简: 武则天除罪金简』. 国宝故事. 2010.5

辛珑豆. 『论武则天的女性意识』. 忻州师范大学院学报. 2019.12

达夫, 施奇 等. 『创造财富的经济名家』. 中国经济出版社. 2011.7

◆ 43장 튀르크의 부활과 토번의 굴기

薛宗正. 『吐蕃的崛起及其一统高原诸羌』. 西藏研究. 1987.12

郑好. 『文成公主入藏』. 启蒙. 2020.2

贺韩月. 『浅谈文成公主入藏对吐蕃的影响』. 风景名胜. 2019.5

◆ 44장 안사의 난

제임스 A. 밀워드 지음. 김찬영·이광태 옮김. 『신장의 역사』. 사계절. 2013.1

荣新江. 『古代中国与粟特文明』. 生活·读书·新知. 2014.8

石云涛. 『安史之乱-大唐盛衰记』. 湖南人民出版社. 2018.10

徐焰. 『导致唐朝衰落的募兵制之弊』. 解放军报. 2017.8

王红. 『安史之乱前后社会思潮的变迁与文学创作』. 淮北职业技术学院学报.

2018.10

李飞. 『安史之乱背景分析-唐前期边疆整体局势的紧张与东北一隅的相对安定』.
首都师范大学学报. 2010.6

崔明德. 『试论安史之乱的民族构成及其民族关系』. 中国边疆史地研究. 2001.9

金荣洲. 『安史之乱的爆发与唐玄宗公共危机管理意识的局限』. 学术论坛理论周
刊. 2010.11

◆ 45장 중흥의 시도와 좌절

柏陽 지음. 김영수 옮김. 『맨얼굴의 중국사』. 창해. 2005

吴廷桢, 郭厚安. 『中国历史上的改革家』. 甘肃教育出版社. 1986.7

敖涛, 付志宇. 『两税法改革的历史借鉴』. 税务研究. 2020.4

程星星. 『杨炎税制改革对我国税改的启示』. 时代金融. 2017.1

江明伟. 『租庸调制和两税法的制度缺陷与执行弊端』. 兰台世界. 2015.6